Christian Suter, Silvia Perrenoud, René Levy, Ursina Kuhn,
Dominique Joye, Pascale Gazareth (Hrsg.)

Sozialbericht 2008: Die Schweiz vermessen und verglichen

D1726784

Christian Suter, Silvia Perrenoud, René Levy,
Ursina Kuhn, Dominique Joye, Pascale Gazareth
(Hrsg.)

Sozialbericht 2008:
Die Schweiz vermessen
und verglichen

Publiziert mit Unterstützung des Schweizerischen Nationalfonds zur Förderung der wissenschaftlichen Forschung, der Schweizer Stiftung für die Forschung in den Sozialwissenschaften FORS sowie der Faculté des Lettres et Sciences Humaines der Universität Neuenburg.

Details und aktuelle Informationen zum Sozialbericht:
www.sozialbericht.ch

Bibliografische Information der Deutschen Bibliothek
Die Deutsche Bibliothek verzeichnet diese Publikation in der Deutschen Nationalbibliographie; detaillierte, bibliographische Daten sind im Internet über http://dnb.ddb.de abrufbar.

ISBN 978-3-03777-064-1

© 2009, Seismo Verlag, Zähringerstrasse 26, CH-8001 Zürich
E-Mail: info@seismoverlag.ch, http://www.seismoverlag.ch

Übersetzung aus dem Französischen: Jörg Ohnacker, Konstanz
Infografik: Walo von Büren, Zürich
Umschlaggestaltung: Gregg Skermann, Zürich

Inhaltsverzeichnis

Verzeichnis der Indikatoren   7

Abkürzungen   11
    Allgemein   11
    Kantone   13
    Länder   14
    Parteien   15

Dank   17

Die Schweiz vermessen und verglichen: Einführung   19

Verteilung sozialer Güter   29

Indikatoren   29

Wer hat, dem wird gegeben: Bildungsungleichheit   60
in der Schweiz
Thomas Meyer

Kulturelle Vielfalt   83

Indikatoren   83

Vielsprachigkeit der Schweiz als Chance?   114
Georges Lüdi und Iwar Werlen

Soziale Integration   139

Indikatoren   139

Welten der Freiwilligkeit – das freiwillige Engagement   170
in der Schweiz im sprachregionalen Kontext
Markus Freitag und Isabelle Stadelmann-Steffen

Politische Gestaltung   191

Indikatoren   191

Polarisierung und Politisierung in der Schweiz   222
Marco Giugni und Pascal Sciarini

Umwelt und Gesellschaft   245

Indikatoren   245

Umweltbewusstsein, Umwelthandeln und ökologische   276
Risiken
Andreas Diekmann und Reto Meyer

Synthese   307

Glossar   317

Literaturverzeichnis   325

Autorinnen und Autoren   337

Verzeichnis der Indikatoren

Verteilung sozialer Güter

Nachobligatorische Bildungsabschlüsse	30
Bildungsstand der Bevölkerung	32
Bildungsvererbung und Bildungshomogamie	34
Weiterbildung	36
Sektoren- und Branchenwandel	38
Erwerbsbeteiligung	40
Voll- und Teilzeiterwerbstätigkeit	42
Eintritt ins Berufsleben	44
Arbeitsbedingungen	46
Arbeitslosigkeit	48
Soziodemographisches Profil der Arbeitslosigkeit	50
Langzeitarbeitslosigkeit	52
Erwerbseinkommen	54
Lohnniveau und Lohnunterschiede	56
Haushaltseinkommen	58

Kulturelle Vielfalt

Nationalitätenprofil	84
Aufenthaltsdauer und Einbürgerungen	86
Beurteilung von AusländerInnen	88
Subjektive Kriterien nationaler Zugehörigkeit	90
Sprachen der Schülerinnen und Schüler	92
Fremdsprachenkompetenz	94
Fremdsprachengebrauch	96
Englisch im Beruf	98
Konfessionen und Religionslosigkeit	100
Glaubensinhalte	102
Mediennutzung	104
Interesse für politische Nachrichten	106
Freizeitaktivitäten	108
Gewünschte Wohnstile	110
Sportliche Betätigung	112

Soziale Integration

Heiraten 140
Scheidungen 142
Rollenverteilung im Paar 144
Geburten 146
Altersstruktur 148
Übertritt ins Erwachsenenalter 150
Allein leben 152
AHV- und IV-Renten 154
Armut 156
Organisierte Freiwilligenarbeit 158
Informelle Freiwilligenarbeit 160
Motive für Freiwilligeneinsatz 162
Tatverdächtige 164
Kriminalitätsopfer 166
Gefühl von Unsicherheit 168

Politische Gestaltung

Politische Überzeugungen 192
Problemwahrnehmung 194
Politisches Vertrauen 196
Politische Aktivitäten 198
Politische Mobilisierung 200
Gewerkschaftsstärke und Arbeitskonflikte 202
Initiativen und Referenden 204
Personen ohne Parteisympathie 206
Parteienstärke 208
Wählerschaft der Parteien 210
Frauen in der Politik 212
Konsens/Dissens der Bundesratsparteien 214
Wahl- und Abstimmungsbeteiligung 216
Regierungskonsens und Abstimmungsergebnisse 218
Regionale Abstimmungsunterschiede 220

Umwelt und Gesellschaft

Personenverkehr 246

Güterverkehr 248

Energie-Endverbrauch 250

Veränderung der Landschaft 252

Artenvielfalt und Landschaftsschutz 254

Wassernutzung 256

Luftverschmutzung 258

Klima und Treibhausgase 260

Einschätzung von Umweltgefahren 262

Umweltbewusstsein 264

Beurteilung umweltpolitischer Massnahmen 266

Umweltpolitisches Engagement 268

Umweltverhalten 270

Abfälle und Wiederverwertung 272

Ökologischer Fussabdruck 274

Abkürzungen

Allgemein

AHV	Alters- und Hinterlassenenversicherung
AKW	Atomkraftwerk
Bafu	Bundesamt für Umwelt
BBT	Bundesamt für Berufsbildung und Technologie
BFS	Bundesamt für Statistik
DDR	Deutsche Demokratische Republik
EDK	Schweizerische Konferenz der kantonalen Erziehungs-direktoren
Espop	Statistik des jährlichen Bevölkerungsstandes
ESS	European Social Survey
ETHZ	Eidgenössische Technische Hochschule Zürich
ETS	Erwerbstätigenstatistik
EU	Europäische Union
Eurostat	Statistisches Amt der Europäischen Gemeinschaften
FORS	Schweizer Stiftung für die Forschung in den Sozialwissen-schaften
GRA	Stiftung gegen Rassismus und Antisemitismus
ICVS	International Crime and Victimisation Survey
IKV	Interkantonalen Vereinbarung über die Harmonisierung der obligatorischen Schule
ILO	Internationale Arbeitsorganisation (International Labour Organisation)
IPCC	UNO-Weltklimarat (Intergovernmental Panel on Climate Change)
ISCED	International Standard Classification of Education
ISSP	International Social Survey Programme
IV	Invalidenversicherung
linguadult.ch	Sprachkompetenzen der erwachsenen Bevölkerung in der Schweiz (vgl. Vertiefungsbeitrag von Georges Lüdi und Iwar Werlen, Kasten 1)
LIS	Luxemburger Einkommens-Studie (Luxemburg Income Study)
LSE	Lohnstrukturerhebung

MosaiCH	Befragung «Messung und Observation von sozialen Aspekten in der Schweiz»
Nato	Nordatlantikvertrag-Organisation (North Atlantic Treaty Organisation)
Neat	Neue Eisenbahn-Alpentransversale
OECD	Organisation für wirtschaftliche Zusammenarbeit und Entwicklung (Organisation for Economic Co-operation and Development)
ÖV	Öffentliche Verkehrsmittel
Petra	Statistik der ausländischen Wohnbevölkerung
Pisa	Internationale Kompetenzmessungsstudie (Programme for International Students Assessment)
Sake	Schweizerische Arbeitskräfteerhebung
SBB	Schweizerische Bundesbahnen
Seco	Staatssekretariat für Wirtschaft
Sek. I	Sekundarstufe I
Sek. II	Sekundarstufe II
Selects	Schweizer Wahlstudien (Swiss Electoral Studies)
SHP	Schweizer Haushalt-Panel
Sidos	Schweizerischer Informations- und Datenarchivdienst für die Sozialwissenschaften
Silc	Statistic on income and living conditions
SKOS	Schweizerische Konferenz für Sozialhilfe
SNF	Schweizerischen Nationalfonds zur Förderung der wissenschaftlichen Forschung
Tree	Transitionen von der Erstausbildung ins Erwerbsleben (vgl. Vertiefungsbeitrag von Thomas Meyer, Kasten 1)
UNECE	Wirtschaftskommission für Europa der Vereinten Nationen (United Nations Economic Commission for Europe)
UNEP	United Nations Environment Programme
Uno	Vereinte Nationen (United Nations Organisation)
US-CID	U.S. «Citizenship, Involvement, Democracy» Survey
VZ	Volkszählung
WB	Weiterbildung

Kantone

AG	Aargau
AI	Appenzell Innerrhoden
AR	Appenzell Ausserrhoden
BE	Bern
BL	Basel-Land
BS	Basel-Stadt
FR	Freiburg
GE	Genf
GL	Glarus
GR	Graubünden
JU	Jura
LU	Luzern
NE	Neuenburg
NW	Nidwalden
OW	Obwalden
SG	St. Gallen
SH	Schaffhausen
SO	Solothurn
SZ	Schwyz
TG	Thurgau
TI	Tessin
UR	Uri
VD	Waadt
VS	Wallis
ZG	Zug
ZH	Zürich

Länder

AT	Österreich
BE	Belgien
BG	Bulgarien
CA	Kanada
CH	Schweiz
CL	Chile
CZ	Tschechien
DE	Deutschland
DK	Dänemark
ES	Spanien
FI	Finnland
FR	Frankreich
GB	Grossbritannien (UK ohne Nordirland)
GR	Griechenland
IE	Irland
IL	Israel
IT	Italien
JP	Japan
LT	Litauen
LU	Luxemburg
LV	Lettland
MT	Malta
MX	Mexiko
NL	Niederlande
NZ	Neuseeland
PH	Philippinen
PL	Polen
PT	Portugal
RU	Russland
SE	Schweden
SI	Slowenien
UK	Vereinigtes Königreich (England, Wales, Schottland, Nordirland)
US	USA, Vereinigte Staaten von Amerika

Parteien

CSP	Christlichsoziale Partei
CVP	Christlichdemokratische Volkspartei der Schweiz
EDU	Eidgenössisch-Demokratische Union
EVP	Evangelische Volkspartei der Schweiz
FDP	Freisinnig-Demokratische Partei der Schweiz
FGA	Feministische und grün-alternative Gruppierungen
FPS	Freiheits-Partei der Schweiz
GLP	Grün Liberale Partei der Schweiz
GPS	Grüne Partei der Schweiz
LdU	Landesring der Unabhängigen
Lega	Lega dei ticinesi (TI)
LPS	Liberale Partei der Schweiz
PdA	Partei der Arbeit der Schweiz
Poch	Progressive Organisationen der Schweiz
PSA	Partito socialista autonomo (TI); Parti socialiste autonome du Sud du Jura
REP	Republikaner
SD	Schweizer Demokraten
Sol	Solidarität
SPS	Sozialdemokratische Partei der Schweiz
SVP	Schweizerische Volkspartei

Dank

Der *Sozialbericht 2008* schreibt die vor acht Jahren begonnene sozialwissenschaftlich orientierte systematische Beobachtung, Visualisierung, Beschreibung und Analyse grundlegender Entwicklungstendenzen in der Schweizer Gesellschaft fort. Alle inhaltlichen Beiträge des Sozialberichts sind vollständig neu verfasst, ebenso ein Grossteil der Indikatoren, die nicht nur aktualisiert wurden, sondern auch neue Themen behandeln und die Schweiz im Vergleich zu ausgewählten Ländern verorten. Der *Sozialbericht 2008* wurde von einer sechsköpfigen Forschungsgruppe an den Soziologischen Instituten der Universitäten Neuenburg und Lausanne in zweijähriger gemeinsamer Arbeit realisiert. Dieses Team ist verantwortlich für Konzeption, Sammlung, Aufbereitung, Analyse, Dokumentation und Interpretation der Daten und Indikatoren, für das Verfassen der Kurzkommentare und Bemerkungen, von Einleitung und Synthese und der verschiedenen Hilfsverzeichnisse aber auch für die aufwändigen Redaktions- und Korrekturarbeiten.

Viele Personen und Institutionen haben zur Realisierung dieses Bandes beigetragen. Allen voran sei den Autorinnen und Autoren der Vertiefungsbeiträge gedankt. Sie haben mit ihrer Fachkompetenz, ihren Anregungen und kritischen Kommentaren den Sozialbericht über die zwei Jahre hinweg begleitet und mit ihren Kapitelbeiträgen mitgestaltet und bereichert. Unser grosser Dank gilt Walo von Büren für die grafische Umsetzung und Präsentation der 75 Indikatoren. Sein Engagement und die professionelle Gestaltung der Grafiken haben viel zum Gelingen des Sozialberichts beigetragen.

Die im *Sozialbericht 2008* präsentierten Daten und Indikatoren entstammen grossen schweizerischen und ländervergleichenden Bevölkerungsbefragungen (insbesondere wiederholten Querschnitts- und Panelerhebungen), europäischen bzw. internationalen und schweizerischen statistischen Erhebungen sowie Einzelstudien zu spezifischen Themen. Für Zugang und Bereitstellung von Daten, Beratung und Auswertungshilfen danken wir den verschiedenen heute im Rahmen der Schweizer Stiftung für die Forschung in den Sozialwissenschaften FORS zusammengefassten Datenerhebungsinstitutionen (Sidos, der Schweizerische Informations- und Datenarchivdienst für die Sozialwissenschaften, der u. a. verantwortlich ist für den European Social Survey und das International Social Survey Programme, das Schweizer Haushalt-Panel, die Schweizer Wahlstudien Selects, im Besonderen Georg Lutz), dem Bundesamt für Statistik (im Besonderen André Farine, Matthias Graber, Werner Haug, Claude Maier, Thierry Murier, Werner Seitz), dem Bundesamt für Sozialversicherung (im Besonderen François Donini und Stefan Müller), der Bertelsmann Stiftung (im Besonderen Stefan Huber),

Voxit (im Besonderen François Lorétan), dem GfS-Forschungsinstitut, der Wemf AG für Werbemedienforschung (im Besonderen Nadine Bracher), den Verantwortlichen der Tree-Studie an der Universität Basel (Transitionen von der Erstausbildung ins Erwerbsleben; im Besonderen Thomas Meyer), der Forschungsequippe des Sprachensurvey *linguadult.ch* an der Universität Bern (im Besonderen Jachin Baumgartner und Iwar Werlen), dem Forschungsteam und den Verantwortlichen des Freiwilligen-Monitors (im Besonderen Isabelle Steffen-Stadelmann und Markus Freitag von der Universität Konstanz sowie Herbert Ammann von der Schweizerischen Gemeinnützigen Gesellschaft), der Forschungsgruppe des Schweizer Umweltsurveys an der ETH Zürich (im Besonderen Reto Meyer und Andreas Diekmann), Sven Hutter und Marco Giugni (für die Daten zu den Protestereignissen in der Schweiz) sowie Simon Hug und Ioannis Papadopoulos (für die Daten zu den Parteiparolen bei Volksabstimmungen). Technische Ratschläge und Unterstützung zur Grafiksoftware und Kartographie verdanken wir Daniel von Burg und Thomas Schulz vom Bundesamt für Statistik.

Einen wertvollen Beitrag haben Sarah Widmer und Dominique Auderset Joye geleistet. Sie unterstützten die Redaktionsgruppe des Sozialberichts bei der Aktualisierung von Datenreihen und bei der Durchsicht des Glossars. Unser Dank gilt sodann Grégoire Métral für die Gestaltung und Navigation der CD-ROM und Fredy Kuhn für seine Mithilfe bei der Programmierung der CD-ROM.

Der *Sozialbericht 2008* wird in den beiden grossen Landessprachen Deutsch und Französisch, sowie in Englisch publiziert. Wir möchten uns bei den Übersetzerinnen und Übersetzern für ihre anspruchsvolle Arbeit und die sprachliche Qualität der Übersetzungen bedanken: Marie-Claude Brulhardt besorgte die französische Übersetzung, Jörg Ohnacker übernahm die deutsche Übersetzung und Rachel Matthey war für die englische Übersetzung und Kontrolle verantwortlich.

Dem Schweizerischen Nationalfonds danken wir dafür, dass er die notwendige finanzielle Unterstützung für die Erarbeitung und die Publikation des *Sozialberichts 2008* zur Verfügung gestellt hat (Gesuchsnummer 10FI13-111478). Grosszügige Druckkostenbeiträge gewährten darüber hinaus die Schweizer Stiftung für die Forschung in den Sozialwissenschaften FORS sowie die Faculté des Lettres et Sciences Humaines der Universität Neuenburg.

Neuenburg und Lausanne, im August 2008
Christian Suter, Silvia Perrenoud, René Levy, Ursina Kuhn, Dominique Joye, Pascale Gazareth

Die Schweiz vermessen und verglichen: Einführung

1 Ziel und thematische Orientierung des Sozialberichts 2008

Welche Ungleichheiten prägen die Schweizer Gesellschaft? Wie hat sich das kulturelle Gesicht der Schweiz verändert – z. B. hinsichtlich Mehrsprachigkeit? Wie steht es um den gesellschaftlichen Zusammenhalt in der Schweiz – etwa beim freiwilligen Engagement? Inwiefern hat sich das politische Leben in der Schweiz polarisiert? Wie ist das Verhältnis zwischen Umwelt und Gesellschaft – hat sich Umweltbewusstsein und umweltfreundliches Verhalten in der Schweizer Wohnbevölkerung in den letzten Jahren verringert? Diese und ähnliche Fragen werden im vorliegenden Sozialbericht aufgegriffen und eingehend behandelt.

Ziel des Sozialberichts ist es, anhand von systematisch gesammelten Daten und Indikatoren über die aktuelle gesellschaftliche Lage und den sozialen Wandel in der Schweiz zu informieren. Der Sozialbericht versteht sich damit als Instrument einer regelmässigen und umfassenden Sozialberichterstattung über die Schweizer Gesellschaft auf wissenschaftlicher Grundlage.[1] Dafür braucht es zunächst zuverlässige zeitbezogene Daten für verschiedene wichtige Lebensbereiche, die sowohl Aspekte der «objektiven» Lebensbedingungen und Lebenschancen wie der «subjektiven» Lebensführung, Wahrnehmung und Bewertung von Lebensumständen abdecken. Darüber hinaus wird sozialer Wandel sowohl auf individueller Ebene dargestellt – im Sinne individuell erlebter Lebensbedingungen, Einschätzungen und Verhaltensweisen –, als auch auf aggregierter Ebene, d. h. in Bezug auf Veränderungen von Institutionen

---

[1] Eine ausführliche Bestandesaufnahme der schweizerischen Sozialberichterstattung findet sich in Suter und Iglesias (2003) und Suter et al. (2004). Besonders erwähnenswerte neue bzw. aktualisierte Publikationen der schweizerischen Sozialberichterstattung sind der Generationenbericht (Perrig-Chiello et al., 2008), der erstmals für die Schweiz die Generationenbeziehungen und ihren Wandel beschreibt, der Atlas des räumlichen Wandels (Schuler et al., 2007), eine Fortschreibung des Strukturatlas von 1985 und 1997, die im Bundesamt für Statistik aufgebaute gesamtschweizerische und kantonale Sozialhilfestatistik (BFS, 2008a) und schliesslich – als Beispiele für die neuen Bestrebungen, eine kontinuierliche Sozialberichterstattung auf regionaler und lokaler Ebene aufzubauen und zu institutionalisieren – der Sozialbericht des Kantons Solothurn (Baumgartner et al., 2005) sowie die Einwohner- und Einwohnerinnenbefragungen der Stadt Zürich (Stadtentwicklung Zürich, 2007).

und sozialen Strukturen. Schliesslich beschreibt und erklärt der *Sozialbericht 2008* nicht nur Zustand und Wandel der Schweizer Gesellschaft, sondern er verortet sie gleichzeitig auf europäischer und internationaler Ebene: die wirtschaftliche, soziale, kulturelle, politische und ökologische Situation der Schweiz wird verglichen mit der Lage in ausgewählten anderen Ländern, darunter Deutschland, Frankreich, Grossbritannien, Schweden und die USA. Anders als seine Vorgänger ermöglicht damit der vorliegende Sozialbericht erstmals eine systematische zeit- *und* raumbezogenen Analyse der Schweizer Gesellschaft.

Der Sozialbericht enthält insgesamt 75 ausgewählte Indikatoren, aufgeteilt auf fünf Themenfelder, die grundlegende Bereiche oder Subsysteme der Gesellschaft abdecken: Verteilung sozialer Güter, kulturelle Vielfalt, soziale Integration, politische Gestaltung, Umwelt und Gesellschaft (vgl. Höpflinger und Wyss, 1997). Die Indikatoren oder statistischen Kennziffern, bzw. die von ihnen beleuchteten gesellschaftlichen Entwicklungstendenzen, werden grafisch präsentiert, mit einem Kurzkommentar beschrieben und in einem ausführlicheren analytischen Vertiefungsbeitrag erklärt und interpretiert. Erstmals erscheint der Sozialbericht nicht nur in deutscher und französischer, sondern auch in englischer Sprache – die englische Fassung ist allerdings auf den Indikatorenteil beschränkt (d. h. ohne Vertiefungsbeiträge).

Initiiert im Rahmen des vom Schweizerischen Nationalfonds finanzierten sozialwissenschaftlichen Schwerpunktprogramms «Zukunft Schweiz» (Ausgaben 2000 und 2004), soll der Sozialbericht als «Schaufenster» der aktuellen sozialwissenschaftlichen Forschung wichtige Erkenntnisse und Resultate einer interessierten Öffentlichkeit zugänglich machen. Zu diesem Zweck werden die gesammelten, aufbereiteten, überprüften und analysierten Daten und Kennzahlen mittels einfach lesbarer Grafiken visualisiert. Alle Daten und Grafiken finden sich auch auf der beigelegten CD-ROM in einer Form, die es den Leserinnen und Lesern ermöglicht, die Daten für eigene Analysen weiter zu verwenden.

Der Schweizer Sozialbericht liegt nun in seiner dritten Auflage vor. Der *Sozialbericht 2008* baut einerseits auf den beiden früheren Berichten auf, indem er die thematische Struktur der fünf grundlegenden Themen- und Kapitelbereiche und deren Untergliederung in je eine indikatorengeleitete, beschreibende Sicht (je 15 Indikatoren pro Kapitel, die auf einer Doppelseite beschrieben und grafisch präsentiert sind) und eine problembezogene, vertiefende und erklärende Perspektive übernimmt (pro Kapitel ein inhaltlicher Vertiefungsbeitrag von einer ausgewiesenen Fachperson) und verschiedene in den Berichten 2000 und 2004 erstmals gesammelte Daten und Indikatoren fortschreibt und aktualisiert.

Durch die neu hinzugekommene ländervergleichende Orientierung unterscheidet sich der *Sozialbericht 2008* andererseits wesentlich von seinen Vorgängern. Neben der Aufbereitung der Daten und Indikatoren für die ausgewählten Vergleichsländer wurde auch ein beträchtlicher Teil der Indikatoren, etwa ein Drittel, ersetzt bzw. vollständig neu konzipiert, teils aus Gründen der internationalen Vergleichbarkeit der Daten, teils infolge der Verfügbarkeit neuer wissenschaftlicher Studien und Erhebungen. So enthält der *Sozialbericht 2008* auch neue thematische Module, wie beispielsweise die Indikatoren zum Sprachengebrauch und zur Fremdsprachenkompetenz im Kapitel *Kulturelle Vielfalt* oder die Indikatoren zur Freiwilligenarbeit im Kapitel *Soziale Integration*. Auch sämtliche Kurzkommentare zu den Indikatoren wurden neu verfasst. Schliesslich ist auch die thematische und disziplinäre Orientierung der inhaltlichen Vertiefungsbeiträge neu: Bei der Auswahl der Themen und Fachpersonen wurde darauf geachtet, bestehende thematische Lücken zu schliessen, neue Daten und Analysen aus zeit- und ländervergleichende Erhebungen verfügbar zu machen und, im Vergleich zu den bisherigen Berichten, nicht nur andere Autoren, sondern auch neue Disziplinen zu berücksichtigen.

Mit dem *Sozialbericht 2008* wurde die wissenschaftsbasierte Sozialberichterstattung in der Schweiz weiter institutionalisiert. Die Datenaufbereitung und -analyse für den vorliegenden Bericht wurde im Rahmen einer Kooperation zwischen dem Soziologischen Institut der Universität Neuenburg und der Schweizer Stiftung für die Forschung in den Sozialwissenschaften FORS erarbeitet.

Der *Sozialbericht 2008* ist das Ergebnis eines im besten Sinne kollektiven Unterfangens, in das das gesamte sechsköpfige Redaktionsteam involviert war: Sichtung, Auswahl, Aufbereitung, Analyse, grafische Vorbereitung, Interpretation und Dokumentation der Indikatoren wurden gemeinsam konzipiert, debattiert, erarbeitet, modifiziert und fertig gestellt. Die verantwortlichen Einzelautoren sind Pascale Gazareth (Redaktion), Dominique Joye (Synthese, Redaktion), Ursina Kuhn (Abkürzungsverzeichnis, Redaktion), René Levy (Indikatorenkommentare, Glossar), Silvia Perrenoud (Redaktion) und Christian Suter (Einleitung, Gesamtredaktion).

2 Ländervergleich

In welcher Hinsicht unterscheidet sich die Schweiz von anderen Ländern? Verschiedene in den letzten Jahren durchgeführte Untersuchungen deuten darauf hin, dass die Schweiz ihren oft reklamierten «Status» als Sonderfall verloren hat (wenn sie ihn denn je hatte). Doch wie haben sich die diversen

Unterschiede in den letzten Jahren genau entwickelt – in welchen Bereichen gibt es Konvergenz, wo Divergenz?

Die Methode des Ländervergleichs spielt in den Sozialwissenschaften – und insbesondere in der Soziologie und der Politologie – eine immer wichtigere Rolle. Im Ländervergleich wird ein bestimmter Sachverhalt in unterschiedlichen politischen, räumlichen und institutionellen Kontexten untersucht (vgl. Przeworski und Teune, 1970; Kohn, 1987; Ragin, 1987; Immerfall, 1994). Im Falle der Schweiz erscheint eine ländervergleichende Betrachtung aufgrund ihrer kulturellen Vielfalt und politischen Besonderheit sowie ihrer gleichzeitigen sprachkulturellen Verwandtschaften mit den angrenzenden Nachbarländern besonders ergiebig.

Die Auswahl der Vergleichsländer orientiert sich einerseits an ihrer Bedeutung für die Schweiz und ihrer Nähe zu ihr (bzw. ihrer sprachkulturellen Verwandtschaft). Andererseits soll die internationale Diversität und institutionelle Verschiedenheit durch «typische» Fälle so weit wie möglich abgedeckt werden. Ausgehend von den im Rahmen der vergleichenden Wohlfahrtsstaatsforschung entwickelten Ländertypologien (vgl. insbesondere Esping-Andersen 1990, 1998) empfiehlt es sich, neben den mitteleuropäischen Ländern mit konservativem Wohlfahrtsstaatstypus (z. B. Deutschland, Frankreich, Österreich, Belgien) auch Repräsentanten des liberalen Modells (z. B. Grossbritannien, die USA), des sozialdemokratisch geprägten, umfassenden Wohlfahrtsregimes der skandinavischen Länder (z. B. Schweden) sowie der nur rudimentär ausgestalteten Wohlfahrtsregime Südeuropas (z. B. Spanien) zu berücksichtigen.[2]

Da die Zahl möglicher Vergleichsländer auch aus Darstellungs- und Platzgründen beschränkt sein muss, wurden die folgenden sechs Länder gewählt: Deutschland, Frankreich, Grossbritannien, Schweden, Spanien und die USA. In einzelnen Fällen und wo inhaltlich angezeigt, wurden weitere bzw. andere Länder hinzugezogen. So wurde beispielsweise bei den Indikatoren zum Sprachen- bzw. Fremdsprachengebrauch auch Belgien mitberücksichtigt, das aufgrund seiner Mehrsprachigkeit einen für die Schweiz interessanten Vergleichsfall darstellt.

---

2   Interessanterweise ordnen die unterschiedlichen Typologien und Autoren die Schweiz nicht einheitlich dem selben Regime zu – die Schweiz erscheint somit als Zwitter oder Mischtypus eines liberalen und konservativen Modells, wobei sich die konservativen Elemente in den Achtziger- und Neunzigerjahren verstärkt haben (vgl. auch Nollert, 2006).

3 Zeitlicher Rahmen

In zeitlicher Hinsicht deckt der *Sozialbericht 2008* die zweite Hälfte des 20. Jahrhunderts und die ersten Jahre nach der Jahrtausendwende ab, mit aktuellsten Daten bis zum Jahr 2007. In wirtschaftlicher Sicht umfasst diese Periode die lange Hochkonjunktur der Fünfziger-, Sechziger und frühen Siebzigerjahre, die beiden kurzen Rezessionen von 1975–1976 und 1982–1983, das wirtschaftliche Zwischenhoch der Achtzigerjahre, die für die Schweiz seit dem Zweiten Weltkrieg einmalige lange Rezessions- und Stagnationsphase der Neunzigerjahre sowie die wirtschaftliche Erholung ab Ende der Neunzigerjahre.

Der genaue zeitliche Beginn der Indikatoren hängt weitgehend von der jeweiligen Datenverfügbarkeit ab. So sind einzelne ökonomische (z. B. Wirtschaftssektoren) und politische Daten (z. B. Wahl- und Abstimmungsbeteiligung) bereits für die erste Hälfte des 20. Jahrhunderts (oder früher) greifbar, und diverse aggregierte, «objektive» Indikatoren (wie beispielsweise Heirats- und Scheidungsziffern) lassen sich bis in die Fünfziger- und Sechzigerjahre zurückverfolgen. Solche langen Zeitperioden sind für die Analyse des sozialen Wandels deshalb wichtig, weil soziale Veränderungsprozesse häufig nicht abrupt auftreten, sondern kontinuierlich und in kleinen, kaum wahrnehmbaren Schritten, so dass sie erst mit einer Zeitdistanz von mehreren Jahren oder gar Jahrzehnten sichtbar werden. Aus soziologischer Sicht sind Indikatoren, die bis in die Sechzigerjahre zurückreichen auch deshalb besonders wertvoll, weil ab den frühen Siebzigerjahren im Rahmen einer sich individualisierenden und pluralisierenden Gesellschaft grundlegende soziale Transformationsprozesse einsetzten. Viele Individualdaten – insbesondere die Daten aus wiederholt durchgeführten grossen Bevölkerungsbefragungen – sind jedoch erst ab den frühen Neunzigerjahren verfügbar. Dies gilt in besonderem Masse für Individualdaten, die im Rahmen von internationalen Erhebungsprogrammen erfasst wurden. Die kombinierte Analyse von zeitlicher Entwicklung und internationalem Vergleich ist deshalb in der Regel auf die letzten 5–8 Jahre beschränkt. Dies bedeutet, dass in diesen kombinierten Analysen lediglich sehr kurzfristige Wandlungsprozesse dargestellt werden können.

4 Datengrundlage

Die wissenschaftsbasierte Sozialberichterstattung, wie sie vom Sozialbericht verfolgt wird, ist angewiesen auf eine umfassende Datenbasis, die anspruchsvollen Qualitätskriterien genügt. Von zentraler Bedeutung sind dabei kontinuierlich durchgeführte grosse Erhebungen und Bevölkerungsbefragungen – nur auf dieser Grundlage lassen sich verlässliche Erkenntnisse zum sozialen Wandel gewinnen. Neben wiederholten repräsentativen Querschnittserhebungen, die in regelmässigen zeitlichen Abständen durchgeführt werden, sind eigentliche Längsschnitterhebungen von besonderem Interesse, etwa in der Form von Haushaltpanelbefragungen. Für eine zeit- und ländervergleichende Untersuchung, wie sie im *Sozialbericht 2008* beabsichtigt ist, kommt hinzu, dass zusätzlich zum Zeitvergleich auch international vergleichend angelegte Erhebungen erforderlich sind. Zwar hat sich in den letzten Jahren dank der Beteiligung der Schweiz an verschiedenen internationalen Erhebungsprogrammen die Datenlage diesbezüglich erheblich verbessert. Eine komplexere, gleichzeitige zeit- *und* ländervergleichende Analyse auf der Basis von Individualdaten lässt sich derzeit jedoch erst ausnahmsweise realisieren, bzw. lediglich für den vergleichsweise kurzen Zeitraum ab den späten Neunzigerjahren.

Die Auswahl der im *Sozialbericht 2008* verwendeten Daten orientiert sich an den oben genannten Kriterien, d. h. an der wissenschaftlichen Datenqualität (Qualität der Erhebung und der Erhebungsinstrumente, Dokumentation, Repräsentativität etc.), der Kontinuität und Periodizität bzw. Regelmässigkeit der Erhebung (lange Zeitreihen), der Aktualität (Daten zu den jüngsten Entwicklungen) und der internationalen Vergleichbarkeit (Daten für die ausgewählten Vergleichsländer). Dabei mussten die verschiedenen Kriterien für jeden Indikator bzw. jede Themenstellung gegeneinander abgewogen werden, um so ein Optimum von Datenqualität, Kontinuität, Aktualität und internationaler Vergleichbarkeit zu erreichen.

Im Einzelnen wurden fünf Gruppen von Erhebungen und Datenbeständen verwendet (für detaillierte Angaben vgl. die Hinweise im Indikatorenteil und auf der CD-ROM):

- ländervergleichende Längsschnittdatenerhebungen auf der Ebene von Individualdaten: insbesondere der European Social Survey (ESS) (bzw. der U.S. «Citizenship, Involvement, Democracy» Survey, US-CID für die USA) und das International Social Survey Programme (ISSP);
- ländervergleichende Zeitreihen auf aggregierter Ebene: insbesondere Daten der OECD, von Eurostat, der Internationalen Arbeitsorganisation (ILO), der Wirtschaftskommission für Europa der Vereinten Nationen (UNECE);
- schweizerische Längsschnittdatenerhebungen auf der Ebene von Individualdaten: insbesondere Schweizer Haushalt-Panel (SHP), Schweizerische Arbeitskräfteerhebung (Sake), Volkszählung, Schweizer Wahlstudien (Selects), Tree-Studie (Transitionen von der Erstausbildung ins Erwerbsleben), Erhebungen von MosaiCH (Messung und Observation von sozialen Aspekten in der Schweiz);

– schweizerische Zeitreihen auf aggregierter Ebene: insbesondere Daten des Staatssekretariats für Wirtschaft (Seco), des Bundesamts für Umwelt (Bafu), der Bundeskanzlei, der Eidgenössischen Steuerverwaltung;
– schweizerische Einzelbefragungen für ausgewählte Themen (Vertiefungsbeiträge): insbesondere der Sprachensurvey *linguadult.ch*, der Schweizer Freiwilligen-Monitor sowie der Schweizer Umweltsurvey.

5 Aufbau und Gliederung

Die Gliederung des *Sozialberichts 2008* orientiert sich einerseits an den fünf thematischen Bereichen, für die je ein Kapitel reserviert ist, und andererseits an den zwei unterschiedlichen Perspektiven der indikatorengeleiteten, beschreibenden Sicht und der problembezogenen, vertiefenden und erklärenden Sicht. Zu jedem der fünf Themenbereiche – Verteilung sozialer Güter, kulturelle Vielfalt, soziale Integration, politische Gestaltung, Umwelt und Gesellschaft – werden zuerst die 15 ausgewählte Indikatoren jeweils auf einer Doppelseite mit grafischer Darstellung und einem beschreibenden Kurzkommentar präsentiert. Die Vertiefungsbeiträge der Fachpersonen aus den jeweiligen Themengebieten folgen unmittelbar auf den entsprechenden Indikatorenteil. Diese vertiefenden Beiträge behandeln ein spezifisches, enger umrissenes Unterthema innerhalb des jeweiligen Kapitels.

Das Kapitel *Verteilung sozialer Güter* behandelt die ungleiche Verteilung zentraler wirtschaftlicher und sozialer Güter und Chancen in der Gegenwartsgesellschaft – dazu gehören insbesondere Bildungsressourcen, die berufliche Positionierung und das Einkommen. Jeder dieser drei Kernbereiche wird zunächst im Indikatorenteil mit verschiedenen Daten und Kennziffern beschrieben. Der Vertiefungsbeitrag von *Thomas Meyer* analysiert sodann gezielt Aspekte der Bildungsungleichheit, insbesondere die Schwierigkeiten und Hürden, mit denen Kinder und Jugendliche auf ihrem Weg zu einem Bildungsabschluss der Sekundarstufe II (Lehrabschluss, Maturitätszeugnis o. Ä.) konfrontiert sind. Der Beitrag kommt u. a. zum Schluss, dass das Schweizer Bildungssystem durch ein hohes Mass an Ungleichheit geprägt ist und durch seine Funktionsweise die Bedeutung der sozialen Herkunft für den Bildungserfolg nicht etwa vermindert, sondern im Gegenteil verstärkt.

Das Kapitel *Kulturelle Vielfalt* befasst sich mit der ethnischen, sprachlichen und religiösen Zusammensetzung der Schweizer Bevölkerung sowie deren Kultur- und Freizeitaktivitäten und den damit verbundenen Unterschieden und Ungleichheiten. Der Indikatorenteil ist in vier Gruppen von Indikatoren unterteilt: die erste Themengruppe betrifft die Migration, die zweite die Mehrsprachigkeit, die dritte die religiöse Zugehörigkeit und die vierte die Freizeitaktivitäten. Der Beitrag von *Georges Lüdi und Iwar Werlen* dokumentiert auf der Grundlage des neuen Sprachensurveys *linguadult. ch* die individuelle Mehrsprachigkeit in der Schweiz. Dabei untersuchen die Autoren Fremdsprachengebrauch und -kompetenzen in der Schweizer Wohnbevölkerung, u. a. die Rolle der Ortssprache für die Integration der Migrationsbevölkerung, oder die wachsende Bedeutung des Englischen als Fremdsprache, die aber, wie die Autoren belegen, nicht auf Kosten des Französischen oder des Deutschen erfolgt.

Im Kapitel *Soziale Integration* werden Grad und Formen sozialer Einbindung beschrieben. Im Indikatorenteil werden vier Aspekte unterschieden: die soziale Integration im Mikrobereich von Partnerschaft und Familie, Aspekte sozialer Integration und Desintegration im Bereich sozialstaatlicher Sicherung, soziale Integration im Rahmen des freiwilligen Engagements sowie Aspekte von Desintegration oder Devianz im Bereich Kriminalität. Der Vertiefungsbeitrag von *Markus Freitag und Isabelle Stadelmann-Steffen* befasst sich auf der Grundlage des Schweizer Freiwilligen-Monitors mit dem freiwilligen Engagement und dokumentiert die unterschiedlichen sprachregionalen Freiwilligkeitskulturen in der Schweiz. Die Autoren kommen dabei zum Schluss, dass sich die Schweizer Sprachregionen bezüglich Freiwilligentätigkeiten in verschieden Aspekten stärker voneinander unterscheiden als von ihrem angrenzenden sprachverwandten Ausland.

Das Kapitel *Politische Gestaltung* befasst sich mit der Art und Weise, wie politische Interessen artikuliert und organisiert sind und wie die politischen Verfahren und Institutionen funktionieren. Das politische Leben in der Schweiz wird zunächst anhand von drei Indikatorengruppen dargestellt: die subjektiven Beurteilungen und Haltungen der Bevölkerung, die Formen politischer Interessenartikulation der Bevölkerung sowie verschiedene Indikatoren zum Verhältnis zwischen politischer Elite und Bevölkerung. Der Vertiefungsbeitrag von *Marco Giugni und Pascal Sciarini* behandelt sodann vor dem Hintergrund neuer politischer Konfliktlinien (wie jener zwischen «Gewinnern» und «Verlierern» der Globalisierung) zwei bedeutende Veränderungen, die gegenwärtig in der Schweizer Politik stattzufinden scheinen: Polarisierung und Politisierung. Die Autoren belegen verschiedene Aspekte der gewachsenen Polarisierung sowohl innerhalb der Bevölkerung als auch innerhalb der politischen Elite. Bezüglich Politisierung lassen sich gemäss ihren Analysen hingegen keine klaren empirischen Tendenzen erkennen.

Das Kapitel *Umwelt und Gesellschaft* beschäftigt sich mit dem Umgang der Menschen mit ihrer natürlichen Umgebung und den natürlichen Ressourcen. Der Indikatorenteil beschreibt einerseits die «objektive» Belastung der Umwelt durch den Menschen (Verkehr, Energie, Landschaft, Wasser, Luft) und andererseits die «subjektive» Problemwahrnehmung und Einschätzung in der Schweizer Wohnbevölkerung sowie deren umweltpolitisches Engagement. Der Vertiefungsbeitrag von *Andreas Diekmann und Reto Meyer* untersucht anhand des Schweizer Umweltsurveys die zeitliche Veränderung von Umweltbewusstsein und Umweltverhalten zwischen 1994 und 2007. Die Autoren zeigen, dass sich das Umweltbewusstsein in den letzten Jahren nicht verringert hat und dass sich ein hohes Umweltbewusstsein in einem umweltfreundlicheren Verhalten und einer Unterstützung umweltpolitischer Massnahmen niederschlägt.

Im letzten Kapitel werden die wichtigsten Ergebnisse und Folgerungen des Sozialberichts im Sinn einer *Synthese* zusammengetragen.

Abschliessend sei auf die Hilfsverzeichnisse hingewiesen, die den Leserinnen und Lesern den gezielten Zugriff und den Einstieg in die jeweilige Thematik erleichtern sollen: Am Buchanfang findet sich das *Verzeichnis aller 75 Indikatoren* (nach Kapiteln geordnet), ebenso ein Verzeichnis der verwendeten *Abkürzungen*. Thematische und statistische Fachbegriffe sind am Buchende im *Glossar* erklärt. Anmerkungen, Definitionen und Quellenverweise zu den aufbereiteten Indikatoren finden sich im Indikatorenteil, unterhalb des jeweiligen Kurzkommentars – aus Platzgründen allerdings z. T. in abgekürzter Form – die beigefügte CD-ROM enthält alle detaillierten Angaben. Das *Literaturverzeichnis* ist am Buchende aufgeführt; am Ende jedes Vertiefungsbeitrags finden sich zudem drei bis vier von den jeweiligen Autoren kurz kommentierte *weiterführende Literaturhinweise*.

Verteilung sozialer Güter

Indikatoren

Die ungleiche Verteilung sozialer Güter ist ein grundlegendes Merkmal der Gesellschaftsstruktur, gleich, ob diese Güter materieller (Konsumgüter, Kapital), symbolischer (Wissen, kulturelle Kompetenzen), relationaler (soziales Beziehungsnetz) oder positionaler (hierarchische Position in Organisationen, z. B. im Beruf) Art sind. Die Prozesse, die Ungleichheiten verstärken oder abbauen, gehören zu den wichtigsten und umstrittensten, besonders in demokratisch verfassten Gesellschaften, denn sie haben direkt mit der Verfügung über Macht und ihrer Ausübung zu tun. Grundsätzlich können sehr verschiedene soziale Güter besonders wichtig sein. Aber schon eine relativ kleine Auswahl von ihnen kann eine hinreichende Vorstellung über die Gesellschaftsstruktur vermitteln, weil die Verteilungen dieser verschiedenen Güter nicht völlig voneinander unabhängig, sondern im Gegenteil miteinander verknüpft sind und zusammen das Phänomen der sozialen Schichtung bilden. Dies ist besonders augenfällig für jene Güter, die den Kern der Schichtung in den Gegenwartsgesellschaften ausmachen: soziale Herkunft, erworbene Bildung, berufliche Position, Einkommen und Vermögen. Die soziale Lage einer Person, einer Familie oder einer Gruppe ist also weitgehend durch das «Bouquet» der sozialen Güter gegeben, über die sie verfügt.

Die Indikatoren beschränken sich auf den «härtesten» Teil dieses Kerns, nämlich die Triade von *erstens* Bildung (Indikatoren *Nachobligatorische Bildungsabschlüsse, Bildungsstand der Bevölkerung, Bildungsvererbung und Bildungshomogamie* sowie *Weiterbildung), zweitens* Berufspositionierung (Indikatoren *Sektoren- und Branchenwandel* der Wirtschaft, *Erwerbsbeteiligung, Voll- und Teilzeiterwerbstätigkeit, Eintritt ins Berufsleben, Arbeitsbedingungen, Arbeitslosigkeit, Soziodemographisches Profil der Arbeitslosigkeit* und *Langzeitarbeitslosigkeit)* und *drittens* Einkommen (Indikatoren *Erwerbseinkommen, Lohnniveau und Lohnunterschiede,* und *Haushaltseinkommen,* letzteres inkl. Vermögensverteilung).

Nachobligatorische Bildungsabschlüsse

Sich über die obligatorische Schulzeit hinaus zu bilden, gilt heute als Voraussetzung für gute Chancen beim Berufseinstieg. Wer nach der obligatorischen Schule keine weiterführende Ausbildung absolviert, gilt als bildungsarm und muss prekäre Arbeitsbedingungen sowie ein erhöhtes Arbeitslosigkeitsrisiko gewärtigen.

Der Anteil der jungen Frauen und Männer mit nachobligatorischem Abschluss ist heute hoch und zeigt nach einem vorübergehenden Rückschlag steigende Tendenz. Die Berufsbildung ohne Berufsmaturität (vor allem Berufslehre) herrscht anteilsmässig vor, aber mit sinkender Tendenz. Der Besuch höherer Berufsbildungen und der nicht berufsorientierten Allgemeinbildung der Sekundarstufe II nimmt zu. Im Lauf der Achtzigerjahre haben die Frauen ihren Rückstand auf die Männer in Bezug auf die Berufslehre weitgehend aufgeholt und diese in den Maturitätsschulen sogar überflügelt. Wichtigster Geschlechtsunterschied: ein höherer Anteil der Männer absolviert eine Berufsbildung, Frauen durchlaufen verstärkt allgemeinbildende Ausbildungsgänge. In der jungen Generation erreichen nicht ganz zwei Drittel der Frauen und etwas mehr als drei Viertel der Männer das Niveau qualifizierter Arbeiter oder Angestellter, rund ein Fünftel erwirbt mit der Matura den Pass zur Universitätsstufe. Die Ausbildungs- und Berufseintrittswege der Schülerinnen und Schüler, die 2000 die obligatorische Ausbildung abgeschlossen haben, laufen in jedem darauffolgenden Jahr weiter auseinander; längere Bildungsverläufe ermöglichen vorteilhaftere Berufseinstiege.

Im internationalen Vergleich ist das Niveau der Schweiz bescheiden, nur Grossbritannien hat einen leicht geringeren Anteil an 20- bis 24-Jährigen, die noch in Ausbildung sind; auch Deutschland, mit demselben System der dualen Berufsbildung wie die Schweiz, liegt höher.

Definitionen/Bemerkungen

Obere Grafik: Nachobligatorische Bildungsabschlüsse: Bildungsabschlüsse, die nach der obligatorischen Schulzeit (Sek. I bzw. 9 Jahre) erworben werden. Details: siehe CD.

Mittlere Grafik: Schulabgangskohorte 2000: Schüler, die die obligatorische Schulzeit 2000 abgeschlossen haben.

Bildungsstufen: Sekundarstufe II (ISCED 3–4): *Berufsbildung* (Berufslehre, Berufsmaturität), *Allgemeinbildung* (gymnasiale Maturität, Fachmittelschule); *Tertiärstufe:* ISCED 5–6 (Fachhochschule, Universität).

Stichprobengrösse: Tree: 5532 (2001) bis 4138 (2006); gewichtete Daten.

Quelle: obere Grafik: BFS, Bildungsindikatoren; *mittlere Grafik:* Tree 2001–2006; *untere Grafik:* OECD, Education at a Glance 2005.

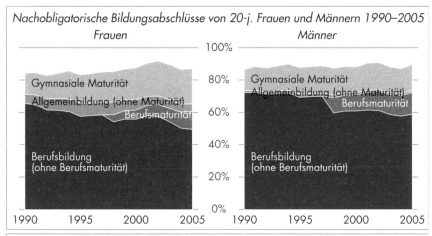

Nachobligatorische Bildungsabschlüsse von 20-j. Frauen und Männern 1990–2005

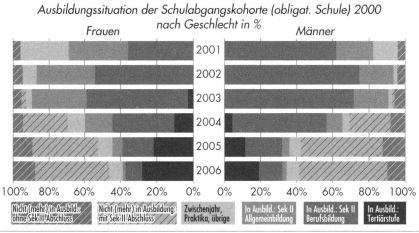

Ausbildungssituation der Schulabgangskohorte (obligat. Schule) 2000 nach Geschlecht in %

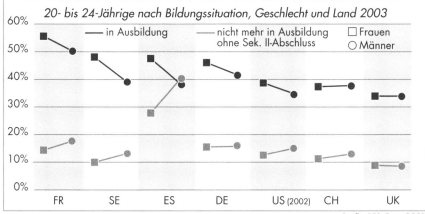

20- bis 24-Jährige nach Bildungssituation, Geschlecht und Land 2003

Quelle: BFS, Tree, OECD

31

Bildungsstand der Bevölkerung

Misst man die Bildungsungleichheiten in der Bevölkerung daran, welcher Anteil ein hohes Niveau erreicht (Universität, Fachhochschule), so zeigen sich deutliche internationale Unterschiede, daneben auch solche nach Alter und Geschlecht. Ordnet man die Länder nach dem Anteil der Frauen mit dem höchsten Bildungsniveau in der jüngsten Altersgruppe, so stellt sich Schweden doppelt so vorteilhaft dar wie Deutschland. In Deutschland und der Schweiz sind die Geschlechterunterschiede besonders stark, in allen Ländern erhöht sich aber das Bildungsniveau zwischen aufeinander folgenden Altersgruppen.

Zu den wichtigen Faktoren für den Schulerfolg gehört auch die Nähe zur Mehrheitskultur im Wohnkontext sowie die Dauer des Schulbesuchs und der Ansässigkeit im Immigrationsland. Je nach der nationalen Herkunft ergeben sich deshalb sehr unterschiedliche Altersunterschiede der Bildungsniveaus. Der Anteil von Menschen mit tiefem Bildungsabschluss sinkt von den älteren zu den jüngeren Altersgruppen, ist aber bei Schweizern und Immigranten aus dem «nördlichen» Ausland auch bei den Ältesten sehr gering. Dieser Anteil nähert sich bei den Immigranten aus Italien und Spanien von den älteren zu den jüngeren Altersgruppen demjenigen der Schweizer und der «nördlichen» Immigranten, während jener der Einwanderer aus Portugal, der Türkei und den ehemals jugoslawischen Ländern zwischen den Altersgruppen nur wenig absinkt. Gemessen am Bildungserfolg scheint bei der ersten Immigrantengruppe die Integration gut zu gelingen, während sie bei der zweiten schwieriger oder zumindest noch unklar ist, weil die Wohndauer und das Einschulungsalter in der Schweiz sowie das Bildungsniveau der Eltern nicht berücksichtigt sind (die meisten Einwanderer aus Portugal sind seit kürzerer Zeit in der Schweiz als jene aus Spanien, der Anteil von Jugendlichen, die nicht ihre ganze Schulzeit in der Schweiz absolviert haben, ist bei diesen Einwanderergruppen am grössten).

Definitionen/Bemerkungen

Bildungsstufen: tief: ISCED 0–2 (keine nachobligatorische Bildung, Anlehre); *hoch:* ISCED 5–6 (Fachhochschule, Universität).

Stichprobengrösse: Sake 2006: 48313; gewichtete Daten.

Quelle: obere Grafik: OECD, Education at a Glance 2005; *untere Grafik:* BFS, Sake.

Anteile von Frauen und Männern mit hoher Bildung nach Alter und Land 2004

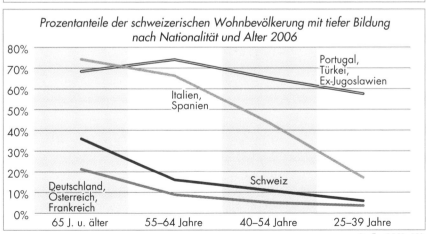

Prozentanteile der schweizerischen Wohnbevölkerung mit tiefer Bildung nach Nationalität und Alter 2006

Quelle: OECD, BFS

33

Bildungsvererbung und Bildungshomogamie

Bildung ist der folgenreichste «Verteiler» der jungen Bevölkerung im schweizerischen Ungleichheitssystem. Deshalb ist die Frage wichtig, wie stark der Bildungserfolg einer Generation vom Bildungsstand ihrer Eltern abhängt. Das schweizerische Bildungssystem hat seinen Umfang während den vergangenen Jahrzehnten regelmässig vergrössert. Dennoch geht die Bildungsvererbung nicht zurück: je höher die Bildung der Eltern, desto höher ist nach wie vor das Bildungsniveau ihrer Kinder.

In allen Ländern herrscht die Reproduktion der Bildungsungleichheiten vor, d. h. die meisten Menschen erreichen dasselbe Niveau wie ihre Eltern. Die Expansion des Bildungssystems drückt sich nur darin aus, dass unter den übrigen die aufsteigende Mobilität häufiger ist als die absteigende. Männer steigen bildungsmässig häufiger auf als Frauen (ausser in Frankreich und Schweden). Auf den oberen Bildungsstufen besteht denn auch weiterhin Geschlechterungleichheit, obwohl die Frauen auf den unteren und mittleren Stufen inzwischen aufgeholt haben.

Einige Länder kennen grosse Unterschiede zwischen Altersgruppen, vor allem Spanien, wo die jüngeren Altersgruppen im Vergleich zu ihren Eltern wesentlich häufiger aufsteigen als die älteren. Ähnlich ist es in Grossbritannien und Frankreich. In der Schweiz und Deutschland sind die Altersunterschiede nur geringfügig, während in Schweden die mittlere Altersgruppe am meisten Bildungsaufstieg zeigt. In allen Ländern ist Bildungsabstieg besonders selten.

Zu den Mechanismen der Weitergabe ungleicher Schichtpositionen zwischen den Generationen gehört auch die Homogamie, die Heirat unter Positionsgleichen. In allen Vergleichsländern herrscht diese Tendenz zahlenmässig vor. An zweiter Stelle steht meistens (ausser in Frankreich und Schweden) die weibliche Hypergamie (die Frau hat einen Partner mit höherem Bildungsniveau).

Definitionen/Bemerkungen

Obere und mittlere Grafik: aufsteigende Mobilität: Person ist besser ausgebildet als Elternteil mit der höheren Ausbildung (Vater oder Mutter).

Untere Grafik: Hypergamie: (Ehe-)Frau schlechter ausgebildet als Partner; *Hypogamie:* (Ehe-)Frau besser ausgebildet als Partner; *Homogamie:* Frau gleich gut ausgebildet wie Partner.

Alle Grafiken: Die Berechnungen basieren auf dem Vergleich von drei Bildungsstufen: *tief:* ISCED 0–2 (keine nachobligatorische Bildung, Anlehre); *mittel:* ISCED 3–4 (Berufslehre, Matura); *hoch:* ISCED 5–6 (Fachhochschule, Universität).

Stichprobengrösse: ESS 2006: 1804–2916; gewichtete Daten, nur 25-Jährige und Ältere.

Quelle: ESS 2006.

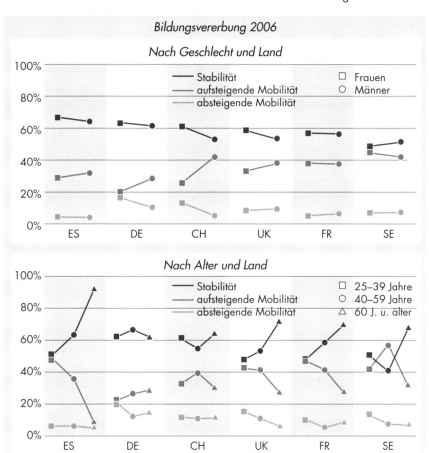

Bildungsvererbung 2006

Nach Geschlecht und Land

Nach Alter und Land

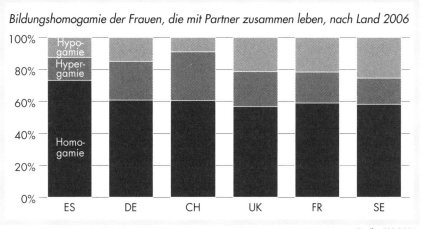

Bildungshomogamie der Frauen, die mit Partner zusammen leben, nach Land 2006

Quelle: ESS 2006

35

Weiterbildung

Die (Un-)Durchlässigkeit eines Bildungssystems lässt sich nicht nur am Ausmass ablesen, in dem die Erstausbildung einer Generation von jener ihrer Eltern abhängt (vgl. Indikator *Bildungsvererbung*), sondern auch an den Möglichkeiten, diese später durch Weiterbildung zu verbessern. Dabei ist in den letzten Jahren eine abnehmende Tendenz festzustellen.

Weiterbildung (WB) wird am meisten durch Erwerbstätige betrieben, zu einem ähnlichen Anteil auch durch Arbeitslose, deutlich weniger durch Nichterwerbstätige (vor allem verheiratete Frauen und Pensionierte). Dies gilt vor allem für berufsbezogene WB, sonstige WB-Aktivitäten sind wesentlich seltener und weniger unterschiedlich.

WB wird deutlich häufiger von bereits besser Gebildeten betrieben und besonders selten von Menschen mit lediglich obligatorischer Schulung. Bei höheren Bildungsstufen ist eine Art Plafonierung erreicht: zwischen Menschen mit Maturität, Universitätsabschluss oder Diplom einer höheren Berufsschule, die am häufigsten WB betreiben, bestehen keine nennenswerten Unterschiede. Auch hier ist die global sinkende Tendenz sichtbar.

Die Bildungsunterschiede finden sich in allen Ländern (hier nur für Erwerbstätige betrachtet), wobei auch fast überall ein Häufigkeitsgefälle von informeller (maximal) zu formaler WB (minimal) vorliegt. In Frankreich, der Schweiz und Schweden ist WB ungefähr gleich häufig, in Spanien besonders selten.

Insgesamt ist WB stark in den beruflichen Bereich eingebunden. Zudem wird sie in kumulativer Logik erworben, d. h. sie dient faktisch nicht dazu, tiefe Erstbildungsabschlüsse zu ergänzen, sondern bereits erworbene bessere Bildungsressourcen noch zu verstärken. Damit erweist sich WB de facto als weiteres Instrument der Ungleichheitsreproduktion, entgegen den vielfach an sie gestellten Erwartungen.

Definitionen/Bemerkungen

Weiterbildung: in den letzten 12 Monaten.
Untere Grafik: formal: umfassende Ausbildung (neue Ausbildung); *nicht formal:* isolierte Kurse, Module, Konferenzen, weitere Aktivitäten mit Lehrer; *informell:* ohne Verhältnis Lehrer-Lernende (Autodidaktik, Lektüre usw.).
Bildungsstufen: tief: ISCED 0–2 (keine nachobligatorische Bildung, Anlehre);
mittel: ISCED 3–4 (Berufslehre, Matura); *hoch:* ISCED 5–6 (höhere Berufsbildung, Hochschule).
Stichprobengrösse: Sake: mindestens 16000 pro Jahr.
Quelle: obere vier Grafiken: BFS, Sake; *untere Grafik:* Eurostat, NewCronos.

Weiterbildung 1996–2006

Gesamtbevölkerung 20–74 Jahre nach Erwerbsstatus

Erwerbstätige 25–64 Jahre nach Bildung

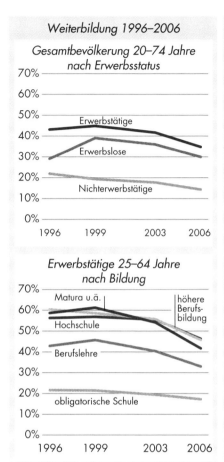

Weiterbildung nach Zweck 2006

Gesamtbevölkerung 20–74 Jahre nach Erwerbsstatus

Erwerbstätige 25–64 Jahre nach Bildung

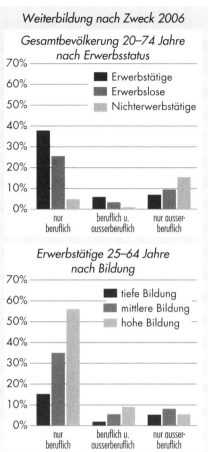

Weiterbildung bei Erwerbstätigen (25–64 Jahre) nach Art, Bildung und Land 2003

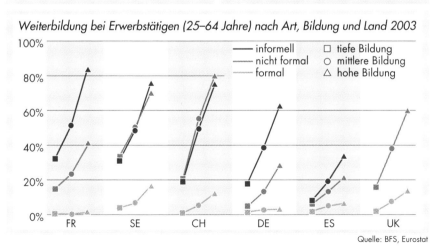

Quelle: BFS, Eurostat

37

Sektoren- und Branchenwandel

Im Laufe des zwanzigsten Jahrhunderts hat sich die sektorielle Struktur der schweizerischen Wirtschaft massiv verändert. Seit dem 19. Jahrhundert hat sich der Industriesektor auf Kosten der Landwirtschaft stark entwickelt. In den Fünfzigerjahren des zwanzigsten Jahrhunderts begann der starke Aufschwung des Dienstleistungssektors, welcher bis heute weitergeht und die Rede von postindustriellen Gesellschaften begründet. Der Rückgang des Beschäftigtenanteils der Industrie (er sank in den frühen Siebzigerjahren unter jenen der Dienstleistungen) wurde durch die gleichzeitige Zunahme des Dienstleistungssektors kompensiert. Dabei ist anzufügen, dass der Beitrag des industriellen Sektors zum Bruttoinlandprodukt weit weniger stark zurückging als sein Beschäftigtenanteil, weil gleichzeitig durch Rationalisierung massive Produktivitätsfortschritte realisiert wurden. Dies gilt dank der Einführung der Informatik seit den späten Achtzigerjahren auch für den Dienstleistungsbereich.

Der Beschäftigungsrückgang ist beispielsweise im Verlags- und Druckgewerbe in den letzten 15 Jahren geringer als im Maschinenbau oder im Baugewerbe. Auch die Zunahme im Dienstleistungssektor betrifft nicht alle Branchen gleichermassen, beispielsweise das Unterrichtswesen deutlich weniger als das Gesundheits- und Sozialwesen oder die Bereiche Immobilien, Vermietung und Informatik.

Die Entwicklung seit 1950 ist in allen verglichenen Ländern dieselbe, wenn sie auch nicht überall zeitgleich erfolgt: bis in die Mitte des zwanzigstens Jahrhunderts entwickeln sich Industrie und Dienstleistungen parallel auf Kosten der Landwirtschaft (je nach Land auch die Forstwirtschaft oder Fischerei). Dann beginnt der Beschäftigungsanteil der Industrie zu sinken, während die Expansion des Dienstleistungssektors weitergeht. In der Schweiz ist die beschäftigungsmässige Bedeutung der Industrie weit gegangen (ihr maximaler Anteil steht hinter Deutschland und Grossbritannien); auch die seitherige Zunahme des Dienstleistungssektors geht vergleichsweise weit.

Definitionen/Bemerkungen

Quelle: obere Grafik: BFS: ETS, Sake, Schweizerischer Lohnindex; Seco: Arbeitslosenstatistik; *mittlere zwei Grafiken:* BFS, ETS; *untere linke Grafik:* ILO, Yearbook of Labour Statistics 1954 (14th edition), 1958 (18th edition) und 1968 (28th edition); ILO, Laborsta; Kneschaurek (1964); *untere rechte Grafik:* ILO, Key Indicators of the Labour Market, 5th edition.

Prozentanteile der Beschäftigten nach den drei Wirtschaftssektoren 1960–2006

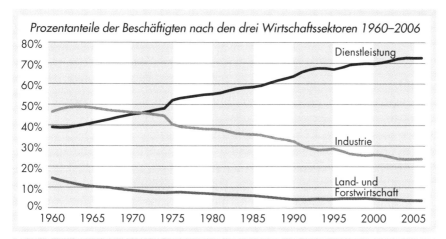

Zu- und Abnahme der Beschäftigung in ausgewählten Branchen 1991–2006

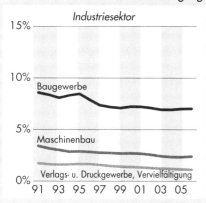

Beschäftigte im Industrie- und Dienstleistungssektor in Prozent nach Land

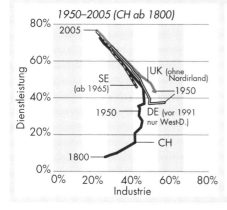

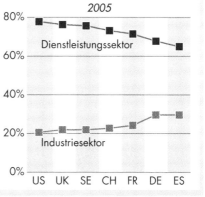

Quelle: BFS, ILO, Kneschaurek

Erwerbsbeteiligung

Die Kurve der männlichen Erwerbsbeteiligung sinkt von einem hohem Wert langsam ab, jene der weiblichen steigt von einem tiefen Wert stark an; die Quote der Frauen liegt heute um rund 15 Prozent unter der männlichen. Ausländer, noch stärker Ausländerinnen sind zu einem grösseren Anteil erwerbstätig als Schweizer und Schweizerinnen; ein grosser Teil der Einwanderung in die Schweiz ist eine Arbeitsimmigration.

Das Verbot der Kinderarbeit und die obligatorische Schulzeit einerseits, das offizielle Pensionierungsalter andererseits verknüpfen die Erwerbstätigkeit mit dem Alter; das überrascht wenig. Die unterschiedlichen Erwerbsverläufe von Männern und Frauen widerspiegeln die Tatsache, dass die Last der Familienarbeit (vor allem Kinderpflege) nach wie vor weitgehend von den Frauen getragen wird. Reduktionen, Unterbrechungen oder gar definitive Aufgabe der Erwerbstätigkeit finden sich systematisch in weiblichen Erwerbsverläufen, aber nur ausnahmsweise in männlichen. Zwischen 1990 und 2006 nimmt die Erwerbsquote der Frauen stark zu und geht erst in einem späteren Alter wieder zurück, (wenn auch immer noch früher als bei den Männern). Die Unterschiede nach dem Familienstand bestätigen, dass das Ausmass an nötiger Kinderpflege (erfasst durch die Anwesenheit von Kindern im Elternhaushalt und ihr Alter) ein ausschlaggebender Einflussfaktor für die unterschiedlichen Erwerbsquoten von Männern und Frauen ist.

Im internationalen Vergleich sind drei Verlaufsregimes für Frauen erkennbar. *Erstens* die Unvereinbarkeit von Ehe und Erwerbstätigkeit (frühe und dauerhafte Reduktion der weiblichen Erwerbsbeteiligung – Spanien), *zweitens* die Unvereinbarkeit von Mutterschaft und Erwerbstätigkeit (Rückgang in derjenigen Altersperiode, in der Kinderpflege besonderes Gewicht hat – Grossbritannien, Frankreich, Deutschland, Schweiz), *drittens* die Vereinbarkeit von Erwerbstätigkeit und Familie (gleicher Erwerbsverlauf für Männer und Frauen – Schweden).

Definitionen/Bemerkungen

Obere und mittlere rechte Grafik: Erwerbstätigenquote: Anteil Erwerbstätige an der ständigen Wohnbevölkerung im Alter von 15 bis 64 Jahren.

Mittlere linke und untere Grafik: Erwerbsquote: Anteil Erwerbspersonen (Erwerbstätige und Erwerbslose) an der ständigen Wohnbevölkerung ab 15 Jahren.

Untere Grafik: 5-Jahres Altersgruppen (15–19, 20–24, …, 60–64, 65–69, 70 Jahre und älter).

Stichprobengrösse: Sake: mindestens 16000 pro Jahr.

Quelle: obere Grafik: BFS: ETS, Sake; *mittlere rechte Grafik:* BFS, Sake; *mittlere linke und untere Grafik:* UNECE.

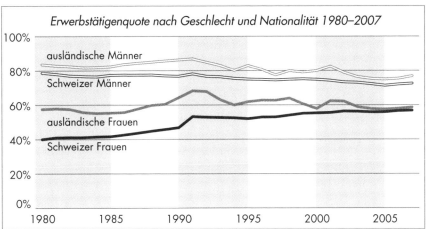

Erwerbstätigenquote nach Geschlecht und Nationalität 1980–2007

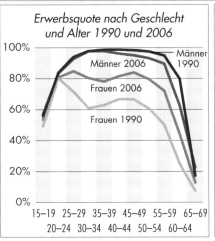

Erwerbsquote nach Geschlecht und Alter 1990 und 2006

Erwerbstätigenquote nach Geschlecht und Familiensituation 1991 und 2007

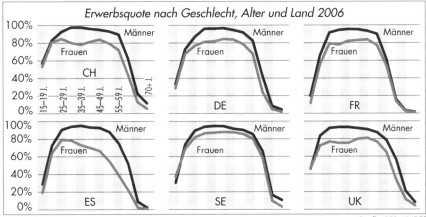

Erwerbsquote nach Geschlecht, Alter und Land 2006

Quelle: BFS, UNECE

41

Voll- und Teilzeiterwerbstätigkeit

Das «Normalarbeitsverhältnis» (Vollzeit-Erwerbstätigkeit, unbefristete Anstellung, feste Arbeitszeit ohne Nacht- und Wochenendarbeit) herrscht zahlenmässig vor, aber in den letzten Jahrzehnten haben sich ausserhalb dieser Norm liegende Arbeitsverhältnisse stark entwickelt.

Der Anteil der Vollzeiterwerbstätigen sinkt stetig, liegt aber für Männer (ohne Unterschied zwischen Schweizern und Ausländern) deutlich über jenem der Frauen; Ausländerinnen sind häufiger vollzeiterwerbstätig als Schweizerinnen. Der Vormarsch der Teilzeitarbeit betrifft kaum Männer, aber über die Hälfte der Schweizerinnen.

Mit dem Alter geht der Anteil der Vollzeitarbeit bei Frauen besonders stark zurück. Dies hängt mit der doppelten Tatsache zusammen, dass die Familienarbeit vorwiegend von ihnen erledigt wird (vgl. Indikatoren *Rollenverteilung im Paar* und *Erwerbsbeteiligung*) und dass die Verbindung von Familien- und Berufstätigkeit in der Schweiz nur selten durch ausserfamiliale Einrichtungen erleichtert wird. Auch der Übergang in den Ruhestand ist ein wichtiger Grund für Teilzeitarbeit.

Der Alterszusammenhang der Teilzeithäufigkeit für Frauen findet sich vor allem in der Schweiz und in Deutschland, in den anderen Ländern spielt die weibliche Rückkehr zur Vollzeitarbeit eine wichtige Rolle. Überall, wenn auch in ungleichem Mass, liegt die Teilzeitquote der Frauen deutlich über jener der Männer.

Die Probleme der Vereinbarkeit beider Tätigkeitsbereiche werden weithin wahrgenommen. Die Arbeit erscheint häufiger als Störungsquelle für die Familie als umgekehrt; dies gilt überall stärker für Männer als für Frauen, ausser in Schweden, dessen Arbeitsmarkt- und Familienpolitik am konsequentesten auf Gleichbehandlung ausgerichtet ist.

Definitionen/Bemerkungen

Angegeben ist der Anteil der Voll- und Teilzeiterwerbstätigen an allen Erwerbstätigen (mind. 1 Stunde pro Woche) der jeweiligen Bevölkerungsgruppe.

Obere linke Grafik: Vollzeiterwerbstätigkeit: Beschäftigungsgrad von mindestens 90%.

Mittlere Grafik: Teilzeiterwerbstätigkeit: 1–30 Stunden pro Woche.

Untere Grafik: Fragestellung: «Wie oft haben Sie das Gefühl, dass die Ansprüche Ihres Berufs mit Ihrem Familienleben kollidieren? Wie oft haben Sie das Gefühl, dass die Ansprüche Ihrer Familie mit Ihrem Beruf kollidieren?» Angegeben sind die Anteile der Befragten mit Antwort «immer» oder «oft» (andere Antwortkategorien: «manchmal», «selten», «nie»).

Stichprobengrösse: Sake: mindestens 16000 pro Jahr; ISSP: 913–1701; gewichtete Daten.

Quelle: obere zwei Grafiken: BFS, Sake; *mittlere Grafik:* OECD, OECD.Stat; *untere Grafik:* ISSP 2005.

Vollzeiterwerbstätigkeit nach Geschlecht und Nationalität 1991–2007

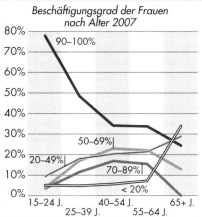

Beschäftigungsgrad der Frauen nach Alter 2007

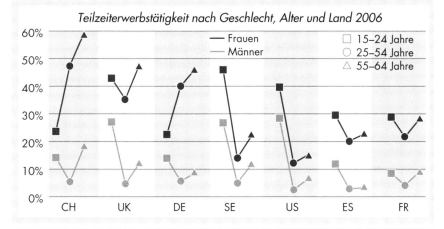

Teilzeiterwerbstätigkeit nach Geschlecht, Alter und Land 2006

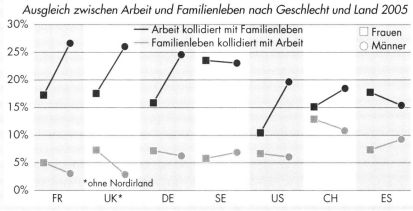

Ausgleich zwischen Arbeit und Familienleben nach Geschlecht und Land 2005

Quelle: BFS, OECD, ISSP 2005

43

Eintritt ins Berufsleben

Nach der obligatorischen Schulzeit bildet sich ein grosser Anteil der Jungen (über neunzig Prozent der Schulkohorte) weiter, der Eintritt ins Erwerbsleben erfolgt schrittweise nach dem dritten nachobligatorischen Jahr.

Auch sechs Jahre nachher hat jedoch erst etwas mehr als die Hälfte eines Jahrgangs den Erwerbseintritt vollzogen (wovon ein kleinerer Anteil neben einer hauptsächlichen Erwerbstätigkeit eine zusätzliche Ausbildung verfolgt). Ohne Erwerb (arbeitslos oder weder erwerbstätig noch in Ausbildung) sind zu diesem Zeitpunkt neun Prozent.

Im internationalen Vergleich fällt zunächst die Ausnahme Frankreichs auf, wo Frauen und Männer der jüngsten Altersgruppe besonders selten berufstätig sind, weil dort die Ausbildung länger dauert und kein verbreitetes duales Berufsbildungssystem existiert. Weiter liegen selbst in den hier betrachteten jungen Altersgruppen die Erwerbsquoten der Frauen für jede Altersgruppe in allen Ländern unter jenen der Männer, obwohl die Frauen nicht länger in Ausbildung sind. Schliesslich deutet der Zeitverlauf der 25- bis 29-Jährigen darauf hin, dass in den meisten Ländern der Berufseinstieg der Jungen schwieriger geworden ist, vor allem zwischen 1991 und 2001 (vgl. Indikator *Übertritt ins Erwachsenenalter*).

Definitionen/Bemerkungen

Obere linke Grafik: Als erwerbstätig werden diejenigen jungen Leute bezeichnet, die hauptsächlich oder ausschliesslich ins Berufsleben integriert sind (ohne Nebenjobs neben der Ausbildung).
Untere Grafik: Erwerbstätigkeit: mindestens eine Stunde pro Woche erwerbstätig.
Stichprobengrösse: Tree: 5532 (2001) bis 4138 (2006); gewichtete Daten.
Quelle: obere zwei Grafiken: Tree 2001–2006; *untere Grafik:* OECD, OECD.stat.

Übergang von der Schule zur Erwerbstätigkeit bei der Schulabgangskohorte 2000

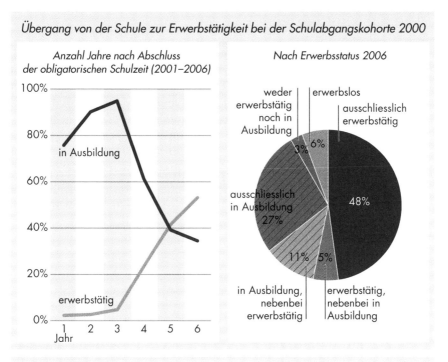

Anzahl Jahre nach Abschluss der obligatorischen Schulzeit (2001–2006)

Nach Erwerbsstatus 2006

Erwerbstätigkeit bei 15- bis 29-Jährigen nach Geschlecht und Land 1991–2006*

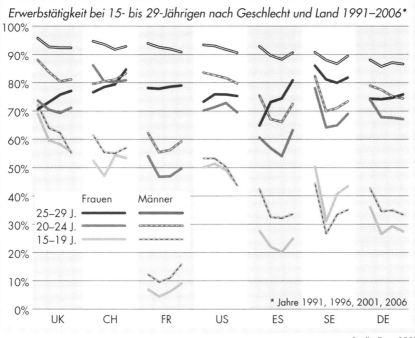

* Jahre 1991, 1996, 2001, 2006

Quelle: Tree, OECD

45

Arbeitsbedingungen

Nicht erst seit dem Interesse für die «Humanisierung der Arbeit» in den Achtzigerjahren ist die Qualität des Arbeitslebens ein zentraler Aspekt der Lebensqualität und Menschenwürde. Arbeitsplatzsicherheit und Zufriedenheit mit der Arbeit sind zwei besonders wichtige Elemente davon. Sie haben sich in der Sicht der erwerbstätigen Schweizerinnen und Schweizer in jüngerer Zeit deutlich verbessert. In den Vergleichsländern liegen sie eher tiefer, eine ähnlich klare Verbesserung fand nur in Grossbritannien statt, während in Frankreich sogar Anzeichen eines Rückschritts bestehen.

Beide Elemente sind stark an die hierarchische Position gebunden: in allen Vergleichsländern präsentieren sie sich für Menschen mit Leitungsfunktion wesentlich vorteilhafter als für Personen ohne Leitungsfunktion.

Die gleichzeitige Betrachtung mehrerer Aspekte schwieriger Arbeitsbedingungen ergibt ein differenzierteres Bild der Veränderungen. Harte körperliche Arbeit und gefährliche Arbeitsumstände nehmen eher zu (Ausnahme: Grossbritannien), Erschöpfung nach der Arbeit und Stress nehmen teils zu (Spanien, Stress auch USA), teils ab (Deutschland, Schweden, Schweiz, Erschöpfung auch USA). Für alle vier Kriterien liegen die Werte der Schweiz vergleichsweise tief. Insgesamt erscheinen damit die Arbeitsbedingungen in der Schweiz als vergleichsweise gut.

Definitionen/Bemerkungen

Obere und mittlere Grafik: Arbeitszufriedenheit: Index von 0 (keine Zufriedenheit) bis 100 (max. Zufriedenheit) auf Basis verschiedener Fragen zur Zufriedenheit mit Lohn, Aufstiegsmöglichkeiten, Interesse an Arbeit, Verhältnis mit Kollegen und Vorgesetzten. *Arbeitsplatzsicherheit:* Index von 0 (keine Sicherheit) bis 100 (max. Sicherheit) auf Basis verschiedener Fragen zur Sicherheit der Arbeitstelle und zum Arbeitslosigkeitsrisiko. Fragestellung: siehe CD.

Untere Grafik: schwierige Arbeitsbedingungen: Angegeben sind die Anteile der Befragten, die immer oder oft solche Arbeitsbedingungen erfahren. Fragestellung: siehe CD.

Stichprobengrösse: ISSP: 1011–2518 (1997), 913–1701 (2005); gewichtete Daten, nur Erwerbstätige.

Quelle: ISSP 1997 und 2005.

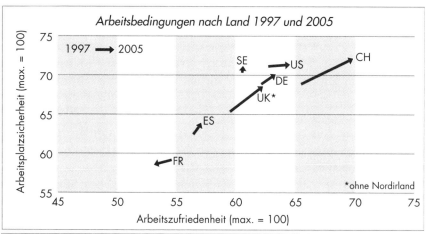

Arbeitsbedingungen nach Land 1997 und 2005

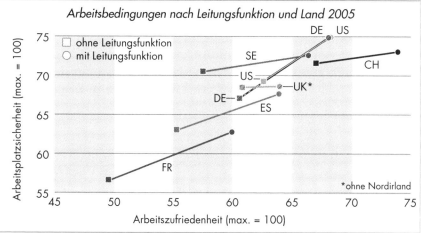

Arbeitsbedingungen nach Leitungsfunktion und Land 2005

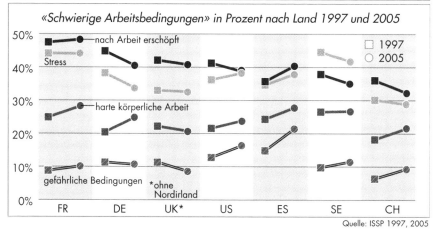

«Schwierige Arbeitsbedingungen» in Prozent nach Land 1997 und 2005

Quelle: ISSP 1997, 2005

47

Arbeitslosigkeit

Die üblicherweise verwendeten Masse von Arbeitslosigkeit zeigen dasselbe Verlaufsmuster. Die Rezession der frühen Neunzigerjahre widerspiegelt sich deutlich in den Arbeitslosenquoten, die nach einer Periode sehr tiefer Werte bis 1990 schnell auf ein Niveau steigen, das in der Schweiz seit der Nachkriegszeit nicht mehr erreicht worden war. Auf das Maximum 1997 folgt ein ebenso schneller Abstieg, der aber bald durch einen erneuten Anstieg abgelöst wird, allerdings nicht bis zum maximalen Wert der Neunzigerjahre. Ab 2005 sinkt die Arbeitslosenrate wieder. Der Rückgang der Arbeitslosigkeit am Ende der Neunzigerjahre wurde nicht durch einen ähnlichen Rückgang der Unterbeschäftigung begleitet. Die Qualität der in dieser Periode geschaffenen neuen Arbeitsplätze hat sich gegenüber den bereits bestehenden offensichtlich verschlechtert. Ausserdem hat sich in den letzten zwanzig Jahren die Verknüpfung zwischen dem Konjunkturzyklus und der Beschäftigungssituation verstärkt.

Der Anteil registrierter Arbeitsloser, die eine Teilzeitstelle suchen, ist relativ konstant, also vom Konjunkturverlauf kaum beeinflusst; er hängt von anderen, zeitlich wenig variierenden Faktoren ab (z. B. Kleinkinder im Haushalt).

Die Schwankungen der Arbeitslosigkeit in der Schweiz erfolgen gleichzeitig und parallel zu jenen anderer westlicher Länder, aber mit deutlich tieferen Werten. In der Schweiz und in Frankreich sind die Ausschläge längerfristig wesentlich geringer als etwa in Spanien.

Die Erfahrung von Arbeitslosigkeit ist denn auch zwischen den Ländern ungleich verbreitet, unter anderem aufgrund institutioneller Unterschiede. Auch diesbezüglich liegen die Schweizer Werte am tiefsten.

Definitionen/Bemerkungen

Arbeitslose (internationale Definition: BFS und OECD): Personen, die keine Stelle haben, eine Stelle suchen und bereit sind, eine neue Stelle anzutreten. *Registrierte Arbeitslose (Definition Seco):* Personen, die bei einem Regionalen Arbeitsvermittlungszentrum (RAV) gemeldet sind, keine Stelle haben und vermittelbar sind. *Teilweise Arbeitslose:* registrierte Arbeitslose, die eine Teilzeitstelle suchen. *Registrierte Stellensuchende:* alle arbeitslosen und nichtarbeitslosen Personen, die bei einem RAV gemeldet sind und eine Stelle suchen. *Unterbeschäftigte:* Erwerbspersonen, die Teilzeit arbeiten und einen höheren Beschäftigungsgrad möchten. Details: siehe CD.
Stichprobengrösse: Sake: mind. 16000 pro Jahr; ESS 2006: 1804–2916; gewichtete Daten.
Quelle: obere Grafik: Seco und BFS, Sake; *mittlere Grafik:* OECD, OECD.stat; *untere Grafik:* ESS 2006.

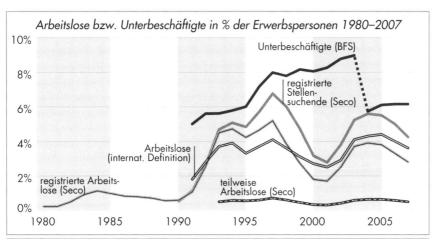

Arbeitslose bzw. Unterbeschäftigte in % der Erwerbspersonen 1980–2007

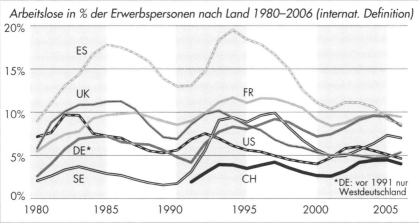

Arbeitslose in % der Erwerbspersonen nach Land 1980–2006 (internat. Definition)

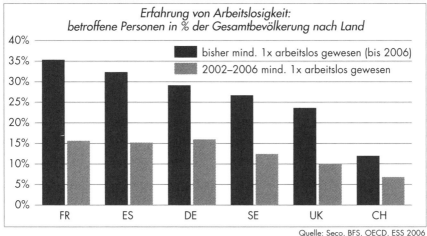

Erfahrung von Arbeitslosigkeit:
betroffene Personen in % der Gesamtbevölkerung nach Land

Quelle: Seco, BFS, OECD, ESS 2006

49

Soziodemographisches Profil der Arbeitslosigkeit

Arbeitslosigkeit betrifft Männer und Frauen oft unterschiedlich und ungleich je nach Land. Die Geschlechterdifferenz ist besonders gross in Spanien, mittel in Frankreich und Grossbritannien, klein in der Schweiz und den übrigen Ländern. Überall nimmt sie eher ab, wobei offen bleiben muss, ob dies der sich verbessernden Konjunktur oder stärker greifenden Gleichstellungspolitiken zu verdanken ist. Die für Frauen typische Aufgabe der Erwerbstätigkeit zugunsten der Mutterrolle (vgl. Indikator *Erwerbsbeteiligung*) gilt nicht als Arbeitslosigkeit und kommt deshalb in diesen Grafiken nicht zum Ausdruck.

Auch die Altersspezifität der Arbeitslosigkeit variiert stark zwischen den Ländern, mit grossen Unterschieden zwischen Altersgruppen in Spanien, Frankreich und Schweden, kleinen in der Schweiz und in Deutschland. Die jüngere Altersgruppe ist am meisten von diesem grundlegenden sozialen Risiko bedroht. Diese Altersgruppe, welche die Periode des Berufseintritts nach der Ausbildung verkörpert, scheint auch besonders direkt von den Konjunkturschwankungen betroffen zu sein, vor allem in Frankreich, Spanien, Schweden und auch Grossbritannien, aber zunehmend auch in der Schweiz. Die Bildungsunterschiede zeigen überall dieselbe Tendenz: je höher die Bildung, desto geringer die Betroffenheit durch Arbeitslosigkeit.

Auch die Nationalität bedingt unterschiedliche Anfälligkeit für Arbeitslosigkeit, wobei trotz Unterschieden die Haupttendenz in allen verglichenen Ländern gleich ist: geringste Anfälligkeit für bzw. bester Schutz vor Arbeitslosigkeit für die Einheimischen (besonders stark in Frankreich), höchste Anfälligkeit für Einwanderer von ausserhalb der Europäischen Union. Das Ausmass der Unterscheidung zwischen europäischen und aussereuropäischen Arbeitsimmigranten variiert zwischen den Ländern, vermutlich in direkter Abhängigkeit von ihren Arbeitsmarkt- und Sozialversicherungsgesetzen.

Definitionen/Bemerkungen

Arbeitslosigkeit: nach internationaler Definition (siehe Indikator *Arbeitslosigkeit*).
Lesebeispiel: 1996 waren in Spanien 30 Prozent aller Frauen der Erwerbsbevölkerung arbeitslos.
Erwerbsbevölkerung: Erwerbstätige und Erwerbslose.
Untere Grafik: EU-Länder: EU-15 (1996, 2001); EU-25 (2006).
Quelle: Eurostat, NewCronos.

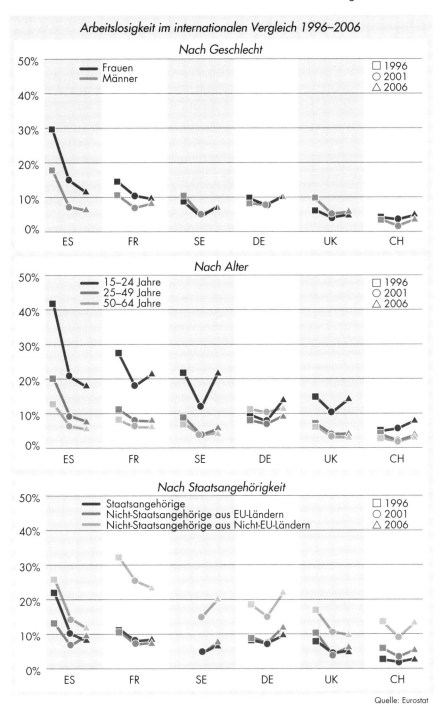

Arbeitslosigkeit im internationalen Vergleich 1996–2006

Quelle: Eurostat

51

Langzeitarbeitslosigkeit

Die zeitliche Entwicklung der Langzeitarbeitslosigkeit entspricht jener der Arbeitslosigkeit allgemein, mit einer Verzögerung von rund einem Jahr, was direkt deren institutionelle Behandlung reflektiert. Der Anteil der «Ausgesteuerten» an den Arbeitslosen schwankt auf tiefem Niveau nur wenig und zeigt sich damit vom Konjunkturverlauf relativ unabhängig. Dieser Anteil dürfte am ehesten der von vielen Ökonomen postulierten unvermeidlichen Sockelarbeitslosigkeit entsprechen; sein geringes Ausmass legt die Vermutung nahe, dass die tatsächlich bestehende Arbeitslosigkeit und vor allem ihre zeitliche Entwicklung kaum durch dieses Phänomen erklärt werden kann.

Im internationalen Vergleich liegen erstaunlicherweise die Werte der Schweiz nicht besonders tief, Schweden und die USA mit sehr unterschiedlichen Ausmassen und Logiken der sozialen Sicherung haben deutlich tiefere Anteile von Langzeitarbeitslosen. Den spektakulärsten längerfristigen Rückgang der Langzeitarbeitslosigkeit zeigen Spanien und Grossbritannien.

Der Vergleich der zwei wichtigsten institutionellen Definitionen von Langzeitarbeitslosigkeit in der Schweiz zeigt, dass die restriktive Definition aufgrund des Eingeschriebenseins als arbeitslos («stempeln gehen») deutliche Geschlechterdifferenzen verdeckt Frauen sind mit seltenen zeitlichen Ausnahmen häufiger langfristig arbeitslos als Männer.

Die Altersunterschiede überraschen kaum, es sei denn durch ihr Ausmass: Langzeitarbeitslosigkeit ist am verbreitetsten bei älteren Personen, am seltensten bei jüngeren. Offensichtlich prämiert der Arbeitsmarkt Jugendlichkeit und frische Qualifikation wesentlich höher als Erfahrung.

Definitionen/Bemerkungen

Langzeitarbeitslosigkeit: mindestens ein Jahr arbeitslos in Prozent aller arbeitslosen Personen.

Arbeitslose: Definitionen siehe Indikator *Arbeitslosigkeit.*

Ausgesteuerte (obere Grafik): registrierte Arbeitslose (Definition Seco), deren Berechtigung zum Bezug von Arbeitslosenentschädigung abgelaufen ist.

Stichprobengrösse: Sake: mindestens 16000 pro Jahr.

Quelle: obere und mittlere Grafiken: Seco und BFS, Sake; *untere Grafik:* OECD, OECD.stat.

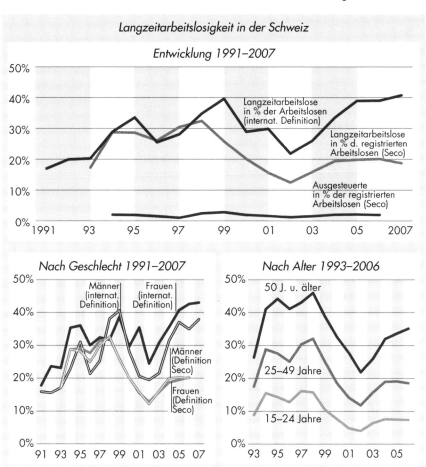

Langzeitarbeitslosigkeit in der Schweiz

Entwicklung 1991–2007

Langzeitarbeitslose in % der Arbeitslosen (internat. Definition)

Langzeitarbeitslose in % d. registrierten Arbeitslosen (Seco)

Ausgesteuerte in % der registrierten Arbeitslosen (Seco)

Nach Geschlecht 1991–2007

Männer (internat. Definition) Frauen (internat. Definition)

Männer (Definition Seco)

Frauen (Definition Seco)

Nach Alter 1993–2006

50 J. u. älter

25–49 Jahre

15–24 Jahre

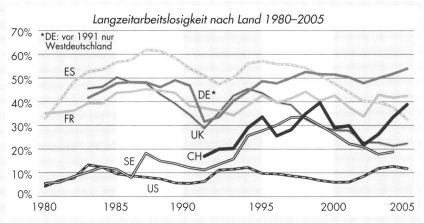

Langzeitarbeitslosigkeit nach Land 1980–2005

*DE: vor 1991 nur Westdeutschland

ES

FR

DE*

UK

SE

CH

US

Quelle: Seco, BFS, OECD

Erwerbseinkommen

In den fast siebzig Jahren seit Beginn der Zahlenreihe wurde der mittlere Lohn in jeweiligen Franken mit 21 multipliziert, aber in konstanten Kaufkraftfranken hat er sich nur knapp verdreifacht. Seit der Mitte der Siebzigerjahre («Ölkrise») wurde das Wachstum der Reallöhne stark verlangsamt. Im internationalen Vergleich ist das reale schweizerische Durchschnittseinkommen zwar höher als in Schweden, Frankreich und Spanien, aber tiefer als in Grossbritannien und Deutschland. Besonders Grossbritannien hat 1998 bis 2004 einen beträchtlichen Anstieg verzeichnet. Die vermeintliche Spitzenstellung der Schweizer Löhne besteht also nur nominal.

Die Überlagerung der Einkommensverteilung der Selbständigerwerbenden (Bauern und Handwerker, aber auch freie Berufe u. Ä.) von 1991 und 2007 zeigt eine nur schwache Zunahme. Der Schwerpunkt der Verteilung liegt bei tiefen 40–50'000 Franken. Charakteristisch ist die sehr breite Palette der Selbständigeneinkommen, die sich von unter zehntausend Franken bis zu mehreren hunderttausend – in Wirklichkeit wohl eher Millionen – erstreckt. In globalen Statistiken zeichnet sich keine klare Veränderung der Lohnungleichheiten ab, weil sie in einzelnen Branchen gegenläufig sind: in den Branchen Chemie und Banken beispielsweise nehmen sie deutlich zu, in anderen (Verlag und Druck, Gastgewerbe) dagegen ab, u. a. aufgrund erfolgreicher gewerkschaftlicher Mindestlohnkampagnen. Die analoge Verteilungskurve für die Löhne der Unselbständigerwerbenden ist wesentlich konzentrierter; ihr Schwerpunkt liegt leicht höher als bei den Selbständigerwerbenden.

Angaben über die Ungleichheit individueller Einkommen sind blind für eine grundlegendere Tendenz: die Wertverteilung verlagert sich von der Arbeit zum Kapital. Gemessen am Bruttonationaleinkommen ist die Lohnquote in den letzten 15 Jahren von 61 auf 55 Prozent gesunken, die Kapitaleinkommen (Dividenden usw.) sind gleichzeitig stark gestiegen.

Definitionen/Bemerkungen

Obere linke Grafik: Reallohn: Lohn des jeweiligen Jahres (inflationsbereinigt, Basis 1939=100) in Prozent des Lohns 1939; *Nominallohn:* Lohn (nicht inflationsbereinigt) in Prozent des Lohns 1939.

Obere rechte Grafik: Vollzeitangestellte, nur Industrie und Dienstleistungen (ohne öffentlichen Sektor).

Mittlere und untere Grafik: Reales jährliches Nettoerwerbseinkommen 1991, 1997, 2002 und 2007 in Preisen von 1991 (deflationiert mit dem Konsumentenpreisindex).

Stichprobengrösse: Sake: mindestens 16000 pro Jahr.

Quelle: obere linke Grafik: BFS, Schweizerischer Lohnindex; *obere rechte Grafik:* Eurostat, NewCronos; *mittlere und untere Grafik:* BFS, Sake.

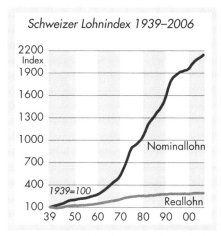

Schweizer Lohnindex 1939–2006

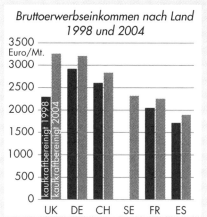

Bruttoerwerbseinkommen nach Land 1998 und 2004

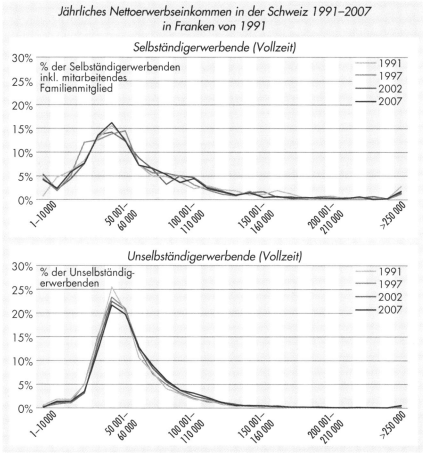

Jährliches Nettoerwerbseinkommen in der Schweiz 1991–2007 in Franken von 1991

Selbständigerwerbende (Vollzeit)

Unselbständigerwerbende (Vollzeit)

Quelle: BFS, Eurostat

55

Lohnniveau und Lohnunterschiede

Die Lohnunterschiede zwischen Männern und Frauen sind nicht in allen Altersgruppen gleich gross, je ältere Gruppen man betrachtet, desto höher sind sie. Das mag zum Teil mit einem Rückgang der Lohndiskriminierung erklärbar sein, zu einem anderen Teil mit dem steigenden Qualifikationsniveau der Frauen jüngerer Jahrgänge und damit ihrer Möglichkeit, besser bezahlte Positionen zu erreichen, aber auch damit, dass viele Erstanstellungen in tiefen, stärker regulierten Positionen erfolgen, die weniger Raum für geschlechtsspezifische Lohndifferenzen lassen, und schliesslich mit dem «Lebenslaufeffekt» der Erwerbsunterbrechungen, als deren Folge Frauen in der Nachkinderphase beruflich absteigen oder zumindest weniger aufsteigen.

Der Zusammenhang der Lohnhöhe mit der Bildung ist für Frauen und Männer ungefähr gleich stark. Eine gewisse Lohndifferenz hält sich über alle Bildungsstufen hinweg, was darauf hinweist, dass die Angleichung der weiblichen Qualifikationen an die männlichen für das Verschwinden der Differenz nicht genügt. Die Differenz vergrössert sich ausserdem mit steigender hierarchischer Position, mit anderen Worten: je höhere Berufspositionen man betrachtet, desto grösser sind die geschlechtsspezifischen Lohndifferenzen trotz gleichem Bildungsniveau. Bei Kaderberufen beider Stufen zeigt sich überdies ein Unterschied zwischen Diplomierten mit der (allgemeinbildenden) Maturität und solchen mit höherer Berufsbildung – letztere scheint sich lohnmässig weniger auszuzahlen.

Die Entwicklung dieser Lohnunterschiede im internationalen Vergleich zeigt eine allgemein sinkende Tendenz, die in Frankreich besonders weit gegangen ist und sich in den letzten Jahren leicht in ihr Gegenteil verkehrt hat. Die Schweiz befindet sich unter den Ländern mit erhöhter und konstanter Geschlechterdifferenz.

Definitionen/Bemerkungen

Obere vier Grafiken: Bruttolohn: Standardisierter Bruttomonatslohn (Vollzeitäquivalent) in Franken, Median. *Median:* 50 Prozent der Löhne liegen tiefer und 50 Prozent der Löhne höher als der Medianwert.

Untere Grafik: Lohnunterschiede: Unterschied des Medianlohnes zwischen Männern und Frauen (Vollzeit) in Prozent des Medianlohnes (Vollzeit) der Männer.

Quelle: obere vier Grafiken: BFS, LSE; *untere Grafik:* OECD, Society at a Glance 2006.

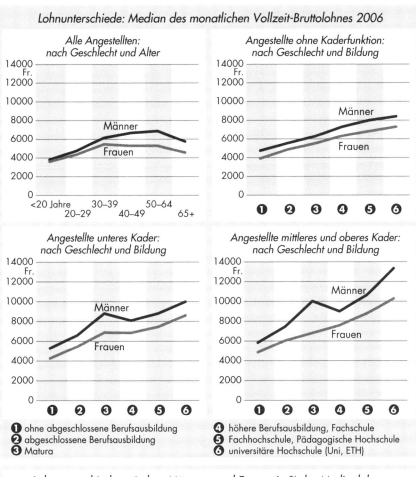

Lohnunterschiede: Median des monatlichen Vollzeit-Bruttolohnes 2006

Alle Angestellten: nach Geschlecht und Alter

Angestellte ohne Kaderfunktion: nach Geschlecht und Bildung

Angestellte unteres Kader: nach Geschlecht und Bildung

Angestellte mittleres und oberes Kader: nach Geschlecht und Bildung

❶ ohne abgeschlossene Berufsausbildung
❷ abgeschlossene Berufsausbildung
❸ Matura

❹ höhere Berufsausbildung, Fachschule
❺ Fachhochschule, Pädagogische Hochschule
❻ universitäre Hochschule (Uni, ETH)

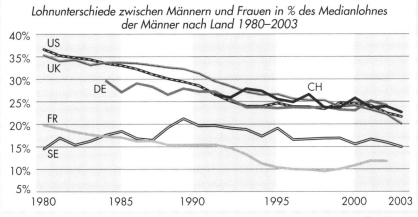

Lohnunterschiede zwischen Männern und Frauen in % des Medianlohnes der Männer nach Land 1980–2003

Quelle: BFS, OECD

57

Haushaltseinkommen

Die Ungleichheit der Einkommen und Vermögen ist eine langfristig wirkende Konfliktquelle in modernen Gesellschaften, und dies nicht, weil die Menschen «Geld lieben», sondern weil in einer Marktwirtschaft die Kaufkraft einer Person die folgenreichste Grundlage dafür ist, wie gut es ihr geht bzw. gehen kann.

Die Kurven bilden ab, wie ungleich Einkommen und Vermögen verteilt sind; die Diagonale entspricht dem fiktiven Fall völliger Verteilungsgleichheit. Beispiel: der ärmste Viertel der Haushalte verfügt nur über einen Zehntel der gesamten Einkommensmasse. Die Vermögen sind wesentlich ungleicher verteilt als die Einkommen, fast die Hälfte der Haushalte besitzt kein nennenswertes Vermögen. Den reichsten fünf Prozent der Haushalte gehören gut vierzig Prozent aller Vermögen. Beide Verteilungen verändern sich in der kurzen Periode 1997–2004 praktisch nicht (vgl. aber Indikator *Erwerbseinkommen*). Zwischen den Kantonen bestehen zum Teil beachtliche Ungleichheitsunterschiede.

Einkommensunterschiede hängen mit anderen Ungleichheiten zusammen, etwa mit Bildung (die Bildung beeinflusst die Berufsposition und diese die Entlöhnung), aber auch mit anderen Situationselementen; ältere Leute, allein erziehende Eltern, kinderreiche Familien haben eine besonders reduzierte Kaufkraft.

Bei der Einkommensungleichheit steht die Schweiz im Mittelfeld der Vergleichsländer. Die vorwiegende Tendenz geht zu höheren Ungleichheiten, aber die Resultate der beiden Ungleichheitsmasse stimmen ausgerechnet für die Schweiz für klare Aussagen nicht genügend überein (der Schweizer Gini-Index sinkt über zwanzig Jahre, das Quintilverhältnis nimmt eher leicht zu), weil sie auf unvergleichbaren Datengrundlagen beruhen (vgl. CD).

Definitionen/Bemerkungen

Reineinkommen und Reinvermögen (natürliche Personen): gemäss Bundessteuerstatistik.

Gini-Index: Ungleichheitsmass zwischen 0 (Gleichheit) und 1 (volle Ungleichheit), siehe Glossar.

Haushaltsäquivalenzeinkommen: verfügbares Haushaltseinkommen (Netto-Einkommen minus Zwangsabgaben wie z. B. Steuern) auf der Basis von Einpersonenhaushalten. Details: siehe CD und Glossar.

Median: 50% der Einkommen liegen tiefer und 50% der Einkommen höher als der Medianwert.

Bildungsstufen: tief: ISCED 0–2 (keine nachobligatorische Bildung, Anlehre);

mittel: ISCED 3–4 (Berufslehre, Matura); *hoch:* ISCED 5–6 (Universität, Fachhochschule).

Stichprobengrösse: EVE: 9295 (1998), 3087 (2005); gewichtete Daten.

Quelle: obere zwei Grafiken: Eidgenössische Steuerverwaltung (ESTV); *mittlere Grafik:* BFS, Einkommens- und Verbrauchserhebung (EVE); *untere zwei Grafiken:* LIS, Key figures.

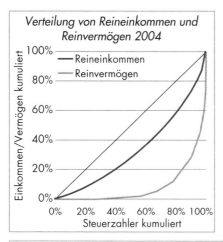

Verteilung von Reineinkommen und Reinvermögen 2004

- Reineinkommen
- Reinvermögen

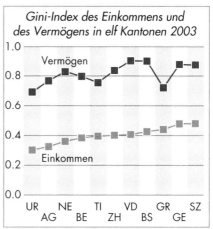

Gini-Index des Einkommens und des Vermögens in elf Kantonen 2003

Vermögen

Einkommen

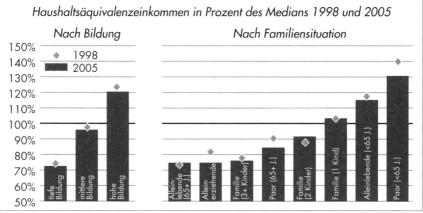

Haushaltsäquivalenzeinkommen in Prozent des Medians 1998 und 2005

Nach Bildung   Nach Familiensituation

- ◆ 1998
- ■ 2005

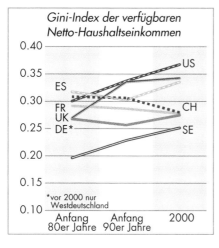

Gini-Index der verfügbaren Netto-Haushaltseinkommen

US
ES
FR
UK
DE*
CH
SE

*vor 2000 nur Westdeutschland

Anfang 80er Jahre   Anfang 90er Jahre   2000

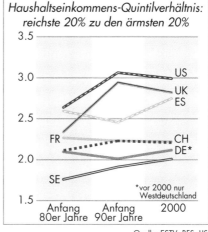

Haushaltseinkommens-Quintilverhältnis: reichste 20% zu den ärmsten 20%

US
UK
ES
FR
CH
DE*
SE

*vor 2000 nur Westdeutschland

Anfang 80er Jahre   Anfang 90er Jahre   2000

Quelle: ESTV, BFS, LIS

59

Wer hat, dem wird gegeben: Bildungsungleichheit in der Schweiz

Thomas Meyer

1 Begriffsklärungen

1.1 Bildung

In modernen wissensbasierten Gesellschaften gilt Bildung als zentrale Ressource. Leben und Arbeit in den hoch komplexen und hoch technisierten postindustriellen Gesellschaften sind anforderungsreicher denn je. Damit hat sich auch die gesellschaftliche Funktion von Bildung verändert. Heute gilt ein Bildungsabschluss der Sekundarstufe II (in der Schweiz: Lehrabschluss, Maturitätszeugnis o. Ä., vgl. *Tabelle 1*) als Grundvoraussetzung für eine erfolgreiche, selbstständige Teilhabe am Erwachsenen- und Erwerbsleben. In der Schweiz erreichen heute 85 bis 90 Prozent der Schulabgängerinnen und -abgänger dieses Bildungsziel (vgl. Indikator *Nachobligatorische Bildungsabschlüsse*).

Ein Blick auf den Bildungsstand der Gesamtbevölkerung verdeutlicht, dass dieser Bildungsstandard ein vergleichsweise neues Phänomen ist. Noch 1980 hatte gemäss Volkszählungsdaten fast die Hälfte der über 25-jährigen Bevölkerung in der Schweiz keinen nachobligatorischen Ausbildungsabschluss. Bis zum Jahr 2000 war dieser Anteil auf knapp 30 Prozent gesunken (Stamm und Lamprecht, 2005). Die Veränderung des Bildungsverhaltens wird deutlich, wenn man den Bildungsstand der Bevölkerung nach Altersgruppen betrachtet: So liegt für die einheimische Bevölkerung heute (2006) der Anteil der Personen ohne Sekundarstufe II-Abschluss in der ältesten Bevölkerungsgruppe (65 Jahre und älter) mit 36 Prozent sechsmal so hoch wie in der jüngsten (sechs Prozent, 25- bis 39-Jährige; vgl. Indikator *Bildungsstand der Bevölkerung*).

Mit dieser Betrachtungsweise ist bereits eine bedeutsame Einschränkung vollzogen. Der vorliegende Beitrag konzentriert sich auf «zertifizierende» formale Erstausbildungen (Erstausbildungen mit anerkannten Abschlusszeugnissen) und lässt damit andere, informellere Formen von Bildung wie z. B. (Weiter-)Bildung im Selbststudium oder am Arbeitsplatz unberücksichtigt. Diese Einschränkung erfolgt zum einen aus empirischen Gründen: Zertifikate (Abschlusszeugnisse) von formalen Bildungsgängen sind im Gegensatz zum informellen und lebenslangen Lernen besser messbar und statistisch dokumentiert. Die Einschränkung trägt jedoch auch dem Umstand Rechnung, dass formale Bildung mit ihren Zertifikaten heute in stärkerem und ausschliesslicherem Masse als früher beansprucht, gesellschaftlich bzw. arbeitsmarktlich relevante Kompetenzen abzubilden.

Der vorliegende Beitrag versucht, soweit möglich, neben den erworbenen Zertifikaten auch effektiv erworbene Kompetenzen zu berücksichtigen. Hierbei wird auf internationale Kompetenzmessungsstudien wie Pisa zurückgegriffen. Deren Ergebnisse sind nicht nur deshalb aufschlussreich, weil sie für sich in Anspruch nehmen, Kompetenzen (international) standardisiert und unabhängig von lokalen Lehrplänen zu messen. Auf theoretisch-konzeptueller Ebene sind diese Untersuchungen auch deshalb interessant, weil sie versuchen, einen minimalen Kompetenzstandard zu definieren, unterhalb dessen die gesellschaftliche und arbeitsmarktliche Teilhabe nicht mehr gewährleistet ist. Inhaltlich rücken die Kompetenzkonzepte für die Grundbildung, die diesen Untersuchungen zu Grunde liegen, von klassischen Alphabetisierungsmodellen in Richtung eines erweiterten *Literacy*-Begriffs ab, welcher «Lesefähigkeit» letztlich als Weiterbildungsfähigkeit definiert (OECD/Statistics Canada, 2000).

Damit ist auch bereits angedeutet, was beim Erwerb von Bildung im oben eingekreisten Sinne auf dem Spiel steht. Die Verwertbarkeit der erworbenen Zertifikate bzw. Kompetenzen auf dem Arbeitsmarkt ist dabei nur ein Aspekt – wenn auch ein zentraler. Die Arbeitsmärkte waren in den vergangenen Jahrzehnten einem beispiellosen Strukturwandel unterworfen. Im Zuge dieses Strukturwandels sind die Anforderungen an die Arbeitskräfte fast in allen Bereichen und Belangen markant gestiegen. Gleichzeitig ist der Anteil der gering- oder unqualifizierten Beschäftigten stark zurückgegangen. Damit sehen sich Personen ohne nachobligatorischen Bildungsabschluss heute einem erheblichen Risiko ausgesetzt, dauerhaft vom Arbeitsmarkt ausgeschlossen oder an dessen Rand gedrängt zu werden (OECD/CPRN, 2005; Streuli und Bauer, 2002).

Bildungsarmut, d. h. das Fehlen einer abgeschlossenen nachobligatorischen Ausbildung, ist aber weit über die direkte arbeitsmarktliche Verwertbarkeit von Zertifikaten und Kompetenzen hinaus zur Risikolage geworden. In einer Zeit beschleunigten gesellschaftlichen und technischen Wandels, in der Wissen und Fertigkeiten rasch veralten, ist lebenslanges Lernen zur Notwendigkeit geworden. Fundament und zwingende Voraussetzung für lebenslanges Lernen ist und bleibt eine solide Grundbildung. Ohne diese ist nicht nur die

Tabelle 1: Schematische Darstellung der Bildungsstufen in der Schweiz

Alter (Lebensjahre)	Schulstufe
Ab 20	Tertiärstufe: Universitäre Hochschule, Fachhochschule, Pädagogische Hochschule, Höhere Berufsbildung
15/16 bis 18/19	Sekundarstufe II: Gymnasiale Maturität, Berufsmaturität, Fachmittelschule, Berufsbildung, Maturitätsschule für Erwachsene
12/13 bis 14/15	Sekundarstufe I: z. B. Sekundarschule, Realschule, Oberschule (obligatorische Schulzeit)
6/7 bis 11/12	Primarstufe: Primarschule (erste bis fünfte/sechste Klasse)
3/4 bis 5/6	Vorschule

Quelle: Bundesamt für Statistik (2006).

Weiterbildungs- und Arbeitsmarktfähigkeit in Frage gestellt, sondern gesellschaftliche Teilhabe schlechthin (vgl. Indikator *Weiterbildung*).

1.2 (Bildungs-)Ungleichheit

In modernen Sozialstaaten hat der Anspruch auf bzw. der Zugang zu Bildung Grundrechtscharakter. Zumindest die Grundbildung ist im Prinzip als öffentliches Gut verfasst, das allen zusteht (vgl. für die Schweiz etwa EDK/BBT, 2000, 128). Die öffentliche Meinung reagiert deshalb besonders empfindlich, wenn sie das Gleichheitsprinzip im Bildungsbereich verletzt sieht. Dieser Empfindlichkeit liegen zwei Annahmen zu Grunde:

– Über Bildung wird entschieden, in welchem Masse Individuen am gesellschaftlichen Leben teilhaben und welche soziale Stellung sie dabei einnehmen.
– Der Erwerb von Bildung folgt vom Anspruch her dem meritokratischen Prinzip, d. h. Bildungsgüter sollen auf der Basis von *erbrachten Leistungen* verteilt werden.

Vor diesem Hintergrund hat auch die wissenschaftliche Diskussion um Gleichheit bzw. Ungleichheit im Bildungsbereich eine lange Tradition. In einem schönen forschungshistorischen Überblick zeigt Kristen (1999), wie stark beispielsweise bereits in den Sechzigerjahren die Frage nach dem Beitrag des Bildungssystems zur Aufrechterhaltung sozialer Ungleichheit diskutiert wurde. Es ist seither eine der grossen – und bis heute nicht vollständig bewältigten – Herausforderungen der Bildungssoziologie geblieben, zu (er-)klären, wie dieser Beitrag beschaffen ist und auf welchen Mechanismen er beruht.

Ausgehend vom Bourdieu'schen Modell sozialer Reproduktion (Bourdieu und Passeron, 1971, 1987) lassen wir uns im vorliegenden Beitrag bei der Auswahl und Interpretation von Ergebnissen der Ungleichheitsforschung im

Bildungsbereich von folgenden Modellvorstellungen leiten: Entscheidend scheint uns, Bildungsungleichheit nicht (allein) als Ergebnis individueller Eigenschaften und Kompetenzen zu lesen, sondern auch und massgeblich als institutionell bedingtes Phänomen. In diesem Zusammenhang interessiert insbesondere auch die Rolle, welche *die Bildungsinstitutionen selber* bei der Erzeugung bzw. Aufrechterhaltung von Bildungsungleichheit spielen. Wir lehnen uns hierbei an die Überlegungen von Gomolla und Radtke (2007) und Kronig (2007) an. Gomolla und Radtke (2007) sprechen in diesem Zusammenhang provokativ von institutioneller Diskriminierung. Wie in diesem Beitrag noch zu zeigen sein wird, gibt es überdies zahlreiche Hinweise darauf, dass der institutionelle Beitrag zur Aufrechterhaltung von Ungleichheit kumulativ wirkt, d. h. dass sich die Ungleichheiten mit jeder zusätzlichen Weichenstellung, mit jedem zusätzlichen Übergang innerhalb des Bildungssystems verstärken.

Der systematischen Erforschung von Bildungsungleichheit wurde in der Schweiz lange Zeit vergleichsweise wenig Beachtung geschenkt. Ab Ende der Sechzigerjahre begann etwa der *Service de recherche sociologique* in Genf, Bildungslaufbahnen mit sozialer Herkunft in Verbindung zu bringen (vgl. etwa Bartholdi et al., 1968; Hutmacher, 1990). In den Siebziger- und Achtzigerjahren thematisierte eine langfristig angelegte Zürcher Bildungslaufbahnuntersuchung die ausgeprägten sozialen Ungleichheiten des Bildungswesens, die insbesondere an den Selektionsschwellen (Sekundarschul- und Gymnasialübertritt) sichtbar werden (Bernath et al., 1989). Eine Reihe von Untersuchungen beschäftigten sich ab den Siebzigerjahren mit migrationsspezifischen Aspekten der Bildungsungleichheit (vgl. überblicksweise Poglia et al., 1995). Ab Beginn der Neunzigerjahre mehrten sich soziologisch orientierte Arbeiten, welche Bildung in einen weiteren Zusammenhang mit sozialer Schichtung und sozialer Ungleichheit brachten (Buchmann et al., 1993; Lamprecht und Stamm, 1996; Levy et al., 1997). Sie machten u. a. deutlich, dass die so genannte Bildungsexpansion, d. h. die Verbreiterung des Zugangs zu (höheren) Bildungsgängen ab den Siebzigerjahren, soziale Ungleichheiten mitnichten zum Verschwinden bringt, sondern vielmehr auf die nächst höhere Bildungsstufe verlagert («Fahrstuhleffekt»). Ebenfalls ab den Neunzigerjahren begann sich die Schweiz systematisch an internationalen Erhebungen im Bildungsbereich wie TIMSS, Pisa, IALS/ALL oder dem OECD-Bildungsindikatorensystem zu beteiligen.[1] Damit rückten auch

---

1 TIMSS: Third International Mathematics and Science Study (Dritte Internationale Mathematik- und Naturwissenschaftsstudie); Pisa: Programme for International Students Assessment (Internationale Kompetenzmessungsstudie, 15-Jährige); IALS/ALL: International Adult Literacy Survey/Adult Literacy and Life Skills Survey (Erwachsenen-Lesefähigkeits- und Kompetenzmessungs-Studie).

(Bildungs-)Systemvergleiche über die Landesgrenzen hinaus vermehrt ins Blickfeld. Das Fehlen einer kontinuierlichen Forschungstradition macht es allerdings schwierig, bezüglich Bildungsungleichheit Vergleiche über die Zeit und mit anderen Ländern anzustellen.

2   Bildungschancen: eine Frage des Wohnorts?

Das Bildungsangebot in der Schweiz ist sozialräumlich ausserordentlich ungleich verteilt. Dies ist einerseits auf seine stark föderalistische Organisation zurückzuführen, welche den Kantonen auf Volksschulstufe fast ausschliessliche Entscheidungshoheit einräumt. Bildungspolitisches Koordinationsgremium ist die Schweizerische Konferenz der kantonalen Erziehungsdirektoren (EDK). Harmonisierungsbestrebungen zwischen den Kantonen sind lediglich in Form von Konkordaten, Vereinbarungen und Abkommen realisierbar, die die Zustimmung der Mitglieder (der Kantone) voraussetzen und den Charakter von Staatsverträgen haben. Dies hat zur Folge, dass Einigungsprozesse zwischen den einzelnen kantonalen Systemen überaus aufwändig und schwerfällig sind. Selbst allgemeinste Organisationsfragen wie z. B. der Zeitpunkt des Schuljahresbeginns, das Einschulungsalter, das Kindergartenobligatorium, die Normaldauer der obligatorischen Schulzeit, Zeitpunkt und Regeln des Übertritts von einer zur nächsten Bildungsstufe oder Rahmenlehrplanfragen sind in diesem bildungspolitischen Kontext Gegenstand von oft jahrelangen, zähen Verhandlungen zwischen den Kantonen, an deren Ende längst nicht immer eine gesamtschweizerische Einigung steht.

Verstärkt bzw. überlagert werden diese kantonalen Differenzen durch ausgeprägte Unterschiede zwischen den Sprachregionen, die z. T. auch durch bildungspolitische und kulturelle Normen mitbedingt sind, welche in den jeweiligen Nachbarländern vorherrschen. So ist der Stellenwert von akademisch ausgerichteter Allgemeinbildung in der französisch- und italienischsprachigen Schweiz wesentlich höher als in der Deutschschweiz, wo die Berufsbildung im Vergleich zur West- und Südschweiz ihrerseits einen markant höheren Stellenwert geniesst (vgl. hiezu etwa Geser, 2003). Dies schlägt sich auch deutlich in den statistischen Kennwerten nieder: Während laut amtlicher Bildungsstatistik in der Deutschschweiz fast achtzig Prozent der Übertritte in die Sekundarstufe II auf das Konto der Berufsbildung gehen, sind es in der französischen und italienischen Schweiz weniger als sechzig Prozent (vgl. BFS-Bildungsindikatoren). Gemäss Ergebnissen der Jugendlängsschnittuntersuchung Tree (Transitionen von der Erstausbildung ins Erwerbsleben, vgl. *Kasten 1*) ist die Chance, nach der obligatorischen Schule in ein Gymnasium oder eine andere allgemeinbildende Schule überzutreten, in der französischen

Kasten 1: Tree (Transitionen von der Erstausbildung ins Erwerbsleben)

Tree ist in der Schweiz die erste Längsschnittuntersuchung auf nationaler Ebene zum Übergang Jugendlicher von der Schule ins Erwerbsleben (Transition). Im Zentrum der Untersuchung stehen die Ausbildungs- und Erwerbsverläufe nach Austritt aus der obligatorischen Schule. Die Tree-Stichprobe umfasst rund 6'000 Jugendliche, die im Jahr 2000 an der Pisa-Befragung teilnahmen und im selben Jahr aus der obligatorischen Schulpflicht entlassen wurden. Die Stichprobe ist national, sprachregional sowie für einzelne ausgewählte Kantone (BE, GE, TI, SG) repräsentativ.

In einer ersten Phase (drei Nachbefragungen bis 2003) wurden die Ausbildungs- und Erwerbsverläufe der Befragten an der Schnittstelle zwischen obligatorischer Schule und Sekundarstufe II untersucht. Im Fokus dieser ersten Phase standen Entstehungsbedingungen, Prozessmerkmale und Wirkungen von irregulären oder kritischen Ausbildungsverläufen, insbesondere des frühzeitigen Ausstiegs aus der Bildungslaufbahn (Jugendliche, die ohne Abschluss einer mehrjährigen nachobligatorischen Ausbildung bleiben).

In der zweiten Phase von Tree (vier weitere jährliche Nachbefragungen zwischen 2004 und 2007) steht die so genannte Zweite Schwelle im Zentrum der Untersuchung, d.h. der Übergang von einer Ausbildung der Sekundarstufe II (Berufsausbildung, Gymnasium, Diplommittelschule, etc.) ins Erwerbsleben oder in eine weiterführende Tertiärausbildung. In einer dritten Phase (2008–2011) ist eine weitere Befragung im Jahre 2010 geplant.

Getragen bzw. finanziert wurde Tree bisher von den Erziehungsdirektionen der Kantone Bern, Genf und Tessin, vom Bundesamt für Berufsbildung und Technologie (BBT), vom Schweizerischen Nationalfonds zur Förderung der wissenschaftlichen Forschung (SNF) sowie vom Bundesamt für Statistik (BFS).

Schweiz rund doppelt so hoch wie in der Deutschschweiz (BFS/Tree, 2003, 53 ff., 139).

Systembedingte Angebotsunterschiede sind in der Schweiz nicht nur zwischen den Sprachregionen bzw. Kantonen, sondern auch kleinräumig innerhalb der Kantone festzustellen. Ein besonders illustratives Beispiel ist etwa der Kanton Bern, nach Zürich das zweitgrösste Bildungssystem der Schweiz, zweisprachig und von starken Stadt-Land-Gegensätzen geprägt. Im Bernbiet liegt der Anteil Kinder, die von der Primarschule in die Realschule[2] übertreten, in den ländlichen deutschsprachigen Gebieten des Emmentals oder Oberlands zwischen 45 und 55 Prozent. In städtischeren Gebieten und im französischsprachigen Kantonsteil schwankt er dagegen gemäss amtlicher

---

2   Im Kanton Bern entspricht die Realschule in der Kategorisierung auf Bundesebene dem Sekundarstufe I-Schultyp, dessen Schülerinnen und Schüler «Grundanforderungen erfüllen».

Statistik zwischen 15 und gut 35 Prozent. Ähnliche Unterschiede sind – unter umgekehrten Vorzeichen – beim Anteil der Jugendlichen auszumachen, die eine Gymnasialausbildung absolvieren.

3 «Ausländische» Schülerinnen und Schüler – Migrations- oder Schichtproblem?

Trotz jahrzehntelangen Integrationsbemühungen haben Jugendliche mit Migrationshintergrund bis zum Ende der Volksschule im Vergleich zu den «Einheimischen» markant häufiger eine irreguläre oder verzögerte Einschulung erlebt, Unterricht in Sonderklassen besucht, Klassen wiederholt und auf Sekundarstufe I Schultypen (vgl. *Tabelle 1*) mit so genannten «Grundanforderungen» besucht (Real- oder Oberschule; vgl. z. B. überblicksweise BFS, 1997). Bei der Frage nach dem Einfluss des Migrationshintergrundes auf Schullaufbahn und -erfolg ist es allerdings von grosser Bedeutung, wie diese «Herkunft» bestimmt wird. In der offiziellen Schulstatistik wird die Herkunft in der Regel mit der Nationalität gleichgesetzt. Diese ist allerdings eine sehr unscharfe Grösse. Sie sagt z. B. nichts aus über Migrationsgeschichte und -umstände, über Sprachkenntnisse oder über den Grad der Integration im Einwanderungsland. Berücksichtigt man statt der Nationalität das Geburtsland, wie dies z. B. die Pisa-Befragung tut, so zeigt sich, dass in der Schweiz rund jede/r dritte Jugendliche in einer Familie lebt, in der mindestens ein Elternteil nicht in der Schweiz geboren ist. Dagegen sind nur rund ein Siebtel der Jugendlichen selbst nicht in der Schweiz geboren; etwa eben so viele sprechen zu Hause nicht die Unterrichtssprache. Berücksichtigt man zusätzlich noch die Verweildauer in der Schweiz, so wird deutlich, dass lediglich rund sieben Prozent eines Schulabgängerjahrgangs nicht die ganze Volksschullaufbahn in der Schweiz absolviert haben (BFS/Tree, 2003, 111 ff.).

Der Anteil Jugendlicher, die nicht die ganze obligatorische Schullaufbahn in der Schweiz absolviert haben, schwankt je nach Herkunftsland stark. Am geringsten ist er unter den Jugendlichen aus Italien und Spanien (unter zehn Prozent), deutlich höher unter denjenigen aus den Balkanländern, der Türkei und Portugal (zwischen rund zwanzig bis vierzig Prozent, vgl. BFS/EDK, 2002, 113 ff.). In diesen Zahlen spiegelt sich die Migrationsgeschichte der Schweiz (vgl. Kapitel Kulturelle Vielfalt, Indikator *Nationalitätenprofil*). Die italienisch- und spanischstämmigen Jugendlichen sind grösstenteils Nachkommen der ersten und zweiten Generation von Migrantinnen und Migranten früherer Einwanderungswellen ab Beginn der zweiten Hälfte des 20. Jahrhunderts, die übrigen sind jüngeren Migrationswellen des letz-

Abbildung 1:   *Soziale Herkunft bei Schülerinnen und Schülern der*
                             9. Klasse in der Schweiz, nach Herkunftsland, 2000

Anmerkung: Der Messwert für den mittleren sozialen Status berücksichtigt einerseits die
berufliche Stellung der Eltern, andererseits deren Bildungsstand und Bildungsnähe
(z. B. Vorhandensein von kulturellem Kapital wie Bücher). Die angegebenen Werte
sind z-standardisiert. Ausschlaggebend für die Bestimmung des Herkunftslandes ist
das Geburtsland des Vaters, weil dessen soziale Stellung in der Regel für den sozialen
Status der ganzen Familie am massgeblichsten ist.
Quelle: BFS/Tree (2003, 113 ff.).

ten Viertels des 20. Jahrhunderts zuzurechnen (vgl. überblicksweise etwa
Hoffmann-Nowotny, 2001).

Ein Blick auf die soziale Herkunft der Jugendlichen mit Migrationshintergrund in *Abbildung 1* verdeutlicht, dass sie je nach Herkunftsland einen sehr
unterschiedlichen sozialen Status aufweisen. Einheimische Jugendliche und
solche aus «nicht-südlichen» (Nachbar-)Ländern haben einen durchschnittlichen sozialen Status, der am oder über dem Mittelwert aller Herkunftsländer
liegt. Die soziale Stellung der Jugendlichen aus Balkanländern, der Türkei und
Portugal liegt dagegen massiv unter dem Gesamtdurchschnitt. Die italienisch-
und spanischstämmigen Jugendlichen liegen ziemlich genau dazwischen. Das
Herkunftsland junger Migrantinnen und Migranten steht also nicht nur für
eine bestimmte Sprache, Ethnie oder Kultur, sondern ganz stark auch für
einen bestimmten sozialen Status im Einwanderungsland Schweiz.

Das «Migrantenproblem» ist demnach in vielen Fällen nicht in erster Linie
ein kulturelles oder ethnisches, sondern eines der sozialen Schicht. Dies hat zu
einem guten Teil damit zu tun, dass Migration in die Schweiz jahrzehntelang
eine «unterschichtende» war, d. h. dass ein grosser Teil der Zugewanderten aus
vornehmlich unteren und «bildungsfernen» Schichten stammt. Autoren wie
Gomolla und Radtke (2007) unterstellen der Schule in diesem Zusammenhang institutionelle Diskriminierung, welche schulorganisatorische Probleme
«ethnisiere», bzw. ethnische Differenz selber herstelle.

4 Starke und frühe Selektion

4.1 Erste Selektionsschwelle nach fünf bis sechs Schuljahren

Das schweizerische Bildungssystem ist im internationalen Vergleich eines der selektivsten. Abgesehen von Deutschland wird in kaum einem anderen OECD-Land in den Schulstuben so früh und so stark selektioniert wie in der Schweiz. Die einschneidendste Selektionsschwelle ist diejenige zwischen Primarstufe und Sekundarstufe I (vgl. *Tabelle 1*). Die meisten Kantone der Schweiz kennen eine gegliederte Oberstufe, das heisst eine Sekundarstufe I, in der die Kinder in leistungsgetrennten Abteilungen oder Zügen unterrichtet werden. Je nach Kanton sind die Oberstufen in zwei bis vier Züge unterteilt. Das gemeinsame Grundmuster ist ein Zug des Typus Realschule oder Oberschule, in dem die Schülerinnen und Schüler eingeteilt werden, welche «Grundanforderungen erfüllen». Schülerinnen und Schüler, welche «erweiterten Anforderungen» genügen, treten in Sekundarstufe I-Züge des Typs Sekundarschule, Bezirksschule o. Ä. über, die z. T. ihrerseits noch einmal untergliedert sind, üblicherweise mit einer separaten Abteilung für den progymnasialen Unterricht.

Der Übertritt von der Primarstufe in die Sekundarstufe I erfolgt in der Regel nach dem fünften oder sechsten Schuljahr. Er ist vorentscheidend für die gesamte Bildungslaufbahn, weil die Gliederung der Sekundarstufe I auch die Möglichkeiten stark vorspurt, welche den Schülerinnen und Schülern später auf Sekundarstufe II offen stehen. So haben z. B. Kinder, welche in Sekundarstufe I-Züge mit «Grundanforderungen» eingeteilt werden, faktisch kaum die Möglichkeit, später ein Gymnasium zu besuchen oder eine Berufslehre mit hohen Anforderungen zu ergreifen, selbst wenn ihre schulischen Leistungen dies erlauben würden (vgl. *Abbildung 2*). Die kantonalen Systeme sehen zwar im Durchlauf der Sekundarstufe I so genannte Passerellen vor, über welche der ursprüngliche Selektionsentscheid korrigiert werden kann, sofern dies gewünscht wird und die Leistungsvoraussetzungen es erlauben. Diese Passerellen sind allerdings in der Regel nur schwach frequentiert, wodurch der ursprüngliche Selektionsentscheid faktisch in hohem Masse unumkehrbar bleibt.

Der Selektionsentscheid an der Schwelle zwischen Primarstufe und Sekundarstufe I stützt sich wesentlich auf die benoteten schulischen Leistungen des Schuljahres, das dem Übertritt vorangeht. Das System selektioniert also vom Anspruch her leistungsbegründet. Studien zur Messgenauigkeit, Beurteilungsgerechtigkeit und Vorhersagequalität der Selektion am Ende der Primarstufe zeigen allerdings ernüchternde Ergebnisse. Kronig (2007) z. B. zeigt, dass der Selektionsentscheid stark vom Klassenkontext, von der beurteilenden Lehrkraft und v. a. von nicht leistungsbezogenen Merkmalen der Beurteilten wie Geschlecht, sozialer Schicht oder Migrationsherkunft mit beeinflusst ist. So liegt etwa – bei statistisch kontrollierter Leistung – die Chance für den Übertritt in einen Sekundarstufe I-Zug mit «erweiterten Ansprüchen» unter Schweizer Mittel- und Oberschichtskindern bei über achtzig Prozent. Bei ausländischen Unterschichtskindern dagegen überschreitet sie fünfzig Prozent nur knapp (Kronig 2007, 213). Kronig (2007, 215) spricht in diesem Zusammenhang von einer «meritokratischen Grauzone» und folgert in seinem Fazit: «Der Zusammenhang zwischen den Selektionsempfehlungen und der sozialen Herkunft ist unverantwortlich eng. Schülern aus privilegierten und ansässigen Familien eröffnen sich bei gleichen Leistungen deutlich bessere reale Chancen für die weitere Bildungslaufbahn. Das […] zieht die Legitimation der Schule als Zertifizierungs- und Allokationsinstitution in unübersehbare Zweifel.»

Im Bezug auf Bildungs(un)gleichheit sind diese Befunde aus mehreren Gründen höchst bedeutsam. Zum einen sind die beschriebenen Selektionsverfahren in sich willkürlich und ungerecht. Zum anderen wird damit an der Schwelle zwischen Primarstufe und Sekundarstufe I soziale Herkunft gewissermassen in Schultypen transformiert, die ihrerseits wiederum die Chancen für die weitere Bildungslaufbahn und schliesslich für den Zugang zum Arbeitsmarkt vorspuren. Autorinnen wie Solga (2005) und Gomolla und Radtke (2007) sprechen in diesem Zusammenhang von Institutionalisierung von Ungleichheiten oder gar von institutioneller Diskriminierung. Solga argumentiert, dass Bildungssysteme westlicher Gesellschaften so die Aufrechterhaltung ungleicher Bildungschancen institutionalisieren und zugleich legitimieren.

Auch auf internationaler Ebene sehen sich die (früh) selektionierenden Grundbildungssysteme aus wissenschaftlicher Sicht zusehends in die Defensive gedrängt. Ausgehend von der Frage nach Faktoren, welche hohe Leistungen *und* hohe Chancengleichheit begünstigen, hat vor allem die Leistungsmessungsstudie Pisa in den letzten Jahren die Forschung zur Bedeutung des *early tracking*, d. h. der frühen Selektion angeregt. Die Forschungsergebnisse gehen ziemlich einhellig in die Richtung, dass selektive Grundbildungssysteme den Einfluss der sozialen Herkunft auf den Bildungserfolg verstärken, und zwar in der Tendenz umso ausgeprägter, je früher die Selektion erfolgt (OECD, 2005b; für die Schweiz auch Bauer und Riphahn, 2006).

Selektiv organisierte nationale Bildungssysteme weisen in der Tendenz einen erhöhten Anteil so genannter Minderleister auf. Das sind Schülerinnen und Schüler, welche bis zum Ende der obligatorischen Schulzeit die kritische Kompetenzgrenze für eine erfolgreiche Fortsetzung der Bildungslaufbahn nicht erreichen. In der Schweiz liegt der Anteil 15-Jähriger, welche diese kritische Grenze[3] bezüglich Lesekompetenz nicht erreichen, bei einem Fünftel. In den vier Ländern (Finnland, Südkorea, Kanada, Japan) mit den höchsten Pisa-Leistungsindizes dagegen übersteigt dieser Anteil zehn Prozent nicht. Gleichzeitig gehören diese vier Länder zur Gruppe der OECD-Staaten, in denen der Einfluss der sozialen Herkunft auf die Leistung unterdurchschnittlich ist. Die Pisa-Analysen stellen einen eindeutigen Zusammenhang her zwischen dem Grad der Selektion der nationalen (Volks-)Schulsysteme und dem Ausmass, in welchem die soziale Herkunft für den Bildungserfolg wirksam wird: «In Ländern, in denen ein hoher Grad an schulischer Segregation nach sozioökonomischen Merkmalen besteht, [erzielen] Schülerinnen und Schüler aus benachteiligten Milieus schlechtere Leistungen. Das bedeutet wiederum, dass ein Teil der Ungleichheit in Bezug auf die Bildungserträge [...] auf Chancenungleichheit zurückzuführen ist. Unter solchen Umständen bleiben Begabungen ungenutzt und werden menschliche Ressourcen vergeudet» (OECD/Pisa, 2001, 252).

Auch auf nationaler Ebene halten Ramseier und Brühwiler (2003, 52) fest, dass das gegliederte Bildungssystem der Schweiz sozial diskriminierend wirkt, und regen u. a. an, die «gegliederten Strukturmodelle auf der Sekundarstufe I zu überdenken».

Es sei hier angemerkt, dass die Bildungspolitik in der Schweiz dieser Aufforderung in den Neunzigerjahren schon einmal nachgekommen ist. In ihren «Perspektiven für die Sekundarstufe I» spricht sich die EDK im Lichte der damals verfügbaren Forschungsergebnisse unmissverständlich für die «Perspektive einer gemeinsamen, durchlässigen Sekundarstufe I für alle Jugendlichen» aus (EDK, 1995, 52). Leider sind dieser Absichtserklärung bislang kaum Taten gefolgt.

Abbildung 2 veranschaulicht anhand der Tree-Daten, wie die oben beschriebenen Selektionsmechanismen beim Übergang von der Primarstufe zur Sekundarstufe I die Erfolgschancen des nächstfolgenden Übergangs beeinflusst: desjenigen zwischen den Sekundarstufen I und II. Sie verdeutlicht, dass das Übertrittsverfahren an der Schwelle zwischen Primarstufe und Sekundarstufe I einen überaus starken Einfluss auf den Zugang zu nachobligatorischen Ausbildungen mit hohem Anforderungsniveau hat. Bei gleicher Pisa-Lesekompetenz (als Leistungsindikator) ist die Wahrscheinlichkeit für Jugendliche in Sekundarstufe I-Schultypen mit erweiterten Anforderungen (Sekundarschule, Progymnasium u. Ä.), in eine Sekundarstufe II-Ausbildung mit hohem Anforderungsniveau einsteigen zu können, zwei bis vier mal höher

---

3 Kompetenzniveau < 2 auf einer Stufen-Skala von 0 bis 5. Zur Kategorisierung bzw. Abgrenzung der Niveaus vgl. etwa (BFS/EDK, 2002, 23 ff.).

Abbildung 2:   *Zugang zu Sekundarstufe II-Ausbildungen mit hohem*
                   Anforderungsniveau nach Sekundarstufe I-Schultyp und
                   Pisa-Lesekompetenz

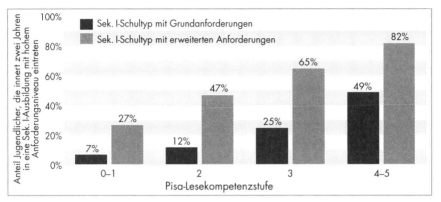

Anmerkung: Schülerinnen und Schüler mit Lesekompetenzstufe 0–1 genügen nur ein-
fachsten Anforderungen, solche mit Niveau 2 grundlegenden, wenig anspruchsvollen.
Niveau 3 entspricht Kompetenzen mittleren Komplexitätsgrades, Niveaus 4 und 5
Kompetenzen hohen bis sehr hohen Komplexitätsgrades.
Quelle: BFS/Tree (2003, 42 f.).

als für Jugendliche, die in Sekundarstufe I-Schultypen mit Grundanforderungen eingeteilt sind (Realschule). Selbst auf den höchsten Kompetenzstufen
(4 bis 5) können sich «Real»-Schülerinnen und Schüler nur gut halb so häufig
Zugang zu anspruchsvollen Sekundarstufe II-Ausbildungen verschaffen wie
Schülerinnen und Schüler aus Sekundarschulen und Progymnasien.

Tree spricht in diesem Zusammenhang von einem Stigmatisierungseffekt,
dem Schülerinnen und Schüler der Sekundarstufe I-Züge des Typs Real- bzw.
Oberschule ausgesetzt sind (BFS/Tree, 2003, 43). Mit Blick auf die Chance,
überhaupt in eine zertifizierende nachobligatorische Ausbildung eintreten
zu können (unabhängig von deren Anforderungsniveau), kommen Hupka
et al. (2006) ihrerseits zum Schluss, dass die soziale Herkunft, zu einem
beträchtlichen Teil vermittelt über die Gliederung der Sekundarstufe I, die
Übertrittschancen an dieser Schwelle in hohem Masse mitbestimmt.

Die Selektionsmechanismen an der Schwelle zwischen den Sekundarstufen
I und II sind sehr komplex und heterogen, vor allem im Bereich der Berufsbildung. Für Lernende in der beruflichen Grundbildung beinhaltet diese
Schwelle nicht nur den Übergang zwischen zwei Stufen des Bildungssystems,
sondern auch den Übergang von der Schule in die Arbeitswelt. Die (duale)
berufliche Grundbildung bewegt sich im Spannungsfeld zwischen Lernen
und Arbeiten. Dies schlägt sich auch in den Selektionskriterien nieder, die

darüber mitentscheiden, wer zu welcher (beruflichen) Bildung Zugang bekommt. Anders als etwa beim Übertritt in ein Gymnasium oder eine andere allgemeinbildende Schule sind diese Kriterien «arbeitsmarktnäher» und weniger eng mit den Selektions- und Leistungskriterien der «abgebenden» Schulen der Sekundarstufe I verknüpft (vgl. hiezu Moser 2004, 39; Imdorf, 2007). Hinzu kommt, dass das System der beruflichen Grundbildung auf Sekundarstufe II in sich stark hierarchisiert und segmentiert ist. Je nach Wirtschaftszweig, Berufsfeld, Betriebsstruktur und -grösse, Anforderungsniveau und -struktur des Lehrberufs bzw. Lehrbetriebs ergeben sich sehr unterschiedliche Selektionsbedingungen, welche die jungen Bildungsnachfragerinnen und -nachfrager häufig vor beträchtliche Orientierungs- und Vorbereitungsprobleme stellen (Imdorf, 2007).

So bilden etwa die Zeugnisnoten des letzten Schuljahres der Sekundarstufe I in vielen Fällen lediglich ein zweitrangiges Selektionskriterium. Für die Eignungsbeurteilung ist in erster Linie die Grobeinteilung massgeblich, ob jemand Sekundarschüler oder Realschülerin war (bzw. Grund- oder erweiterte Anforderungen erfüllte; siehe *Abbildung 2*). Für eine Feinbeurteilung ziehen viele Lehrbetriebe schulfremde Eignungstests wie z. B. das *multicheck-* oder *basic-check*-Verfahren bei. Moser (2004) kommt – zumindest für die von ihm untersuchten Lehrberufe in Grossunternehmen – zum Schluss, dass die Ergebnisse dieser Tests die Eignung bzw. Leistungsfähigkeit des Lehrlings besser vorhersagen als die Schulnoten. Für Lehrlinge in kleineren und mittleren Unternehmen (KMU) stellt Imdorf (2007) fest, dass sich ihre nach Geschlecht und Migrationsherkunft unterschiedlichen Chancen mit Kompetenzunterschieden nicht überzeugend erklären lassen. Imdorf (2007, 1) spricht – mit Blick auf eher anforderungsärmere Lehrberufe – von einem «schwer durchschaubaren Mosaik von Ressourcen», welche als Selektionskriterien den Ausschlag geben.

4.2 Ungleichheiten nach Migrationshintergrund

Am Beispiel der jungen Migrantinnen und Migranten[4] lässt sich besonders augenfällig illustrieren, wie sich die Selektionskaskade des schweizerischen Bildungssystems kumulativ auf Bildungschancen bzw. Bildungserfolg auswirkt. Bereits auf Primarschulstufe werden diese Kinder unabhängig von ihren Leistungen schlechter benotet (Kronig, 2007; Moser et al., 2003) und häufiger in sonderpädagogische Massnahmenprogramme überwiesen als

---

4   Hier ist primär von den Kindern der weiter oben skizzierten bildungsfernen Unterschichtsmigrantinnen und -migranten die Rede. Bis in die Siebzigerjahre waren das vornehmlich Kinder italienischer und spanischer Herkunft, in jüngerer Zeit eher solche aus Südosteuropa (Balkan und Türkei).

«Einheimische». Kronig et al. (2000, 14) sprechen von einer regelrechten Unterschichtung des Bildungssystems, die den ansässigen Kindern den Aufstieg in der Schullaufbahn erleichtere.

Wie weiter oben ausgeführt, sehen sich Kinder mit Migrationshintergrund beim Übertritt in die Sekundarstufe I häufiger in Schultypen mit «Grundanforderungen» eingeteilt (Real- bzw. Oberschule), und zwar wiederum unabhängig von ihrer Leistung. An der Schwelle zur Sekundarstufe II kumulieren sich dann die Effekte dieser mehrfachen Negativselektion: Der Realschulabschluss, den die jungen Migrantinnen und Migranten vornehmlich vorweisen, schränkt, wie *Abbildung 2* weiter oben verdeutlicht hat, das Spektrum von nachobligatorischen Ausbildungsgängen, welche ihnen offen stehen, stark ein. Es sind dies im Wesentlichen berufliche Grundausbildungen in Lehrberufen mit eher bescheidenem Anforderungsniveau (BFS/Tree, 2003, 111 ff.). Gerade in diesem Berufsbildungssegment sehen sich die jungen Migrantinnen und Migranten aber beträchtlicher Diskriminierung ausgesetzt, wie etwa Imdorf (2007) oder Haeberlin et al. (2004) belegen. So müssen sie unter vergleichbaren Bedingungen gegenüber Einheimischen bessere Zeugnisse vorweisen, und der Stigmatisierungseffekt der Realschule wirkt bei ihnen stärker. Sie müssen sich zudem im Vergleich zu den Ansässigen auch häufiger, über längere Zeiträume und auf geografisch weiter entfernte Lehrstellen bewerben (Imdorf, 2007, 5).

Eine weitere Benachteiligung, welche sich für Jugendliche mit Migrationshintergrund ergibt, ist der Umstand, dass der Erfolg bei der Lehrstellensuche auch vom sozialen Beziehungsnetz der Herkunftsfamilie und von einer minimalen Kenntnis der Mechanismen und Gepflogenheiten mitbeeinflusst ist, welche den Lehrstellenmarkt prägen. Beide Bedingungen sind bei Migrantenfamilien ungleich schwächer erfüllt als bei «Einheimischen», was zu einem Unterstützungsdefizit der Jugendlichen mit Migrationshintergrund führt (Stalder, 2000).

Bei Migrantinnen und Migranten der zweiten oder dritten Generation verringern sich diese Chancenunterschiede. Gemäss Bolzman et al. (2003) lassen sich mit Blick auf (vorwiegend) italienisch- und spanischstämmige «Secondos» bezüglich Schulerfolg und der beruflichen Ausbildung kaum Differenzen zwischen Kindern aus schweizerischen und ausländischen Familien feststellen. Auch auf internationaler Ebene gilt der Befund, dass sich die Bildungslaufbahnmuster der «Secondos» den «Einheimischen» deutlich angenähert haben, wenn man sie mit den Mustern der ersten Einwanderungsgeneration vergleicht (OECD, 2006b).

4.3 Geschlechterungleichheiten

An der Schwelle zwischen den Sekundarstufen I und II akzentuiert sich die geschlechtsspezifische Aufspaltung der Ausbildungsverläufe, und zwar auf zwei Ebenen. Auf der ersten Ebene ist zu beobachten, dass junge Frauen deutlich häufiger als junge Männer in allgemeinbildende weiter führende Schulen übertreten (Gymnasien, Diplom- bzw. Fachmittelschulen etc.). Gemäss Tree (BFS/Tree, 2003, 36) ist auf Sekundarstufe II rund jede dritte Frau, aber lediglich rund jeder fünfte Mann in allgemeinbildenden Ausbildungsgängen anzutreffen. Umgekehrt sind die jungen Männer in der Berufsbildung über-vertreten. Auf einer zweiten Ebene spiegelt sich im Berufsbildungssystem die starke geschlechtsspezifische Aufteilung, welche auch auf dem Arbeitsmarkt zu beobachten ist. Ungeachtet aller gleichstellungspolitischen Bemühungen der letzten Jahrzehnte haben Berufe nach wie vor ein Geschlecht, wie es der Bericht des Bundesrates zur Situation der Berufsbildung 2006 formuliert. In der «Hitparade» der am häufigsten ergriffenen Lehrberufe gibt es zwischen den Geschlechtern bis auf die kaufmännischen Berufe kaum Gemeinsamkei-ten. Frauen sind eher in Dienstleistungs-, Gesundheits- und Pflegeberufen anzutreffen, Männer eher in technischen und industriell-gewerblichen (vgl. BFS-Berufsbildungsindikatoren). Das berufliche Spektrum der Frauen ist deutlich enger als das der Männer. Die zehn am häufigsten ergriffenen Lehr-berufe vereinigen bei den Frauen an die achtzig Prozent aller Lehrlinge auf sich. Bei den Männern sind es weniger als sechzig Prozent. Haeberlin et al. (2004, 172) halten fest, dass Frauen im Vergleich zu Männern höherwertige Schulabschlüsse und bessere Schulqualifikationen benötigen, um eine ver-gleichbare Qualifikationsstufe im dualen Berufsbildungssystem zu erreichen. Gemäss Tree steigen Frauen auch deutlich häufiger als Männer verzögert in die Berufsbildung ein – in der Regel nach dem Besuch eines Brückenangebots (BFS/Tree, 2003).

5 Bildungsrationierung

Wie eingangs ausgeführt gilt heute eine abgeschlossene Sekundarstufe II-Ausbildung als notwendige Voraussetzung für eine vollwertige Teilhabe am modernen und Erwachsenen- und Erwerbsleben. Ungeachtet dieser Norm besteht in der Schweiz kein formal verbrieftes Recht auf Ausbildung jenseits der neun obligatorischen Volksschuljahre. Nachobligatorische Ausbildungen auf Sekundarstufe II unterliegen damit einer faktischen individuellen Holschuld der Bildungsnachfragenden. Diese Holschuld ist nicht einfach einzulösen, wie die (eher spärlich verfügbaren) Daten zum Angebots-Nachfrage-Verhältnis in diesem Bereich des Bildungssystems zeigen: Wer sich nach Erfüllung der Schulpflicht weiter ausbilden will, sieht sich, wie der Lehrstellenbarometer des Bundesamtes für Berufsbildung und Technologie (BBT) zeigt, mit einem stark rationierten Angebot konfrontiert.

Die Rationierung von Bildungsangeboten in der Schweiz setzt jedoch nicht erst auf der Sekundarstufe II an. Bereits die oben skizzierte Selektivität der Sekundarstufe I kann als faktische Rationierungsmassnahme gelesen werden. Die Rationierung besteht in diesem Fall nicht im Fehlen von Ausbildungsplätzen. Im Lichte des starken Einflusses der sozialen Herkunft auf den Selektionsentscheid an dieser Schwelle wirkt sie vielmehr in Form von Vorenthaltung sozialer Chancen im Sinne von Schelsky bzw. als Beschneidung von Lerngelegenheiten (Heid, 1986).

Die Triage von Schülerinnen und Schülern, die angeblich nur «Grundanforderungen» oder aber «erweiterten Anforderungen» genügen, wird in der bildungspolitischen Diskussion vornehmlich damit legitimiert, dass der Unterricht auf Sekundarstufe I in möglichst leistungshomogenen Lerngruppen stattfinden solle. Diese Legitimation lässt ausser Acht, dass in aller Regel schwächere Schülerinnen und Schüler in einem leistungs*heterogenen* Umfeld bessere Lernfortschritte erzielen, ohne dass die Leistungsentwicklung der stärkeren Schülerinnen und Schüler dadurch Schaden nähme (vgl. etwa Kronig et al., 2000). Integrative, leistungsheterogenere Schulformen – so lässt sich aufgrund der verfügbaren Forschungsergebnisse mit einiger Sicherheit sagen – schaffen somit per Saldo weniger Bildungsverlierer.

Abbildung 3:   *Zusammenhang zwischen Realschul- und Brückenangebotsquoten in der Deutschschweiz*

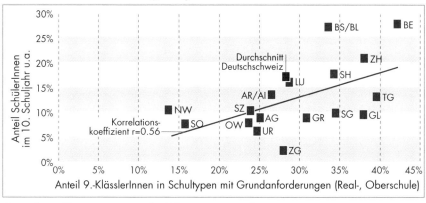

Anmerkung: Kantonsnamen vgl. *Abkürzungsverzeichnis.*
Quelle: Tree, basierend auf BFS, Schulstatistik, Schuljahre 1999/2000 bzw. 2000/2001.

Es mutet einigermassen paradox an, dass ein Teil der Lerngelegenheiten und pädagogischen Ressourcen, die den Schülerinnen und Schülern «mit Grundanforderungen» auf Sekundarstufe I vorenthalten werden, an deren Ende kompensiert bzw. «nachgeholt» werden müssen. Wie *Abbildung 3* zeigt, besteht in der Deutschschweiz auf kantonaler Ebene ein deutlicher Zusammenhang zwischen dem Anteil Realschülerinnen und -schülern und dem Anteil derjenigen, welche nach Erfüllung der Schulpflicht ein Brückenangebot, d. h. ein zehntes Schuljahr o. Ä., absolvieren. In der Westschweiz besteht dieser Zusammenhang ebenfalls, aber weniger ausgeprägt. Das deutet darauf hin, dass ein kantonales Schulsystem in der Tendenz um so mehr mit Zusatz- und Überbrückungsangeboten «nachbessern» muss, je mehr Schülerinnen und Schüler es durch den Real- oder Oberschultypus schickt.

Auf der Sekundarstufe II ist die Rationierung auch in erheblichem Masse eine zahlenmässige. Groben Schätzungen zufolge fehlen pro Jahrgang, der die obligatorische Schule verlässt (heute rund 75'000 bis 80'000 Personen), konservativ geschätzt zwischen 5'000 und 10'000 zertifizierende Sekundarstufe II-Ausbildungsplätze, der grössere Teil davon in der Berufsbildung (vgl. BBT-Lehrstellenbarometer). Rund ein Viertel derjenigen, die eine Berufsbildung ergreifen möchten, können heute nicht damit rechnen, ihre Ausbildungslaufbahn nach Erfüllung der neunjährigen Volksschulpflicht nahtlos fortsetzen zu können. Sie absolvieren zehnte und elfte Schuljahre, Brückenangebote, Praktika und andere Zwischenlösungen – und bewerben sich ein Jahr später erneut auf dem Lehrstellenmarkt (BFS/Tree, 2003). Mehrere tausend Jugendliche pro Schulabgangsjahrgang müssen sich zwei und mehr Jahre gedulden und bemühen, bis sie eine zertifizierende Sekundarstufe II-Ausbildung beginnen können. Hupka et al. (2006) zeigen, dass diese Unterbrüche und Wartezeiten schon für sich genommen ein Risiko dafür bilden, dass der Eintritt in eine zertifizierende Sekundarstufe II-Ausbildung schlussendlich ausbleibt.

Mangel besteht angebotsseitig massgeblich an so genannten niederschwelligen Angeboten, d. h. an Ausbildungsplätzen für eher (leistungs-)schwächere junge Bildungsnachfragende. Hier scheint das duale Berufsbildungssystem mit seiner stark marktwirtschaftlichen Orientierung seit längerer Zeit an die Grenzen seines Funktionierens zu stossen. Trotz jahrelanger intensiver Bemühungen ist es diesem System nicht gelungen, das drastische Missverhältnis zwischen Angebot und Nachfrage auszugleichen. Problemverschärfend wirkt sich hierbei aus, dass der – zumindest vorübergehende – Ausbau von nicht strikt dual-marktwirtschaftlich geführten Angeboten wie z. B. Vollzeitberufsschulen, Lehrwerkstätten u. Ä. aus ordnungspolitischen Gründen unterbleibt.

Auf der Seite der Bildungsnachfragenden schlägt sich die langjährige Angebotsknappheit darin nieder, dass unter den Schwächeren und Schwächsten ein permanenter, harter Verdrängungskampf um die raren Ausbildungsplätze stattfindet, die ihnen offen stehen. Systemseitig ist in den vergangenen zehn bis 15 Jahren mit der Schaffung von so genannten Brückenangeboten ein grosser, aufwändiger Vermittlungsapparat entstanden, der die Reibungsverluste an der Schnittstelle zwischen den Sekundarstufen I und II zu verwalten und abzudämpfen versucht. In einigen Kantonen durchlaufen heute bis zu einem Drittel aller Jugendlichen solche Brückenangebote.

6 Bildungsverlierer und Bildungsgewinner

Wie schlagen sich nun all die skizzierten Mechanismen auf die individuellen Chancen nieder, letztendlich einen Abschluss der Sekundarstufe II zu erwerben? Gemäss Tree haben sechs Jahre nach Ende der obligatorischen Schule (im Alter von durchschnittlich 22 Jahren) rund zehn Prozent eines Schulabgangsjahrgangs das Bildungssystem ohne Sekundarstufe II-Abschluss verlassen. Wir bezeichnen diese Gruppe hier verkürzt und vereinfachend als Ausbildungslose.[5] Wie *Abbildung 4* zeigt, schwankt der Anteil Ausbildungsloser nach verschiedenen Merkmalen zum Teil erheblich. Augenfällig ist etwa, dass balkan-, türkisch- und portugiesischstämmige Migrantinnen und Migranten rund dreimal so häufig ohne Sekundarstufe II-Abschluss bleiben wie junge Erwachsene, deren Vater in der Schweiz geboren ist. Junge Erwachsene, die auf Sekundarstufe I einen Schultyp mit Grundanforderungen (z. B. Real-/ Oberschule) besucht haben, bleiben mehr als doppelt so häufig ausbildungslos wie solche, die auf Sekundarstufe I erweiterte Anforderungen erfüllten (Sekundarschule oder Progymnasium).

Nach dem bisher Gesagten nicht ganz überraschend, schwankt der Anteil Ausbildungsloser ausgesprochen ausgeprägt nach der sozialen Herkunft. Das statistische Risiko, ausbildungslos zu bleiben, ist für junge Erwachsene aus dem sozial am besten gestellten Bevölkerungsdrittel sehr gering (rund vier Prozent), während es für das am schlechtesten gestellte Drittel rund viermal höher ist (ca. 16 Prozent).

Von Bedeutung ist auch, auf welche Art und Weise sich der Übergang von der obligatorischen Schule in die Sekundarstufe II vollzieht. Ein enorm hohes Ausbildungslosigkeitsrisiko ist insbesondere bei denjenigen zu beobachten, die im ersten Jahr nach Erfüllung der Schulpflicht keinerlei Ausbildungs-

---

5 Die zehn Prozent «Ausbildungslosen» sind nicht mit der definitiven Ausbildungslosigkeitsquote der untersuchten Schulabgangskohorte gleichzusetzen. Zum fraglichen Beobachtungszeitpunkt sind noch weitere fast zehn Prozent der Kohorte ohne Sekundarstufe II-Abschluss. Diese befinden sich jedoch in Ausbildungssituationen, die mit einer gewissen Wahrscheinlichkeit noch zu einem solchen Abschluss führen.

Abbildung 4:   *Ausbildungslosigkeit und Tertiärausbildung sechs Jahre*
nach Entlassung aus der Schulpflicht, nach ausgewählten
Merkmalen, 2007

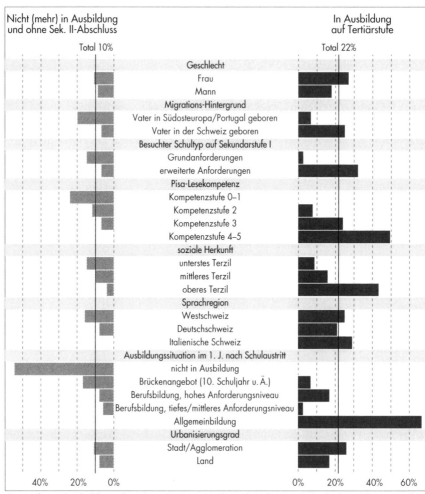

Anmerkung: Ausbildungslosigkeit: Personen, die sechs Jahre nach Ende der obligatorischen
Schule nicht mehr in Ausbildung sind und keinen Abschluss der Sekundarstufe II
vorweisen.
Quelle: Bertschy et al. (2007).

aktivitäten nachgehen. Von diesen gehören auch fünf Jahre später mehr als
die Hälfte zu den Ausbildungslosen. Das Fehlen einer Anschlusslösung nach
Schulaustritt erhöht somit das Risiko beträchtlich, ohne Sekundarstufe II-
Abschluss zu bleiben.

Nach Geschlecht und Urbanisierungsgrad sind keine statistisch bedeutsamen Unterschiede festzustellen, wohl aber nach Sprachregion: In der französischen Schweiz ist der Anteil Ausbildungsloser rund doppelt so hoch wie in der Deutschschweiz. Es scheint demnach, als gelinge es dem stärker berufsbildungsorientierten Bildungssystem der deutschen Schweiz besser als dem «akademischer» orientierten der Romandie, einen möglichst grossen Anteil Jugendlicher zu einem Sekundarstufe II-Abschluss zu führen.

Weitgehend spiegelbildlich zum Anteil Ausbildungsloser verhält sich entlang der beobachteten Merkmale der Anteil derjenigen, welche sechs Jahre nach Erfüllung der Schulpflicht eine Ausbildung auf Tertiärstufe absolvieren (Universität, Fachhochschule u. Ä.). Auch hier fallen die ausgeprägten Unterschiede nach sozialer Herkunft auf: Im sozial bestgestellten Drittel studieren fast fünf mal mehr junge Menschen auf Tertiärstufe als im Drittel mit der tiefsten sozialen Stellung (43 Prozent vs. 9 Prozent). Bemerkenswert ist schliesslich auch der Umstand, dass die Tertiärquote bei den Frauen mittlerweile deutlich höher ist als bei den Männern (27 Prozent vs. 18 Prozent). Dies ist eine geschlechtsspezifische Umkehrung des «Bildungsvorsprungs», der noch bis in die Neunzigerjahre klar zu Gunsten der Männer ausfiel.

7 Schlussfolgerung

Es gibt kein Bildungssystem, in dem die soziale Herkunft ohne Einfluss auf Bildungschancen und -erfolg bleibt. Auch in den Ländern, die in den grossen internationalen Vergleichsstudien am besten abschneiden, ist die soziale Situation der Lernenden und ihres Umfeldes für Leistung und Lernerfolg von Bedeutung. Ebendiesen Studien kommt allerdings das Verdienst zu, zu zeigen, dass es etwelchen Gestaltungs- und Steuerungsspielraum gibt bei der Frage, wie dieser Einfluss zumindest verringert werden kann.

Das Bildungssystem der Schweiz gehört im internationalen Vergleich zu denjenigen mit einem hohen Mass an Ungleichheit (OECD, 2005). Abgesehen von Deutschland gibt es neben der Schweiz nur wenige «postindustrielle» Länder im OECD-Raum, in denen die soziale Herkunft derart stark auf die Kompetenzen durchschlägt, welche im Verlauf der obligatorischen Schulzeit erworben werden. Auch die Chance, einen nachobligatorischen Ausbildungsabschluss der Sekundarstufe II zu erwerben, ist stark von der sozialen Herkunft mitbestimmt.

Die Frage nach den Faktoren, welche Bildungsgleichheit begünstigen oder erschweren, lässt sich nicht erschöpfend und schlüssig beantworten. Das ist angesichts der Komplexität von kollektiv organisierten Bildungsprozessen und deren gesellschaftlicher Einbettung auch nicht anders zu erwarten. Larcher und Oelkers (2003) machen denn auch in ihrer Studie zur Frage, was andere Länder punkto Bildung besser machen, darauf aufmerksam, dass diesbezüglich erfolgreiche nationale Systeme nicht einfach kopiert werden können.

Einige Faktoren, welche grösstmöglicher Chancengleichheit im Bildungswesen entgegenwirken, lassen sich allerdings herauskristallisieren. Relativ eindeutig sind die Befunde zur Wirkung von (früher) Selektion und Gliederung auf Volksschulstufe. Hier legen die international vergleichenden Analysen nahe, dass selektive, gegliederte Grundbildungssysteme, wie sie in der Schweiz verbreitet sind, den Einfluss der sozialen Herkunft auf den Bildungserfolg verstärken, und zwar in der Tendenz umso ausgeprägter, je früher die Selektion erfolgt.

Die Selektionsentscheide an der Schwelle zwischen Primarstufe und Sekundarstufe I bedeuten nicht nur oftmals das vorzeitige Ende eines integrativen, fördernden Lernumfeldes für die negativ Selektionierten (Real- und Oberschul-Züge). Die frühe und schwer korrigierbare Selektion spurt auch in hohem Masse die Chancen und Möglichkeiten vor, die den Lernenden nach Erfüllung der Schulpflicht für ihre weiterführende Bildungslaufbahn offen stehen. Dies ist umso stossender, als die Grundlagen, auf denen diese schwer wiegenden Selektionsentscheide basieren, nachweislich höchst unzuverlässig und ungenau sind (Kronig, 2007).

Im internationalen Vergleich zeigen die Ergebnisse von Pisa, dass eine selektionsfreie Volksschule und ein hohes *und* ausgeglichenes Leistungsniveau sich keineswegs ausschliessen, sondern – wie die Mehrzahl der Pisa-*best practice*-Länder nahe legen – sich vielmehr gegenseitig bedingen.

Ungleichheitsverschärfend wirkt schliesslich auch der ausgeprägte und dauerhafte Mangel an Ausbildungsplätzen auf der Sekundarstufe II. Systembedingt ist so der Übergang zwischen den Sekundarstufen I und II in jüngerer Zeit zu einem regelrechten Nadelöhr geworden. Eine erhebliche Minderheit der Schulabgängerinnen und Schulabgänger kann heute zum vornherein nicht mit einem direkten Einstieg in die Sekundarstufe II rechnen. Diese Jugendlichen drehen mindestens ein, bisweilen sogar zwei und mehr Jahre in Warteschlaufen, bis sie Zugang zu einer zertifizierenden Sekundarstufe II-Ausbildung (Lehre, Gymnasium u. Ä.) finden. Die wissenschaftliche Analyse dieser verzögerten, diskontinuierlichen Übergänge zeigt deutlich, dass diese mit einem erheblichen Risiko verbunden sind, ohne Sek II-Abschluss frühzeitig aus der Bildungslaufbahn auszuscheiden (Hupka et al., 2006; Bertschy et al., 2007). Dass dieses Risiko derart stark an Merkmale der sozialen Herkunft geknüpft ist, stellt der Chancengleichheit im Schweizer Bildungssystem kein gutes Zeugnis aus.

8 Weiterführende Literatur

Kronig, Winfried (2007), *Die systematische Zufälligkeit des Bildungserfolgs. Theoretische Erklärungen und empirische Untersuchungen zur Lernentwicklung und Leistungsbewertung in unterschiedlichen Schulklassen*. Bern: Haupt.

Winfried Kronig irritiert mit diesem Buch all diejenigen nachhaltig, welche daran glauben, dass für eine erfolgreiche Bildungslaufbahn allein die Leistung zählt.

BFS/Tree, Hrsg. (2003), *Wege in die nachobligatorische Ausbildung. Die ersten zwei Jahre nach Austritt aus der obligatorischen Schule. Zwischenergebnisse des Jugendlängsschnitts Tree*. Reihe «Bildungsmonitoring Schweiz». Neuenburg: BFS.

Tree (Transitionen von der Erstausbildung ins Erwerbsleben) ermöglicht es für die Schweiz zum ersten Mal, den kritischen Übergang von der obligatorischen Schule in weiter führende Ausbildungen umfassend, dynamisch und in allen Facetten zu dokumentieren.

EDK, Hrsg. (1995), *Perspektiven für die Sekundarstufe I*. Bern: EDK.

Der EDK-Bericht ist ein empirisch sorgfältig fundiertes bildungspolitisches Plädoyer für die Abschaffung der selektiven, gegliederten Oberstufe (Sekundarstufe I). Leider schlummert er seit Mitte der Neunzigerjahre in den Schubladen der Erziehungsdirektorenkonferenz, ohne dass seine Empfehlungen umgesetzt worden wären.

Kulturelle Vielfalt

Indikatoren

Moderne Gesellschaften sind in zunehmendem Ausmass durch kulturelle Vielfalt gekennzeichnet. Den mehr oder weniger ausgeprägten herkömmlichen Diversitäten fügen sich neue hinzu, die durch verstärkte Wanderungsbewegungen und Kommunikation (man denke ans Interesse gewisser Bevölkerungskreise an aussereuropäischen Religionen seit den Siebzigerjahren) herbeigeführt werden. Diese «gesellschaftliche Biodiversität» stellt ein Potential an Bereicherung und zugleich an Konflikten dar; letzteres vor allem dann, wenn ethnische Unterschiede (im weitesten Sinne) mit Ungleichheiten verknüpft werden. Es geht hier also darum, gleichzeitig Aspekte von Diversität und ansatzweise deren Ungleichheitscharakter sichtbar zu machen.

Wir unterscheiden vier Gruppen von Indikatoren. Die *erste* betrifft die Gegenwart von Ausländerinnen und Ausländern (Indikatoren *Nationalitätenprofil, Aufenthaltsdauer und Einbürgerungen, Beurteilung von AusländerInnen, Subjektive Kriterien nationaler Zugehörigkeit*), die *zweite* die Mehrsprachigkeit (Indikatoren *Sprachen der Schülerinnen und Schüler, Fremdsprachenkompetenz, Fremdsprachengebrauch, Englisch im Beruf*), die *dritte* religiöse Zugehörigkeit (Indikatoren *Konfessionen und Religionslosigkeit, Glaubensinhalte*), die *vierte* Kultur- und Freizeitaktivitäten (Indikatoren *Mediennutzung, Interesse für politische Nachrichten, Freizeitaktivitäten, Gewünschte Wohnstile, Sportliche Betätigung*).

Nationalitätenprofil

Die Schweiz ist erst seit dem Beginn des zwanzigsten Jahrhunderts zum Einwanderungsland geworden. Seither schwankt der Umfang der Einwanderung und damit der Ausländeranteil an der Wohnbevölkerung vor allem in Abhängigkeit des Konjunkturverlaufs. Während der gut zwanzig Jahre dauernden Hochkonjunktur der Nachkriegszeit stieg er stetig an, bis in den Siebzigerjahren eine Einwanderungsbeschränkung eingeführt wurde. Nach einem leichten Rückgang stieg er ab 1980 erneut und liegt heute über zwanzig Prozent. Die in der Schweiz geborene zweite Generation von Ausländern wächst nur langsam, teils wegen Rückwanderungen, zu einem grösseren Teil auch wegen der Einbürgerung, seis der Eltern, seis der Kinder. Dennoch entsteht auch eine Kategorie von «secondos», die in der Schweiz aufgewachsen und zur Schule gegangen sind, aber aus verschiedenen Gründen keine schweizerische Staatsbürgerschaft haben. Sie machen fünf Prozent der Bevölkerung aus.

Die Herkunftsländer haben sich abgewechselt, vor allem in Abhängigkeit ihrer politischen und wirtschaftlichen Verhältnisse. Eingewandert wird fortschreitend aus Ländern, die weiter von der Schweiz entfernt und weniger industrialisiert sind: nach einer starken italienischen Immigration in der Nachkriegszeit, bei gleichzeitigem Rückgang der Einwanderung aus Deutschland, Frankreich und Österreich, hat sich das Schwergewicht nach Spanien, dann nach Portugal, nach den ehemals jugoslawischen Ländern und nach der Türkei verlagert, während der Anteil von Immigranten aus dem übrigen Europa nur unwesentlich schwankte. In jüngster Zeit nimmt die Einwanderung aus EU-Ländern erneut stark zu, vor allem aus Deutschland.

Seit langem ist der Ausländeranteil der Schweiz einer der höchsten in Europa, er liegt ungefähr doppelt so hoch wie in den nächstfolgenden Ländern unseres Vergleichs. Die Tendenz ist auch in diesen steigend.

Definitionen/Bemerkungen

Obere und mittlere Grafik: Ausländische (Wohn)Bevölkerung: Alle in der Schweiz wohnhaften Personen ohne schweizerische Staatsbürgerschaft. Einbezogen sind Aufenthalter, Niedergelassene und Kurzaufenthalter mit einer Aufenthaltsdauer von mindestens 12 Monaten (Bewilligungen B, C und z. T. L). Angaben 1980/1981 bzw. 1990/1991 teilweise nicht vergleichbar aufgrund Wechsel der Datenquelle 1980 bzw. 1990 (VZ/Petra).

Untere Grafik: Einschliesslich im Ausland geborene Inländer. Spanien: angegeben ist der Ausländeranteil.

Quelle: obere und mittlere Grafik: BFS: VZ, Petra, Espop; *untere Grafik:* OECD Factbook 2007.

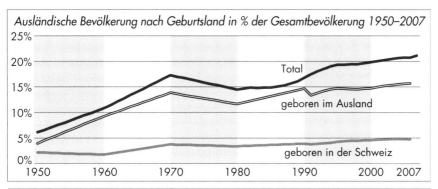

Ausländische Bevölkerung nach Geburtsland in % der Gesamtbevölkerung 1950–2007

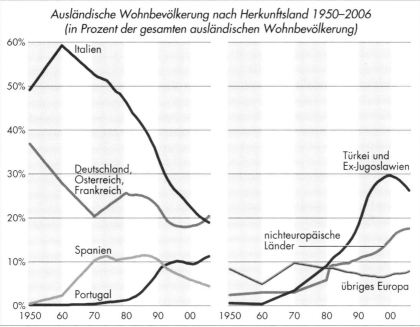

Ausländische Wohnbevölkerung nach Herkunftsland 1950–2006
(in Prozent der gesamten ausländischen Wohnbevölkerung)

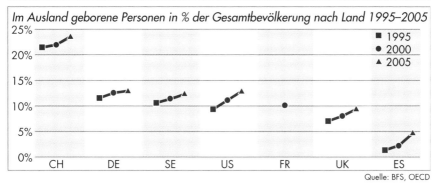

Im Ausland geborene Personen in % der Gesamtbevölkerung nach Land 1995–2005

Quelle: BFS, OECD

Aufenthaltsdauer und Einbürgerungen

Die Schweiz ist eines der wenigen hochindustrialisierten Länder mit Einbürgerungsregeln, die praktisch ausschliesslich auf dem *ius sanguinis* beruhen, welches die Nationalität an die Abstammung, d. h. an die Nationalität der Eltern knüpft. Einbürgerung ist entsprechend schwierig und immer wieder auch Gegenstand politischer Auseinandersetzungen.

Zwei Drittel der in der Schweiz wohnhaften Ausländer sind Niedergelassene, ein Viertel Aufenthalter, der verbleibende Zehntel verteilt sich auf eine grosse Zahl unterschiedlicher Rechtssituationen. Die Herkunftsländer der Niedergelassenen widerspiegeln die Einwanderungsgeschichte der Schweiz mit ihren aus immer wieder anderen Ländern stammenden Immigrationswellen, von denen unterschiedliche Anteile langfristig in der Schweiz blieben: auf eine starke Einwanderung aus den «nördlichen» Nachbarländern (hauptsächlich Deutschland) folgte eine italienische, dann eine spanische, anschliessend eine türkische und ungefähr gleichzeitig eine portugiesische und «westbalkanische» (Ex-Jugoslawien). Der Gesamtanteil der lange ansässigen Ausländer bleibt seit Mitte der Achtzigerjahre ziemlich konstant, die neuen Einwanderungswellen werden teilweise durch Rückwanderungen früher Eingewanderter kompensiert, teilweise auch durch Einbürgerungen.

Die Zahl der Einbürgerungen steigt dementsprechend und beträgt gegenwärtig drei Prozent der ansässigen Ausländer pro Jahr. Auch dabei spiegelt das zahlenmässige Gewicht der Herkunftsländern den Rhythmus der Einwanderungswellen wieder: die Einbürgerungen betreffen immer mehr Menschen aus den zuletzt eingewanderten Gruppen, aus der Türkei, Ex-Jugoslawien, in jüngerer Zeit auch wieder vermehrt aus anderen europäischen sowie aus nichteuropäischen Ländern (für Bürger von EU-Ländern ist die Einbürgerung nicht besonders interessant).

Der internationale Vergleich bestätigt, dass die Schweizer Einbürgerungspraxis im Vergleich zu anderen Ländern eher zurückhaltend ist, während Schweden als besonders grosszügig erscheint.

Definitionen/Bemerkungen

Obere und mittlere Grafik: AusländerInnen: Alle in der Schweiz wohnhaften Personen ohne schweizerische Staatsbürgerschaft. Einbezogen sind Aufenthalter, Niedergelassene und Kurzaufenthalter mit einer Aufenthaltsdauer von mindestens 12 Monaten (Bewilligungen B, C und z. T. L).

Lesebeispiel obere Grafik: Im Jahr 2006 lebten 16 Prozent aller niedergelassenen Ausländer seit mindestens 25 Jahren in der Schweiz. 39 Prozent aller in der Schweiz lebenden Italiener sind bereits seit über 25 Jahren in der Schweiz.

Quelle: obere und mittlere Grafik: BFS: VZ, Petra; *untere Grafik:* Eurostat, NewCronos.

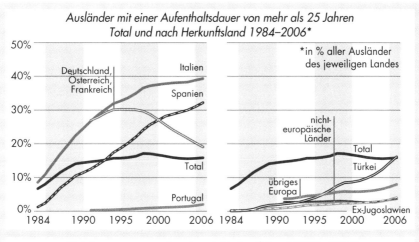

Ausländer mit einer Aufenthaltsdauer von mehr als 25 Jahren
Total und nach Herkunftsland 1984–2006*

Einbürgerungen total und nach Herkunftsland 1991–2006*

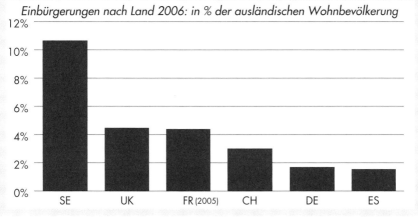

Einbürgerungen nach Land 2006: in % der ausländischen Wohnbevölkerung

Quelle: BFS, Eurostat

87

Beurteilung von AusländerInnen

Zwei negative Urteile über die Gegenwart von ImmigrantInnen, sie seien schlecht für die Wirtschaft und sie würden die Kultur der aufnehmenden Gesellschaft untergraben, halten sich in den Vergleichsländern mit nicht vernachlässigbarer Häufigkeit, wobei sie in der Schweiz, dem Land mit dem höchsten Ausländeranteil, am wenigsten verbreitet sind (mit teilweiser Ausnahme Schwedens, wo die Befürchtungen für die eigene Kultur noch seltener sind). Über die allerdings kurze Zeit von 2002 bis 2006 vermehrt sich die Kritik an der Anwesenheit von Ausländern überall, mit länderspezifischen Mustern, die nicht im Einzelnen kommentiert werden können.

Bildung hat bei der Beurteilung von ImmigrantInnen einen starken Einfluss: je höher die Bildung, desto seltener sind diese negativen Urteile, und dies in allen betrachteten Ländern. Der grösste Bildungsunterschied findet sich in Frankreich mit einer Differenz von fast vierzig Prozent zwischen den Gruppen mit hoher und tiefer Bildung.

Auch Alter ist von Belang. Im Allgemeinen sind die negativen Einstellungen bei Älteren stärker verbreitet als bei Jüngeren, allerdings ist es in der Schweiz nicht die jüngste, sondern die mittlere Altersgruppe (40- bis 59-Jährige), die am wenigstens negativ urteilt, ähnlich wie in Schweden und Deutschland.

Definitionen/Bemerkungen

Fragestellung (Schweiz): Frage 1: «Was würden Sie sagen, ist es im Allgemeinen gut oder schlecht für die Schweizer Wirtschaft, dass Zuwanderer hierher kommen?» *Antwortkategorien:* Skala von 0 (schlecht für die Wirtschaft) bis 10 (gut für die Wirtschaft). *Frage 2:* «Würden Sie sagen, dass Zuwanderer das schweizerische Kulturleben generell eher untergraben oder bereichern?» *Antwortkategorien:* Skala von 0 (untergraben das Kulturleben) bis 10 (bereichern das Kulturleben). Angegeben sind die Anteile der Befragen, die Werte von 0 bis 4 genannt haben.
Bildungsstufen: tief: ISCED 0–2 (keine nachobligatorische Bildung, Anlehre);
mittel: ISCED 3–4 (Berufslehre, Matura); *hoch:* ISCED 5–6 (Fachhochschule, Universität).
Stichprobengrösse: ESS 1503 (2002); 1663 (2004); 1804 (2006); US-CID: 1001; gewichtete Daten.
Quelle: ESS 2002, ESS 2004, ESS 2006; US-CID 2005.

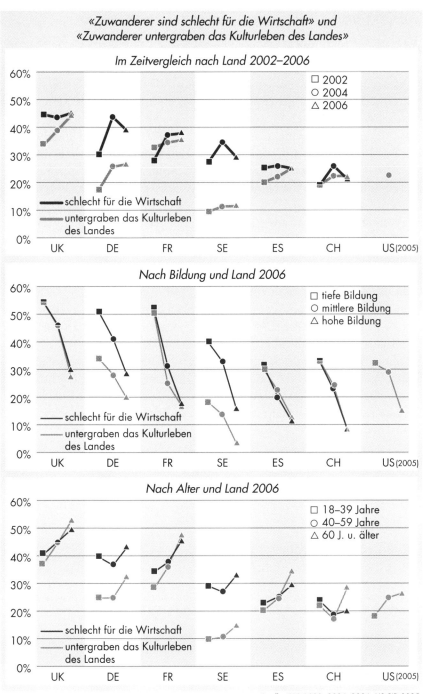

«Zuwanderer sind schlecht für die Wirtschaft» und
«Zuwanderer untergraben das Kulturleben des Landes»

Im Zeitvergleich nach Land 2002–2006

Nach Bildung und Land 2006

Nach Alter und Land 2006

Quelle: ESS 2002, 2004, 2006; US-CID 2005

89

Subjektive Kriterien nationaler Zugehörigkeit

Zwei sehr unterschiedliche Kriterien können der Skepsis gegenüber der Aufnahme von Ausländern zugrunde liegen, ein Beharren auf dem «Eingeborensein» (Vorfahren im Land zu haben) und ein kulturorientiertes Unterstreichen der Aufrechterhaltung der geltenden Ordnung, etwa in Form des Respekts der bestehenden politischen Institutionen. Das erste Kriterium, eine Art Barrierenargument, das dem juristischen Prinzip des *ius sanguinis* entspricht, kann von Ausländern per definitionem nicht erfüllt werden, das zweite hingegen, mit dem Prinzip des *ius soli* verwandt, sehr wohl.

Die Befürwortung der beiden Kriterien variiert relativ stark zwischen den Ländern, sie ist in den USA, dem klassischsten Einwanderungsland unter den Vergleichsländern, am stärksten und in der Schweiz, dem Land mit dem höchsten Ausländeranteil, am schwächsten. In allen Ländern wird das Barrierenargument deutlich weniger vertreten als das kulturelle Anpassungsargument; höhere Bildung schwächt das Beharren auf Abstammung ab, aber nicht das Anpassungsargument.

In allen Ländern gibt es Altersunterschiede im Sinne, dass die Älteren den Zaun gegenüber Ausländern höher ziehen als die Jüngeren, aber diese Unterschiede sind nicht überall gleich ausgeprägt.

Ähnlich verhält es sich mit den Unterschieden nach politischer Orientierung, wobei teils die Links-Rechts-Dimension im Vordergrund steht (besonders eindeutig in Frankreich und Spanien), teils eher die Mitte-Extrem-Positionierung (Grossbritannien, ansatzweise Schweden, in der Schweiz und Deutschland nur für das Assimilationsargument).

Definitionen/Bemerkungen

Fragestellung (Schweiz): «Es gibt Leute, die sind der Ansicht, dass folgenden Punkte wichtig seien, um eine richtige Schweizerin/ein richtiger Schweizer zu sein. Andere sagen, dies sei nicht wichtig. Wie wichtig sind Ihnen die folgenden Punkte? Schweizer Vorfahren zu haben. Die politischen Institutionen und Gesetze der Schweiz zu respektieren».

Antwortkategorien: «sehr wichtig», «ziemlich wichtig», «nicht sehr wichtig», «überhaupt nicht wichtig». Angegeben sind die Anteile der Befragten, die den jeweiligen Punkt sehr/ziemlich wichtig finden. Details: siehe CD.

Bildungsstufen: tief: ISCED 0–2 (keine nachobligatorische Bildung, Anlehre); *mittel:* ISCED 3–4 (Berufslehre, Matura); *hoch:* ISCED 5–6 (Fachhochschule, Universität).

Politische Orientierung: Selbsteinschätzung auf Skala von 0 (links) bis 10 (rechts): *links:* Werte 0–3; *mitte:* Werte 4–6; *rechts:* Werte 7–10.

Stichprobengrösse: ISSP: 873–1669; gewichtete Daten.

Quelle: ISSP 2003.

«Was ist wichtig, um ein richtiger Schweizer* zu sein?» 2003
(*Britin, Deutscher, Französin, Schwede, Spanierin, US-Amerikaner)

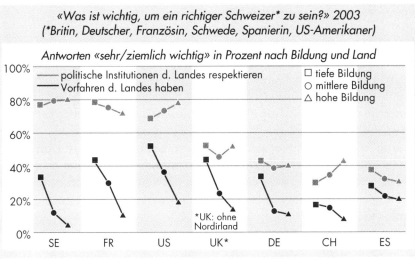

Antworten «sehr/ziemlich wichtig» in Prozent nach Bildung und Land

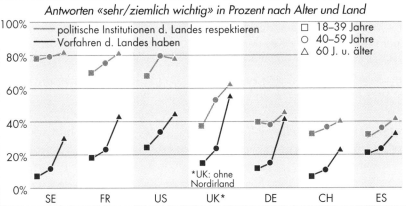

Antworten «sehr/ziemlich wichtig» in Prozent nach Alter und Land

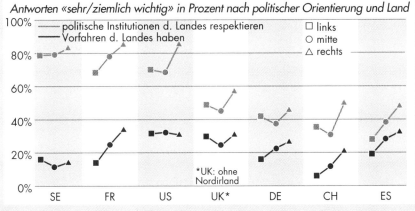

Antworten «sehr/ziemlich wichtig» in Prozent nach politischer Orientierung und Land

Quelle: ISSP 2003

91

Sprachen der Schülerinnen und Schüler

Auf den ersten Blick stellen die Landessprachen überall die grosse Mehrheit, auf den zweiten erkennt man dennoch interessante Unterschiede. In den rein deutsch-, französisch- oder italienischsprachigen Kantonen ist die Kantonssprache für nicht viel mehr als achtzig Prozent der SchülerInnen die Muttersprache, d. h. zwanzig bis dreissig Prozent von ihnen haben zuerst eine Nichtlandessprache gelernt.

In den sprachlich gemischten Kantonen sehen die Verhältnisse naturgemäss anders aus; Romanisch sprechende Schülerinnen und Schüler stellen mit weniger als zwanzig Prozent selbst in «ihrem» Kanton eine Minderheit dar.

Die genauere Aufgliederung der Nichtortssprachen zeigt, dass gewisse Einwanderergruppen bevorzugt in die deutsche oder französische Schweiz immigriert sind, etwa Portugiesen in die welsche Schweiz, Einwanderer aus ehemals jugoslawischen Ländern (vor allem Kosovo) und aus der Türkei stärker in die Deutschschweiz. Insgesamt sind die Schulen der französischen Schweiz sprachlich stärker gemischt als die deutschschweizerischen, und die Durchmischung nimmt weiter zu.

In den Stadtkantonen Genf und Basel ist die sprachliche Vielfalt besonders ausgeprägt, wobei sich auch hier die Profile unterscheiden: in Genf ist der Anteil der Schülerinnen und Schüler mit Portugiesisch oder Spanisch als Muttersprache deutlich höher als in Basel, wo umgekehrt Türkisch und Albanisch häufiger sind. Die Aufgliederung nach Schulstufen bildet zugleich den Einwanderungszeitpunkt der Eltern und den unterschiedlichen Schulerfolg spezifischer Einwanderergruppen ab, der weniger der Herkunftskultur als der Verweildauer in der Schweiz und dem sozioökonomischen Status der Eltern zuzuschreiben ist. Ausserdem kann es auf höheren Stufen zu gezielter Immigration zum Zweck der Ausbildung kommen, was für einen Teil der nicht weniger als 23 Prozent englischsprachigen MaturitätschülerInnen in Genf zutreffen dürfte.

Definitionen/Bemerkungen

Obere und mittlere Grafik: rein deutschsprachige Kantone: ZH, LU, UR, SZ, OW, NW, GL, ZG, SO, BS, BL, SH, AR, AI, SG, AG, TG; *rein französischsprachige Kantone:* VD, NE, GE, JU.

Quelle: obere, mittlere und untere linke Grafik: BFS, Statistik der Schüler und Studierenden; *untere rechte Grafik:* Statistisches Amt Basel-Stadt, Statistik der Schüler und Studierenden.

Muttersprache der Schülerinnen und Schüler 2005/2006

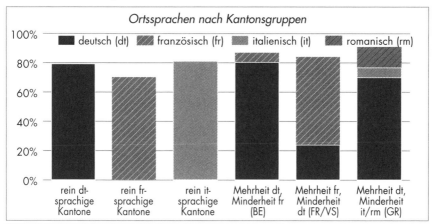

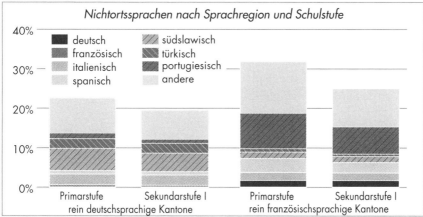

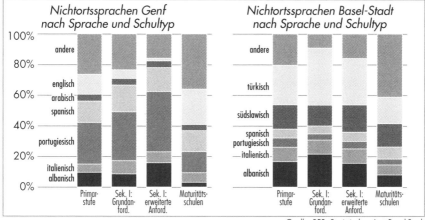

Quelle: BFS, Statistisches Amt Basel-Stadt

Fremdsprachenkompetenz

Die Schweizer Bevölkerung gehört zu jenen Europas mit den verbreitetsten Fremdsprachenkenntnissen, in der unmittelbaren Nachbarschaft mit Schweden, wobei zwischen der deutsch- und der französischsprachigen Schweiz nur wenig Unterschiede bestehen (geringfügig weniger Mehrsprachigkeit in der Romandie). In allen verglichenen Ländern (an die Stelle der USA tritt hier das zweisprachige Belgien) hängt die Fremdsprachenkenntnis stark mit dem Bildungsniveau zusammen, der Einfluss der Schule für die Mehrsprachigkeit der Einzelpersonen ist also sehr gross, unabhängig von der Mehrsprachigkeit des Landes, in dem sie leben.

Auch die Altersunterschiede sind nicht vernachlässigbar, wenn auch meist weniger ausgeprägt als jene nach Bildung – die jüngeren Altersgruppen sind mehrsprachiger als die älteren.

Konzentriert man sich auf die Beherrschung des Englischen, sind die Resultate dieselben, ausser dass offensichtlich in den einsprachigen Ländern (Schweden, Frankreich, Deutschland, Spanien) Fremdsprachenkenntnisse vor allem Englischkenntnisse sind, während in den zwei- oder mehrsprachigen Ländern die anderen Landessprachen zum Englischen hinzukommen, sodass die Mehrsprachigkeit häufiger ist als die Beherrschung des Englischen.

Definitionen/Bemerkungen

Fragestellung: «Haben Sie in … [erste bis vierte Fremdsprache einzeln erfragt] … sehr gute Kenntnisse, gute Kenntnisse oder Grundkenntnisse?» Angegeben sind die Anteile der Befragten mit sehr guten oder guten Kenntnissen.

Sprachregion: Zuordnung nach Mehrheitssprache in der Wohngemeinde.

Bildungsstufen: tief: ISCED 0–2 (keine nachobligatorische Bildung, Anlehre);
mittel: ISCED 3–4 (Berufslehre, Matura); *hoch:* ISCED 5–6 (Fachhochschule, Universität).

Stichprobengrösse: linguadult.ch: 1200; Eurobarometer 54Lan: 1000–2000.

Quelle: linguadult.ch, Universität Bern 2006; Eurobarometer 54Lan 2000.

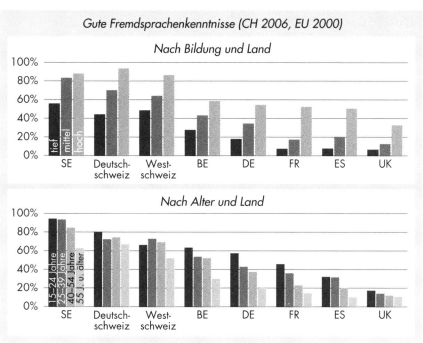

Gute Fremdsprachenkenntnisse (CH 2006, EU 2000)

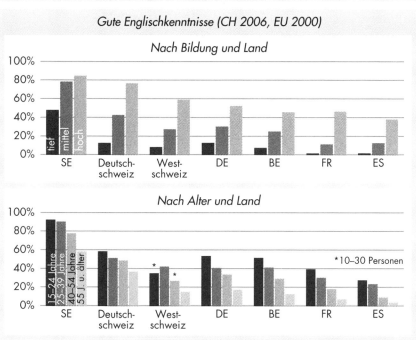

Gute Englischkenntnisse (CH 2006, EU 2000)

Quelle: linguadult.ch, Universität Bern 2006; Eurobarometer 2000

Fremdsprachengebrauch

Andere Sprachen tatsächlich zu verwenden ist nicht dasselbe wie ihre Kenntnis. Trotz ihrer nationalen Mehrsprachigkeit bleibt selbst in der Schweiz, wie in den meisten Vergleichsländern, der häufigste Grund, eine andere Sprache zu gebrauchen, ein Ferienaufenthalt in einem anderen Sprachgebiet. Zumindest gilt dies in der Deutschschweiz; in der welschen Schweiz ist dieser Grund nicht häufiger als die Erwerbstätigkeit oder die sozialen Kontakte im persönlichen Netzwerk. Dass Romands bei der Ausübung ihres Berufes häufiger eine andere als ihre eigene Sprache sprechen als die Deutschschweizer, dürfte mit der unterschiedlichen Grösse ihrer Sprachbereiche und der entsprechenden Wirtschaftsräume zu tun haben (arbeitet man in einem kleineren Sprachraum, kommt man leichter dazu, auch mit Anderssprachigen zu tun zu haben), wohl aber auch damit, dass mehr welsche Arbeitsplätze von Unternehmungen mit Stammsitz in der Deutschschweiz abhängen als umgekehrt.

Der Unterschied zwischen den beiden grösseren Sprachgruppen in der Schweiz ist weitgehend derselbe, ob man die jeweils andere Landessprache betrachtet oder das Englische, wobei im allgemeinen die andere Landessprache etwas häufiger verwendet wird als das Englische, ausser bei Ferien im Ausland, wo Deutschschweizer eher in den französischen Sprachraum gehen als Romands in den deutschen. Umgekehrt sind die Differenzen nur in einer Hinsicht, die der vorherigen Überlegung über die Grösse der Sprachregionen entspricht: den Romands passiert es häufiger als den Deutschschweizern, dass sie bei Geschäftsreisen in einen anderen Landesteil (meistens zweifellos die Deutschschweiz) dessen Sprache oder Englisch sprechen.

Definitionen/Bemerkungen

Fragestellung: «Bei welcher Gelegenheit benutzen Sie … [erste und zweite Fremdsprache einzeln erfragt] … regelmässig? Unterhaltungen am Arbeitsplatz, entweder persönlich oder am Telefon. Lesen am Arbeitsplatz. Beim Schreiben von E-mails oder Briefen am Arbeitsplatz. Auf Geschäftsreisen in anderen Sprachregionen der Schweiz. Auf Geschäftsreisen im Ausland. Beim Lernen von Fremdsprachen. Beim Lernen von etwas Anderem. Bei Unterhaltungen mit Familienangehörigen. Bei Unterhaltungen mit Freunden. In den Ferien in anderen Sprachregionen der Schweiz. In den Ferien im Ausland. Im Kino/beim Fernsehen/beim Radiohören. Beim Lesen von Büchern/Zeitungen/Zeitschriften. Im Internet. In anderen Situationen. Bei keiner davon». Angegeben sind die Anteile der Befragten, die die erste oder zweite Fremdsprache bei den jeweiligen Gelegenheiten brauchen.

Sprachregion: Zuordnung nach Mehrheitssprache in der Wohngemeinde.

Stichprobengrösse: linguadult.ch: 1200; Eurobarometer 54Lan: 1000–2000.

Quelle: linguadult.ch, Universität Bern 2006; Eurobarometer 54Lan 2000.

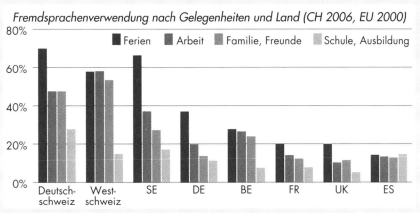

Fremdsprachenverwendung nach Gelegenheiten und Land (CH 2006, EU 2000)

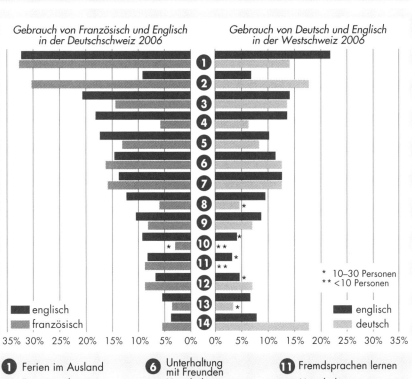

Gebrauch von Französisch und Englisch in der Deutschschweiz 2006

Gebrauch von Deutsch und Englisch in der Westschweiz 2006

* 10–30 Personen
** <10 Personen

englisch
französisch

englisch
deutsch

1. Ferien im Ausland
2. Ferien andere Sprachregionen CH
3. Kino, Fernsehen, Radio
4. Internet
5. Bücher, Zeitung lesen
6. Unterhaltung mit Freunden
7. Unterhaltung am Arbeitsplatz
8. Emails/Briefe schreiben am Arbeitsplatz
9. lesen am Arbeitsplatz
10. etwas anderes als Fremdspr. lernen
11. Fremdsprachen lernen
12. Unterhaltung mit Familienangehörigen
13. Geschäftsreisen Ausland
14. Geschäftsreisen andere Sprachregionen CH

Quelle: linguadult.ch, Universität Bern 2006; Eurobarometer 2000

97

Englisch im Beruf

Die Häufigkeit, mit der im Beruf Englisch gesprochen wird, unterscheidet sich international vor allem zwischen Schweden und den anderen (nicht englischsprachigen) Vergleichsländern – in Schweden ist dies wesentlich häufiger als anderswo. Überall finden sich Männer öfter in dieser mehrsprachigen Situation als Frauen, was vor allem mit den hierarchischen Geschlechtsunterschieden und den geschlechtsspezifischen Berufen zu tun haben dürfte. In der Deutschschweiz wird Englisch im Beruf etwas häufiger benützt als in der Romandie, wo ausserdem der sonst beobachtete Geschlechterunterschied umgekehrt ist, wenn auch in geringem Ausmass. Insgesamt benützt rund ein Viertel der Schweizer Erwerbstätigen Englisch im Beruf.

Die Bildung spielt eine sehr starke Rolle für die Häufigkeit des Englischgebrauchs, was ebenfalls darauf hinweist, dass Fremdsprachenverwendung in höheren Berufspositionen häufiger ist.

Mit wenigen Ausnahmen (Belgien, Frankreich, Spanien, ansatzweise auch Westschweiz) besteht ein Zusammenhang mit dem Alter: die Jüngeren sprechen eher Englisch als die Älteren.

Definitionen/Bemerkungen

Fragestellung: «Bei welcher Gelegenheit benutzen Sie Englisch regelmässig (falls erste oder zweite Fremdsprache)? Unterhaltungen am Arbeitsplatz, entweder persönlich oder am Telefon. Lesen am Arbeitsplatz. Beim Schreiben von E-mails oder Briefen am Arbeitsplatz. Auf Geschäftsreisen in anderen Sprachregionen der Schweiz. Auf Geschäftsreisen im Ausland». Angegeben sind die Anteile der Berufstätigen, die englisch (falls erste oder zweite Fremdsprache) bei mindestens einer dieser Gelegenheit benutzen.

Sprachregion: Zuordnung nach Mehrheitssprache in der Gemeinde des Arbeitsplatzes.

Bildungsstufen: tief: ISCED 0–2 (keine nachobligatorische Bildung, Anlehre); *mittel:* ISCED 3–4 (Berufslehre, Matura); *hoch:* ISCED 5–6 (Fachhochschule, Universität).

Stichprobengrösse: linguadult.ch: 1200; Eurobarometer 54Lan: 1000–2000.

Quelle: linguadult.ch, Universität Bern 2006; Eurobarometer 54Lan 2000.

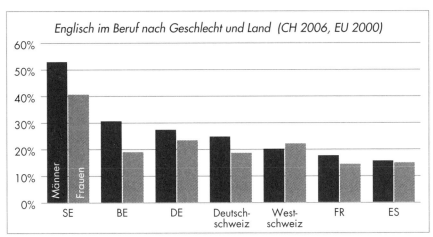

Englisch im Beruf nach Geschlecht und Land (CH 2006, EU 2000)

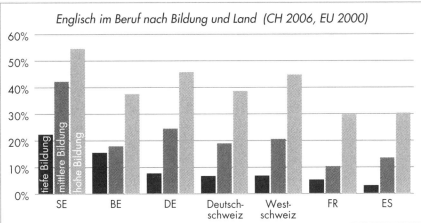

Englisch im Beruf nach Bildung und Land (CH 2006, EU 2000)

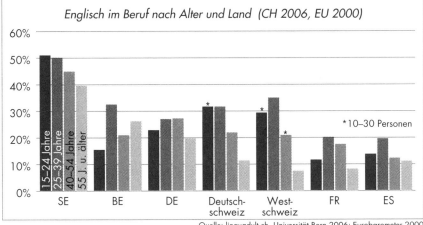

Englisch im Beruf nach Alter und Land (CH 2006, EU 2000)

Quelle: linguadult.ch, Universität Bern 2006; Eurobarometer 2000

99

Konfessionen und Religionslosigkeit

Historischer Wandel und grössere Wanderungsbewegungen (Hugenotten, USA) haben dazu geführt, dass sich die verglichenen – ausnahmslos christlichen – Länder in ihrer konfessionellen Zusammensetzung stark unterscheiden. Auch die Anteile der Menschen, die keine religiöse Zugehörigkeit deklarieren, sind sehr verschieden (gut ein Zehntel in Spanien, fast siebzig Prozent in Schweden). Die Schweiz gehört zu den konfessionell gemischten, aber vorwiegend christlichen Ländern und hat einen eher geringen Anteil an Konfessionslosen. Die Einwanderung aus moslemischen Ländern (Kosovo, Türkei, vgl. Indikator *Nationalitätenprofil)* in den letzten Jahren hat der islamischen Gemeinschaft mit vier Prozent ein neues demographisches Gewicht gegeben; sie ist die grösste nichtchristliche Religionsgruppe in der Schweiz.

Religiöse Zugehörigkeit oder Nichtzugehörigkeit drückt sich unterschiedlich aus: z. B. Selbstdeklaration als konfessionslos, Nichtteilnahme an religiösen Handlungen, Selbsteinschätzung als nicht religiös. Diese drei Aspekte hängen in den Vergleichsländern deutlich mit dem Alter zusammen (Jüngere sind häufiger religionslos). In allen Ländern erklären sich mehr Menschen als nichtpraktizierend oder konfessionslos denn als nichtreligiös – weniger das Grundprinzip der Religion als dessen institutionalisierte Form ist also für Viele fragwürdig.

Bildung ist weniger durchgängig und nicht immer gleichartig mit Religionsferne verknüpft. In einigen Ländern – so in der Schweiz – geht Religionsferne mit höherer Bildung zusammen, in anderen ist es umgekehrt (Grossbritannien, USA); bildungsabhängig sind vor allem die beiden institutionellen Kriterien, kaum dagegen die Religiosität.

Definitionen/Bemerkungen

Obere Grafik: Anteile der Befragten, die sich einer bestimmten Religion oder Konfession zugehörig fühlen. Protestantisch: auch evangelische, neuapostolische und methodistische Kirchen. Details: siehe CD.

Mittlere und untere Grafik: konfessionslos: Befragte, die sich keiner bestimmten Religion oder Konfession zugehörig fühlen; *keine Teilnahme am Gottesdienst:* Befragte, die abgesehen von besonderen Ereignissen (Hochzeiten, Beerdigungen) nie an Gottesdiensten teilnehmen; *nicht religiös:* Befragte, die sich als überhaupt nicht religiös einschätzen (Wert 0 auf einer Skala von 0 (überhaupt nicht religiös) bis 10 (sehr religiös)). Details: siehe CD.

Bildungsstufen: tief: ISCED 0–2 (keine nachobligatorische Bildung, Anlehre); *mittel:* ISCED 3–4 (Berufslehre, Matura); *hoch:* ISCED 5–6 (Fachhochschule, Universität).

Stichprobengrösse: ESS (2002, 2004, 2006 kumuliert): 5268–8705; US-CID: 1001; gewichtete Daten.

Quelle: ESS 2002, ESS 2004, ESS 2006, US-CID 2005.

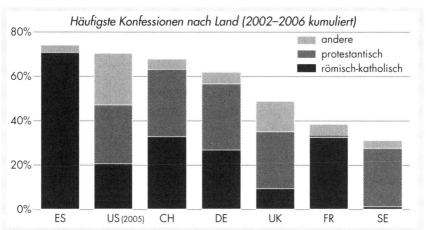

Häufigste Konfessionen nach Land (2002–2006 kumuliert)

andere
protestantisch
römisch-katholisch

ES   US (2005)   CH   DE   UK   FR   SE

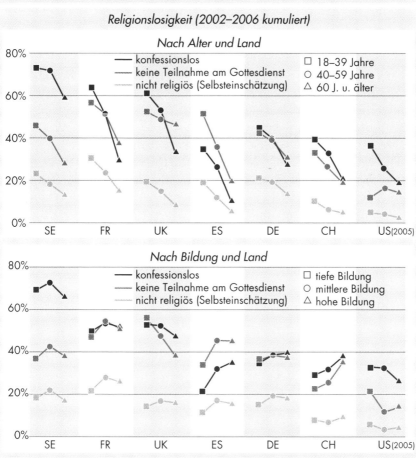

Religionslosigkeit (2002–2006 kumuliert)

Nach Alter und Land

konfessionslos
keine Teilnahme am Gottesdienst
nicht religiös (Selbsteinschätzung)

□ 18–39 Jahre
○ 40–59 Jahre
△ 60 J. u. älter

SE   FR   UK   ES   DE   CH   US(2005)

Nach Bildung und Land

konfessionslos
keine Teilnahme am Gottesdienst
nicht religiös (Selbsteinschätzung)

□ tiefe Bildung
○ mittlere Bildung
△ hohe Bildung

SE   FR   UK   ES   DE   CH   US(2005)

Quelle: ESS 2002, 2004, 2006; US-CID 2005

101

Glaubensinhalte

Glaubensinhalte sind komplex und nicht unbedingt hoch reflektiert, ihre Ermittlung im Rahmen von Befragungen kann nur grobe Hinweise ergeben. Die Häufigkeitsrangfolge der sechs Beispiele konkreter Vorstellungen bildet recht genau die Polarität zwischen vorherrschender offizieller (christlicher) Theologie (Existenz Gottes, Leben nach dem Tod) und minderheitlichen, alternativen Gehalten («Aberglauben»: Astrologie, Dämonen) ab. Die Rangfolge ist für beide Geschlechter dieselbe, aber Männer äussern sich zurückhaltender als Frauen.

Zwischen den Konfessionen besteht bei den drei häufigeren Glaubensinhalten dasselbe Gefälle von den Katholiken zu den Konfessionslosen, während bei den selteneren die Unterschiede sehr gering sind. Altersunterschiede sind eher bedeutungslos, während die persönliche Religiosität einen grossen Unterschied ausmacht.

Welchen Einfluss hat die Religiosität auf verschiedene Verhaltensbereiche? Auch hier ergibt sich eine Rangfolge von religiös stark geprägten bis zu von Religion weitgehend ausgesparten Bereichen. Zu ersteren gehören nicht nur die traditionell religiös besetzten Lebensübergänge (Geburt, Heirat, Tod), sondern auch etwa der Umgang mit der Natur, mit dem Sinn des Lebens, mit Lebenskrisen. Von der Religion weitgehend abgetrennt sind das Berufsleben, die Freizeit, die Sexualität und die politischen Ansichten.

Die Unterschiede zwischen den Geschlechtern und den Konfessionen entsprechen den oben beschriebenen, d. h. grösserer Einfluss der Religiosität bei den Frauen und gleiche Rangfolge der Bereiche. Bei Konfessionslosen ist der Einfluss der Religiosität zwar seltener, verschwindet aber nicht völlig (vgl. Indikator *Konfessionen und Religionslosigkeit).*

Definitionen/Bemerkungen

Fragestellung: obere vier Grafiken: Fragebeispiel: «Wie stark glauben Sie daran, dass es Gott, Gottheiten oder etwas Göttliches gibt?» Details: siehe CD; *untere Grafik:* Fragebeispiel: «Wie stark wirkt sich Ihre Religiosität auf folgende Lebensbereiche aus: auf Ihren Umgang mit wichtigen Lebensereignissen in Ihrer Familie wie Geburt?» Details: siehe CD.

Antwortkategorien: «gar nicht», «wenig», «mittel», «ziemlich», «sehr». Angegeben sind die Anteile der Befragten mit Antwort «ziemlich» und «sehr».

Religiosität: Zentralitätsindex des Religionsmonitors (siehe www.religionsmonitor.de).

Stichprobengrösse: 1200.

Quelle: Religionsmonitor 2008, Bertelsmann-Stiftung.

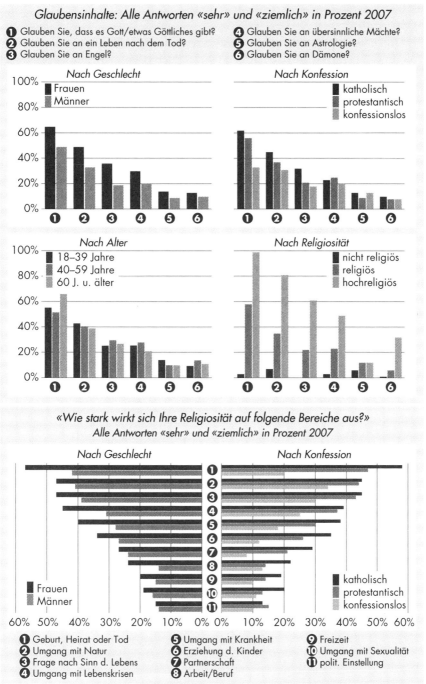

Glaubensinhalte: Alle Antworten «sehr» und «ziemlich» in Prozent 2007

❶ Glauben Sie, dass es Gott/etwas Göttliches gibt?
❷ Glauben Sie an ein Leben nach dem Tod?
❸ Glauben Sie an Engel?
❹ Glauben Sie an übersinnliche Mächte?
❺ Glauben Sie an Astrologie?
❻ Glauben Sie an Dämone?

Nach Geschlecht
- Frauen
- Männer

Nach Konfession
- katholisch
- protestantisch
- konfessionslos

Nach Alter
- 18–39 Jahre
- 40–59 Jahre
- 60 J. u. älter

Nach Religiosität
- nicht religiös
- religiös
- hochreligiös

«Wie stark wirkt sich Ihre Religiosität auf folgende Bereiche aus?»
Alle Antworten «sehr» und «ziemlich» in Prozent 2007

Nach Geschlecht
- Frauen
- Männer

Nach Konfession
- katholisch
- protestantisch
- konfessionslos

❶ Geburt, Heirat oder Tod
❷ Umgang mit Natur
❸ Frage nach Sinn d. Lebens
❹ Umgang mit Lebenskrisen
❺ Umgang mit Krankheit
❻ Erziehung d. Kinder
❼ Partnerschaft
❽ Arbeit/Beruf
❾ Freizeit
❿ Umgang mit Sexualität
⓫ polit. Einstellung

Quelle: Religionsmonitor Bertelsmann-Stiftung

Mediennutzung

Fernsehen ist das verbreitetste Medium, nach Häufigkeit und Dauer der Nutzung, allerdings mit beachtlichen Unterschieden zwischen Alters- und Bildungsgruppen (Junge weniger als Ältere, weniger Gebildete häufiger als höher Gebildete), während der Unterschied zwischen Berufstätigen und Nichtberufstätigen eher gering ist. Auch die internationalen Unterschiede sind beträchtlich, die Schweiz erscheint als ein Land mit vergleichsweise geringer Fernsehnutzung.

Der *Radiokonsum* ist im Vergleich zur Fernsehnutzung zugleich bescheidener und weniger nach sozialen Kategorien differenziert, mit Ausnahme der Berufstätigkeit – offenbar begleitet Radiohören bevorzugt verschiedene berufliche Aktivitäten.

Zeitungslektüre ist markant seltener bei Jüngeren als bei Älteren, Bildung und Berufstätigkeit machen dagegen keine grösseren Unterschiede. Zu beachten ist hier der verwendete Schwellenwert von mehr als einer halben Stunde, der die schnelle Lektüre der Gratiszeitungen ausschliesst, zu deren Grundkonzept gehört, dass man sie in höchstens zwanzig Minuten lesen kann. Würde man sie mit berücksichtigen, verschwände vermutlich der Altersunterschied.

Internet als neueres Medium wird sehr viel häufiger von Jungen als von Älteren genutzt, ebenso von höher Gebildeten und tendenziell auch mehr von Berufstätigen. Dass diesbezüglich die Schweiz zusammen mit Schweden so deutlich vor anderen Ländern liegt, inklusive USA, mag erstaunen und dürfte vor allem mit dem relativen Wohlstand und dem relativ verbreiteten Einbezug der Computernutzung in der Schule und in den Haushalten zu erklären sein (über drei Viertel der Haushalte haben einen PC).

Definitionen/Bemerkungen

Fragestellung: «Wie viel Zeit verbringen Sie an einem gewöhnlichen Werktag insgesamt mit Fernsehen/ Radio hören/Zeitung lesen? Wie oft benutzen Sie das Internet oder E-mail – egal ob zu Hause oder am Arbeitsplatz – für Ihren persönlichen Gebrauch?» *Antwortkategorien:* siehe CD.

Bildungsstufen: tief: ISCED 0–2 (keine nachobligatorische Bildung, Anlehre); *hoch:* ISCED 5–6 (Fachhochschule, Universität).

Berufstätig: Personen, die angeben, hauptsächlich berufstätig zu sein.

Stichprobengrösse: ESS 2006: 1804–2916; US-CID: 1001; gewichtete Daten.

Quelle: ESS 2006; US-CID 2005.

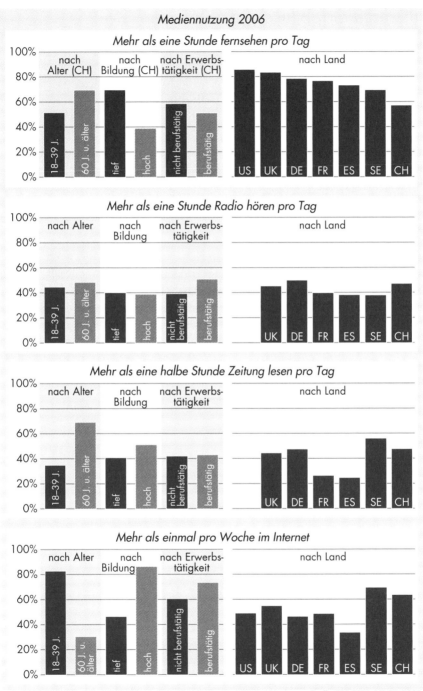

Mediennutzung 2006

Quelle: ESS 2006, US-CID 2005

Interesse für politische Nachrichten

Medien können für recht unterschiedliche Zwecke genutzt werden. Darunter spielen politische Nachrichten eine besondere Rolle, weil sie in den komplexen Gegenwartsgesellschaften ein unabdingbares Bindeglied zwischen den Bürgerinnen und Bürgern und dem politischen Leben geworden sind.

Das Interesse für politische Nachrichten im *Fernsehen* hängt deutlich mit dem Alter zusammen (höher bei Älteren), aber nicht mit Bildung und Berufstätigkeit. Dabei ist die Schweiz – wo der Fernsehkonsum ohnehin vergleichsweise gering ist – erstaunlicherweise das Schlusslicht im internationalen Vergleich.

Die Benützung des *Radios* für Nachrichten differiert weniger, auch im internationalen Vergleich. Nicht ganz vernachlässigbare Unterschiede bestehen hier zwischen Alters- und Bildungsgruppen.

Die Benützung von *Zeitungen*, um sich politisch zu informieren, ist die seltenste der drei betrachteten Formen und zeigt ein ähnliches Profil wie das Radiohören: Ältere und höhere Gebildete informieren sich häufiger auf diesem Weg, zwischen Berufstätigen und Nichtberufstätigen besteht kein Unterschied, ebenso wenig im internationalen Vergleich.

Definitionen/Bemerkungen

Fragestellung: Fragebeispiel Fernsehen: «Wie viel Zeit verbringen Sie an einem gewöhnlichen Werktag insgesamt mit fernsehen? Und wie viel von dieser Zeit verbringen Sie damit, die Nachrichten oder Sendungen zu Politik und Zeitgeschehen zu sehen?» Detaillierte Fragestellung und Antwortkategorien: siehe CD.

Bildungsstufen: tief: ISCED 0–2 (keine nachobligatorische Bildung, Anlehre); *hoch:* ISCED 5–6 (Fachhochschule, Universität).

Berufstätig: Personen, die angeben, hauptsächlich berufstätig zu sein.

Stichprobengrösse: ESS 2006: 1804–2916; US-CID: 1001; gewichtete Daten.

Quelle: ESS 2006; US-CID 2005.

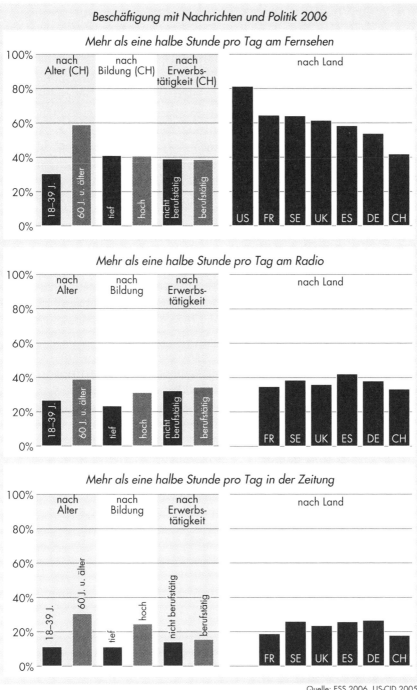

Beschäftigung mit Nachrichten und Politik 2006

Mehr als eine halbe Stunde pro Tag am Fernsehen

Mehr als eine halbe Stunde pro Tag am Radio

Mehr als eine halbe Stunde pro Tag in der Zeitung

Quelle: ESS 2006, US-CID 2005

Freizeitaktivitäten

Die häufigste der drei betrachteten Freizeitaktivitäten ist der Kinobesuch, der nur wenig zwischen den Bildungsgruppen variiert.

Die beiden anderen Aktivitäten sind dagegen deutlich mit dem Bildungsniveau verknüpft, je höher die Bildung, desto eher besucht man regelmässig die Oper oder das Theater, zwei «offizielle» – um nicht zu sagen elitäre – Kulturformen, und desto weniger geht man in die Disco, die dementsprechend eher als populäre Kulturform erscheint.

Mit Alter sind diese drei Freizeitbetätigungen ebenfalls verknüpft, Kino- und noch stärker Discobesuch sinken mit zunehmendem Alter stark ab, während der Besuch von Oper und Theater nur geringfügig mit dem Alter variieren. Es ist zu vermuten, dass die Alterskorrelation von Kino und Disco, die stärker zur «Jugendkultur» gehören als Theater und Oper, vor allem dadurch zustande kommt, dass mit dem Eintritt ins Berufsleben, durch die Elternschaft und die Aufnahme anderer Aktivitäten, die eher zum Erwachsenenstatus gehören, die zeitliche Verfügbarkeit für rein konsumtive Freizeitbetätigungen sinkt. Dem könnte allerdings widersprechen, dass keine der betrachteten Tätigkeiten im Pensionsalter wieder häufiger wird. Ob sich darin eine anders orientierte «Altenkultur» ausdrückt, ist unsicher.

Geschlechterdifferenzen sind allgemein sehr schwach, mit einer gewissen Tendenz zu häufigerem «Ausgang» bei Männern, besonders vor der Lebensmitte (erste zwei Altersgruppen) und für Disco.

Vergleicht man in der Altersgruppe der 30- bis 44-Jährigen Personen mit und ohne kleine Kinder, so erscheint deutlich, dass die Elternschaft Freizeitaktivitäten ausser Hause weniger Platz lässt. Interessanterweise wird aber der einzige einigermassen deutliche Geschlechterunterschied nicht etwa verstärkt, sondern im Gegenteil aufgehoben (Discobesuch bei den 30- bis 44-Jährigen).

Definitionen/Bemerkungen

Fragestellung: «Ich zähle jetzt verschiedene Freizeitaktivitäten auf. Sagen Sie mir bitte, wie häufig Sie in Ihrer Freizeit die Beschäftigungen machen». Details: siehe CD.

Bildungsstufen: tief: ISCED 0–2 (keine nachobligatorische Bildung, Anlehre); *mittel:* ISCED 3–4 (Berufslehre, Matura); *hoch:* ISCED 5–6 (Fachhochschule, Universität).

Familiensituation: berücksichtigt sind nur Kinder, die im Haushalt leben.

Stichprobengrösse: SHP und Silc-Pilot (kombiniert) 2004: 11565; gewichtete Daten.

Quelle: SHP und Silc-Pilot 2004.

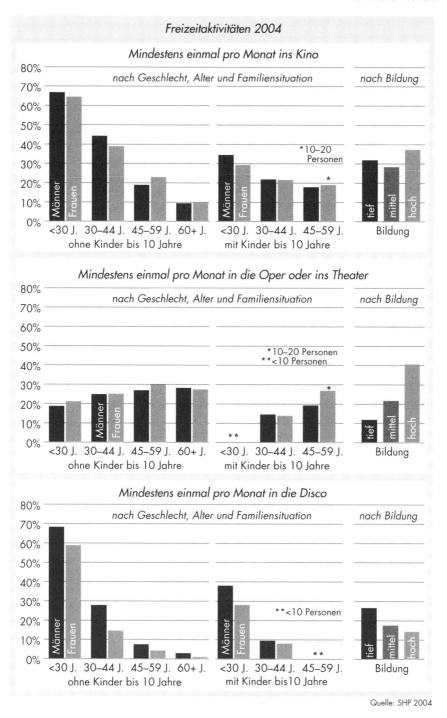

Freizeitaktivitäten 2004

Mindestens einmal pro Monat ins Kino

Mindestens einmal pro Monat in die Oper oder ins Theater

Mindestens einmal pro Monat in die Disco

Quelle: SHP 2004

109

Gewünschte Wohnstile

Zu den kulturellen Vorlieben gehören auch so alltägliche Dinge wie die Wohnung und ihre Ausstattung.

Die Wünsche an die Wohnung widerspiegeln weitgehend die herkömmliche Vorstellung von Geborgenheit: sie soll in erster Linie Gemütlichkeit und Sauberkeit sicherstellen, in zweiter Linie pflegeleicht sein, und erst in dritter Linie ästhetischen Kriterien wie Phantasie und Harmonie genügen. In den Unterschieden zwischen Männern und Frauen drücken sich die gängigen Geschlechterstereotypen aus: Frauen betonen Sauberkeit/Wärme und Phantasie/Harmonie stärker als Männer, diese legen umgekehrt mehr Gewicht auf Praktisch/leicht zu unterhalten.

Die Bedeutung der beiden Geborgenheitsaspekte hängt stark mit der Bildung zusammen, je höher die Bildung, als desto weniger wichtig werden sie angesehen, als ob dann die persönlich zugängliche Welt ausserhalb der Wohnung als weniger spannungsgeladen, potentiell frustrierend und ausgleichsbedürftig angesehen würde. Die pragmatischen Aspekte (pflegeleicht) stehen vor allem bei hoher Bildung im Vordergrund, unter anderem wohl, weil hier besonders oft Mann und Frau berufstätig sind und deshalb die Begrenzung der Familienarbeit besonders wichtig ist. «Phantasievoll und harmonisch» zeigt keinen Zusammenhang.

Auch die Familiensituation hat einen gewissen Einfluss auf diese qualitativen Wohnpräferenzen. Für jüngere Singles und solche mittleren Alters steht die Geborgenheit am wenigsten im Vordergrund, für ältere im Gegenteil am stärksten; ob man Kinder hat, spielt hingegen keine Rolle. Anders steht es bei der Pflegeleichtigkeit, hier ist die Gegenwart von Kindern ein verstärkender Faktor. Die ästhetischen Aspekte sind für jüngere und mittelalterliche Singles besonders wichtig.

Definitionen/Bemerkungen

Fragestellung: «Welche drei Wörter [aus folgender Liste] beschreiben den Wohnstil Ihrer Wünsche am besten? Sauber bzw. ordentlich, bequem, gutes Design, nüchtern bzw. diskret, gemütlich, pflegeleicht, klassisch, harmonisch, gepflegt, fantasievoll, praktisch bzw. funktionell, intim». Angegeben sind die Anteile der Befragten, die eine der folgenden Kombinationen genannt haben: sauber und gemütlich; harmonisch und fantasievoll; praktisch und pflegeleicht.

Bildungsstufen: tief: ISCED 0–2 (keine nachobligatorische Bildung, Anlehre);
mittel: ISCED 3–4 (Berufslehre, Matura); *hoch:* ISCED 5–6 (Fachhochschule, Universität).

Familiensituation: nur Kinder, die (ab und zu) im Haushalt leben, berücksichtigt.

Stichprobengrösse: MosaiCH: 1003; gewichtete Daten.

Quelle: MosaiCH 2007.

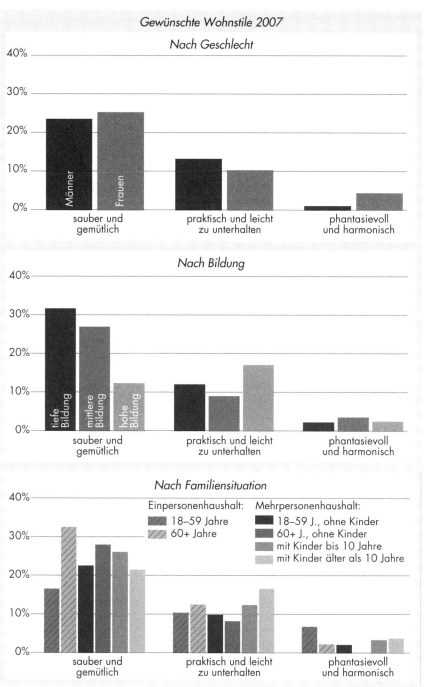

Gewünschte Wohnstile 2007

Nach Geschlecht

Nach Bildung

Nach Familiensituation

Quelle: MosaiCH 2007

Sportliche Betätigung

Körperliche Freizeitbetätigung kennt eine sehr breite Palette von Formen, die es eigentlich erstaunlich macht, dass einige von ihnen so häufig vorkommen, dass sie die Fünfzigprozentmarke erreichen oder gar übertreffen (Wandern und Skifahren 1997). In den letzten zehn Jahren scheint sich die Diversifizierung noch zu verstärken, denn die häufigeren Sportarten nehmen ab (Ausnahme: Velofahren), die selteneren zu (Ausnahmen: Tennis, Skilanglauf).

Wie zu erwarten hängt die sportliche Betätigung sowohl in ihrem Ausmass als auch in ihrer Art mit dem Alter zusammen. Im Kontrast zwischen einer besonders jungen und einer alten Gruppe erscheinen vor allem Sportarten mit betontem Körpereinsatz als «jugendlich» (Schwimmen, Fussball, Basketball, Schlitteln, Snowboard), Billard erscheint hierbei als Ausnahme. Ältere wenden sich dagegen besonders dem Wandern, der Gymnastik und, auf tieferem Häufigkeitsniveau, dem Skilanglauf zu.

Neben dem Alter (hier auf die Gruppe der 30- bis 39-Jährigen beschränkt, um den Alterseffekt konstant zu halten) spielen auch Faktoren wie Geschlechtszugehörigkeit und Bildung eine Rolle. Viele Sportarten sind geschlechtsmarkiert. So schwimmen und turnen Frauen eher als Männer und spielen Männer eher Billard oder fahren häufiger Mountainbike als Frauen; auch Fussball ist «männlich», Tanzen dagegen «weiblich», während andere Sportarten geschlechtsneutral zu sein scheinen. Bildungsunterschiede können genauso ausgeprägt sein: höher Gebildete schwimmen und biken eher, fahren auch häufiger Ski, weniger Gebildete spielen eher Billard, während Turnen oder Leichtathletik keinen Zusammenhang zeigen.

Definitionen/Bemerkungen

Fragestellung: «Welche der unten aufgeführten Sportarten üben Sie persönlich – wenn auch nur selten – aus?» 1997 ist auch Squash in der Kategorie Tennis enthalten. *Antwortkategorien:* «praktisch täglich/mehrmals wöchentlich», «einmal wöchentlich», «1–3 Mal monatlich», «seltener». Angegeben sind die Anteile der Befragten, die die betreffende Sportart genannt haben (ohne Befragte, die keinen Sport treiben).

Bildungsstufen: tief: ISCED 0–2 (keine nachobligatorische Bildung, Anlehre); *hoch:* ISCED 5–6 (Fachhochschule, Universität).

Stichprobengrösse: Mach-Consumer 1977: 8200; Mach-Consumer 2007: 10304.

Quelle: Wemf AG für Werbemittelforschung, Mach-Consumer 1997 und 2007-2.

«Welche Sportarten üben Sie aus?»

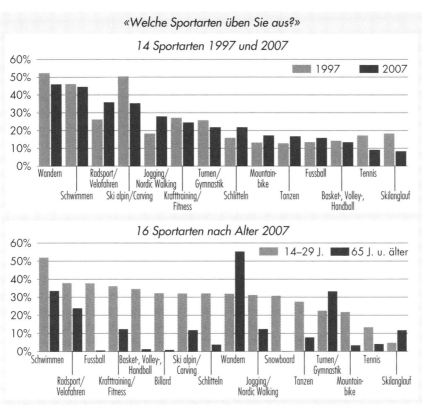

14 Sportarten 1997 und 2007

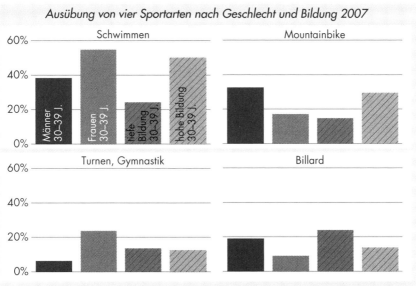

16 Sportarten nach Alter 2007

Ausübung von vier Sportarten nach Geschlecht und Bildung 2007

Quelle: Wemf

Vielsprachigkeit der Schweiz als Chance?

Georges Lüdi und Iwar Werlen

1   Vielsprachigkeit – Problem oder Chance?

Die traditionell viersprachige Schweiz wird immer vielsprachiger. Die Sprecher mit Nicht-Landessprachen als Hauptsprache haben ihren Anteil im halben Jahrhundert zwischen 1950 und 2000 von knapp ein Prozent auf neun Prozent der Gesamtbevölkerung erhöht. Während das proportionale Gewicht des Französischen sich von 1950 bis 2000 nicht verändert hat (zu beiden Zeitpunkten zwanzig Prozent), verlor Deutsch (ohne Unterscheidung von Dialekt und Standardsprache) rund acht Prozentpunkte (von 72 Prozent auf 64 Prozent). Die Entwicklung des Italienischen spiegelt die Phasen der italienischen Immigration (von sechs Prozent 1950 auf zwölf Prozent 1970 und zurück auf sieben Prozent 2000). Der Anteil des Rätoromanischen ist rückläufig (von einem auf ein halbes Prozent), auch in absoluten Zahlen, obwohl sich die Schweizer Wohnbevölkerung im selben Zeitraum fast verdoppelt hat. Gleichzeitig entsteht weit herum der Eindruck, die Landessprachen seien unter Druck geraten, einerseits durch die immer mächtigere Gegenwart des Englischen, andererseits durch die weitergehende Einwanderung von Sprechern von Nichtlandessprachen, woraus auch politischer Handlungsbedarf resultiert. Die «Sprachenexplosion» kann als Faktor von Divergenz und Desintegration gesehen werden, aber die sich gleichzeitig entwickelnde Mehrsprachigkeit kann auch als Stärkung des Integrationspotentials wirken.

Für die Zukunft sind deshalb folgende Fragen von besonderer Bedeutung:

– Inwiefern gelingt es, die Anderssprachigen sprachlich zu integrieren?
– Wie funktioniert die Verständigung zwischen den Sprachgebieten? Welches sind die (Fremd-) Sprachenkenntnisse der Schweizer Wohnbevölkerung?

– Welche Rolle spielt Englisch als internationale Verkehrssprache in der allgemeinen Wahrnehmung und im alltäglichen Gebrauch? Welches sind die Gründe, welche dazu führen, die eine oder andere Sprache zu

114

unterrichten (Ebene der Bildungssysteme) und/oder zu lernen (Ebene der individuellen Entscheidung)?
–   Kann die zunehmende Vielsprachigkeit für die mehrsprachigen Einwohner des Landes einerseits und für die Stellung der Schweiz in der Welt andererseits als Chance genutzt werden? Welches sind die Bedingungen dafür?

Die zur Zeit verfügbaren Daten (vgl. *Kasten 1*) erlauben eine erste Bilanz, obwohl sie nicht dafür genügen, alle diese Fragen verlässlich zu beantworten.

Kasten 1:   Datenlage zur schweizerischen Sprachensituation: der neue Sprachensurvey linguadult.ch

Bis vor Kurzem lagen nur sehr wenige verlässliche Angaben zur Sprachensituation (Sprachenerwerb, Sprachenkompetenzen, Sprachengebrauch) in der Schweizerischen Wohnbevölkerung vor – im Wesentlichen handelte es sich dabei um Fragen aus der Volkszählung (zur Hauptsprache: «Welches ist die Sprache, in der Sie denken und die Sie am besten beherrschen?» sowie zur Sprachenverwendung: «Welche Sprachen sprechen Sie regelmässig zu Hause, in der Schule, im Beruf»; vgl. dazu Lüdi et al., 1997; Lüdi und Werlen, 2005 sowie die Sprachenindikatoren im *Sozialbericht 2000* und *2004*).

Für detailliertere Analysen stehen neuerdings die Daten der Befragung *linguadult. ch* über individuelle Mehrsprachigkeit zur Verfügung, die unter der Leitung von Iwar Werlen im Rahmen des Nationalen Forschungsprogramms 56 «Sprachenvielfalt und Sprachkompetenz in der Schweiz» erhoben wurden (vgl. www.linguadult.ch). Der vorliegende Beitrag basiert wesentlich auf dieser erstmaligen gesamtschweizerischen Befragung. Die Erhebung wurde im Jahr 2006 durchgeführt, wobei 1215 Personen der erwachsenen Wohnbevölkerung (ohne Rätoromanen) befragt wurden. Verwendet wurde ein auf Schweizer Verhältnisse angepasster Fragebogen, der zuvor im *Eurobarometer 54Lan 2000* verwendet worden war. Erfragt wurden die Muttersprache(n) und bis zu vier Fremdsprachen. Weiter wurde nach der Nützlichkeit und dem Prestige dieser Sprachen gefragt, nach der Kompetenz bei den genannten Sprachen (auf einer dreistufigen Skala), nach der Häufigkeit sowie den Domänen des Gebrauchs der Sprachen. Eine Reihe von Fragen behandelt die Kontexte und Methoden des Fremdsprachenlernens, die Sprachlernmotivation und auch die Gründe, die vom Sprachenlernen abhalten können, sowie den Aufwand, den man für das Sprachenlernen zu treiben bereit ist. Abschliessend wurden Meinungen zu sprachpolitischen Fragen erhoben. Die Stichprobengrösse erlaubt Analysen auf der Ebene der Sprachgebiete, nicht hingegen auf jener der Kantone oder gar Gemeinden.

Für Jugendliche existieren in mehreren Kantonen Schülerstatistiken. Ausserdem liegen neuerdings auch Daten aus der Pisa-Befragung (Programme for International Student Assessment) vor. Schliesslich ist auch auf Einzelstudien wie Grin (1999) hinzuweisen.

So lässt sich zwar quantifizieren, wie viel Deutsch, Französisch, Englisch usw. im Alltag verwendet wird und welches die Sprachenkenntnisse der erwachsenen Bevölkerung sind; ob dadurch – besonders durch blosse Fremdsprachenkenntnisse – die Verständigung gesichert ist, steht auf einem anderen Blatt. Wir können überdies aufgrund der Daten etwas dazu sagen, was die Leute als Motivationen für das Lernen neuer Sprachen anführen oder welche Gründe dagegen sprechen. Hingegen wissen wir nicht, warum sie bisher schon Fremdsprachen gelernt haben.

2   Begriffsklärungen

Um angemessen über das Sprechen verschiedener Sprachen reden zu können, müssen einige Begriffe präziser definiert werden. Statt von «Muttersprache» zu sprechen, unterscheiden wir zweierlei: einerseits die *Erstsprache* einer Person (es können auch mehrere Erstsprachen sein), in welcher die primäre Sozialisierung stattfand, und andererseits die für die Person zurzeit *dominante(n) Sprache(n)* oder *Hauptsprache(n)*, in welcher oder in welchen sie sich im Alltag am häufigsten ausdrückt. Dabei wird indirekt die Frage nach der Zugehörigkeit zu einer oder mehreren Sprachgemeinschaften beantwortet, wobei regionale Varietäten (z. B. im Fall der fünf Mundarten des Rätoromanischen) und Dialekte (z. B. Tessiner und deutschschweizer Dialekte sowie die Reste der französischen und frankoprovenzalischen *patois*) nicht speziell unterschieden werden, sondern mit den betreffenden Standardsprachen zu einem sogenannten Diasystem[1] verbunden werden. Meist muss sich eine Person dabei für eine einzige Sprache entscheiden (etwa bei den Fragen der Volkszählung, was die Qualität dieser Daten entsprechend einschränkt), weil die politische Frage nach der Loyalität zu einer Sprache bzw. Sprachgemeinschaft jene nach allenfalls existierenden komplexen Sprachidentitäten in den Hintergrund gedrängt hat. Auch wenn Erst- und Hauptsprache in den meisten Fällen zusammenfallen, führt die vermehrte Mobilität der Bevölkerung immer häufiger zu einer Differenzierung. Hauptsprache wird dann eine *Zweit-* oder *Drittsprache,* welche teils ungesteuert, teils schulisch unterstützt erworben wurde und nun im beruflichen, sozialen und familiären Umfeld dominant geworden ist.

Zu unterscheiden ist auch zwischen dem Sprach*gebrauch* und der Sprach*beherrschung*. Im Gegensatz zu einer landläufigen Meinung gibt es keinen starken Zusammenhang zwischen Sprachgebrauch und Sprachkompetenz: viele Menschen haben keine Gelegenheit, ihre am besten beherrschten Sprachen

---

1   Als «deutschsprachig» gilt demnach z. B. eine Person, die Standarddeutsch und/oder Schweizerdeutsch spricht.

zu verwenden, andere sind trotz geringer oder mittlerer Beherrschung zum Gebrauch einer fremden Sprache gezwungen. Oft sind des weiteren grosse Unterschiede zwischen Schriftlichkeit und Mündlichkeit oder zwischen *Rezeption* (z. B. Lesen, Radiohören) und *Produktion* (Schreiben, Konversation, formelle Rede usw.) zu beobachten. Wenn man also danach fragt, welche Sprachen jemand «kann», weiss man nicht auch gleich, welche Sprachen er verwendet – und umgekehrt.

Wir unterscheiden ausserdem zwischen institutioneller, sozialer und individueller Mehrsprachigkeit (Lüdi und Py, 2003). Wir sprechen von *institutioneller Mehrsprachigkeit*, wenn Institutionen – wie der Bund, die Kantone Graubünden, Wallis, Freiburg und Bern, Städte wie Biel, Freiburg und Murten, ein Unternehmen wie die Post und die SBB oder auch grosse Pharmafirmen – im Umgang mit den Bürgerinnen und Bürgern, Angestellten oder Kundinnen und Kunden zwei oder mehr Sprachen verwenden (Werlen, 2000; Werlen und Tunger, 2004). *Soziale Mehrsprachigkeit* bedeutet, dass auf einem Gebiet, an einem Arbeitsplatz usw. ungeachtet des Status der Sprechenden unterschiedliche Sprachen verwendet werden. Mit *individueller Mehrsprachigkeit* bezeichnen wir das Sprachrepertoire eines Individuums, das zwei oder mehrere Sprachen oder Varietäten umfassen kann, die unterschiedlich beherrscht werden können.

Bei der sozialen Mehrsprachigkeit lässt sich zudem zwischen Polyglossie und Heteroglossie unterscheiden. Wir sprechen von *Polyglossie*, wenn zwischen den Varietäten, z. B. zwischen Standard und Dialekt, zwischen Deutsch und Rätoromanisch im rätoromanischen Sprachgebiet, zwischen Englisch und der lokalen Landessprache in einem grossen Unternehmen eine Funktionsaufteilung besteht. *Heteroglossie* bezeichnet demgegenüber ein ungeordnetes, segregierendes Nebeneinander verschiedener Sprachen in einer Gesellschaft. Dabei ist die Grenze zwischen Polyglossie und Heteroglossie nicht immer eindeutig bestimmbar.

Ein Beispiel dafür bietet die «Sprachlandschaft» in der Stadt Basel, d. h. die schriftliche Präsenz zahlreicher Sprachen im öffentlichen Raum. Wie erwartet dominiert die deutsche Sprache klar, nicht nur, weil fast alle öffentlichen Bezeichnungen einsprachig auf Deutsch erscheinen, sondern auch, weil die meisten kommerziellen und privaten Anzeigen zumindest auch deutsche Elemente enthalten. Als zweihäufigste Sprache nach Deutsch hat Englisch oft eher eine symbolische Funktion und soll die Vorstellung von Internationalität wecken, z. B. in den Namen von Geschäften (Voegeli Shoes, Route 66: Music & Dance Club, De Palma: Italian Designer Shoes, Cablecom). Demgegenüber sind konkrete Informationen an die Kunden und Angaben über die Verkaufsartikel in den Auslagen oder Inseraten meist auf Deutsch.

In anderen Fällen werden, in zwei oder mehrsprachigen Beschilderungen, jeweils bestimmte Touristengruppen auf Englisch, Französisch oder, selten, auf Italienisch angesprochen, z. B. in den Bahnhöfen. In von zahlreichen Migranten frequentierten Einkaufsstrassen ist Englisch bezeichnenderweise weniger häufig als in der Innenstadt: die Funktion einer *lingua franca* (Sprache, die zwischen den Sprechern verschiedener Sprachgemeinschaften als Verkehrssprache verwendet wird) unter und mit Migranten wird eindeutig von Deutsch erfüllt, während sich Ladengeschäfte und Private zuweilen gezielt an bestimmte Immigrantengruppen wenden (für Details vgl. Lüdi, 2007a). Die sich abzeichnende Funktionsverteilung der unterschiedlichen Sprachen im öffentlichen Raum der Stadt weist eher auf eine mehrsprachige Bevölkerung (also auf Polyglossie), denn auf ein kontaktloses Zusammenleben verschiedener einsprachiger Bevölkerungsgruppen hin.

Bei der individuellen Mehrsprachigkeit ist darauf hinzuweisen, dass nach neueren Definitionen jede Person, die sich im Alltag in verschiedenen Situationen in mehr als einer Sprache verständigen kann, als mehrsprachig eingestuft wird (Lüdi und Py, 2003; Pekarek Doehler, 2005; ten Thije und Zeevaert, 2007). Auch wenn dazu oft Grundkenntnisse genügen könnten (beispielsweise als Verkäufer in einem Ladengeschäft oder auf Reisen), wird im Indikatorenteil des *Sozialberichts 2008* der Anteil Personen mit guten oder sehr guten Kenntnissen betrachtet, weil sich die Menschen in der Regel subjektiv erst dann als «mehrsprachig» sehen. Nach diesem Massstab ist die Mehrsprachigkeit der Bevölkerung mit 55 Prozent in der französischen, 71 Prozent in der deutschen und gar 74 Prozent in der italienischen Schweiz beeindruckend (Daten aus *linguadult.ch*). Unter Einschluss der Grundkenntnisse lägen diese Zahlen noch deutlich höher (vgl. weiter unten).

3   Vielsprachigkeit als öffentliches und politisches Thema

Eine der Fragen, welche zurzeit viel Aufmerksamkeit auf sich zieht, ist jene nach der Verständigung zwischen den verschiedensprachigen Landesteilen. Anders als in anderen mehrsprachigen Ländern (wie Belgien oder Kanada) ist Sprachenpolitik in der Schweiz erst seit kurzem ein öffentliches Thema und beschränkt sich meist auf das Postulat, keine der vier Landessprachen dürfe einer anderen untergeordnet werden.

Im «Bundesgesetz über die Landessprachen und die Verständigung zwischen den Sprachgemeinschaften» (Sprachengesetz vom 5. Oktober 2007, vgl. SpG, 2007) wird festgehalten, wie Bund und Kantone ihrer verfassungsmässigen Verpflichtung der Pflege der Mehrsprachigkeit nachkommen sollen – und welche finanzielle Hilfe der Bund dazu leisten wird. In der strittigen Frage nach der Reihenfolge der Einführung von Fremdsprachen in der obligatorischen Schule wurde die Regelung der Schweizerischen Konferenz der kantonalen Erziehungsdirektoren (EDK) übernommen (EDK, 1998; Beschluss der Plenarversammlung vom 25. März 2004). Sie spricht sich deutlich für die Beibehaltung einer zweiten Landessprache ab Primarschulstufe für alle Schülerinnen und Schüler aus. Die Begründung dafür ist das Argument, in einem mehrsprachigen Land müsse eine zweite Landessprache aus staatspolitischen Gründen weiterhin zum Repertoire der früh gelernten Sprachen gehören. Dies wird in der «Interkantonalen Vereinbarung über die Harmonisierung der obligatorischen Schule» vom 14. Juni 2007 (im Folgenden IKV, 2007) nochmals festgeschrieben. Richtziele für Kompetenzen in einer zweiten Landessprache und in Englisch am Schluss der obligatorischen Schulzeit – für beide Sprachen dieselben! – sollen im Rahmen dieses Konkordats zwischen den Kantonen im Rahmen des Projektes HarmoS fixiert werden. Freilich sollen sich die Kantone *regional* darüber einigen können, ob Englisch oder eine zweite Landessprache als Einstiegsfremdsprache gewählt wird. Damit haben EDK und Parlament zugleich ihre Verantwortung für eine gesamtschweizerische Regelung wahrgenommen und eine heikle Konfrontation vermieden.

Zur Wahl der Einstiegsfremdsprache gab es in der Tat vielerorts eine öffentliche Diskussion. Im Kanton Bern wurde die Frage sehr klar im Grossen Rat (zu Gunsten des Französischen) entschieden. Im Kanton Basel-Landschaft standen sich die regionale Harmonisierung (Französisch vor Englisch) und eine Ausrichtung auf den Grossraum Zürich (Englisch vor Französisch) gegenüber. In den Kantonen Schaffhausen, Thurgau und Zürich wurden Referenden gegen den Unterricht von zwei Fremdsprachen an der Primarschule vom Volk abgelehnt, einzig im Kanton Appenzell-Innerrhoden will der Erziehungsdirektor Französisch als zweite Fremdsprache erst auf der Sekundarstufe I (Sekundarschule, Realschule etc.) einführen. Inzwischen haben alle Kantone die Sprachreihenfolge festgelegt. In der französischen Schweiz wird dies Deutsch sein; in den Deutschschweizer Sprachgrenzkantonen Wallis, Freiburg, Bern, Solothurn, Basel-Land und Basel-Stadt (die ersten drei offiziell zweisprachig) wird mit Französisch begonnen werden, in der übrigen Deutschschweiz mit Englisch. In den Kantonen Tessin und Graubünden bleibt eine zweite Landessprache Einstiegsfremdsprache.

Die Regelung, nach welcher alle Kantone gesetzlich verpflichtet sein werden, die Schülerinnen und Schüler mit angemessenen Kenntnissen in Englisch und einer zweiten Landessprache ins Berufsleben zu entlassen[2] und

---

2 Daneben soll während der obligatorischen Schule ein bedarfsgerechtes Angebot an fakultativem Unterricht in einer dritten Landessprache bestehen (IKV, 2007, Artikel

dass diese Massnahmen einem Bildungsmonitoring unterworfen werden, ist vor dem Hintergrund der Tatsache zu sehen, dass zunehmend Zweifel an Sinn und Resultat des Landessprachenunterrichts aufkommen. So deuten zum Beispiel vorläufige Ergebnisse einer punktuellen Rekrutenbefragung ernsthafte Verständigungsprobleme an; oft würden in der Deutschschweiz bzw. in der französischen Schweiz eingebürgerte Immigranten gleicher Herkunft Dolmetscherfunktionen übernehmen.[3]

Jedoch scheint der Sinn des Landessprachenunterrichts nicht grundsätzlich in Frage gestellt zu werden. In der Erhebung *linguadult.ch* wurde danach gefragt, ob die Informanten der Behauptung zustimmten, dass jeder in der Schweiz neben seiner Muttersprache eine zweite Landessprache sprechen sollte. Die Zustimmung ist sehr hoch: in der Deutschschweiz liegt sie bei 86 Prozent, in der italienischen Schweiz bei 91 Prozent und in der Romandie gar bei 92 Prozent. Demgegenüber ist die Zustimmung zur Aussage, jeder solle Englisch können, viel geringer: französische Schweiz 64 Prozent, Deutschschweiz 60 Prozent, italienische Schweiz gar nur 39 Prozent. Für eine weitere Landessprache sind die Zahlen deutlich tiefer. Interessant ist in diesem Zusammenhang auch, dass als Motivation für das Erlernen von Fremdsprachen Beweggründe der Selbstverwirklichung (zum Beispiel für die Ferien) im Vergleich zu utilitaristischen Überlegungen (etwa Nützlichkeit in der Arbeitswelt) deutlich überwiegen.[4]

4, Absatz 2). Ausserdem sollen die Kantone für Schülerinnen und Schüler mit Migrationshintergrund durch organisatorische Massnahmen die von den Herkunftsländern und den verschiedenen Sprachgemeinschaften durchgeführten Kurse in heimatlicher Sprache und Kultur unterstützen (IKV, 2007, Artikel 2, Absatz 4).

3　Mündliche Mitteilung B. Altermatt und M. Heiniger aus dem von G. Kreis im Rahmen des Nationalen Forschungsprogramms 56 (Sprachenvielfalt und Sprachkompetenz in der Schweiz) geleiteten Projekt «Wie funktioniert die Mehrsprachigkeit beim Militär?»

4　In Artikel 3 der IKV (2007) heisst es: «Während der obligatorischen Schule erwirbt jede Schülerin und jeder Schüler die Grundbildung, welche den Zugang zur Berufsbildung oder zu allgemeinbildenden Schulen auf der Sekundarstufe II ermöglicht», mit der Präzisierung: «eine umfassende Grundbildung in der lokalen Standardsprache (mündliche und schriftliche Sprachbeherrschung) und grundlegende Kompetenzen in einer zweiten Landessprache und mindestens einer weiteren Fremdsprache». Damit wird ausdrücklich, über sprachpolitische Überlegungen hinaus, das Ziel verfolgt, die Sprachausbildung in den Schulen an den Bedürfnissen der Lebenswelt und im Besonderen der Arbeitswelt auszurichten. Dies obwohl, wie wir eben gesehen haben, die Menschen Fremdsprachen gerade nicht in erster Linie für die Arbeitswelt lernen wollen.

4 Fremdsprachenkenntnisse

Bezüglich Fremdsprachenkenntnisse steht die Schweiz im gesamteuropäischen Vergleich grundsätzlich sehr gut da. Dies ist aus *Abbildung 1* und dem Indikator *Fremdsprachenkompetenz* ersichtlich. So liegt in der Schweiz der Anteil der Befragten, die angeben, über Grundkenntnisse in mindestens einer Fremdsprache zu verfügen, deutlich höher als in den Vergleichsländern (mit Ausnahme von Schweden).

Abbildung 1: *Prozentanteil der erwachsenen Bevölkerung mit Grundkenntnissen in mindestens einer Fremdsprache nach Bildung und Land, 2000/2006*

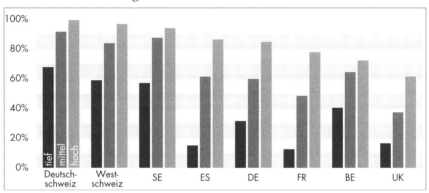

Anmerkung: Sprachkenntnisse: Die Befragten haben ihre Sprachkenntnisse selbst als Grundkenntnisse, gut oder sehr gut eingeschätzt. Die angegebenen Werte beziehen sich auf mindestens Grundkenntnisse in mindestens einer Fremdsprache (Landessprachen, Englisch und andere Fremdsprachen). Für Angaben zu *guten* Sprachkenntnissen vgl. Indikator *Fremdsprachenkompetenz. Bildungsstufen:* tief: ISCED 0–2 (keine nachobligatorische Bildung, Anlehre); mittel: ISCED 3–4 (Berufslehre, Matura); hoch: ISCED 5–6 (Fachhochschule, Universität). *Sprachregion (Schweiz):* Zuordnung nach Mehrheitssprache in der Wohngemeinde. *Erhebungsjahr:* Schweiz: 2006, alle anderen Länder: 2000. *Stichprobengrösse:* Schweiz: 1'200, alle anderen Länder: 1'000–2'000. *Ländernamen:* siehe Abkürzungsverzeichnis.
Quelle: Schweiz: linguadualt.ch, Universität Bern 2006; alle anderen Länder: Eurobarometer 54Lan Special Survey on languages 2000.

Wie anderswo sind Fremdsprachenkenntnisse in der Schweiz vom Bildungsniveau abhängig – Menschen mit hohem Bildungsniveau besitzen eher Fremdsprachenkenntnisse – und gehören damit auch zum Bündel der Aspekte sozialer Schichtung. Die Mehrsprachigkeitsunterschiede, die zwischen Menschen mit verschiedenen Bildungsniveaus bestehen, sind in der Schweiz – ohne nennenswerten Unterschied zwischen Deutsch- und Westschweiz –

vergleichbar mit jenen in Schweden und Belgien, aber deutlich geringer als in Deutschland, England, Frankreich und Spanien. Darüber hinaus sind die Schweizer im Vergleich mit anderen europäischen Ländern wie Schweden oder Deutschland wesentlich weniger auf Englisch allein ausgerichtet. In der Tat ist die Mehrsprachigkeit beeindruckend, in der italienischen Schweiz geben 43 Prozent der Befragten an, in drei oder mehr Fremdsprachen mindestens Grundkenntnisse zu haben, in der Deutschschweiz 42 Prozent, in der französischen Schweiz hingegen nur 27 Prozent, die sich damit von den beiden anderen Sprachregionen klar unterscheidet.

Betrachtet man die Werte für Englisch allein (vgl. Indikator *Fremdprachenkompetenz*), erhöht sich die Distanz nach Bildungsniveau und Sprachgebiet noch; darin spiegelt sich die bisherige Schulsprachenpolitik, welche eine zweite Landessprache für alle und Englisch nur als Fakultativangebot vorsah. Grundsätzlich sprechen jüngere Menschen Fremdsprachen besser als ältere. Aufhorchen lässt aber die Tatsache, dass in der französischen Schweiz – als einzige Region in Europa – die Altersklasse der 15- bis 24-Jährigen keine besseren Englischkenntnisse auszuweisen scheint als die um zehn Jahre ältere Generation. Auch wenn der Unterschied statistisch nicht signifikant ist (sie-

Abbildung 2:   *Prozentanteil der erwachsenen Bevölkerung in der Schweiz mit guten Fremdsprachenkenntnissen nach Sprachgebiet, Bildung und Fremdsprache, 2006*

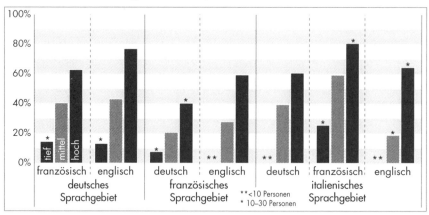

Anmerkung: Sprachenkenntnisse: Die Befragten haben ihre Sprachenkenntnisse selbst als Grundkenntnisse, gut oder sehr gut eingeschätzt. Die angegebenen Werte beziehen sich auf *gute* und *sehr gute* Kenntnisse. *Bildungsstufen:* tief: ISCED 0–2 (keine nachobligatorische Bildung, Anlehre); mittel: ISCED 3–4 (Berufslehre, Matura); hoch: ISCED 5–6 (Fachhochschule, Universität). *Sprachregion:* Zuordnung nach Mehrheitssprache in der Wohngemeinde. *Stichprobengrösse:* 1'200.
Quelle: Schweiz: linguadualt.ch, Universität Bern 2006.

ben Prozentpunkte bei geringen Fallzahlen), deutet sich hier ein strukturelles Problem an, dem die Bildungssysteme Rechnung tragen werden müssen. Die Altersstufung ist auch bei den «guten Fremdsprachenkenntnissen» (also nicht nur beim Englischen) nicht ganz regelmässig, aber zwischen den jüngsten und ältesten Altersgruppen bestehen signifikante Gefälle, ebenso zwischen den Deutschschweizern und Romands derselben Altersgruppe, und zwar im Sinne, dass die Fremdsprachenkenntnisse bei den Deutschschweizern verbreiteter sind.

Abbildung 2 zeigt, dass in allen drei Sprachgebieten das Bildungsniveau entscheidend ist für die Fremdsprachenkenntnisse und dass es diesbezüglich um die zweite Landessprache im deutschen und französischen Sprachgebiet trotz der noch geltenden Situation (Landessprache als erste Fremdsprache) beim tiefsten Bildungsniveau nur unwesentlich besser bestellt ist als um das Englische. Im italienischen Sprachgebiet ist die Situation (bei sehr niedrigen absoluten Zahlen) anders. Gute Französischkenntnisse sind für alle Bildungsniveaus jeweils höher als für alle anderen Fremdsprachen in allen Sprachgebieten. Darin drückt sich zweifellos die Minderheitsposition der Italienischsprachigen im innerschweizerischen Dialog aus.

5   Fremdsprachengebrauch

Bevor wir uns im nächsten Abschnitt näher mit der Sprache an der Arbeit beschäftigen, muss festgehalten werden, dass Gelegenheiten zum Fremdsprachengebrauch häufig auch ausserhalb der Arbeitswelt existieren. Grundsätzlich verwenden die Deutschschweizer mehr Fremdsprachen (Französisch und Englisch) als die Romands (Deutsch und Englisch). Aus dem Indikator *Fremdsprachengebrauch* geht hervor, dass bei den Romands Englisch in den Ferien dominiert (etwa 22 Prozent), während sie angeben, Deutsch etwa gleich häufig für Ferien und Geschäftsreisen im eigenen Land zu verwenden (etwa 17 Prozent). Bei den Deutschschweizern ist namentlich das Freizeitverhalten mehrsprachiger als jenes der Romands: dreissig Prozent und mehr für Französisch und Englisch bei Ferien im Ausland und Französisch für Ferien in der Schweiz. In beiden Fällen hat Französisch gegenüber Englisch die Nase vorn, besonders im eigenen Land; das Englische dominiert in den Bereichen Internet und Unterhaltung vor der jeweils zweiten Landessprache. Dabei liegen die Werte allerdings generell ziemlich tief.

Im internationalen Vergleich verwenden die Schweizer trotzdem deutlich mehr Fremdsprachen als dies in anderen Ländern der Fall ist, was das Bild der mehrsprachigen Schweiz eindrücklich stützt. Die entsprechende Abbildung im Indikator *Fremdsprachengebrauch* zeigt besonders deutlich, dass die

Ferien jener Bereich sind, in dem am häufigsten Fremdsprachen verwendet werden. Die Arbeit folgt erst an zweiter Stelle, wobei die Romandie hier eine Ausnahme darstellt, die sich wohl aus der Häufigkeit der Verwendung des Deutschen bei Geschäftsreisen in die Deutschschweiz erklärt. Überraschend hoch ist der Gebrauch innerhalb des Bereiches «Familie und Bekannte», der in beiden Schweizer Sprachgebieten einen praktisch gleich hohen Anteil wie der Bereich «Arbeit» erreicht. Vermutlich wurde bisher die Rolle der Arbeit über- und jene der Freizeit und der Ferien unterschätzt.

Wie schon erwähnt, kann von der Sprachkompetenz nicht auf den Sprachgebrauch geschlossen werden und umgekehrt ebenso wenig. Die im Rahmen der Volkszählungen erhobenen Angaben zum Sprachgebrauch bei der Arbeit ermöglichen es aufgrund der grossen Datenmenge, Regionen und Berufsgruppen detailliert zu analysieren und so die Sprachgebiete miteinander zu vergleichen. Diese Analyse ergibt drei wichtige Resultate (Lüdi und Werlen, 2005):

Erstens ist zwischen 1990 und 2000 im Arbeitsbereich ein deutlicher Zuwachs des Englischen zu verzeichnen (um fünf Prozentpunkte auf neun Prozent im Rätoromanischen Sprachgebiet und um sieben Prozentpunkten auf 23 Prozent im deutschen Sprachgebiet), wohl aufgrund einer Verschiebung der Berufsbilder und -anforderungen und gleichzeitig aufgrund des Einstiegs einer «anglophileren» Generation sowie einer Vermehrung von Situationen, die den Gebrauch des Englischen erfordern. Aber dieser Anstieg erfolgte nicht unbedingt auf Kosten der Landessprachen Deutsch und Französisch, deren Gebrauch stabil blieb, vielmehr sind die Repertoires mehrsprachiger geworden. Das Italienische als Nicht-Ortsprache hat etwas gelitten, wohl aus demographischen Gründen. Das italienische Sprachgebiet ist insofern am «einsprachigsten», als hier die Ortsprache die höchsten Werte erzielte.

Zweitens ist die Beobachtung wichtig, dass im Jahre 2000 die Sprachgewohnheiten – und, ein Stück weit daraus ableitbar, die Sprachbedürfnisse – nach sozialem Status und Berufsklassen sehr unterschiedlich waren. Die Analyse der Häufigkeit des Englisch- und Französisch- bzw. Deutschgebrauchs nach sozio-professionellen Kategorien zeigt, dass dieselben Personengruppen viel Englisch und eine zweite Landessprache verwenden. Im Übrigen variieren diese Werte auch parallel zum Gebrauch von Hochdeutsch in der deutschsprachigen Schweiz, wenn auch natürlich mit niedrigeren Prozentzahlen (Lüdi und Werlen, 2005, 47; vgl. auch Werlen, 2007). Vermutlich besteht hier ein direkter Zusammenhang: je höher die Berufsposition, desto eher beinhaltet sie Gelegenheiten zum Standard- und Fremdprachengebrauch. Für das Französische gab es zusätzlich ein West-Ost-Gefälle bei den deutschsprachigen Kantonen (welches sich 2006 auf der Ebene der guten Sprachkenntnisse wieder findet, insofern bloss knapp vierzig Prozent der Befragten in der Ostschweiz gute Französischkenntnisse angeben, gegenüber beinahe fünfzig Prozent im Westen der Deutschschweiz).

Drittens ist Englisch 2000 vor allem in den stadtgeprägten und wirtschaftlich oder politisch international ausgerichteten Kantonen der Deutschschweiz sehr stark, mit Spitzenwerten in Basel-Stadt (36 Prozent), Zürich (34 Prozent) und Zug (33 Prozent). Werte um zehn Prozent (Uri, Appenzell-Innerrhoden) in den Bergkantonen und in der Ostschweiz deuten auf eine geringere Nachfrage hin (und wohl weniger auf geringere Kompetenzen). Mit Ausnahme von Genf (32 Prozent) wird Englisch in den nicht-deutschsprachigen Kantonen deutlich weniger gesprochen. Die Werte von Neuenburg (12 Prozent), Tessin (11 Prozent), Wallis (10 Prozent) und besonders Jura (5 Prozent) liegen im Bereich oder sogar unter den Werten der ländlichen Kantone der Deutschschweiz (vgl. Karte in *Abbildung 3*). Nichtstädtische Ausnahmen von erhöhtem Englischgebrauch sind vor allem in Tourismusregionen zu finden. Insgesamt weist die in *Abbildung 3* dargestellte territoriale Verteilung darauf

Abbildung 3:   *Prozentanteil der Erwerbstätigen mit Englischgebrauch im Beruf nach Bezirk, 2000*

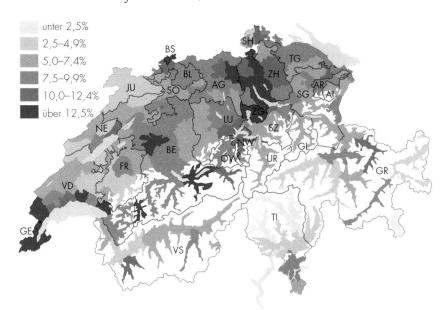

Anmerkung: Englischgebrauch: Die Prozentwerte beziehen sich auf alle Erwerbstätigen mit Angabe einer Berufssprache und eines Arbeitsplatzbezirks. Dies sind für das Jahr 2000 3'229'545 Personen.
Quelle: BFS, Eidgenössische Volkszählung 2000; Kartengrundlage: BFS, ThemaKart.

hin, dass vor allem drei Faktoren den Gebrauch des Englischen fördern, die alle eine internationale Ausrichtung beinhalten: wirtschaftliche Verflechtung, politisch-diplomatische Beziehungen und Tourismus. Aus den neueren Zahlen von *linguadult.ch* geht allerdings hervor, dass die prozentualen Unterschiede des Englischgebrauchs zwischen Germanophonen und Frankophonen am Verschwinden sind.

Der Vergleich des Englischgebrauchs an der Arbeit zwischen unterschiedlichen europäischen Ländern sowie zwischen der Deutsch- und Westschweiz ist besonders bezüglich der unterschiedlichen Altersgruppen interessant (vgl. Indikator *Englisch im Beruf*). Es fällt auf, dass es in den meisten Ländern nicht die jüngste Altersgruppe ist, die am häufigsten Englisch an der Arbeit verwendet, sondern die zweitjüngste (25- bis 39-Jährige). Am klarsten von diesem Bild weichen Schweden und die Deutschschweiz ab (etwa gleiche Prozentzahl für die beiden jüngsten Altersklassen), nicht aber die französische Schweiz, wie sich schon bei den Englischkenntnissen gezeigt hat. Die seltenere Verwendung von Englisch in der Altersgruppe der 15- bis 24-Jährigen in vielen europäischen Ländern erklärt sich wohl nicht nur dadurch, dass jüngere Menschen beruflich noch weniger internationale Kontakte haben, sondern auch durch die Tatsache, dass sie in diesem Alter oft erst daran sind, sich Englischkenntnisse zu erwerben, was in Schweden mit seiner langen Tradition des frühen schulischen Englischerwerbs längst nicht mehr der Fall ist.

Beim Französischgebrauch an der Arbeit in der Deutschschweiz bestätigen die Ergebnisse von *linguadult.ch* grundsätzlich das Ost-West-Gefälle innerhalb der Deutschschweiz, wie es sich aus der Volkszählung ergibt (allerdings hatte 2000 die Wirtschaftskraft einer Region einen noch grösseren Einfluss auf den Französischgebrauch als die Distanz zur Sprachgrenze). Eine Studie zu Fremdsprachen in Schweizer Betrieben (Andres et al., 2005) wies zudem nach, dass der Fremdsprachengebrauch auch stark von der Betriebsgrösse abhängt und dass namentlich in Betrieben kleiner und mittlerer Grösse häufiger auf die Landessprachen zugegriffen wird als auf Englisch: Wie aus *Tabelle 1* hervorgeht, sind bei der regelmässigen (mindestens wöchentlichen) mündlichen Verwendung von Fremdsprachen für betriebliche Zwecke für Kleinbetriebe (10–49 Mitarbeitende) und mittlere Betriebe (50–249 Mitarbeitende) Deutsch und Französisch häufiger als Englisch. Anders ist es bei den Grossbetrieben (250 und mehr Mitarbeitende); es fällt aber auf, dass auch die benachbarte Landessprache sehr hohe Werte erreicht (bei Französisch gar den Höchstwert aller Betriebsgrössenklassen). Die Verwendung von Italienisch liegt deutlich unter Deutsch, Französisch und Englisch, ist aber um ein mehrfaches höher als Spanisch.

*Tabelle 1: Regelmässiger Fremdsprachengebrauch an der Arbeit nach
Betriebsgrösse und Sprache, 2004*

	Englisch	Deutsch	Französisch	Italienisch	Spanisch
Kleinstbetriebe (5–9 Mitarbeitende)	35,4%	47,9%	32,7%	17,5%	5,1%
Kleinbetriebe (10–49 Mitarbeitende)	33,1%	56,7%	41,0%	24,4%	7,4%
Mittlere Betriebe (50–249 Mitarbeitende)	53,9%	72,1%	61,5%	35,7%	14,6%
Grosse Betriebe (250 und mehr Mitarbeitende)	70,8%	62,5%	62,5%	45,5%	9,1%

Anmerkung: Angegeben ist der Anteil der Betriebe (mit jeweiliger Mitarbeitendenzahl) mit regelmässiger (mindestens wöchentlicher) mündlicher Verwendung der genannten Fremdsprache für betriebliche Zwecke. Befragt wurden im Mai/Juni 2004 2'176 Betriebe mit mindestens fünf Mitarbeitenden, wobei jeweils ein Mitglied der Geschäftsleitung den Fragebogen ausfüllte (Rücklaufquote 34,1 Prozent). Die Stichprobenziehung der Betriebe erfolgte durch das Bundesamt für Statistik (BFS).
Quelle: Andres et al. (2005, 35).

Wenn man davon ausgeht, dass die Beurteilung der Nützlichkeit verschiedener Sprachen (z. B. Antworten auf die Frage nach der nützlichsten Fremdsprache) zunächst einen Einfluss auf die privaten und öffentlichen Investitionen ins Fremdsprachenlernen haben und damit, indirekt, mittelfristig auch auf den Sprachgebrauch, dann werfen besonders die Antworten bezüglich der Nützlichkeit des Französischen in der italienischen Schweiz (aber auch in der Deutschschweiz) sprachpolitisch heikle Fragen auf.

Wie aus *Abbildung 4* hervorgeht, steht Englisch in allen drei Sprachgebieten deutlich an der Spitze, im deutschen und französischen Sprachgebiet gefolgt vom Französischen. Dass das Französische (als Fremdsprache) in der welschen Schweiz noch vor Deutsch rangiert, dürfte auf die Nicht-Frankophonen zurückzuführen sein. Interessanterweise hat das Deutsche für Nicht-Germanophone in der Deutschschweiz nicht denselben Wert – Hochdeutsch folgt erst an dritter Stelle, nach Französisch. Im Tessin wird nach Englisch das Hochdeutsche als nützlichste Fremdsprache beurteilt, während das Schweizerdeutsche weit abfällt, wie auch in den zwei anderen Sprachregionen. Italienisch erscheint für Nicht-Italophone im Tessin gleich (wenig) wichtig wie Französisch und kaum wichtiger als Spanisch im deutschen und französischen Sprachgebiet. Neben der grossen Attraktivität des Englischen können diese Resultate dahin gehend interpretiert werden, dass der sprachregionale Konformitätsdruck in der französischen Schweiz deutlich höher ist als in den beiden anderen

Abbildung 4: Nützlichste Fremdsprachen nach Sprachgebiet, 2006

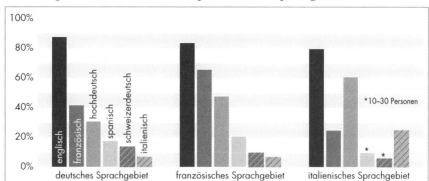

Anmerkung: Angegeben ist der Anteil der Befragten, der eine bestimmte Sprache als am nützlichsten beurteilt. Die Prozentangaben beziehen sich immer auf die Gesamtheit der Befragten eines Sprachgebiets ohne die betreffende Sprache als Muttersprache. Für die Deutschschweiz wurde angenommen, dass Personen mit Schweizerdeutsch als Muttersprache das Hochdeutsche nennen durften; schliesst man diese Personen aus, steigen die Prozentzahlen für Hochdeutsch in der Deutschschweiz auf 51 Prozent. *Fragestellung nützlichste Fremdsprache:* «Welches sind Ihrer Meinung nach die zwei Sprachen, deren Kenntnis am nützlichsten ist, einmal abgesehen von Ihrer Muttersprache»? *Sprachregion:* Zuordnung nach Mehrheitssprache in der Wohngemeinde. *Stichprobengrösse:* 1'200.
Quelle: linguadualt.ch, Universität Bern 2006.

Sprachgebieten (hoher Stellenwert des Französischen für Nichtfrankophone in der Romandie, relativ geringer Stellenwert des Italienischen im Tessin und des Deutschen bzw. Schweizerdeutschen in der Deutschschweiz).

Dieser Feststellung kann angefügt werden, dass der Gebrauch von Englisch an der Arbeit in der Westschweiz stärker mit dem selbst eingeschätzten Kompetenzniveau verbunden ist als in der Deutschschweiz. Dies könnte bedeuten, dass die Westschweizer deshalb weniger Englisch verwenden als die Deutschschweizer (dies v.a. in den ausserberuflichen Bereichen), weil sie der Meinung sind, dafür zu wenig gut Englisch zu können.

Ergänzende Aspekte zur Mehrsprachigkeit am Arbeitsplatz können einer qualitativen Fallstudie über den Sprachgebrauch in einem grossen Basler Pharmaunternehmen entnommen werden (Lüdi et al., im Druck). Die kürzlich dort getroffene Wahl von Englisch als «corporate language» hat nicht etwa dazu geführt, dass die ganze interne Kommunikation mit den Mitarbeitern auf Englisch erfolgt. So wird z. B. das bis 2006 rein deutschsprachige Mitarbeitermagazin nun nicht nur auf Englisch produziert, sondern in den drei Sprachen Deutsch, Englisch und Französisch, wobei eine deutliche Mehrheit der Mitarbeiterinnen und Mitarbeiter nach wie vor die deutsche Version bevorzugt.

Am Standort Basel dominiert zwar Englisch bei den Gebäudebezeichnungen, in den Forschungsreports und in vielen anderen Bereichen; dennoch bleiben Deutsch und Französisch sehr präsent; beispielsweise ist die grosse Mehrzahl der Sicherheitsanweisungen einsprachig deutsch und die Mitarbeiterinnen und Mitarbeiter werden auf ihren Wunsch auf Deutsch (mehrheitlich), Französisch oder Englisch angeschrieben. Bei Sprachaufnahmen in Labors, Redaktions-sitzungen des Mitarbeitermagazins u. Ä. zeigt sich darüber hinaus, dass die Beteiligten ihre unterschiedlich zusammengesetzten sprachlichen Repertoires auf sehr kreative, mehrsprachige Weise einsetzen. Im Sinne einer deklarierten Politik der Diversität und Vielfalt werden gemischte Teams hier wie auch bei anderen Unternehmen (nationale Dienstleistungsbetriebe, Warenhausketten) ausdrücklich begünstigt; dazu gehört – nicht immer explizit ausgeführt, aber beobachtbar – auch die sprachliche Zusammensetzung der Gruppen. Diese Untersuchungen erhärten die quantitativen Ergebnisse der letzten Jahre, dass Englisch zwar wichtiger geworden ist, aber nicht in erster Linie auf Kosten der Landessprachen, sondern zusätzlich zu ihnen. Grundsätzlich wird die Arbeitswelt immer mehrsprachiger, auch wenn viele Arbeitnehmer, wie wir oben gesehen haben, davon nicht unbedingt direkt betroffen sind.

6   Sprachsituation von Immigranten

Nicht nur in Zeiten von Wahlen wird viel über die Integration von Immig-ranten gesprochen, besonders über deren Erwerb der örtlichen Landessprache. Entsprechende Forderungen wurden bei der Diskussion des Ausländergesetzes und bei Erwägungen zu Integrationsmassnahmen in einigen Kantonen laut. Dabei geht es vordergründig um die Integration aller Menschen, die unter ihren Erstsprachen nicht über die lokale Sprache verfügen (also auch von Schweizern aus anderen Sprachregionen oder z. B. von Amerikanern). Viele denken aber ausschliesslich an Arbeitsimmigranten und Asylbewerber aus sozial unterprivilegierten Schichten und fragen nach der Messbarkeit ihrer Integration in die Gastgesellschaft. So fordert das neue Ausländergesetz für sie – nur für sie? – den Besuch oder gar den erfolgreichen Abschluss von Sprachkursen. Diese Frage ist vor dem Hintergrund der Tatsache besonders relevant, dass die Zuwanderung von hoch qualifizierten Arbeitskräften aus aller Welt zunimmt. Gemäss Bundesamt für Statistik (BFS, 2008b) ist vor allem die Zunahme der Deutschen in der Schweiz bedeutsam, von 96'907 im Jahre 1995 auf 201'497 im Jahre 2006 (wobei der Zuwachs allein im Jahre 2006 über 20'000 betrug). Aber auch die Zahl qualifizierter Immigranten aus nicht gleichsprachigen Ländern ist deutlich gestiegen (vgl. Indikator *Nationalitätenprofil*). Die Integration der Deutschen in der Deutschschweiz müsste über den Erwerb des Schweizerdeutschen verfolgen, was häufig aus verschiedenen Gründen nur teilweise geschieht (vgl. Lüdi, 2007b); bei allen übrigen hochqualifizierten Ausländern stellt sich die Frage des Erwerbs bzw. Gebrauchs der lokalen Landessprache oder des Englischen als *lingua franca* im (beruflichen) Alltag, aber auch in der Schule.

Die Daten der Volkszählung über den Gebrauch der lokalen Landessprache in der Familie erlaubten es erstmals, die sprachliche Integration verschiedener Sprachgruppen zu vergleichen und auch «ältere» und «jüngere» Migrationswellen einander gegenüberzustellen. Der in *Tabelle 2* aufgeführte Vergleich zwischen 1990 und 2000 weist durchaus auf einen Erfolg der bisherigen Integrationspolitik hin. Allerdings wird die Interpretation dadurch behindert, dass unbekannt ist, wie lange die entsprechenden Personen schon im Land ansässig sind – so ist es beispielsweise denkbar, dass ein grosser Teil der Englischsprachigen, die von der Volkszählung 2000 in der Deutschschweiz erfasst wurden, zehn Jahre vorher noch nicht in der Schweiz lebten. Auffällig sind die Unterschiede zwischen den Sprachgebieten – unabhängig von der Herkunftssprache ist die sprachliche Integration im italienischen Sprachgebiet am ausgeprägtesten und in der Deutschschweiz am schwächsten. Die Unterschiede zwischen den Herkunftssprachen sind aus dem bereits angeführten Grund nicht ohne weiteres im Sinne unterschiedlicher Integrationsanstren-

Tabelle 2: *Verwendung der lokalen Landessprache in der Familie von Sprechenden von Nichtlandessprachen, nach Sprachgebieten, 1990 und 2000*

	Spanisch		Portugiesisch		Türkisch		Englisch	
	1990	2000	1990	2000	1990	2000	1990	2000
Deutsches Sprachgebiet	25,4%	36,6%	18,7%	24,0%	28,8%	31,7%	58,8%	50,9%
Französisches Sprachgebiet	47,1%	55,8%	36,0%	43,6%	38,5%	38,6%	53,3%	51,4%
Italienisches Sprachgebiet	54,7%	72,1%	40,8%	54,5%	35,2%	41,2%	45,4%	55,4%

Anmerkung: In der Tabelle sind die Anteile der Sprechenden von Nichtlandessprachen, die die lokale Landessprache in der Familie verwenden, ausgewiesen (z.B. Deutsch von Spanischsprechenden in der Deutschschweiz). Die Prozentangaben beziehen sich auf die Gesamtheit aller Personen, welche die entsprechende Nichtlandessprache als Hauptsprache angaben und eine Angabe zur Familiensprache gemacht haben. *Fragestellung:* Gefragt wurde nach der/den regelmässig in der Familie gesprochenen Sprache(n) (mehrere Antwortmöglichkeiten). Angegeben sind die Werte der vier Sprachen, die 1990 und 2000 unter den wichtigsten Nichtlandessprachen figurierten. *Stichprobengrösse:* 800–40'000 pro Zelle. *Quelle:* BFS, Eidgenössische Volkszählungen 1990, 2000.

gungen zu interpretieren. Die tieferen Zahlen der Portugiesen im Vergleich zu den Spaniern hängen wohl lediglich damit zusammen, dass die Spanier schon länger in der Schweiz ansässig sind.

Die bisherige Folgerung war deshalb, «dass bei einer länger dauernden Anwesenheit der Immigranten deren Integration deutlich zunimmt. (...) Ob die ‹jüngeren› Migrantengruppen aus dem Balkan (Serbokroatisch und Albanisch) gleich reagieren werden, bleibt abzuwarten. Zu vermuten ist es. Ihre Werte für 2000 liegen jedenfalls nicht wesentlich unter jenen für Türkisch im Jahre 1990» (Lüdi und Werlen, 2005, 36). Allerdings passten die Werte für das Englische nicht ganz zu diesem Bild; wir interpretieren sie mit der grösseren Fluktuationsrate der Anglophonen. Es ist allerdings zu vermuten, dass dies auch, wie schon angedeutet, mit einer qualitativ anderen Migration im Zusammenhang steht, dass Englisch aufgrund der zurzeit gültigen Hierarchie der Sprachen auf eine ganz andere Akzeptanz in der örtlichen Bevölkerung stösst als die Sprachen der klassischen Immigranten. Wenn die Schweizer – und anderssprachige Ausländer, besonders die gut qualifizierten – vermehrt Englisch sprechen und sich somit an die Englischsprachigen anpassen statt umgekehrt, wird der Integrationsdruck auf die Anglophonen deutlich reduziert. Bereits hat der Fraktionschef der Freisinnig-Demokratischen Partei (FDP), Felix Gutzwiller, am 5. Oktober 2007 in einer parlamentarischen Anfrage den Bundesrat gebeten, «im Interesse einer fortschrittlichen und weltoffenen Schweiz» die Einführung von Englisch als vierte Amtssprache zu prüfen.

Bei der Integration Anderssprachiger spielen die Bildungssysteme eine sehr bedeutende Rolle. Einerseits, weil der Anteil an nicht ortssprachigen Schülern stark angestiegen ist, insbesondere in den grösseren Städten, und allenfalls einen Einfluss auf die Qualität der Schulen haben könnte. Andererseits, weil die Schule nach wie vor das wichtigste Instrument für die (sprachliche) Integration der jüngeren Zugezogenen darstellt. Die Analyse der Schulsprachstatistiken bringt neueste Werte zu sprachlichen Zusammensetzung zumindest der Schulbevölkerung (vgl. Indikator *Sprachen der Schülerinnen und Schüler*).

Ein detaillierter Blick auf diese Zahlen zeigt, dass Italienisch, die örtliche Landessprache im Tessin, die Erstsprache von 81 Prozent der Schülerinnen und Schüler ist, während die entsprechenden Werte für Deutsch in der Deutschschweiz 79 Prozent und für Französisch in der Romandie 70 Prozent sind (die Werte der mehrsprachigen Kantone lassen sich schlechter vergleichen). Mit anderen Worten sind etwa 20–30 Prozent aller Schülerinnen und Schüler anderssprachig, wobei die Werte für die anderen Landessprachen in den einsprachigen Kantonen überall unter 4 Prozent bleiben. Die höchsten Einzelwerte zeigen Portugiesisch in den einsprachig französischsprachigen

Kantonen (7 Prozent) und die südslawischen Sprachen in den einsprachig deutschsprachigen Kantonen (5 Prozent) sowie im Tessin (4 Prozent). Gleichzeitig ist die Sprachenvielfalt sehr gross: 5 Prozent im Tessin, 8 Prozent in den 17 rein deutschsprachigen Kantonen und gar 13 Prozent in den vier rein französischsprachigen Kantonen fallen auf «andere Sprachen». Ein Vergleich zwischen Primar- und Sekundarstufe macht deutlich, dass die Primarschulen deutlich höhere Quoten von Anderssprachigen aufweisen.

Besonders hoch ist der Anteil von Anderssprachigen in den Schulen der städtischen Gebiete. Dies sei exemplarisch am Beispiel der Kantone Basel-Stadt und Genf illustriert.

In Basel-Stadt betrug 2007 der Anteil an fremdsprachigen Schülern in den öffentlichen Schulen 44 Prozent, wobei der Anteil nach Schultyp und Stadtteil variierte. Überdurchschnittlich hoch sind die Anteile Fremdsprachiger in der Primarschule (50 Prozent) und dies besonders im Stadtteil Kleinbasel sowie in der Weiterbildungsschule (der Sekundarstufe I mit geringeren Ansprüchen; 57 Prozent). Demgegenüber beläuft sich der Anteil fremdsprachiger Schüler im Gymnasium auf lediglich 19 Prozent (Basel-Stadt Statistik, 2008). In Genf lagen die Werte der Fremdsprachigen 2006 für Kindergarten und Primarschule bei über 40 Prozent und beim Gymnasium bei unter 30 Prozent.[5] In beiden Fällen dürften die tieferen Anteile in Schulen höheren Niveaus weniger eine zeitliche Verzögerung widerspiegeln (Migrantenkinder sind erst in den unteren Stufen «angekommen»), sondern auch den geringeren Schulerfolg von Kindern mit fremder Muttersprache.

Diese Überlegung wird durch die Feinaufteilung nach Sprachen und Schultypen gestützt (vgl. Indikator *Sprache der Schülerinnen und Schüler*). So sind in Basel im Gymnasium (bei ingesamt viel niedrigeren Werten) die klassischen Migrationssprachen untervertreten, «andere Sprachen» (darunter Schwedisch, Japanisch, Niederländisch u. Ä.) dagegen deutlich übervertreten. Umgekehrt sieht es in der Weiterbildungsschule, der Sekundarstufe I mit geringeren Ansprüchen, aus. Auch in Genf ist – bei einer leicht anderen Verteilung der häufigsten Sprachen – der Anteil Anderssprachiger «anderer» Sprachen und Englisch in den Maturitätsschulen (über 59 Prozent) markant höher als im kantonalen Durchschnitt.

Versucht man, diese Befunde aus der Perspektive der Integration Fremdsprachiger zu interpretieren, so gilt es zunächst festzustellen, dass die Anderssprachigen keine homogene Gruppe darstellen. Gruppen von Fremdsprachigen bzw. von Fremdsprachen sind offensichtlich mit sozialen Faktoren verbunden, wie z. B. dem Bildungsniveau der Eltern; mit anderen Worten sind Fremd-

---

5 BFS, Statistik der Schüler und Studierenden 2005/2006, Datenaufbereitung BFS, Bildung und Wissenschaft.

sprachige im System der gesellschaftlichen Ungleichheiten und Privilegien an unterschiedlichen Positionen angesiedelt. Gleichzeitig besteht eine starke Beziehung zwischen dem Anteil der Angehörigen einer Sprachgruppe in weiterführenden Schulen (z. B. Maturitätsschulen) und dem symbolischen und/ oder ökonomischen Wert der betreffenden Sprache auf dem Sprachenmarkt, obwohl rein juristisch alle Sprachen ausser der jeweiligen Landessprache grundsätzlich denselben Status besitzen.

Wenn man davon ausgeht, dass das Schulsystem nicht nur eine wichtige Rolle bei der Erziehung von Kindern und Jugendlichen zu mündigen, autonomen Bürgerinnen und Bürgern spielt, sondern auch entscheidende Beiträge zum Abbau sozialer Ungleichheiten zu leisten hat, ist seine Aufgabe in unserem Zusammenhang komplex: *Erstens* ist, wer die dominante Mehrheitssprache einer Gesellschaft nicht sprechen kann, von der Information, von der Entscheidfindung, von vielen Positionen auf dem Arbeitsmarkt ausgeschlossen. Daraus kann die Pflicht zur optimalen Unterstützung beim Erwerb der Ortssprache abgeleitet werden. Insofern man weiss, dass eine fundierte Kenntnis der Erstsprache die beste Voraussetzung für den umfassenden Erwerb einer Zweitsprache darstellt, trägt die Schule *zweitens* auch Mitverantwortung dafür, dass die Eltern in der Weitergabe ihrer Herkunftssprache an die nächste Generation unterstützt und allenfalls beschränkte Sprachkompetenzen gewisser Migrantenkinder in ihrer Herkunftssprache schulisch erweitert werden. Weil sich Mehrsprachigkeit nach dem Urteil aller Experten möglichst frühzeitig entwickeln sollte, ist *drittens* ein möglichst frühzeitiges «Eintauchen» der Kinder der Zuwanderer in die Aufnahmesprache mittels Krippen, Kleinkindergärten u. Ä. durch speziell geschulte HortnerInnen (*nicht* Sprachlehrpersonen) sinnvoll, wie dies der Kanton Basel-Stadt kürzlich beschlossen hat. *Viertens* geht die wichtigste Aufgabe der Schule über die Vermittlung basischer Sprachkompetenzen hinaus und besteht in der Vermittlung einer diskursiven Autonomie, d. h. der Fähigkeit, die Sprache im Sinn von Autoren wie Habermas, Lévinas u. a. selbständig und gleichberechtigt mit den Interaktionspartnern zu verwenden (vgl. Gürtler, 2001, 202 ff.). Es geht also mit anderen Worten – und dies auch im Interesse der Aufnahmegesellschaft selber (optimale Ausnutzung der Begabungsreserven, Vermeidung von Sozialkosten) – um ein «Empowerment» (eine «Ermächtigung») der Anderssprachigen, um die Verstärkung ihrer Mitwirkungsmöglichkeiten auf allen Ebenen der Wirtschaft und der Gesellschaft. Die zitierten Zahlen deuten an, dass bei vielen anderssprachigen Jugendlichen Formen von «Sprachohnmacht» vorkommen, wenn sie eine gegebene Situation sprachlich nicht bewältigen können, weil sie ihre Sprache nicht verwenden können und/oder weil sie die «legitime» Varietät nicht beherrschen.

Jugendliche aus der sogenannten «Elitemigration» stehen vor einer anderen Herausforderung. Wenn sie die öffentlichen Schulen besuchen, gelingt ihnen der Sprung in die höhere Bildung meistens relativ gut. Aber gerade die Genfer Zahlen weisen darauf hin, dass ihr Anteil in Privatschulen, in denen die schulische Ausbildung in einer Fremdsprache – meistens Englisch – gegenüber dem Erwerb der Ortssprache (und damit der Integration in die lokale Gesellschaft) klar prioritär ist, ausserordentlich hoch ist. Sollte dieser Trend anhalten, könnten die eingangs dieses Absatzes erwähnten positiven Aussichten für die Integration jugendlicher Einwanderer unterlaufen werden und eine Entwicklung in Richtung von Parallelgesellschaften auftreten. Deshalb muss der Integrationsdruck wohl auch gegenüber Kindern von Eliten ebenso wie bei jenen der klassischen Migration aufrecht erhalten werden.

7 Schlussfolgerung

Zusammenfassend ergeben sich folgende Antworten auf die eingangs gestellten Fragen:

Inwiefern gelingt es, die Anderssprachigen sprachlich zu integrieren?
Die bisherige, auf den Erwerb der Ortssprache ausgerichtete Integrationspolitik hat sich laut den Ergebnissen der Volkszählungen im allgemeinen bewährt; insbesondere in der Deutschschweiz geht im Vergleich zu den lateinischen Sprachgebieten die Integration allerdings noch weniger weit; es ist anzunehmen, dass der vom Ausländergesetz ausgehende Druck den Erwerb und Gebrauch der Ortssprache fördern wird. Freilich sind die klassischen Migrationssprachen in den höheren Schulen untervertreten, «andere Sprachen» (darunter Schwedisch, Japanisch, Niederländisch u. Ä.) dagegen deutlich überrepräsentiert. Offensichtlich sind Gruppen von Fremdsprachigen bzw. von Fremdsprachen mit sozialen Faktoren verbunden, wie z. B. dem Bildungsniveau der Eltern und dem symbolischen und/oder ökonomischen Wert der betreffenden Sprache auf dem Sprachenmarkt. Neue Herausforderungen könnten die «Elitemigranten» stellen, die sich häufiger des Englischen als der Ortssprache als *lingua franca* bedienen könnten.

Welche Rolle spielt Englisch als internationale Verkehrssprache in der allgemeinen Wahrnehmung, als Gegenstand von Spracherwerbsanstrengungen und im alltäglichen Gebrauch?
Die Bedeutung des Englischen wächst namentlich im Arbeitsalltag der grossen Betriebe in den wirtschaftsstarken Regionen, wohl aufgrund einer Verschiebung der Berufsbilder und -anforderungen und gleichzeitig aufgrund des Einstiegs einer «anglophileren» Generation sowie einer Vermehrung von

Situationen, die den Gebrauch des Englischen erfordern. Aber dieser Anstieg erfolgte nicht unbedingt auf Kosten von Deutsch und Französisch, deren Gebrauch stabil blieb; vielmehr sind die Repertoires mehrsprachiger geworden. Dies wird auch durch Fallstudien an Arbeitsplätzen bestätigt. Englisch gilt auch bei den Spracheinstellungen als die nützlichste Fremdsprache, wobei erstaunlicherweise die Rolle der Arbeit bisher über- und jene der Freizeit und der Ferien unterschätzt wurde.

Wie funktioniert die Verständigung zwischen den Sprachgebieten? Welches sind die (Fremd-) Sprachenkenntnisse der Schweizer Wohnbevölkerung?
Bezüglich Fremdsprachenkenntnisse steht die Schweiz im gesamteuropäischen Vergleich sehr gut da. Diese geht namentlich auf die Schule zurück. Eine Mehrheit glaubt, dass jeder in der Schweiz auch weiterhin neben der Ortssprache (als Erst- oder Zweitsprache) eine zweite Landessprache lernen sollte. Beim Fremdsprachengebrauch folgt die Arbeit erst an zweiter Stelle, wobei die Romandie hier eine Ausnahme darstellt, die sich wohl aus der Häufigkeit der Verwendung des Deutschen bei Geschäftsreisen in die Deutschschweiz erklärt. Überraschend hoch ist der Gebrauch innerhalb des Bereiches «Familie und Bekannte», der in beiden Schweizer Sprachgebieten einen praktisch gleich hohen Anteil wie der Bereich «Arbeit» erreicht. Innerhalb der Schweiz stehen denn auch die Landessprachen als Kommunikationsinstrument im Vordergrund. Gelitten hat allerdings das Italienische als Nicht-Ortssprache, wohl aus demographischen Gründen. Das italienische Sprachgebiet ist insofern am homogensten als hier die Ortssprache die höchsten Werte erzielte.

Kann und, wenn ja, unter welchen Bedingungen, die zunehmende Vielsprachigkeit innerhalb der Schweiz und für deren Rolle in der Welt als Chance genutzt werden?
Die institutionelle Mehrsprachigkeit einerseits und die Vielsprachigkeit ihrer Einwohner andererseits können für die Zukunft der Schweiz aus zwei Gründen eine grosse Chance sein. Der *erste* liegt auf einer pragmatischen Ebene und hat mit der Tatsache zu tun, dass die Schweiz seit langem, anders als andere Länder, für ihre wirtschaftliche Entwicklung nicht auf natürliche, sondern menschliche Ressourcen zurückgreifen musste, d. h. Intelligenz, Kreativität, Motivation und Bereitschaft zur Zusammenarbeit. Man weiss, dass sprachlich, geschlechtlich, kulturell und altersmässig gemischte Teams mehr Kreativität entwickeln und zu besserem wirtschaftlichem Erfolg beitragen als homogene. Voraussetzung dafür ist heute einerseits, dass die Schweizer Fremdsprachen lernen und dass alle Zuwanderer nicht nur die an ihrem Wohnort dominante Sprache zu beherrschen lernen, sondern auch ihre Herkunftssprachen pflegen und stolz darauf sein können. Andererseits ist ebenso wichtig, dass die hohe sprachliche Integrationskraft der Sprachgebiete erhalten bleibt. Ein *zweiter*

Grund ist stärker gesellschaftspolitischer Art. Institutionell abgestützte Sprachenvielfalt ist eine wesentliche, wenn auch nicht hinreichende Komponente einer allgemeinen Integrationspolitik, welche die Entwicklung ethnischer Ghettos und sprachkulturell segregierter Gemeinschaften von Immigranten und Einheimischen mit dem entsprechenden Konfliktpotential, wie sie in vielen Gegenwartsgesellschaften existieren, verhindern. Aus beiden Gründen gilt es, die geeigneten Voraussetzungen zu schaffen. Aufgrund der Massnahmen innerhalb der Bildungssysteme, aber auch und besonders der in *linguadult.ch* dokumentierten positiven Einstellungen der Schweizerinnen und Schweizer zum Fremdspracherwerb stehen die Chancen gut, dass dies auch gelingen wird.

8 Weiterführende Literatur

Barni, Monica und Guus Extra (2008), *Mapping Linguistic Diversity in Multicultural Contexts*. Berlin: Mouton de Gruyter.

Sprachliche Vielfalt heisst im europäischen Kontext einerseits eine Vielzahl von Landessprachen, andererseits eine noch grössere Vielfalt an Nichtlandessprachen. Dieser Sammelband vermittelt einen breiten Überblick über die internationale und interkontinentale Handhabung der Vielfalt an Regional- und Migrationssprachen. Dabei es geht vornehmlich darum, wie diese sprachliche Vielfalt erfasst werden kann. Diskutiert werden sowohl Fragen der Methodologie wie auch empirische Ergebnisse für eine Anzahl von europäischen und nicht-europäischen Ländern und Sprachen. Einzelstudien betreffen z. B. Walisisch, Baskisch, Friesisch, europäische Nationalstaaten wie die Schweiz, Italien und Frankreich, aber auch aussereuropäische Länder wie Australien, Südafrika, die Türkei und Japan. Dazu werden die Resultate eines vergleichenden Forschungsprojekts (Multilingual Cities Project) vorgestellt.

Lüdi, Georges und Iwar Werlen (2005), *Sprachenlandschaft in der Schweiz.* Neuenburg: BFS.

Im Rahmen der Eidgenössischen Volkszählung 2000 führte das Bundesamt für Statistik eine Reihe von wissenschaftlichen Analysen durch. Die vorliegende Studie befasst sich mit der Sprachenlandschaft in der Schweiz. Die Analyse vermittelt detaillierte Informationen zu den Sprachen in der Schweiz. Sie erlaubt eine Standortbestimmung zur Lage sowohl der vier Landessprachen, wie auch der Nichtlandessprachen. Mit der Analyse der verschiedenen Sprachen und deren Sprecher(innen), wird die Entwicklung der Mehrsprachigkeit während der vergangenen zehn Jahre aufgezeigt. Die Mehrsprachigkeit, die charakteristisch für die Schweiz ist, wird auf mehreren regionalen Ebenen analysiert: den Kantonen, den Sprachgebieten und der Gesamtschweiz. Die Studie gibt detailliert Auskunft über die aktuelle Situation der Sprachen in der Schweiz und wirft zugleich neue, noch unerforschte Fragen auf.

Widmer, Jean, et al. (2004), *La diversité des langues en Suisse dans le débat public*. Bern: Peter Lang.

Die Besonderheit der Schweiz liegt darin, dass sie sich als mehrsprachiger Staat konstituiert hat. Wie konnte eine nationale Einheit geschaffen und erhalten werden, die eine Vielfalt von Sprachen anerkennt? Die Studie untersucht anhand der Verfassungsdebatten von 1848 bis 2000 die Antworten auf diese Frage. Die erlangten Einsichten gehen über die Sprachenfrage hinaus. Die symbolische Ordnung, welche es in jeder Epoche erlaubte, die nationale Einheit sicherzustellen, ist nämlich Teil des Staatsverständnisses schlechthin.

Soziale Integration

Indikatoren

Die Frage nach dem Grad und den Formen sozialer Integration und Desintegration, der Teilhabe am gesellschaftlichen Leben und dem Ausschluss davon, ist eine Schlüsselfrage für den gesellschaftlichen Zusammenhalt in jedem Land. Ein besonderes Gewicht erhält sie durch die verstärkte Tendenz zu einem kompetitiven Individualismus, durch den Strukturwandel im gegenwärtigen Globalisierungsschub und auch durch die Tatsache, dass die Schweiz seit einigen Jahrzehnten zum typischen Einwanderungsland geworden ist.

Die Indikatoren dieses Bereichs sind teils nach dem Gesichtspunkt der Lebensverläufe geordnet, teils nach jenem spezifischer Formen von Teilnahme oder Ausschluss:

Eine *erste* Indikatorengruppe beschreibt Aspekte der Integration und Desintegration im sozialen Mikrobereich von Partnerschaft und Familie sowie das Verhältnis der Altersgruppen (Indikatoren *Heiraten, Scheidungen, Rollenverteilung im Paar, Geburten, Altersstruktur, Übertritt ins Erwachsenenalter, Allein leben*).

Die *zweite* Gruppe behandelt die Problematik von Armut und sozialer Sicherung, die gleichzeitig mit der Verteilung sozialer Güter zu tun hat (Indikatoren *AHV- und IV-Renten, Armut*).

Eine *dritte* Gruppe erfasst die verschiedenen Arten von freiwilligem Engagement, ebenfalls einer nicht zu vernachlässigenden Komponente der sozialen Integration, auch für die Freiwilligen selber (Indikatoren *Organisierte Freiwilligenarbeit, Informelle Freiwilligenarbeit, Motive für Freiwilligeneinsatz*).

Die *vierte* Gruppe schliesslich befasst sich mit klassischen Aspekten von normabweichendem Verhalten (Devianz), ohne sie schlicht als «Desintegration» zu verstehen (Indikatoren *Tatverdächtige, Kriminalitätsopfer* und *Gefühl von Unsicherheit* in der Bevölkerung).

Heiraten

Nach der Mitte der Sechzigerjahre ist die Heiratsziffer der Schweiz von einem besonders hohen Nachkriegsniveau (1942–1967 zwischen 85 und 90 Prozent) in zwei Schüben auf ihr jetziges von gut sechzig Prozent gesunken. Seit 1960 liegt sie für Männer tiefer als für Frauen, es bleiben also etwas mehr Männer als Frauen unverheiratet.

Die Schweiz liegt mit ihren Werten zwischen den Vergleichsländern. Diese zeigen in den vergangenen Jahrzehnten dieselben zeitlichen Veränderungen, mit zwei Ausnahmen. Der schwedische Index sinkt früher, der spanische später als in den fünf anderen Ländern; seit den Achtzigerjahren formen aber alle sieben ein einheitliches Muster. Der besonders hohe schwedische Wert für 1989 erklärt sich durch eine gesetzliche Änderung des Anspruchs auf Witwenrenten, die 1990 in Kraft trat.

Das Erstheiratsalter nimmt überall seit der Mitte der Siebzigerjahre einheitlich und deutlich zu, in der Schweiz für Frauen von 24,1 Jahren (1970) auf 29,1 (2005). Die Werte für Männer liegen leicht höher (Schweiz 26,5 bzw. 31,3), entsprechend dem mittleren Altersunterschied in Paaren, der sich ebenfalls in allen Vergleichsländern findet.

Für drei Ansichten über die Heirat liegen die Schweizer Werte zwischen den konservativeren USA und dem liberaleren Schweden. Männer beurteilen die Ehe in allen Ländern positiver als Frauen.

Die Einstellung zur Ehe scheint durch die eigene Erfahrung beeinflusst zu sein, denn überall sind die positiven Stellungnahmen bei im Paar lebenden und verwitweten Menschen häufiger als bei geschiedenen, getrennt lebenden oder ledigen. Gleichermassen beurteilen überall jüngere Personen die Ehe distanzierter als ältere. Man kann darin denselben Trend zu einer pragmatischeren, «säkularisierten» Sicht der Familie sehen wie in den demographischen Tendenzen zu mehr Scheidungen (vgl. Indikator *Scheidungen*), mehr Wiederverheiratungen und mehr nicht offizialisierten Formen des Zusammenlebens.

Definitionen/Bemerkungen

Obere Grafik: Heiratsziffern: Details: siehe CD.

Untere Grafik: Fragestellung: «Menschen, die Kinder wollen, sollten heiraten». «Im Allgemeinen sind Menschen, die verheiratet sind, glücklicher als solche, die nicht verheiratet sind». «Es ist für ein Paar in Ordnung zusammenzuleben, ohne die Absicht zu haben zu heiraten». *Antwortkategorien:* siehe CD. Angegeben sind die Anteile der Befragten, die der Aussage (stark) zugestimmt haben *(zuerst heiraten, dann Kinder; Verheiratete sind glücklicher)* bzw. die Aussage (stark) abgelehnt haben *(gegen unverheiratetes Zusammenleben).*

Stichprobengrösse: ISSP 2002: 1008–2471; gewichtete Daten.

Quelle: obere und mittlere Grafik: Eurostat, NewCronos; *untere Grafik:* ISSP 2002.

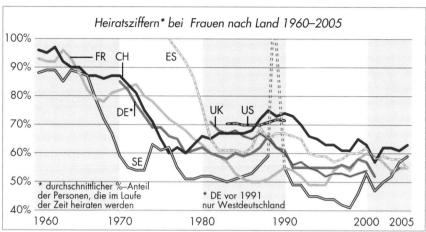

Heiratsziffern* bei Frauen nach Land 1960–2005

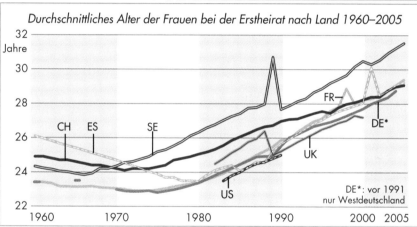

Durchschnittliches Alter der Frauen bei der Erstheirat nach Land 1960–2005

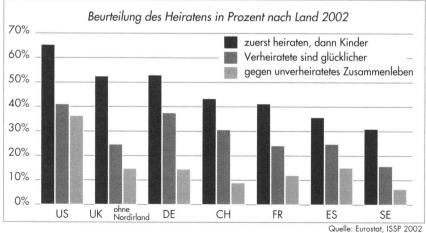

Beurteilung des Heiratens in Prozent nach Land 2002

Quelle: Eurostat, ISSP 2002

141

Scheidungen

Dass heute mehr Ehen geschieden werden als früher ist bekannt, aber die Tendenz ist nicht stetig. Der Anstieg der Scheidungszahlen hat in den späten Sechzigerjahren begonnen, in der Schweiz ungefähr gleichzeitig mit Deutschland, aber früher als in Frankreich. Ungefähr die Hälfte der heute bestehenden Paare werden nach statistischer Wahrscheinlichkeit durch Scheidung enden. Die Vergleichsländer haben sehr ähnliche Werte, nur Spanien liegt tiefer, scheint aber in jüngster Zeit «aufzuholen». In diesem in Familienfragen besonders konservativen Land wurde die gesetzliche Möglichkeit der Scheidung erst 1981 eingeführt. Die seltenen starken Ausschläge in einzelnen Ländern (Schweiz 1999/2000) erklären sich durch familienbezogene Gesetzesänderungen, z. B. über die Scheidungsbedingungen oder die Anspruchsregeln für Pensionszahlungen.

Die durchschnittliche Dauer der geschiedenen Ehen blieb in der Schweiz lange konstant bei rund zwölf Jahren, zeigt aber seit den frühen Neunzigerjahren steigende Tendenz, wie in Frankreich und Deutschland. Die häufigsten Scheidungsgründe tauchen also erst im Verlauf der Ehe auf. Ein beträchtlicher, aber statistisch unsichtbarer Anteil scheidungsbereiter Paare wartet zu, bis die Kinder selbständig geworden sind. Bei späten Scheidungen geht die Initiative häufiger von der Frau als vom Mann aus. Dass früher mehr Scheidungen schon in den ersten Ehejahren vollzogen wurden, hängt wohl auch damit zusammen, dass inzwischen mehr Paare zuerst unverheiratet, gewissermassen auf Probe zusammenleben, und dass viele Paare erst heiraten, wenn sie Kinder bekommen. Die pragmatischer gewordene Haltung zur Ehe hat zur Folge, dass unstabile Paare eher vor der Heirat wieder auseinander gehen.

Scheidung zur Lösung schwerwiegender Probleme im Zusammenleben der Paare wird in allen Vergleichsländern breit akzeptiert, am wenigsten in den USA, wobei interessanterweise die Akzeptanz mit wenigen Ausnahmen (Spanien und Deutschland, den Ländern mit der höchsten Akzeptanz) bei der ältesten – ehemässig erfahrensten? – Bevölkerungsgruppe am ausgeprägtesten ist und nicht etwa bei der jüngsten.

Definitionen/Bemerkungen

Untere Grafik: Fragestellung: «Eine Scheidung ist meistens die beste Lösung, wenn ein Paar seine Eheprobleme nicht lösen kann». *Antwortkategorien:* siehe CD. Angegeben sind die Anteile der Befragten, die der Aussage (stark) zugestimmt haben.
Stichprobengrösse: ISSP 2002: 1008–2471; gewichtete Daten.
Quelle: obere und mittlere Grafik: Eurostat, NewCronos; *untere Grafik:* ISSP 2002.

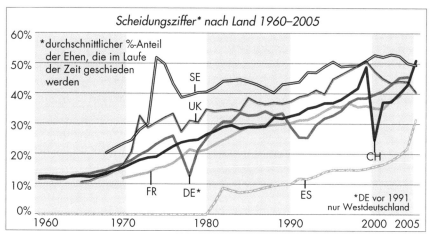

Scheidungsziffer* nach Land 1960–2005

*durchschnittlicher %-Anteil der Ehen, die im Laufe der Zeit geschieden werden

SE
UK
FR
DE*
ES
CH

*DE vor 1991 nur Westdeutschland

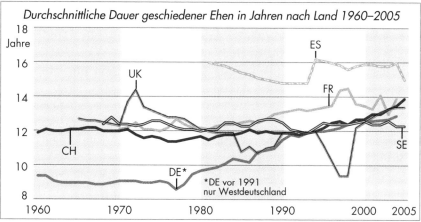

Durchschnittliche Dauer geschiedener Ehen in Jahren nach Land 1960–2005

ES
UK
FR
CH
SE
DE*

*DE vor 1991 nur Westdeutschland

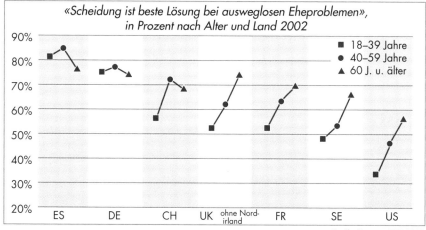

«Scheidung ist beste Lösung bei ausweglosen Eheproblemen», in Prozent nach Alter und Land 2002

■ 18–39 Jahre
● 40–59 Jahre
▲ 60 J. u. älter

ES   DE   CH   UK ohne Nord-irland   FR   SE   US

Quelle: Eurostat, ISSP 2002

143

Rollenverteilung im Paar

Die Aufgabenverteilung im Paar ist ein grundlegender Bestandteil der Geschlechterdifferenzierung. Die Idealbilder darüber haben sich in den letzten Jahrzehnten massiv gewandelt, die Partnerschaft von Mann und Frau steht in allen Ländern weit vorne – interessanterweise besonders in Spanien. Dennoch ist das traditionelle Rollenschema als Modellvorstellung nach wie vor verbreitet; es wird von Männern stärker anerkannt als von Frauen.

Die Altersunterschiede sind beträchtlich, aber nicht immer gleichsinnig. In allen Vergleichsländern ist die traditionelle Vorstellung, Frauen «wollten» sich vor allem um Heim und Kinder kümmern, bei Älteren stärker verbreitet als bei Jüngeren. Die gegenteilige Forderung nach stärkerem Haushaltengagement der Männer ist in Spanien bei Jüngeren besonders häufig, in Schweden und Grossbritannien bei Älteren.

Der praktische Alltag entspricht dem Gleichheitsideal nicht: überall erbringen die Frauen wesentlich mehr Arbeitszeit für die Familie. Damit leisten Frauen vor allem unbezahlte Arbeit, Männer bezahlte; der volkswirtschaftliche Wert der Haus- und Familienarbeit wird vom Bundesamt für Statistik auf 42 Prozent des schweizerischen Bruttoinlandprodukts geschätzt. Das Ungleichgewicht wird denn auch wahrgenommen: Männer wie Frauen sehen in allen Vergleichsländern eine grosse Differenz zwischen dem weiblichen und dem männlichen Engagement in der Hausarbeit (besonders ausgeprägt in Spanien).

Welche Aufgaben von der Frau übernommen werden, welche vom Mann, variiert im Ausmass zwischen den Ländern, aber die grundsätzliche Typisierung ist überall dieselbe: die (regelmässigen) Aufgaben Waschen, Kochen, Putzen, Kranke pflegen und Einkaufen sind «weiblich», die (seltenen) kleinen Reparaturen «männlich». International steht Spanien punkto Geschlechtstypisierung an der Spitze, das egalitäre Schweden am Ende, die Schweiz in der Mitte.

Definitionen/Bemerkungen

Fragestellung: obere Grafik: «Einen Beruf zu haben ist gut, aber das, was die meisten Frauen wirklich wollen, sind ein Heim und Kinder». «Die Männer sollten einen grösseren Teil der Arbeit im Haushalt übernehmen als sie es jetzt tun». *Antwortkategorien:* siehe CD. Angegeben sind die Anteile der Befragten, die einer Aussage (stark) zugestimmt haben und die andere Aussage (stark) abgelehnt haben; *mittlere Grafik:* ohne Kinderbetreuung und Freizeitaktivitäten. Details: siehe CD; *untere Grafik:* «Wer macht die folgenden Dinge in Ihrem Haushalt?» *Antwortkategorien:* siehe CD. Angegeben sind die Anteile der Frauen, die mit «immer ich» geantwortet haben.
Stichprobengrösse: ISSP 2002: 1008–2471; gewichtete Daten.
Quelle: ISSP 2002.

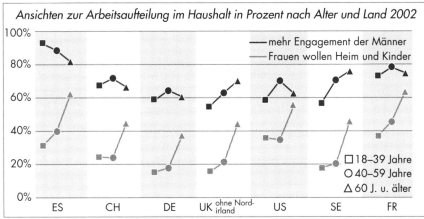

Ansichten zur Arbeitsaufteilung im Haushalt in Prozent nach Alter und Land 2002

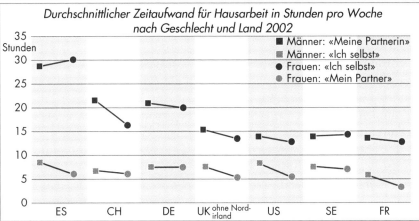

Durchschnittlicher Zeitaufwand für Hausarbeit in Stunden pro Woche nach Geschlecht und Land 2002

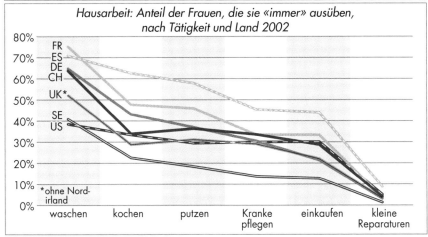

Hausarbeit: Anteil der Frauen, die sie «immer» ausüben, nach Tätigkeit und Land 2002

Quelle: ISSP 2002

145

Geburten

Die Geburtenziffer der Schweiz folgt demselben Veränderungsmuster wie in den Vergleichsländern: nach einem Maximum in den Sechzigerjahren sinkt sie zunächst stark, dann stabilisiert sie sich seit Mitte der Siebzigerjahre bei ungefähr 1,5. Spanien tanzt insofern aus der Reihe, als dort das starke Absinken erst am Ende der Franco-Diktatur einsetzt; am Ende der Neunzigerjahre erreicht das Land das tiefste Niveau des Vergleichs. Schweden und die USA sind die einzigen dieser Länder, deren Geburtenziffer seit 1990 wieder das Niveau der demographischen Reproduktion (2,1) erreicht hat, Schweden allerdings nur vorübergehend. Bis in die Mitte der Neunzigerjahre lag der Anteil der ausserehelichen Geburten in der Schweiz relativ stabil bei sechs Prozent, seither steigt er langsam an und liegt heute bei 16 Prozent; nicht wenige Eltern heiraten erst nach der Geburt ihres ersten Kindes.

Langfristig verändert hat sich das Alter der Eltern bei der Geburt ihres ersten Kindes. Vom zweiten Weltkrieg bis zum Beginn der Siebzigerjahre ist es von rund 27 auf 25 Jahre gesunken (Mütter) und steigt seither wieder ebenso stetig gegen dreissig Jahre. Obwohl die Zahlenreihen für die anderen Länder unvollkommen sind, lassen sie dasselbe Verlaufsmuster erkennen. Zusammen mit anderen Faktoren ist das biographische Hinausschieben der Geburten ein wichtiger Grund für die geringen Geburtenzahlen.

Wie bei anderen Aspekten der Familie lässt sich auch in Bezug auf Kinder ein gewisser Pragmatismus erkennen: zwar stimmen in allen Ländern die Erwachsenen weitgehend und zu sehr hohen Anteilen überein, dass es eine besondere Freude sei, seine Kinder aufwachsen zu sehen, aber die weitergehende Ansicht, dass ein Leben ohne Kinder leer sei, wird von bedeutend weniger Menschen geteilt. Kinderlosigkeit wird nur noch in wenigen Ländern und von einer Minderheit als Schicksalsschlag empfunden, und dies von Frauen eher weniger als von Männern.

Definitionen/Bemerkungen

Obere Grafik: Zusammengefasste Geburtenziffer: durchschnittliche Kinderzahl pro Frau nach Anzahl Lebendgeburten und Alter der Frauen im Beobachtungsjahr.

Untere Grafik: Fragestellung: «Zu beobachten, wie Kinder heranwachsen, ist die grösste Freude im Leben». «Menschen, die keine Kinder gehabt haben, führen ein leeres Leben». *Antwortkategorien:* siehe CD. Angegeben sind die Anteile der Befragten, die der Aussage (stark) zugestimmt haben.

Stichprobengrösse: ISSP 2002: 1008–2471; gewichtete Daten.

Quelle: obere und mittlere Grafik: Eurostat, NewCronos; *untere Grafik:* ISSP 2002.

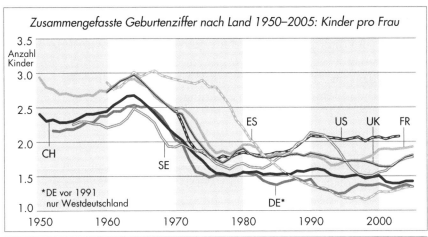

Zusammengefasste Geburtenziffer nach Land 1950–2005: Kinder pro Frau

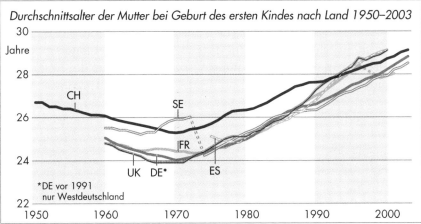

Durchschnittsalter der Mutter bei Geburt des ersten Kindes nach Land 1950–2003

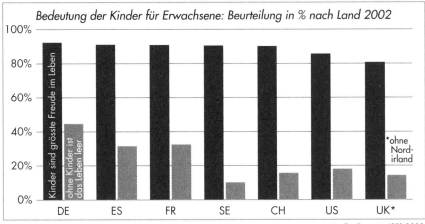

Bedeutung der Kinder für Erwachsene: Beurteilung in % nach Land 2002

Quelle: Eurostat, ISSP 2002

147

Altersstruktur

Dass sich die Alterspyramide insofern verändert, als der Anteil der Jungen ab- und jener der Älteren zunimmt, ist zu einer Binsenwahrheit geworden, die vor allem im Zentrum der Diskussion über die künftige Finanzierung der Alters- und Hinterlassenenversicherung steht; dabei wird meist einseitig nur die Entwicklung des Altersquotienten betrachtet und nicht auch jene des Jugendquotienten. Dies ist allerdings nicht der einzige Gesichtspunkt, der den Blick auf diesen Aspekt sozialen Wandels nötig macht; das soziale Profil der gleichzeitig lebenden Generationen und ihre Beziehungen verändern sich ebenfalls. Historisch neu ist, dass eine grösser werdende Gruppe von Menschen, die altersbedingt aus dem Erwerbsleben austreten, mit grosser Wahrscheinlichkeit während rund zwanzig Jahren in guter physischer Verfassung weiterleben kann, bevor sie mit ernsthaften Altersbeschwerden zu rechnen hat.

Das Zahlenverhältnis zwischen dem Bevölkerungsanteil ab sechzig Jahren und der statistisch als arbeitsfähig betrachteten Bevölkerungsgruppe (20- bis 59-Jährige), d. h. der Altersquotient, hat seit der Mitte des zwanzigsten Jahrhunderts regelmässig von 25 auf bald 40 Prozent zugenommen, womit sich die Schweiz im unteren Bereich der Vergleichsländer befindet. Das auffällige vorübergehende Absinken der deutschen Zahlen reflektiert den Eintritt der ausgedünnten Kriegsgeneration ins Pensionsalter, besonders für die Männer.

Auf der anderen Seite der Altersverteilung sinkt das analoge Zahlenverhältnis für die Jungen (0- bis 19-Jährige in Prozent der 20- bis 59-Jährigen, der Jugendquotient) auf heute 38 Prozent, allerdings erst nach einem Höhepunkt, den dieser Anteil in der Schweiz in der Mitte der Sechzigerjahre erreicht hat (63 Prozent). Dieser Verlauf widerspiegelt den Rückgang der Kinderzahl pro Mutter. In finanzieller Hinsicht «kompensiert» also das Sinken des Jugendquotienten teilweise das Steigen des Altersquotienten insofern, als beide Bevölkerungsteile vom altersmässig in der Mitte stehenden erwerbstätigen Teil unterstützt werden.

In Bezug auf beide Kennzahlen bestehen zwar zeitliche Verschiebungen zwischen den verglichenen Ländern, aber keine grundlegenden Verlaufsunterschiede.

Definitionen/Bemerkungen

Quelle: Eurostat, NewCronos.

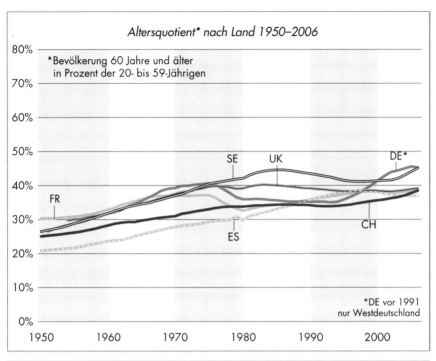

Altersquotient* nach Land 1950–2006

*Bevölkerung 60 Jahre und älter
in Prozent der 20- bis 59-Jährigen

*DE vor 1991
nur Westdeutschland

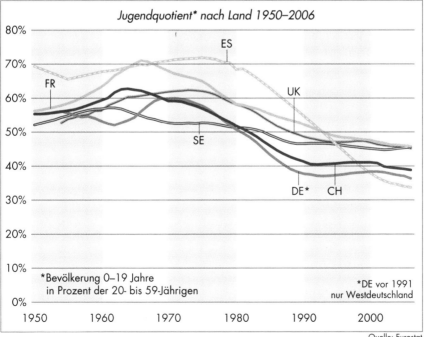

Jugendquotient* nach Land 1950–2006

*Bevölkerung 0–19 Jahre
in Prozent der 20- bis 59-Jährigen

*DE vor 1991
nur Westdeutschland

Quelle: Eurostat

149

Übertritt ins Erwachsenenalter

Das Verlassen des Elternhauses ist ein wichtiger Übergang im Lebenslauf junger Menschen, der meistens mit weiteren Elementen von Autonomie und Selbstverantwortung verknüpft ist.

In allen Vergleichsländern besteht dieselbe Abfolge: erste Arbeitsstelle – Verlassen des Elternhauses – Paarbildung – erstes Kind. Frauen vollziehen diese Übergänge im Mittel etwa zwei Jahre jünger als Männer, ausser dem Antritt der ersten Stelle, der bei Männern früher erfolgt.

Zwischen den Altersgruppen bestehen fast überall analoge Unterschiede: mit Ausnahme der Schweiz, wo keine Altersdifferenzen sichtbar sind, treten die jüngeren Generationen ihre erste Berufsstelle später an als die älteren. Darin drückt sich in erster Linie die Verlängerung der Ausbildungszeit aus, aber zum Teil auch wachsende Schwierigkeiten beim ersten Arbeitsmarkteintritt. Die jüngeren Generationen verlassen überall das Elternhaus früher als die älteren und beginnen auch früher, partnerschaftlich zusammenzuleben. Das erste Kind kommt dagegen bei den Jüngeren später als bei den Älteren (vgl. Indikator *Geburten*); allerdings sind hier die Zusammenhänge im Ländervergleich variabel und eher schwach.

Die ausgewählten vier Übergänge gelten weithin als wesentliche Komponenten des Erwachsenwerdens, mit nur wenig internationalen Unterschieden. Eine eigene Stelle mit vollem Lohn zu haben, wird nur in Schweden nicht als wichtigstes Kriterium angesehen, wo es durch das eigene Domizil ersetzt wird. Dort findet denn auch dieser Übergang klar früher statt als in den anderen Ländern, neuerdings sogar leicht früher als der Berufseintritt. Mit wem man zusammenlebt (Eltern oder PartnerIn) hat am wenigsten Bedeutung fürs Erwachsensein.

Definitionen/Bemerkungen

Obere und mittlere Grafik: Angegeben ist das Alter, in dem folgende vier Übergänge erfolgten: bezahlte Stelle: erste bezahlte Tätigkeit oder Lehre mit mind. 20 Wochenstunden (während mind. drei Monaten); Auszug aus dem Elternhaus (mind. zwei Monate); Zusammenleben mit PartnerIn (mind. drei Monate); Geburt erstes Kind. Detaillierte Fragestellung: siehe CD.

Untere Grafik: Fragestellung: «Um als erwachsen zu gelten, welche Rolle spielt es …, dass sie/er … aus dem Elternhaus ausgezogen ist? … vollzeit berufstätig ist? … mit einer Ehefrau oder einer Partnerin zusammenlebt oder zusammengelebt hat? … Mutter/Vater geworden ist?» *Antwortkategorien*: siehe CD. Angegeben sind die Anteile der Befragten, die die Rolle als (sehr) gross beurteilen.

Stichprobengrösse: ESS 2006: 1804–2916; gewichtete Daten.

Quelle: ESS 2006.

150

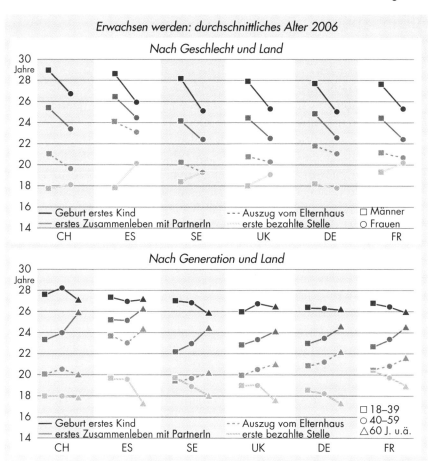

Erwachsen werden: durchschnittliches Alter 2006

Nach Geschlecht und Land

— Geburt erstes Kind   - - - Auszug vom Elternhaus   □ Männer
— erstes Zusammenleben mit PartnerIn   erste bezahlte Stelle   O Frauen

CH   ES   SE   UK   DE   FR

Nach Generation und Land

— Geburt erstes Kind   - - - Auszug vom Elternhaus   □ 18–39
— erstes Zusammenleben mit PartnerIn   erste bezahlte Stelle   O 40–59
                                                                    △ 60 J. u.ä.

CH   ES   SE   UK   DE   FR

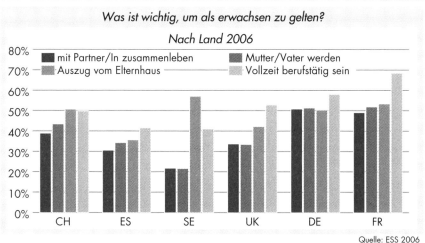

Was ist wichtig, um als erwachsen zu gelten?

Nach Land 2006

■ mit Partner/In zusammenleben   ■ Mutter/Vater werden
■ Auszug vom Elternhaus   ▒ Vollzeit berufstätig sein

80%
70%
60%
50%
40%
30%
20%
10%
0%

CH   ES   SE   UK   DE   FR

Quelle: ESS 2006

151

Allein leben

Der Anteil Alleinlebender nimmt in allen Ländern zu. Diese Zunahme ist nicht zuletzt auf den steigenden Anteil der älteren Altersklassen zurückzuführen (vgl. Indikator *Altersstruktur*), obwohl diese, gesondert betrachtet, nicht unbedingt häufiger allein leben als vor zwanzig bis dreissig Jahren. Ältere Männer leben nur unwesentlich öfter allein als die Gesamtbevölkerung, ältere Frauen dagegen viel häufiger. Dieser Unterschied erklärt sich vor allem durch das Zusammentreffen der höheren Lebenserwartung der Frauen mit dem häufigen Altersunterschied in den Paaren, nach dem der Mann älter ist als die Frau, weshalb es im Alter wesentlich mehr Witwen gibt als Witwer. Ausserdem tendieren Männer stärker als Frauen dazu, sich nach einer Scheidung erneut zu verheiraten.

Allein leben heisst nicht unbedingt, sozial isoliert zu sein. In Bezug auf die Häufigkeit von Kontakten besteht in Deutschland, Frankreich und der Schweiz kein Unterschied zwischen Alleinlebenden und Menschen in Mehrpersonenhaushalten, in Schweden und Grossbritannien geben Alleinlebende gar seltener an, wenig Kontakte zu haben. In Bezug auf die Qualität der Kontakte stellt sich die Situation anders dar, hier tendieren in allen Vergleichsländern Alleinlebende stärker dazu, keine Vertrauensperson zu haben, allerdings mit grossen internationalen Unterschiedenen

Auch Alter und Geschlecht hängen international gesehen nicht nach demselben Muster mit Isolation zusammen, je nach Land sind bei den über 60-Jährigen teils die Frauen, teils die Männer isolierter, in Frankreich unterscheiden sich die Geschlechter sogar gegensinnig je nach Isolationskriterium, während sie in der Schweiz so gut wie gleich gelagert sind.

Definitionen/Bemerkungen

Obere Grafik: Alleinlebende: in Prozent der jeweiligen Bevölkerungsgruppe.

Untere zwei Grafiken: wenig Kontakte: Personen, die sich einmal pro Monat oder weniger mit Freunden, Verwandten, Bekannten oder privat mit Arbeitskollegen treffen; *keine Vertrauensperson:* Personen, die niemanden haben, mit dem sie vertrauliche und persönliche Angelegenheiten besprechen können.

Stichprobengrösse: ESS 2006: 1804–2916; gewichtete Daten.

Quelle: obere Grafik: UNECE; *mittlere und untere Grafik:* ESS 2006.

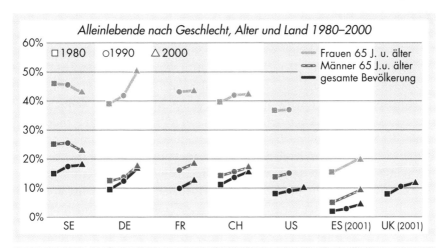

Alleinlebende nach Geschlecht, Alter und Land 1980–2000

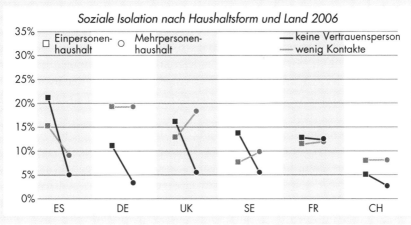

Soziale Isolation nach Haushaltsform und Land 2006

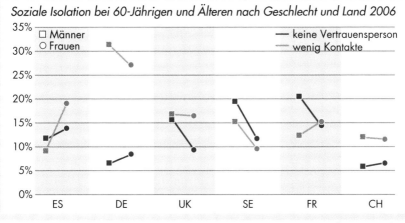

Soziale Isolation bei 60-Jährigen und Älteren nach Geschlecht und Land 2006

Quelle: UNECE, ESS 2006

AHV- und IV-Renten

Dank dem Inflationsausgleich sind die Renten der wichtigsten schweizerischen Sozialversicherung, der Alters- und Hinterlassenenversicherung (AHV) seit 1975 nicht nur nominal, sondern auch real leicht angestiegen, allerdings nach einer Periode stärkerer Schwankungen in den Achtziger- und Neunzigerjahren. Der Abstand zwischen den Minimal- und Maximalrenten verändert sich kaum; die Minimalrenten schwanken etwas weniger als die Maximalrenten, die Durchschnittsrenten von Männern und Frauen unterscheiden sich ebenfalls nur wenig, die Renten der Frauen überflügeln am Ende der Neunzigerjahre jene der Männer leicht. In der zweiten Hälfte der Neunzigerjahre erreichen die Durchschnittsrenten ein Maximum. Ihre darauf folgende Abnahme ist ein rechnerischer Effekt (Umwandlung der Ehepaarrenten in einfache Renten) ohne Einfluss auf die effektiven Auszahlungen.

Die Quote der Bezüger von Invalidenrenten steigt seit den Siebzigerjahren langsam, aber regelmässig, etwas verstärkt nach der Mitte der Neunzigerjahre, geht aber um 2005 in eine Stagnation über. Männer werden häufiger invalid als Frauen, die Differenz nimmt in den letzten Jahren ab, weniger durch ein «Aufrücken» der Frauen als durch ein stärkeres Abflachen der männlichen Kurve. Männer arbeiten eher in körperschädigenden Berufen, aber die Sicherheitsmassnahmen haben sich in den letzten Jahren verbessert. Die Beschäftigungsverlagerung vom industriellen in den Dienstleistungssektor (vgl. Indikator *Sektoren- und Branchenwandel*) könnte ein Sinken der Bezügerquote erwarten lassen, denn Dienstleistungsberufe beruhen weniger auf potentiell gefährlichem Körpereinsatz. Dem wirkt entgegen, dass die Invalidenversicherung neben Menschen mit körperlichen vermehrt auch solche mit psychischen Behinderungen unterstützen muss, die weniger sektorgebunden sind.

Invalidität ist stark mit dem Alter verknüpft, die Bezügerquote der 55- bis 64-Jährigen Männern ist mehr als sechsmal so hoch wie jene der 30- bis 34-Jährigen. Bei den Frauen ist der Alterszuwachs geringer.

Definitionen/Bemerkungen

Obere zwei Grafiken: Minimale und maximale ordentliche einfache Renten (ganze Renten): Gesetzlich geregelter minimaler und maximaler Rentenanspruch pro Monat von alleinstehenden AHV-Bezugsberechtigten. *Durchschnitt einfache Rente:* Durchschnittlicher Betrag der tatsächlichen Rentenleistung pro Monat für die alleinstehenden AHV-Bezugsberechtigten. *AHV-Renten real:* Umrechnung auf der Basis des Landesindex der Konsumentenpreise.

Untere zwei Grafiken: Anzahl der BezügerInnen von IV-Renten in der Schweiz pro 1000 Personen der ständigen Wohnbevölkerung.

Quelle: BFS, soziale Sicherheit.

154

AHV-Renten

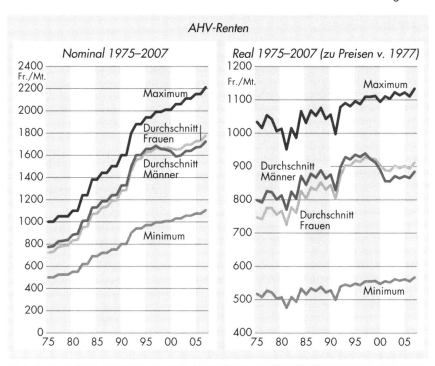

Nominal 1975–2007

Maximum

Durchschnitt Frauen

Durchschnitt Männer

Minimum

Real 1975–2007 (zu Preisen v. 1977)

Maximum

Durchschnitt Männer

Durchschnitt Frauen

Minimum

Invalidenrenten: Bezügerquoten pro 1000 Personen

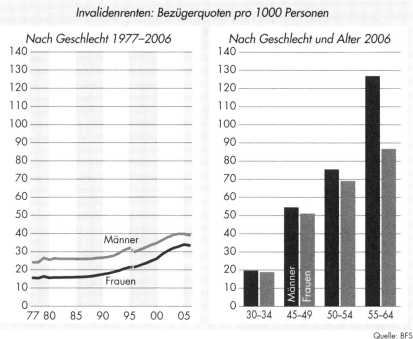

Nach Geschlecht 1977–2006

Männer

Frauen

Nach Geschlecht und Alter 2006

Männer

Frauen

30–34   45–49   50–54   55–64

Quelle: BFS

Armut

Seit 2000 haben die Anteile der Armen und der Working Poor wenig und weitgehend parallel geschwankt, nach einem gewissen Rückgang bis 2002 stiegen sie wieder leicht an. In der Mitte der Neunzigerjahre verzeichneten beide Quoten – die inzwischen aufgrund anderer Schwellenwerte berechnet werden und deshalb im Niveau nicht vergleichbar sind, aber in der Tendenz – einen deutlicheren Anstieg, den das Absinken nach 2000 nicht wettmacht. Man kann daraus schliessen, dass die nach der Rezession zu Beginn der Neunzigerjahre neu geschaffenen Arbeitsplätze die Verarmung der arbeitslos Gewordenen nicht kompensieren konnten, weil sie mehrheitlich prekär sind und zum Niedriglohnbereich gehörten (vgl. auch Indikator *Arbeitslosigkeit*).

Besonders grosse Armutsunterschiede bestehen zwischen unterschiedlichen Herkunftsgruppen (am geringsten ist der Anteil bei Immigranten aus dem «Nordwesten», am höchsten bei den Einwanderern aussereuropäischer Herkunft), zwischen Haushaltsarten (am geringsten bei Singles und Familien ohne Kind, am höchsten bei Einelternhaushalten und Familien mit drei oder mehr Kindern), auch zwischen unterschiedlichen beruflichen Situationen (Berufsunterbrechungen und befristete Beschäftigungen erhöhen das Armutsrisiko deutlich, die Arbeit als Privat-Hausangestellte noch erheblich mehr).

Im internationalen Vergleich ist die Armutsquote der Schweiz besonders tief; nur Schweden unterbietet sie noch; in den USA liegt sie fast zweieinhalb Mal so hoch wie in der Schweiz. Die Altersgruppen sind unterschiedlich von Armut betroffen, in der Schweiz ist sie nach wie vor bei den Pensionierten höher, ähnliche Unterschiede finden sich in den USA, Grossbritannien und Frankreich.

Definitionen/Bemerkungen

Obere vier Grafiken: Armutsquote: Anteil Personen, die unter der Armutsgrenze leben. *Armutsgrenze:* Anspruchberechtigung für Sozialhilfe gemäss SKOS-Richtlinie des jeweiligen Jahres. *Working Poor-Quote:* Anteil der erwerbstätigen Personen (mind. 1 Std/Woche) an allen Erwerbstätigen, die in einem armen Haushalt leben, dessen Mitglieder zusammen mindestens 36 Stunden pro Woche arbeiten. Genaue Definitionen: vgl. BFS (2007), Armut von Personen im Erwerbsalter. Neuenburg: BFS. *Untere Grafik: Verfügbares Median-Äquivalenzeinkommen:* siehe Indikator *Haushaltseinkommen*. *Quelle: obere vier Grafiken:* BFS, Sake; *untere Grafik:* OECD, Society at a Glance 2006.

Working Poor-Quote in der Schweiz

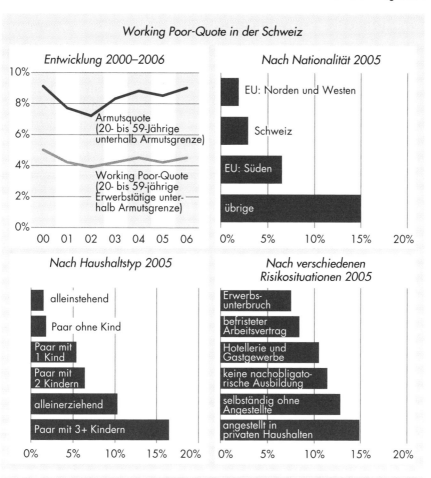

Entwicklung 2000–2006

Armutsquote
(20- bis 59-Jährige
unterhalb Armutsgrenze)

Working Poor-Quote
(20- bis 59-jährige
Erwerbstätige unter-
halb Armutsgrenze)

Nach Nationalität 2005

EU: Norden und Westen

Schweiz

EU: Süden

übrige

Nach Haushaltstyp 2005

alleinstehend

Paar ohne Kind

Paar mit 1 Kind

Paar mit 2 Kindern

alleinerziehend

Paar mit 3+ Kindern

Nach verschiedenen Risikosituationen 2005

Erwerbs-unterbruch

befristeter Arbeitsvertrag

Hotellerie und Gastgewerbe

keine nachobligato-rische Ausbildung

selbständig ohne Angestellte

angestellt in privaten Haushalten

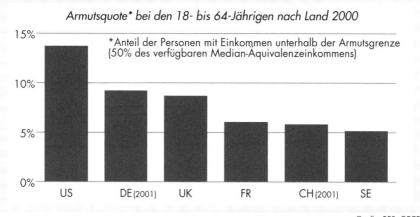

Armutsquote* bei den 18- bis 64-Jährigen nach Land 2000

*Anteil der Personen mit Einkommen unterhalb der Armutsgrenze
(50% des verfügbaren Median-Aquivalenzeinkommens)

US   DE (2001)   UK   FR   CH (2001)   SE

Quelle: BFS, OECD

157

Organisierte Freiwilligenarbeit

Zur Teilnahme an verschiedenen Gesellschaftsbereichen gehört der Freiwilligeneinsatz, bei dem man zwischen Tätigkeit im Rahmen von Vereinen oder Organisationen (organisiert oder formell) und Tätigkeit ausserhalb solcher Strukturen, im Rahmen persönlicher Kontakte (informell) unterscheiden kann. Die Mitgliedschaft in Vereinigungen ist sehr verbreitet, variiert aber international stark: Schweden hat die höchsten Werte, Spanien die tiefsten; die Schweiz hat wie Deutschland und Grossbritannien ein eher stark entwickeltes Vereinswesen. Freiwilligenarbeit oder Spendentätigkeit entsprechen einem höheren bzw. mittleren Grad an Engagement und sind dementsprechend seltener.

Das Engagement in Freizeit- und Sportvereinen ist besonders verbreitet; es beruht vor allem auf Mitgliedschaft, kaum auf freiwilliger Mitarbeit oder auf Spenden. An Dienstleistungen bzw. Konsum orientierte Freiwilligenarbeit (im Automobilklub, in Konsumentenorganisationen) beruht noch ausschliesslicher auf Mitgliedschaft; ihr Charakter der Interessenverteidigung rückt sie in die Nähe der Gewerkschaftsmitgliedschaft. Freiwilliges Engagement in kirchlichen oder anderen religiösen Gruppierungen ist etwas weniger häufig, gehört aber dennoch zu den verbreitetsten Aktivitäten; hier spielen neben der Mitgliedschaft Spenden eine grössere Rolle, auch Freiwilligenarbeit ist vergleichsweise wichtig (die USA haben besonders hohen Werte, der Soziabilitätscharakter kirchlicher und religiöser Aktivitäten hat dort besonderes Gewicht). Der Einsatz für Umwelt, Natur oder Frieden hat neben Mitgliedschaft und freiwilliger Arbeit besonders oft die Form von Spenden. Das eher seltene Engagement in politischen Parteien beruht vorwiegend auf Mitgliedschaft; Freiwilligenarbeit und Spenden stehen hier am Rand.

Freiwilligkeit hängt überall stark mit der Bildung zusammen und ist meist in den mittleren Altersklassen maximal, bei Jungen und Alten seltener.

Definitionen/Bemerkungen

Anteil der Befragten, für die die Freiwilligenorganisation derzeit von Bedeutung ist oder in den vergangenen zwölf Monaten von Bedeutung war. Es wurde nach zwölf Organisationstypen gefragt und zwischen Mitgliedschaft, Teilnahme an Aktivitäten, Geldspenden und ehrenamtlicher Tätigkeit unterschieden. Details: siehe CD. Mitgliedschaft und Teilnahme wurden zusammengefasst, da sie ein ähnliches Engagement erfordern.

Bildungsstufen: tief: ISCED 0–2 (keine nachobligatorische Bildung, Anlehre);
mittel: ISCED 3–4 (Berufslehre, Matura); *hoch:* ISCED 5–6 (Fachhochschule, Universität).
Stichprobengrösse: ESS 2002: 1503–2995, ESS 2004: 2141, US-CID 2005: 1001; gewichtete Daten.
Quelle: ESS 2002, ESS 2004 (CH), US-CID 2005 (US).

Engagement nach Beteiligungsart, Vereinstyp und Land 2002 (CH 2004, US 2005)

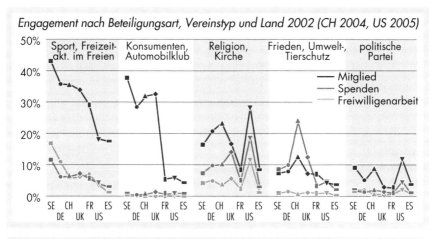

Engagement in mindestens einem Verein 2002

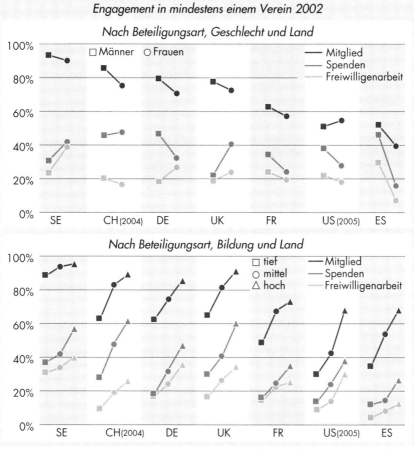

Quelle: ESS 2002, 2004 (CH); US-CID 2005 (US)

Informelle Freiwilligenarbeit

Freiwilliges Engagement findet auch ausserhalb organisierter Strukturen statt, namentlich in Form von informeller Nachbarschafts- oder Verwandtenhilfe. Ähnlich wie bei der organisierten Freiwilligentätigkeit ist, nicht überraschend, regelmässiger Einsatz deutlich seltener als gelegentlicher. Schweden steht an erster Stelle, ein Hinweis darauf, dass dort die informellen Netzwerke besonders dicht geknüpft sind. Das drückt sich auch darin aus, dass die Schweden häufiger als die anderen Nationen überzeugt sind, im Bedarfsfall auf die Hilfe Anderer zählen zu können. Ein gut ausgebauter Sozialstaat scheint also die zwischenmenschliche Hilfsbereitschaft keineswegs einzuschläfern. Die Schweizer Zahlen sind nur wenig geringer, besonders was die potentielle Unterstützung durch andere betrifft. Andere Daten zeigen, dass in allen Vergleichsländern Hilfe an Nichtverwandte häufiger ist als an Verwandte.

In allen betrachteten Ländern (ausser Spanien) ist intensiveres Engagement bei Frauen häufiger, weniger intensives bei Männern. Falls überhaupt Altersdifferenzen bestehen, leisten in vielen Ländern vor allem Personen der mittleren Jahrgänge informelle Hilfe.

Die Bildung hat vor allem bei wenig intensivem Engagement einen starken Einfluss, weniger bei intensiverem, das entsprechend seltener ist. Die intensivere Variante dürfte eher aus direkten Verpflichtungen resultieren als aus persönlichen Wertüberlegungen und deshalb von anderen Faktoren als vom Bildungsniveau abhängen.

Definitionen/Bemerkungen

Fragestellung: «Wenn Sie das, was Sie für Ihre Familie, an Ihrem Arbeitsplatz oder innerhalb einer Freiwilligenorganisation leisten, nicht zählen – wie oft haben Sie in den vergangenen 12 Monaten anderen Menschen aktiv geholfen?»; «Und wenn Sie selbst Hilfe brauchen, können Sie dann auf jemanden ausserhalb Ihres Haushalts zählen, der Ihnen bei der Kinderbetreuung, bei anderweitigen Betreuungsarbeiten, bei der Hausarbeit oder bei Unterhaltsarbeiten im Haus gratis hilft?» *Antwortkategorien:* siehe CD.

Weniger als einmal/Woche: «mindestens einmal pro Monat» bis «seltener» (ohne «nie»).

Bildungsstufen: tief: ISCED 0–2 (keine nachobligatorische Bildung, Anlehre);
mittel: ISCED 3–4 (Berufslehre, Matura); *hoch:* ISCED 5–6 (Fachhochschule, Universität).

Stichprobengrösse: ESS 2004: 1663–2870, ESS 2006: 1804–2916; gewichtete Daten.

Quelle: ESS 2004 und ESS 2006.

Informelle Hilfe leisten und darauf zählen können in % nach Land 2004/2006

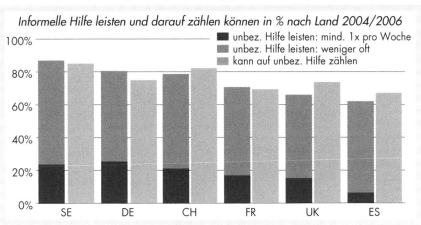

■ unbez. Hilfe leisten: mind. 1x pro Woche
▨ unbez. Hilfe leisten: weniger oft
▨ kann auf unbez. Hilfe zählen

Informelle Hilfe leisten 2006

Nach Geschlecht und Land

Nach Bildung und Land

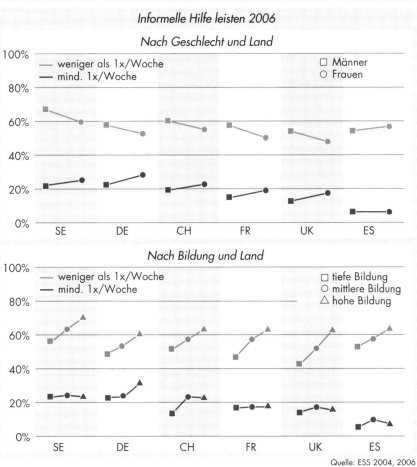

Quelle: ESS 2004, 2006

Motive für Freiwilligeneinsatz

Freiwillige Tätigkeit entspricht nicht in erster Linie trübem Pflichtbewusstsein, sie soll vor allem Befriedigung vermitteln und tut das auch: Motive wie Spass an der Tätigkeit zu haben oder sympathische Menschen zu treffen stehen deutlich im Vordergrund. Fast ebenso wichtig ist der Wunsch, anderen Menschen zu helfen, und Glaubensgründe, also persönliche Wertüberzeugungen, die eine zweite Motivgruppe bilden. An dritter Stelle, vielleicht auch weniger leicht zuzugeben, stehen Nützlichkeitserwägungen wie für die eigene Laufbahn zu profitieren oder eigene Probleme auf diesem Weg zu lösen. Neben ihrer integrierenden Auswirkung auf andere Personen dient also Freiwilligenarbeit auch der verstärkten Sozialintegration derer, die sie ausüben.

Geschlechtsunterschiede gibt es in Bezug aufs das Gewicht dieser Motive kaum, am ehesten noch bei den Glaubensgründen, die bei Frauen leicht stärker vorhanden sind.

Auch nach Bildung bestehen wenig Unterschiede, anders als bei vielen anderen Indikatoren, leichte und gleichsinnige Tendenzen finden sich für die beiden weniger wichtigen Motivgruppen der Nützlichkeit und der persönlichen Werte (Glauben) in dem Sinne, dass diese Motive mit steigender Bildung weniger geäussert werden – sei es, weil für höher Gebildete solche Beweggründe eine geringere Rolle spielen, sei es, weil ihre Antworten stärker durch deren soziale Wünschbarkeit beeinflusst sind.

Definitionen/Bemerkungen

Fragestellung: «Ich lese Ihnen nun einige Aussagen im Zusammenhang mit der Motivation von freiwilligem Engagement vor. Sagen Sie mir bitte jeweils, wie stark diese auf Sie zutreffen. Bitte benützen Sie wiederum die Antwortskala von 0 bis 10. 0 bedeutet dabei «trifft überhaupt nicht zu» und 10 bedeutet «trifft voll und ganz zu». Mit den Werten dazwischen können Sie Ihre Antwort abstufen».
Trifft zu: Werte 9–10; *trifft eher zu:* Werte 6–8. Details: siehe CD.
Bildungsstufen: tief: ISCED 0–2 (keine nachobligatorische Bildung, Anlehre);
mittel: ISCED 3–4 (Berufslehre, Matura); *hoch:* ISCED 5–6 (Fachhochschule, Universität).
Stichprobengrösse: 7410; gewichtete Daten.
Quelle: Schweizer Freiwilligen-Monitor 2006.

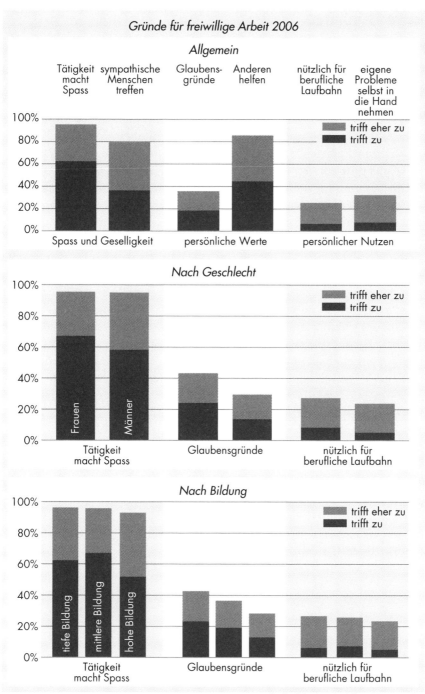

Gründe für freiwillige Arbeit 2006

Quelle: Schweizer Freiwilligen-Monitor 2006

Tatverdächtige

Respekt oder Bruch sozialer Normen gehört zur Thematik der sozialen Integration, kann aber nicht als deren direkter Ausdruck gelten, dafür sind die Ursachen verschiedener Arten von Normabweichung zu vielfältig. Gewisse Abweichungen von Mehrheitsnormen gehen nicht einfach aus der Missachtung dieser Normen hervor, sondern aus der Beachtung anderer, den «abweichenden» Akteuren näher stehender Normen oder Bezugsgruppen. Delinquenz und Kriminalität stehen im Vordergrund der öffentlichen Aufmerksamkeit, weil dabei ganz konkret Personen von anderen geschädigt werden. Auch ihre Thematisierung aus politischen Gründen erhöht diese Aufmerksamkeit.

Aufgrund der Anzeigenstatistik entwickeln sich zwei Grosskategorien von Kriminalität unterschiedlich. Vermögensdelikte (Betrug, Veruntreuung, Einbruch, Diebstahl) variieren auf einigermassen konstantem Niveau seit dem Beginn der Achtzigerjahre, einzig einfacher Diebstahl (ohne Einbruch) – die weitaus am häufigsten angezeigte Deliktart – variiert stärker und scheint vom Konjunkturverlauf beeinflusst zu sein (erhöhtes Niveau zu Beginn der Neunzigerjahre und nach 2000). Gewaltdelikte bzw. direkt gegen Personen gerichtete Delikte dagegen zeigen seit dem Anfang der Neunzigerjahre eine Tendenz zur Zunahme, besonders stark Delikte gegen die Freiheit (Erpressung, Drohung, Nötigung, Freiheitsberaubung, Entführung) und Tötungen, während Vergewaltigungen und Raub langsamer zunehmen. Nicht zu vergessen ist bei diesem Vergleich von Deliktarten, dass Eigentumsdelikte aus Versicherungsgründen seit längerem relativ vollständig angezeigt werden; dies ist bei anderen Formen weniger automatisch der Fall. Der Vergleich der Anzeigen mit der Betroffenheit (vgl. Indikator *Kriminalitätsopfer*) weist darauf hin, dass in der Schweiz trotz eher geringer Kriminalitätsbetroffenheit die Anzeigenrate besonders hoch liegt.

Im internationalen Vergleich liegt die Schweiz je nach Deliktart an der Spitze (Einbrüche) oder am Schluss (Körperverletzungen). Körperverletzungen zeigen in allen Vergleichsländern zunehmende Tendenz, während Einbrüche eher sinkende Tendenz aufweisen.

Definitionen/Bemerkungen

Tatverdächtige: Jede in einem polizeilichen Ermittlungsverfahren erfasste tatverdächtige Person.
Quelle: obere und mittlere Grafik: Bundesamt für Polizei, Polizeiliche Kriminalstatistik; *untere zwei Grafiken:* European Sourcebook of Crime and Criminal Justice Statistics 2003 & 2006.

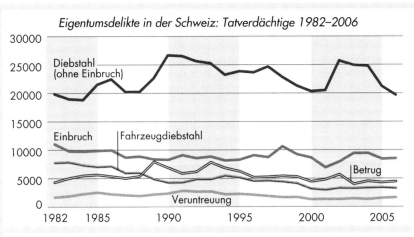

Eigentumsdelikte in der Schweiz: Tatverdächtige 1982–2006

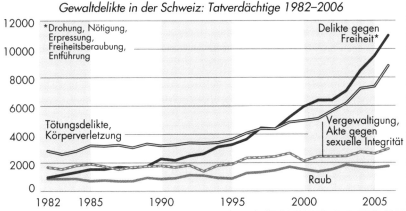

Gewaltdelikte in der Schweiz: Tatverdächtige 1982–2006

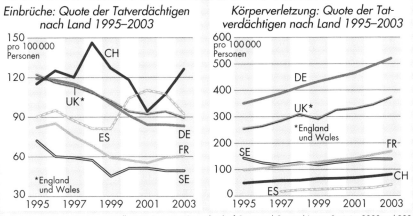

Einbrüche: Quote der Tatverdächtigen nach Land 1995–2003

Körperverletzung: Quote der Tatverdächtigen nach Land 1995–2003

Quelle: BFP, European Sourcebook of Crime and Criminal Justice Statistics 2003 und 2006

Kriminalitätsopfer

Studien über das Ausmass der tatsächlichen Betroffenheit (Viktimisierung) der verschiedenen Bevölkerungsgruppen von diversen Kriminalitätsformen erlauben seit einigen Jahren internationale Vergleiche. In keinem der Vergleichsländer erreicht die faktische Betroffenheit durch Kriminalität die Zehn-Prozent-Marke, die Schweizer Zahlen liegen besonders tief. Der klarste Unterschied zwischen den Ländern ist, dass Raub und Drohung in einigen Ländern an der Spitze stehen (Grossbritannien, vorübergehend auch USA und Frankreich), während in der Schweiz Diebstähle vorwiegen. Feinere Unterschiede sind hier aufgrund des tief liegenden allgemeinen Niveaus kaum interpretierbar (die anscheinend steile Zunahme der Betroffenheit durch Raub in Grossbritannien zwischen 1989 und 1996 geht lediglich von zwei auf sechs Prozent).

Zusätzliche Informationen ergeben sich aus der Statistik der Konsultation von Anlaufstellen für Kriminalitätsbetroffene in der Schweiz. Zeitlich gesehen wiegt in der Periode 2002–2004 Stabilität vor, nur Körperverletzung nimmt klar zu; dies ist bei weitem die häufigste Kategorie von Angriffen, welche zu solchen Konsultation führen. Betrachtet wird hier die Einführungsperiode dieser noch neuen Dienstleistung, die noch nicht allgemein bekannt ist.

Unter den Opfern, die sich an solche Einrichtungen wenden, wiegen Frauen gegenüber Männern vor, extrem bei Vergehen gegen die sexuelle Integrität, aber auch bei a priori geschlechtsneutralen Vorkommnissen wie Verkehrsunfällen. Erwachsene wenden sich deutlich häufiger an Opferberatungsstellen als Jugendliche und Kinder, mit Ausnahme der Vergehen gegen die sexuelle Integrität von Kindern. Schweizer und Schweizerinnen benützen Hilfseinrichtungen deutlich häufiger als AusländerInnen, was vermutlich nicht durch unterschiedliche Betroffenheit erklärt werden kann, sondern durch Informationsunterschiede und vielleicht auch grösseres Misstrauen bei Ausländern gegenüber schweizerischen Institutionen.

Definitionen/Bemerkungen

Obere Grafik: Fragestellung: siehe CD.

Untere vier Grafiken: Konsultationen von Opfern (oder indirekten Opfern, z. B. Witwe eines getöteten Mannes), die sich an eine Opferhilfestelle gewandt haben. Eingeschlossen sind auch Straftaten, die nicht bei der Polizei angezeigt wurden.

Stichprobengrösse: ICVS: 1000–4234 je nach Land und Jahr; gewichtete Daten.

Quelle: obere Grafik: Van Dijk (2007), ICVS; *untere vier Grafiken:* BFS, Opferhilfestatistik.

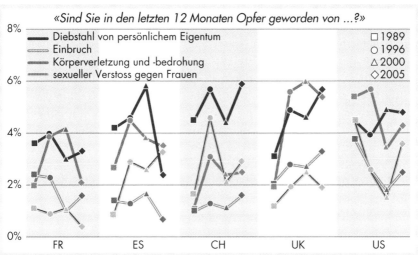

«Sind Sie in den letzten 12 Monaten Opfer geworden von ...?»

Diebstahl von persönlichem Eigentum — □ 1989
Einbruch — ○ 1996
Körperverletzung und -bedrohung — △ 2000
sexueller Verstoss gegen Frauen — ◇ 2005

FR   ES   CH   UK   US

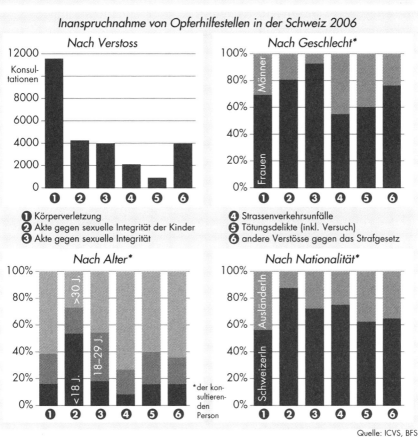

Inanspruchnahme von Opferhilfestellen in der Schweiz 2006

Nach Verstoss

Nach Geschlecht*

❶ Körperverletzung
❷ Akte gegen sexuelle Integrität der Kinder
❸ Akte gegen sexuelle Integrität

❹ Strassenverkehrsunfälle
❺ Tötungsdelikte (inkl. Versuch)
❻ andere Verstösse gegen das Strafgesetz

Nach Alter*

*der konsultierenden Person

Nach Nationalität*

Quelle: ICVS, BFS

167

Gefühl von Unsicherheit

Wie sicher oder unsicher sich Menschen fühlen, wird neben der effektiven Häufigkeit der befürchteten Ereignisse und allfälligen persönlichen Erfahrungen vor allem auch durch deren Behandlung in den Medien und in der Politik beeinflusst. Es hat auch konkrete Auswirkungen, beispielsweise auf ihre politischen Entscheide, und ist deshalb eine wichtige Komponente der «gesellschaftlichen Befindlichkeit». Im internationalen Vergleich fühlen sich die Schweizerinnen und Schweizer meistens sicherer bzw. weniger unsicher, mindestens aber ebenso sicher wie die BewohnerInnen der Vergleichsländer. Allerdings unterscheiden sich die Länder in Bezug auf verschiedene Aspekte von Unsicherheit oder Bedrohung nicht gleich: in Frankreich und Spanien fühlt man sich besonders Einbrüchen oder anderen Verbrechen ausgesetzt, in Grossbritannien ist die Angst in der Dunkelheit – also wohl vor persönlichen Angriffen – höher. In allen verglichenen Ländern ist das Gefühl von Unsicherheit bei Frauen und Älteren verbreiteter als bei Männern und Jüngeren.

Höhere Bildung reduziert das Unsicherheitsgefühl, vielleicht ein Hinweis darauf, dass Bildung es erleichtert, Unsicherheit vermittelnde Medienberichte mit mehr Distanz zu verarbeiten. Höher Gebildete leben aber auch oft in sichereren Wohngegenden. Weiterhin bestätigt sich, dass die faktische Betroffenheit – hier durch einen Einbruch oder Überfall – das Unsicherheitsgefühl verstärkt. Interessanterweise variiert dieser Effekt stark zwischen den Ländern: in Schweden besteht kein derartiger Unterschied, auch in der Schweiz ist er minim, in Frankreich und Spanien dagegen besonders ausgeprägt. Diese Unterschiede mögen mit jenen hinsichtlich des Vertrauens in verschiedene Instanzen zusammenhängen (vgl. Indikator *Politisches Vertrauen*), wo die Schweizerinnen und Schweizer besonders hohes Vertrauen in die Polizei bekunden und die Schweiz zusammen mit Schweden auch bezüglich des Vertrauens ins Parlament an der Spitze steht.

Definitionen/Bemerkungen

Gefühl von Unsicherheit: Person ist (sehr) unsicher, wenn sie in ihrer Wohngegend bei Dunkelheit allein zu Fuss unterwegs ist. *Angst vor Hauseinbruch/Opfer eines Verbrechens zu werden:* Person hat «immer oder meistens» oder «manchmal» Angst. Fragestellung: siehe CD.
Bildungsstufen: tief: ISCED 0–2 (keine nachobligatorische Bildung, Anlehre); *hoch:* ISCED 5–6 (Fachhochschule, Universität).
Stichprobengrösse: ESS 2006: 1804–2916; gewichtete Daten.
Quelle: ESS 2006.

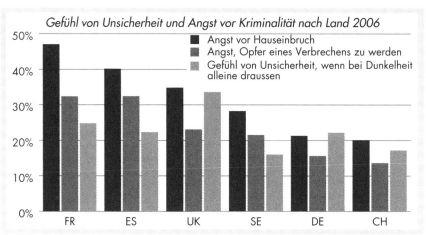

Gefühl von Unsicherheit und Angst vor Kriminalität nach Land 2006

- Angst vor Hauseinbruch
- Angst, Opfer eines Verbrechens zu werden
- Gefühl von Unsicherheit, wenn bei Dunkelheit alleine draussen

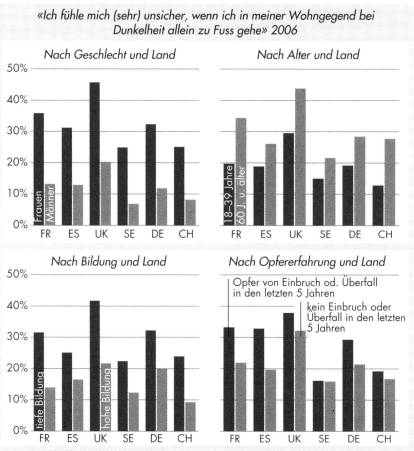

«Ich fühle mich (sehr) unsicher, wenn ich in meiner Wohngegend bei Dunkelheit allein zu Fuss gehe» 2006

Nach Geschlecht und Land

Nach Alter und Land

Nach Bildung und Land

Nach Opfererfahrung und Land

Opfer von Einbruch od. Überfall in den letzten 5 Jahren

kein Einbruch oder Überfall in den letzten 5 Jahren

Quelle: ESS 2006

169

Welten der Freiwilligkeit – das freiwillige Engagement in der Schweiz im sprachregionalen Kontext

Markus Freitag und Isabelle Stadelmann-Steffen

1   Einleitung und Begriffsbestimmung

In den vergangenen Jahren hat sich immer stärker das Bewusstsein durchgesetzt, dass ein freiwilliges Engagement von Bürgerinnen und Bürgern in verschiedenen Bereichen der sozialen Integration der Gesellschaft förderlich ist (Bühlmann und Freitag, 2004; Gaskin et al., 1996; Wilson und Musick, 1997). Den verschiedenen Bezeichnungen, die man in der Fachliteratur für diesen Tätigkeitsbereich findet, ist gemein, dass sie ein Engagement umschreiben, dass sowohl ausserhalb der beruflichen Beschäftigung als auch ausserhalb des eigenen Haushaltes zum Nutzen anderer Personen, Gruppen oder pro-sozialer Ziele erbracht wird. Dagegen werden so genannte reaktive Tätigkeiten nicht berücksichtigt. Unter Letzteren werden zum Beispiel spontane Hilfeleistungen nach einem Unfall verstanden, die schnell und ungeplant geschehen (Wilson, 2000, 216). Im vorliegenden Beitrag stehen mit dem Spenden von Geld und Naturalien sowie der Übernahme unbezahlter Arbeiten zwei Aspekte von Freiwilligkeit im Vordergrund. Hinsichtlich der unbezahlten Arbeit wird im Weiteren zwischen formell freiwilliger Tätigkeit in Vereinen und Organisationen und informell freiwilliger Arbeit ausserhalb solcher vereinsmässiger Organisationsstrukturen unterschieden (vgl. Ammann, 2001).

1.1   Das freiwillige Engagement als Element sozialer Integration

Als soziale Integration wird «der Prozess der Einbindung von Personen und Gruppen in verschiedene gesellschaftliche Institutionen wie Familie, Beruf/ Arbeitswelt, Quartier verstanden» (Perrig-Chiello, 2004, 133). Zentral ist nach diesem Verständnis die Anerkennung und Unterstützung von Normen und Handlungsmustern einer Gruppe, welche schliesslich die Funktionsfähigkeit derselben garantiert. Soziale Integration kann grundsätzlich auf mehreren Ebenen und in unterschiedlichen Bereichen stattfinden. Perrig-Chiello (2004, 133) nennt diesbezüglich fünf Arten der sozialen Integration: Erstens die Einbindung in Familie und Partnerschaft (familiäre Integration), zweitens die Aktivität im gemeinschaftlichen Umfeld (gemeinschaftliche Integration), drittens die Integration über die Schule und den Arbeitsmarkt (schulische, berufliche und wirtschaftliche Integration), viertens die Einbindung über die Partizipation an der politischen und bürgerschaftlichen Gemeinschaft (politische Integration) sowie fünftens die Integration anhand der normativen Übereinstimmung individueller Einstellungen mit gesellschaftlichen Werthaltungen und Verhaltensvorstellungen (normative Integration). Das freiwillige Engagement weist nach diesem Verständnis Berührungspunkte mit fast allen Aspekten sozialer Integration auf. Zunächst handelt es sich typischerweise um Aktivitäten im gemeinschaftlichen Umfeld, welche entweder in Organisationen und Vereinen oder im persönlichen Bekannten- bzw. Nachbarschaftskreis stattfinden. In diesem Sinne leistet das freiwillige Engagement einen wichtigen Beitrag zur gemeinschaftlichen Integration von Individuen. Findet die freiwillige Tätigkeit in politischen Organisationen statt oder ist mit der Übernahme von Bürgerpflichten verbunden, kann das freiwillige Engagent aber auch Ausdruck politischer Integration sein. Ferner deckt gerade das informelle freiwillige Engagement oftmals Aspekte der familiären Integration ab, sofern die freiwilligen Tätigkeiten ausserhalb des eigenen Haushalts stattfinden. Schliesslich sind unbezahlte Tätigkeiten in Schulkommissionen oder der Schulpflege Beispiele schulischer bzw. beruflicher Integration.

Vor diesem Hintergrund und angesichts einer zunehmenden Individualisierung der Lebensformen wird dem freiwilligen Engagement die Fähigkeit zur Gemeinwohlorientierung in immer stärker egoistisch geprägten Gesellschaften zuerkannt (vgl. auch Collaud und Gerber, 1993). Das über alle Individuen aggregierte Ausmass an unbezahlter Tätigkeit kann in diesem Sinne als eine Messgrösse sozialer Integration betrachtet werden, die den Grad an Altruismus und Gemeinsinn in einer Gesellschaft wiedergibt (Friedrichs und Jagodzinski, 1999, 21). Diese Anschauung wird seit Beginn der Neunzigerjahre durch das Aufkommen des Sozialkapitalkonzeptes akzentuiert (vgl. Franzen und Freitag, 2007). Beim Sozialkapital handelt es sich um eine spezifische Form von Ressourcen, die in sozialen Beziehungen zwischen Akteuren verankert sind. Im Kern besteht Sozialkapital aus zwei Elementen: einerseits aus der sozialen Beziehung, welche den individuellen Akteuren Zugang zu bestimmten Ressourcen verschafft, und andererseits aus diesen Ressourcen selbst. Mit anderen Worten: Die Grundidee des Sozialkapitals besteht in der Annahme, dass die sozialen Beziehungen einer Person einen wichtigen Wert darstellen, den sie zu ihrem Vorteil nutzen kann (Bourdieu, 1983; Putnam, 1995).

Im freiwilligen Engagement manifestiert sich eine besondere Form des Sozialkapitals, da die unbezahlte Tätigkeit in nahezu unvergleichlicher Weise sowohl die soziale Beziehung als auch deren Wert reflektiert. Dies wird insbesondere durch das so genannte «Dritt-Personen-Kriterium» verdeutlicht (Bühlmann und Schmid, 1999). Dieses Kennzeichen macht den Unterschied zwischen freiwilliger Arbeit und Freizeitaktivität an der Frage fest, ob das jeweilige Engagement von einer Drittperson gegen Bezahlung ausgeführt werden könnte. So zählen beispielsweise sportliche Aktivitäten oder der Besuch beim Coiffeur zur Freizeit bzw. persönlichen Zeit, da diese Tätigkeiten nicht gegen Entgelt von einer Drittperson erledigt werden könnten. Die Leitung eines Sporttrainings oder der Transport einer ausserhalb des eigenen Haushalts lebenden Person zum Sportplatz oder zum Zahnarzt gilt in diesem Sinne hingegen als freiwillige Arbeit. Mit anderen Worten: Jeder als freiwilliges bürgerschaftliches Engagement deklarierten sozialen Handlung kann über das Dritt-Personen-Kriterium ein (im-)materiell definierter Wert zugewiesen werden. Freiwilligkeit wird auf diese Weise zum sozialen Kapital. Eine freiwillige Tätigkeit kann jedoch je nach eingenommener Perspektive sowohl für den Leistungserbringer als auch den -empfänger einen Nutzen abwerfen. Während Letzterer von der Wohltätigkeit des freiwillig Tätigen profitiert, kann das freiwillige Engagement des Leistungserbringers als Investition in Sozialkapital betrachtet werden, die eine Verpflichtung beim Empfänger etabliert, von welcher der Geber einen späteren Nutzen erwarten darf (Coleman, 1990). Das insbesondere dann, wenn Reziprozitätsnormen eingehalten werden und ein hoher Grad an zwischenmenschlichem Vertrauen zwischen den beteiligten Personen vorliegt.

1.2 Ziel und Aufbau

Ziel der vorliegenden Darstellung ist es, einerseits einen Überblick über den Bestand der Freiwilligkeitsformen in der Schweiz und ihren subnationalen Gebieten (Kantone und Sprachregionen) zu liefern. Andererseits soll der Annahme grenzüberschreitender Kulturräume sozialer Integrationsformen nachgegangen werden, indem das Ausmass freiwilligen Engagements in den Schweizer Sprachregionen mit demjenigen der angrenzenden Regionen Deutschlands, Frankreichs und Italiens verglichen wird. Einfachheitshalber wird in der vorliegenden Untersuchung allein zwischen freiwillig Tätigen und Personen ohne freiwilligem Engagement unterschieden. Die weitere Unterscheidung nach der (zeitlichen) Intensität der unbezahlten Tätigkeit wird nicht erörtert. Für eine genauere Betrachtung der freiwillig Tätigen hinsichtlich der Intensität ihres Engagements sei auf Stadelmann-Steffen et al. (2007) verwiesen.

Unser Beitrag ist wie folgt aufgebaut: Im nächsten Abschnitt wird zunächst ein Überblick über das freiwillige Engagement in der Schweiz sowie über seine Bestimmungsgründe und die zugrunde liegenden Motive gegeben – über die Erfassung der Art und des Umfanges der Freiwilligenarbeit hinaus liegen bislang nur wenige umfassende und regional vergleichende Informationen zu den Freiwilligen (etwa deren Motive, Rekrutierungen, Qualifikationen, Bewertungen) im Schweizer Kontext vor.[1] Sodann werden regionale Unterschiede der Freiwilligkeit präsentiert. Basierend auf der Annahme, dass das freiwillige Engagement in den drei Schweizer Sprachregionen Parallelen zu den Freiwilligenkulturen der jeweils angrenzenden Nachbarländer zeigt, wird dieses anschliessend mit jenem der angrenzenden Nachbarländer verglichen. Ein Fazit fasst die wichtigsten Ergebnisse und Folgerungen zusammen.

2 Das freiwillige Engagement in der Schweiz

Gemäss den Auswertungen des Schweizer Freiwilligen-Monitors im Jahre 2006 (vgl. *Kasten 1*) ist in der Schweiz ein grosser Teil der Bevölkerung in irgendeiner Weise freiwillig engagiert (Stadelmann-Steffen et al., 2007). Rund die Hälfte übernimmt in oder ausserhalb von Vereinen und Organisationen freiwillige Arbeiten und verbindet diese oft zusätzlich mit einer Spendentätigkeit. Bei weiteren dreissig Prozent der Bevölkerung beschränkt sich das freiwillige Engagement auf das Spenden von Geld oder Naturalien, während lediglich rund jeder Fünfte in der Schweiz gar nicht freiwillig engagiert ist (Stadelmann-Steffen et al., 2007). Gut ein Viertel der Bevölkerung ist ferner in Vereinen oder Organisationen freiwillig tätig. Knapp die Hälfte dieser Freiwilligen (46 Prozent) hatte dabei ein Ehrenamt inne. Bei ehrenamtlichen Tätigkeiten handelt es sich um freiwillige Tätigkeiten mit einem höheren Verpflichtungsgrad, beispielsweise um die Ausübung von Ämtern in gewählten Gremien (vgl. Ammann, 2001). Am häufigsten ist die Schweizer Wohnbevölkerung über 15 Jahre in Sport- und Freizeitvereinen freiwillig engagiert. Demgegenüber sind je weniger als zwei Prozent der Bevölkerung in politischen Parteien oder Menschenrechts- und Umweltverbänden freiwillig tätig (für einen internationalen Vergleich vgl. Indikator *Organisierte Freiwilligenarbeit*). Vergleicht man die Angaben der Schweizer Arbeitskräfteerhebung (Sake) der Jahre 1997, 2000 und 2004 mit den Zahlen des Schweizer Freiwilligen-Monitors aus dem Jahre 2006, so kann schliesslich festgehalten werden, dass der Anteil formell

---

1 Ausnahmen bilden die Studien von Bachmann und Bieri (2000), Bühlmann und Freitag (2004, 2007), Knöpfel (1998), Meyer und Budowski (1993), Meyer et al. (1998), Nadai (1996), Spichiger-Carlsson (2003) sowie Stadelmann-Steffen et al. (2007).

*Kasten 1:   Datenlage zur Freiwilligentätigkeit: der Schweizer
           Freiwilligen-Monitor und der European Social Survey*

Der vom Migros Kulturprozent, dem Bundesamt für Statistik (BFS) und der Schweizerischen Gemeinnützigen Gesellschaft (SGG) geförderte *Schweizer Freiwilligen-Monitor* wurde im Jahre 2006 zum ersten Mal durchgeführt und befragte 7'410 Personen in allen Kantonen der Schweiz (vgl. http://www.freiwilligen-monitor. ch/). Die aus dieser Erhebung gewonnenen Daten schaffen im Schweizer Kontext erstmalig eine breite empirische Basis zur Einschätzung und Analyse der Formen und Motive bürgerschaftlichen Engagements. Des Weiteren erlaubt die Datenlage regionalisierte Analysen auf Ebene der Kantone bzw. der Sprachregionen (vgl. Stadelmann-Steffen et al., 2007).

Der *European Social Survey* (ESS) wird von der Europäischen Kommission, der European Science Foundation (ESF) sowie nationalen Forschungsförderungseinrichtungen finanziert. Es handelt sich um eine sozialwissenschaftliche Umfrage, die die sozialen und politischen Einstellungen von Bürgerinnen und Bürgern in aktuell über dreissig europäischen Staaten untersucht (vgl. http://www.europeansocialsurvey. org). Bisher wurden vier Befragungswellen durchgeführt, wobei für die vorliegenden Analysen die ersten beiden aus den Jahren 2002/2003 und 2004/2005 verwendet werden. Die Daten erlauben empirische Analysen auf Ebene der europäischen Regionen und damit die Feststellung regionaler Freiwilligenkulturen.

freiwillig Tätiger in den letzten zehn Jahren keinen grossen Schwankungen unterworfen war und praktisch unverändert geblieben ist.

Im Vergleich zum freiwilligen Engagement in Vereinen und Organisationen ist die Zahl der informell Freiwilligen in der Schweiz höher (und wie der Indikator *Informelle Freiwilligenarbeit* zeigt, ebenso im internationalen Vergleich). Insgesamt gaben im Schweizer Freiwilligen-Monitor 2006 gut 37 Prozent der Bevölkerung an, ausserhalb fester Organisationsstrukturen freiwillig tätig zu sein. Die in der Schweiz am stärksten verbreitete Art des freiwilligen Engagements ist das Spenden. Rund drei Viertel der Schweizer Wohnbevölkerung über 15 Jahren geben an, in den letzten zwölf Monaten Geld oder Naturalien gespendet zu haben. Am häufigsten wird dabei für Invalide, Behinderte und Kranke sowie für die Dritte Welt bzw. die Entwicklungshilfe gespendet (Stadelmann-Steffen et al., 2007).

2.1   Die Motive formell freiwilliger Tätigkeiten

Die Motive des freiwilligen Engagements wurden im Rahmen des Schweizer Freiwilligen-Monitors im Jahre 2006 zum ersten Mal in einer repräsentativen Umfrage für die Schweiz erhoben. Die Daten beschränken sich allerdings allein auf die Motive des Engagements in Organisationen und Vereinen. Insgesamt wurden den Befragten elf unterschiedliche Beweggründe für eine Freiwilligentätigkeit vorgelegt (vgl. *Tabelle 1* sowie Indikator *Motive für Freiwilligeneinsatz*). Die Ergebnisse zeigen, dass (formelle) Freiwilligkeit weit mehr als nur altruistisches Verhalten ist. Über 80 Prozent der formell engagierten Freiwilligen geben an, dass sie sich in Vereinen und Organisationen betätigen, weil ihnen diese Tätigkeit Spass mache.[2] Das wichtigste Motiv für ein freiwilliges Engagement ist damit durchaus auch von persönlichen Beweggründen geprägt. 74 Prozent der formell Freiwilligen betrachten ihr Engagement als gute Möglichkeit, zusammen mit anderen etwas bewegen zu können. In die ähnliche Richtung deutet die starke Zustimmung (61 Prozent) zur Aussage, dass das Zusammenkommen mit sympathischen Menschen eine wichtige Motivation für das freiwillige Engagement darstelle. Diese Befunde decken sich mit Ergebnissen aus internationalen Studien, wonach das formelle Engagement in jüngster Zeit vermehrt auch von selbstbezogenen Motiven getragen wird (Klages, 2002, 92; Kunz und Gabriel, 2000, 53). Trotzdem kommt auch traditionell gemeinnützigen Gedanken ein wichtiger Stellenwert zu. So ist für zwei Drittel der formell Freiwilligen die Hilfe für andere Menschen ein zentraler Aspekt ihres Engagements.

Mit Hilfe einer so genannten Faktorenanalyse wurde untersucht, inwieweit sich die elf verschiedenen Beweggründe zu Motivgruppen bzw. Dimensionen bündeln lassen.[3] *Tabelle 1* zeigt, dass sich die individuellen Motive zu drei Dimensionen zusammenfassen lassen.[4] Dies soll zunächst am Beispiel der Dimension «Spass und Geselligkeit» illustriert werden: Die drei Motive, die unter diesem Faktor zusammengefasst werden, beinhalten alle den Aspekt des Spasshabens sowie des Zusammenseins mit anderen. Sie bilden zusammen in gewisser Weise die sozial-integrative Funktion eines freiwilligen Engagements ab.

Der Faktor «Persönlicher Nutzen» bündelt demgegenüber jene Motive, die mit einer Weiterentwicklung der eigenen Fähigkeiten oder einer Verbesserung der eigenen Situation verknüpft sind. Schliesslich zeugt der Faktor «Persönliche Werte» davon, dass spezifische – religiöse oder gemeinwohlorientierte – Einstellungen für das freiwillige Engagement von Bedeutung sind. Im

---

2 In diesem Beitrag werden die Werte 8–10 auf der verwendeten Skala von 0–10 als starke Zustimmung zu einem Motiv erachtet.

3 Die Faktorenanalyse ist ein statistisches Verfahren, mit dem eine Vielzahl von Informationen (bzw. Variablen) auf einige wenige Grössen (bzw. Faktoren) reduziert werden können (vgl. Glossar).

4 Die drei Motiv-Dimensionen entsprechen den Motiv-Dimensionen «subjektive Orientierung», «Erlebnisorientierung» sowie «Werte und Überzeugungen» in Stadelmann-Steffen et al. (2007).

Tabelle 1: Motiv-Dimensionen der Ausübung formell freiwilliger Tätigkeiten

Faktoren und Einzelmotive	Faktorladungen
Faktor «Persönlicher Nutzen» (erklärte Varianz: 27,0%)	
«Ich engagiere mich freiwillig, weil mir die Tätigkeit auch für die berufliche Laufbahn etwas nützt.»	0,70
«Bei der freiwilligen Arbeit ist es mir wichtig, dass ich für die Tätigkeit auch Anerkennung finde.»	0,65
«Ich engagiere mich freiwillig, damit ich eigene Probleme selbst in die Hand nehmen kann.»	0,61
«Bei der freiwilligen Arbeit ist es mir wichtig, dass die Tätigkeit durch meine Person ein besseres Ansehen/Image bekommt.»	0,56
«Bei der freiwilligen Arbeit ist es mir wichtig, dass ich eigene Verantwortung und Entscheidungsmöglichkeiten habe.»	0,51
«Ich engagiere mich freiwillig, weil ich dadurch meine eigenen Kenntnisse und Erfahrungen erweitern kann.»	0,43
Faktor «Spass und Geselligkeit» (erklärte Varianz: 11,8%)	
«Ich engagiere mich freiwillig, weil mir die Tätigkeit Spass macht.»	0,79
«Ich engagiere mich freiwillig, damit ich dadurch mit Menschen zusammenkomme, die mir sympathisch sind.»	0,72
«Bei der freiwilligen Arbeit ist es mir wichtig, dass ich mit anderen etwas bewegen kann.»	0,53
Faktor «Persönliche Werte» (erklärte Varianz: 10,0%)	
«Die Motivation für mein freiwilliges Engagement kommt aus meinem Glauben heraus.»	0,81
«Ich engagiere mich freiwillig, damit ich anderen Menschen helfen kann.»	0,73

Anmerkung: Hauptkomponenten-Faktorenanalyse, Varimax-Rotation. Das Kaiser-Meyer-Olkin-Kriterium beträgt 0,80, womit die Daten sehr gut für die Durchführung einer Faktoranalyse geeignet sind. Je höher die Faktorladungen sind, desto grösser ist der Stellenwert einer Frage im jeweiligen Faktor. Erklärte Varianz: Anteil der Gesamtvarianz, der durch den Faktor erklärt werden kann. *Stichprobengrösse:* 1'893.
Quelle: Schweizer Freiwilligen-Monitor 2006.

Gegensatz zu den beiden selbstbezogenen Dimensionen (Klages, 2002, 92) des formell freiwilligen Engagements beinhaltet dieser dritte Faktor stärker ein uneigennütziges Element. Zusammenfassend kann aus der Faktoranalyse geschlossen werden, dass hinter dem freiwilligen Engagement von Individuen in Vereinen und Organisationen drei voneinander weitgehend unabhängige Motiv-Dimensionen stehen. So kann die Motivation eines formell freiwilligen Engagements sowohl klassisch altruistischer Natur sein als auch auf der Möglichkeit der individuellen Selbstverwirklichung beruhen. Dabei dürfte häufig gerade die Kombination der drei Motiv-Dimensionen einem freiwilligen Engagement förderlich sein.

2.2 Wer engagiert sich in der Freiwilligentätigkeit?

Bisherige Studien haben gezeigt, dass sich verschiedene Gesellschaftsgruppen unterschiedlich stark freiwillig engagieren (vgl. Nollert und Huser, 2007; Stadelmann-Steffen et al., 2007). Dies bestätigen auch die von uns durchgeführten vertieften (multivariaten) Analysen. Besonders ausgeprägt sind die Unterschiede im freiwilligen Engagement in Abhängigkeit von Geschlecht, Alter, Nationalität und dem sozialem Status (vgl. auch Indikatoren *Organisierte Freiwilligenarbeit* und *Informelle Freiwilligenarbeit)*.

Im Bereich der *organisierten bzw. formellen* Freiwilligentätigkeit besteht zunächst ein signifikanter Geschlechterunterschied. Während im Durchschnitt rund dreissig Prozent der Männer in Vereinen und Organisationen freiwillig tätig sind, fällt dieser Anteil bei den Frauen mit knapp 23 Prozent wesentlich geringer aus. Allerdings ist dieser Geschlechterunterschied in erster Linie auf den von Männern dominierten Sportbereich zurückzuführen: Wird das Engagement in Sportvereinen aus der Analyse ausgeschlossen, verschwinden die signifikanten Unterschiede im freiwilligen Vereinsengagement zwischen Frauen und Männern. Von substantieller Bedeutung ist demgegenüber der soziale Status. Eine hohe Bildung und eine gute berufliche Stellung sind dem freiwilligen Engagement in Vereinen und Organisationen förderlich. Ausserdem sind Personen mit Kindern im schulpflichtigen Alter signifikant häufiger formell freiwillig tätig, als dies für Individuen ohne Kinder oder mit Kleinkindern der Fall ist. Schliesslich nimmt die Wahrscheinlichkeit eines formell freiwilligen Engagements im fortgeschrittenen Alter ab.

Mit Verweis auf die *informelle* Tätigkeit zeigt sich ein im Vergleich zur formellen Freiwilligkeit umgekehrtes Geschlechterverhältnis. Während knapp ein Drittel der Männer in der Schweiz informell freiwillige Aufgaben ausübt, engagieren sich rund 43 Prozent der Frauen informell freiwillig. Ausserdem ist der Zusammenhang zwischen freiwilligem Engagement und dem sozialen Status etwas weniger ausgeprägt als im formellen Bereich. So unterscheiden sich etwa Individuen mit geringer Bildung in ihrem informell freiwilligen Engagement nicht wesentlich von Personen mit mittlerer oder hoher Bildung. Demgegenüber ist eine Vollzeit-Erwerbstätigkeit der Übernahme von informell freiwilligen Tätigkeiten abträglich. Auch bei der informellen Freiwilligentätigkeit lässt sich ein markanter Rückgang des freiwilligen Engagements im höheren Alter feststellen.

Unsere Analysen machen weiter deutlich, dass sich in einer sozioökonomisch gesicherten Lebenslage die wichtigste Voraussetzung einer Spendentätigkeit der Schweizerinnen und Schweizer zeigt. Sie erlaubt es, zumindest einen kleinen Betrag des Einkommens abzugeben. Im Gegensatz zu den formellen wie informellen freiwilligen Tätigkeiten wird die Spendentätigkeit auch im Alter beibehalten, während jüngere Personen seltener spenden. Erneut sind die Frauen in der Gruppe der Spendenden gegenüber den Männern übervertreten.

Neben diesen soziodemographischen Merkmalen interessieren in der Schweiz insbesondere die regionalen Differenzen des freiwilligen Engagements. Verschiedene Studien haben gezeigt, dass das freiwillige Engagement einerseits in städtischen Gebieten, andererseits in den französisch- und italienischsprachigen Kantonen der Schweiz deutlich geringer ausfällt als auf dem Land bzw. in der Deutschschweiz (Freitag, 2004; Nollert und Huser, 2007). Eine vertiefte Analyse macht aber deutlich, dass zwischen städtischen und ländlichen Regionen keine systematischen Unterschiede im freiwilligen Engagement bestehen, sondern diese vielmehr von der Art der Tätigkeiten abhängen. Deutlich stärker und stabiler als Stadt-Land-Differenzen sind demgegenüber die Differenzen im freiwilligen Engagement zwischen den Sprachregionen. Auch unter Kontrolle individueller Eigenschaften (Geschlecht, Alter, Erwerbstätigkeit, Bildungsstand usw.) weisen Individuen in der Deutschschweiz über alle Formen der Freiwilligkeit hinweg ein höheres Ausmass an Engagement auf als Personen der lateinischen Schweiz. Vor dem Hintergrund dieser Ergebnisse können die Sprachregionen im Bereich der Freiwilligkeit als zentrale soziokulturelle Differenzierungsdimension betrachtet werden, während das Konzept einer zusätzlichen «fünften Grenze» in Anlehnung an Schuler und Joye (1988, 22) keine Entsprechung findet.[5] Diese Gedanken aufnehmend wird den sprachregionalen Disparitäten im freiwilligen Engagement in den nächsten Kapiteln eine besondere Aufmerksamkeit geschenkt.

3 Die sprachregionalen Unterschiede in der Schweiz

Wie unsere Analysen gezeigt haben, finden sich innerhalb der Schweiz erhebliche regionale Unterschiede im Ausmass des freiwilligen Engagements, welche stark mit den kontextuellen Sprachgrenzen zusammenfallen und offensichtlich nicht auf unterschiedliche individuelle Charakteristiken zurückgeführt

---

5   Schuler und Joye (1988) gehen davon aus, dass es in der Schweiz neben «der naturräumlichen Gliederung in Alpen-Mittelland-Jura, der sprachregionalen und der konfessionellen Gliederung sowie der Zentren-Peripherie-Dimension» eine weitere prägnante Ost-West-Teilung eines unterschiedlichen Staatsverständnisses gibt, die gerade nicht mit den Sprachgrenzen übereinstimmt.

werden können. Während das freiwillige Engagement insbesondere in den Kantonen der Deutschschweiz relativ stark ausgeprägt ist, zeigt sich sowohl in der Romandie als auch im Tessin eine deutlich geringere Bereitschaft zur Übernahme freiwilliger Tätigkeiten. Diese regionalen Differenzen sollen basierend auf den Daten des Schweizer Freiwilligen-Monitors vertiefend analysiert werden.

Zunächst bildet *Abbildung 1* den Anteil formell freiwillig Tätiger in den Schweizer Kantonen ab. Dabei werden nicht nur beachtliche kantonale Unterschiede im freiwilligen Engagement ersichtlich, sondern es zeigen sich gleichzeitig die sprachregionalen Muster der Freiwilligkeit. Während die vordersten Plätze des kantonalen Rankings allesamt von Deutschschweizer Kantonen eingenommen werden, besetzen die Kantone der Romandie praktisch

Abbildung 1:   Formelle Freiwilligentätigkeit nach Kanton, 2006

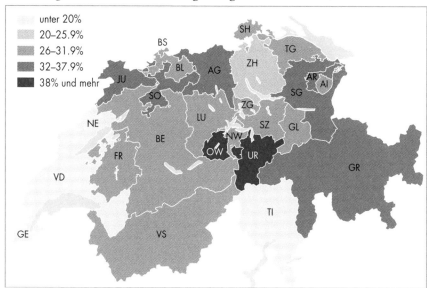

Anmerkung: Angegeben sind die gewichteten kantonalen Anteile der formell Freiwilligen in Prozent der Wohnbevölkerung über 15 Jahren. Formelle Freiwilligentätigkeit: unbezahlte Arbeit in Vereinen und Organisationen. Genaue Fragestellungen und Antwortkategorien vgl. *Kasten 2.*
Stichprobengrösse: Zürich: 1'139, Bern: 851, Luzern: 334, Uri: 100, Schwyz: 144, Obwalden: 81, Nidwalden: 98, Glarus: 95, Zug: 93, Fribourg: 249, Solothurn: 222, Basel-Stadt: 216, Basel-Land: 245, Schaffhausen: 113, Appenzell Ausserrhoden: 93, Appenzell Innerrhoden: 93, St. Gallen: 399, Graubünden: 163, Aargau: 506, Thurgau: 202, Tessin: 339, Waadt: 642, Wallis: 257, Neuenburg: 181, Genf: 436, Jura: 117.
Quelle: Schweizer Freiwilligen-Monitor 2006.

geschlossen die hinteren Plätze der Aufreihung. Ein noch geringeres Niveau an formell freiwilligem Engagement findet sich nur im Kanton Tessin. Insgesamt weisen die deutschsprachigen Kantone im Durchschnitt den klar höchsten Anteil an formell Freiwilligen auf (29 Prozent). Die französischsprachigen Kantone sind durch ein mittleres Niveau an formeller Freiwilligkeit gekennzeichnet (20 Prozent), während im Tessin lediglich ein Anteil von knapp 13 Prozent formell freiwillig tätig ist.

Ein ähnliches Muster zeigt sich bei der Betrachtung der informellen Freiwilligkeit, die in *Abbildung 2* dargestellt ist. Auch bei dieser Form des freiwilligen Engagements weisen die Kantone der Deutschschweiz – mit Ausnahme von Zug – durchschnittlich die höchsten Freiwilligenraten auf

Abbildung 2:   Informelle Freiwilligentätigkeit nach Kanton, 2006

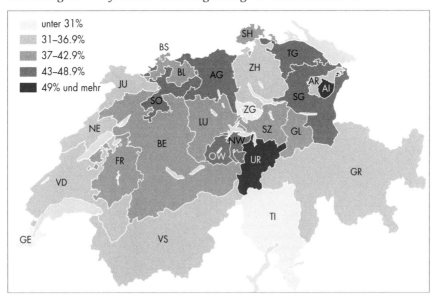

Anmerkung: Angegeben sind die gewichteten kantonalen Anteile der informell Freiwilligen in Prozent der Wohnbevölkerung über 15 Jahren. Inormelle Freiwilligentätigkeit: unbezahlte Arbeit ausserhalb vereinsmässiger Organisationsstrukturen (sowie ausserhalb des eigenen Haushalts und ausserhalb der beruflichen Tätigkeit). Genaue Fragestellungen und Antwortkategorien vgl. *Kasten 3.*
Stichprobengrösse: Zürich: 1'138, Bern: 850, Luzern: 333, Uri: 100, Schwyz: 144, Obwalden: 81, Nidwalden: 98, Glarus: 95, Zug: 92, Fribourg: 247, Solothurn: 221, Basel-Stadt: 216, Basel-Land: 245, Schaffhausen: 113, Appenzell Ausserrhoden: 93, Appenzell Innerrhoden: 93, St. Gallen: 399, Graubünden: 163, Aargau: 506, Thurgau: 202, Tessin: 337, Waadt: 641, Wallis: 256, Neuenburg: 181, Genf: 436, Jura: 117.
Quelle: Schweizer Freiwilligen-Monitor 2006.

(39 Prozent), während das freiwillige Engagement ausserhalb von Vereinen und Organisationen in der Westschweiz (33 Prozent) und im Tessin (26 Prozent) weniger stark ausgeprägt ist.

Schliesslich offenbart *Abbildung 3* ein vergleichbares Bild in Bezug auf die Spendentätigkeit. Während die Deutschschweiz die höchste Spendentätigkeit zeigt (80 Prozent), beläuft sich der Anteil der Personen, die in den letzten zwölf Monaten Geld oder Naturalien gespendet haben, in der Romandie und im Tessin auf durchschnittlich 64 bzw. 71 Prozent. Im Vergleich zur freiwilligen Tätigkeit fallen die sprachregionalen Unterschiede bei der Spendentätigkeit allerdings weniger stark aus: So weisen etwa die Deutschschweizer Kantone Glarus und Appenzell Innerrhoden eine vergleichsweise geringe Spendentätigkeit auf, während sich der mehrheitlich französischsprachige Kanton

Abbildung 3:   Spendentätigkeit nach Kanton, 2006

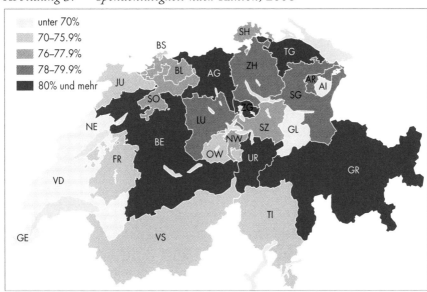

Anmerkung: Angegeben sind die gewichteten kantonalen Anteile der Spendenden in Prozent der Wohnbevölkerung über 15 Jahren. Spendentätigkeit: Spenden von Geld und/oder Naturalien. Genaue Fragestellungen und Antwortkategorien vgl. *Kasten 4.*
Stichprobengrösse: Zürich: 1'139, Bern: 852, Luzern: 334, Uri: 100, Schwyz: 144, Obwalden: 81, Nidwalden: 98, Glarus: 95, Zug: 92–93, Fribourg: 249, Solothurn: 222, Basel-Stadt: 216, Basel-Land: 245, Schaffhausen: 113, Appenzell Ausserrhoden: 93, Appenzell Innerrhoden: 93, St. Gallen: 399, Graubünden: 163, Aargau: 506, Thurgau: 202, Tessin: 339, Waadt: 642, Wallis: 257, Neuenburg: 182, Genf: 436, Jura: 117.
Quelle: Schweizer Freiwilligen-Monitor 2006.

Wallis ebenso wie das Tessin im Vergleich zum formellen und informellen freiwilligen Engagement relativ weit vorne platzieren.[6]

Die sprachregionalen Unterschiede der unbezahlten Arbeit können theoretisch mit politisch-kulturellen Gegebenheiten erklärt werden. So werden die Ungleichheiten freiwilliger Beteiligung zwischen den Sprachregionen bisweilen auf ein unterschiedliches Staatsverständnis zurückgeführt (Freitag, 2000, 191; Knüsel, 1994; vgl. auch Schuler und Joye, 1988, 22). Während in der französisch- und italienischsprachigen Schweiz die Erwartung vorherrscht, dass der Staat eine wohlfahrtsstaatliche Verantwortung gegenüber seinen Bürgerinnen und Bürgern wahrnehmen soll, überwiegt in der deutschsprachigen Schweiz eher die Einstellung, dass die soziale Vorsorge und Sicherheit eine private Angelegenheit ist, in welche der Staat so wenig wie möglich eingreifen soll. Diese Vorstellungen dürften sich in einem unterschiedlichen Grad an Selbstorganisation und freiwilligem Engagement der Individuen widerspiegeln. Schliesslich können die Schweizer Sprachregionen in unterschiedlichen Kulturräumen verortet werden (Hofstede, 2001, 63 f.; Pichler und Wallace, 2007). Demzufolge dürfte die stärkere Betonung familiärer, verwandtschaftlicher sowie enger freundschaftlicher Bindungen in den lateinischen Sprachregionen insbesondere das freiwillige Engagement in formellen Organisationen einschränken (Fukuyama, 2000, 240 ff.), währenddem die Deutschschweiz stärker von der deutschen Vereinskultur gekennzeichnet ist. Verstärkt wird dieser kulturelle Effekt überdies durch den formenden und eine Vielzahl von Lebenssituationen durchziehenden Einfluss der Medien sowie der Literatur aus den angrenzenden Nachbarländern auf die jeweiligen Sprachgruppen der Schweizer Bevölkerung.

4 Die Schweizer Sprachregionen im Vergleich zu Deutschland, Frankreich und Italien

Die Anschauung ungleicher Kulturräume innerhalb der Schweiz verleitet zur Annahme, dass das freiwillige Engagement in den drei Schweizer Sprachregionen parallel zu den Freiwilligenkulturen der jeweils angrenzenden

---

6   Auf bestehende kantonale Differenzen deutet auch die Statistik der Bundesfeierspende hin, die von Pro Patria seit Anfang des 20. Jahrhunderts durchgeführt wird. Die Korrelationen zwischen den dort erhobenen Spenden im Jahre 1975 bzw. 1985 und den kantonalen Spendendaten aus dem Freiwilligen-Monitor des Jahres 2006 belaufen sich auf 0,41 bzw. 0,38. Wir danken René Levy für die zur Verfügung gestellten Daten. Neuere (kantonale) Daten zur Bundesfeierspende sind gemäss Angaben von Pro Patria nicht verfügbar (schriftliche Korrespondenz mit Roman G. Schönauer vom 19. März 2007).

Nachbarländer verläuft. Mit anderen Worten: Das Ausmass des freiwilligen Engagements in der deutschen, französischen und italienischen Schweiz dürfte grössere Ähnlichkeiten mit dem angrenzenden gleichsprachigen Nachbarland aufweisen als mit den beiden anderen Schweizer Sprachregionen. Konkret wird erwartet, dass das freiwillige Engagement in den Deutschschweizer Kantonen jenem des südlichen Deutschlands ähnlicher ist als jenem der lateinischen Schweiz. Umgekehrt dürften die Muster der Freiwilligkeit in der Romandie jenen des östlichen Frankreichs gleichen, während sich zwischen dem Tessin und dem norditalienischen Raum Ähnlichkeiten im freiwilligen Engagement finden lassen sollten.

Diese Erwartungen werden auf Basis einer Analyse vergleichbarer Datenbestände des ESS 2002 und 2004 sowie der Erhebung des Schweizer Freiwilligen-Monitors aus dem Jahre 2006 überprüft (vgl. *Kasten 1*). Diese Bevölkerungsumfragen erlauben regionenspezifische Auswertungen des freiwilligen Engagements für die Schweiz, Deutschland, Frankreich und Italien. Obwohl die Schweizer Sprachregionen nicht exakt entlang der Kantonsgrenzen verlaufen, werden im Folgenden die Kantone als Basis für die Operationalisierung des Sprachraums verwendet. Jeder Kanton wird entsprechend der mehrheitlich gesprochenen Sprache entweder der deutschen, französischen oder italienischen Sprachregion zugeschlagen. Es werden jeweils jene Regionen der drei Nachbarländer in die Analyse integriert, welche direkt an die Schweiz grenzen. Für Deutschland werden entsprechend die Bundesländer Baden-Württemberg und Bayern betrachtet, in Italien sind es das Piemont,

Kasten 2: *Fragestellungen zur Erhebung der formell freiwilligen Tätigkeit*

Für die Regionen Deutschlands, Frankreichs und Italiens wird die folgende Frage aus dem ESS 2002 herangezogen: «Bitte benutzen Sie für alle Freiwilligenorganisationen, die ich jetzt gleich aufzählen werde [folgende Liste] und sagen Sie mir, ob diese derzeit für Sie von Bedeutung sind oder in den vergangenen 12 Monaten von Bedeutung waren, und wenn ja, welche» (Mitglied, an Aktivitäten teilgenommen, Geld gespendet, ehrenamtliche Tätigkeit). Für die regionalen Auswertungen der Schweiz wird die Frage aus dem Schweizer Freiwilligen-Monitor 2006 verwendet: «Wir interessieren uns jetzt für alle Ihre ehrenamtlichen oder freiwilligen Tätigkeiten, die Sie für einen Verein oder für eine Organisation ausüben. Es geht um freiwillig übernommene Aufgaben und Arbeiten, die man unbezahlt oder gegen geringe Aufwandentschädigung ausübt. Haben Sie in den letzten vier Wochen eine oder mehrere solche Tätigkeiten ausgeführt?» Bei beiden Fragestellungen werden die Anteile derjenigen Befragten wiedergegeben, welche die Frage nach der ehrenamtlichen Tätigkeit mit «Ja» beantwortet haben.

Kasten 3: Fragestellungen zur Erfassung der informell freiwilligen Tätigkeit

Folgende Frage wird aus dem ESS 2002 für die italienischen und deutschen Regionen in Betracht gezogen: «Wenn Sie das, was Sie für Ihre Familie, an Ihrem Arbeitsplatz oder innerhalb einer Freiwilligenorganisation leisten, nicht zählen, wie oft helfen Sie anderen Menschen – wenn überhaupt?» Im Jahre 2002 liegen für diese Frage keine Daten zu Ostfrankreich vor, weshalb wir auf die Erhebung des ESS 2004 zurückgreifen, dies allerdings mit der Inkaufnahme einer anderen Fragestellung: «Vous arrive t'il d'aider bénévolement un membre de votre famille à l'extérieur de votre foyer en vous occupant de ses enfants, des tâches ménagères ou de toute aide sur la maison»? Zu beiden Fragestellungen wurden die Antwortvorgaben «täglich», «mehrmals pro Woche» und «einmal pro Woche» zusammengefasst, so dass der Befragtenanteil ausgewiesen wird, der mindestens einmal pro Woche informell unbezahlte Arbeit leistet. Für die Schweiz wird erneut der Freiwilligen-Monitor verwendet, in welchem die informelle Freiwilligkeit mit folgender Frage erhoben wurde: «Neben dem freiwilligen oder ehrenamtlichen Engagement in Vereinen und Organisationen gibt es ja auch noch andere Möglichkeiten, wie man freiwillig tätig sein kann. Haben Sie in den letzten vier Wochen andere unbezahlte Arbeiten ausserhalb von Vereinen oder Organisationen gemacht wie fremde Kinder hüten, Nachbarschaftshilfe, Projekte oder die Organisation von Festen in Ihrem Wohnquartier usw.? Wichtig ist, dass die Arbeit zugunsten von Personen geleistet wurde, die nicht im gleichen Haushalt wohnen». Es wird der Anteil derjenigen Befragten wiedergegeben, der diese Frage mit «Ja» beantwortet hat.

Kasten 4: Fragestellungen zur Erfassung der Spendentätigkeit

Für die Regionen Deutschlands, Frankreichs und Italiens wird erneut die Frage aus dem ESS 2002 ausgewertet: «Bitte benutzen Sie für alle Freiwilligenorganisationen, die ich jetzt gleich aufzählen werde [folgende Liste] und sagen Sie mir, ob diese derzeit für Sie von Bedeutung sind oder in den vergangenen 12 Monaten von Bedeutung waren, und wenn ja, welche» (Mitglied, an Aktivitäten teilgenommen, Geld gespendet, ehrenamtliche Tätigkeit). Für die Schweiz wird die Frage aus dem Schweizer Freiwilligen-Monitor verwendet: «Es gibt verschiedene Möglichkeiten, sich ausserhalb von Beruf und Familie irgendwo zu engagieren, beispielsweise in einem Verein oder einer Organisation. Ich nenne Ihnen nun verschiedene Möglichkeiten, bitte sagen Sie mir anhand der Antwortvorgaben, ob einer der Punkte auf Sie zutrifft. Uns interessiert, ob sie in diesen Organisationen in den letzten 12 Monaten […] etwas gespendet haben […]». Bei beiden Fragestellungen werden die Anteile derjenigen Befragten, die diese Frage mit «Ja» beantwortet haben, ausgewiesen.

184

das Aosta-Tal sowie die Lombardei (für das ebenfalls angrenzende Südtirol liegen keine Daten vor) und in Bezug auf Frankreich dienen die im ESS unterschiedenen Regionen «Est» (Lorraine, Alsace, Franche-Compté), «Sud-Est» (Rhône-Alpes, Auvergne) sowie «Bassin parisien est» (Champagne-Ardenne, Picardie, Bourgogne) als Referenz. Der Rückgriff auf unterschiedliche Datenquellen ist deshalb nötig, weil die internationale Studie 2002 keine Angaben zur Übernahme formell freiwilliger Tätigkeiten für die Schweiz enthält. Da das freiwillige Engagement jedoch in beiden Erhebungen mit sehr ähnlichen Fragen erfasst wird, ist die Vergleichbarkeit mit gewissen (noch zu zeigenden) Einschränkungen gegeben. Die einzelnen Fragestellungen sind im Detail in den *Kästen 2–4* aufgeführt.

Die vorgenommenen und in *Abbildung 4* ausgewiesenen Auswertungen bestätigen zunächst die Hypothese über den prägenden Einfluss des sprachlich-

Abbildung 4:   *Anteil freiwillig Tätiger in den Schweizer Sprachregionen und im angrenzenden Ausland, 2002/04 bzw. 2006*

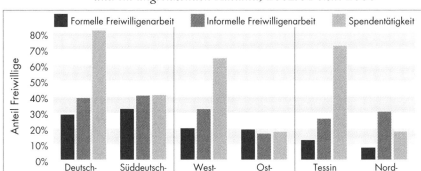

Anmerkung: Angegeben sind die gewichteten Bevölkerungsanteile der freiwillig Engagierten. Formelle Freiwilligentätigkeit: unbezahlte Arbeit in Vereinen und Organisationen. Informelle Freiwilligentätigkeit: unbezahlte Tätigkeit ausserhalb vereinsmässiger Organisationsstrukturen (sowie ausserhalb des eigenen Haushalts und ausserhalb der beruflichen Tätigkeit). Spendentätigkeit: Spenden von Geld und/oder Naturalien. Genaue Fragestellungen und Antwortkategorien vgl. *Kästen 2–4*. Es wurden folgende Regionen mit einbezogen: Süddeutschland: Baden-Württemberg und Bayern; Ostfrankreich: Lorraine, Alsace, Franche-Comté, Rhône-Alpes, Auvergne, Champagne-Ardenne, Picardie, Bourgogne; Norditalien: Piemont, Aosta-Tal, Lombardei (für Südtirol liegen keine Angaben vor).

Stichprobengrösse: Deutschschweiz: 5'175–5'176, französische Schweiz: 1'873–1'877, Tessin: 336–337, Süddeutschland: 515–531, Ostfrankreich: 438–566, Norditalien: 217–219.

Quelle: Daten für Süddeutschland, Ostfrankreich und Norditalien: ESS 2002 sowie ESS 2004 (Anteil informell Freiwilliger für Frankreich). Daten für die Schweiz: Schweizer Freiwilligen-Monitor 2006.

kulturellen Raums auf das formell freiwillige Engagement auf eindrückliche Weise. In den deutschsprachigen Kantonen der Schweiz erreicht das freiwillige Engagement in Vereinen und Organisationen ein ähnlich hohes Ausmass wie in den süddeutschen Bundesländern. Demgegenüber weisen die Kantone der Romandie ein deutlich niedrigeres Niveau auf, welches jedoch mit jenem im Osten Frankreichs praktisch identisch ist. Schliesslich verfügt der italienische Sprachraum sowohl im Schweizer als auch im Ländervergleich über den klar geringsten Anteil an formell Freiwilligen.

Tabelle 2 verdeutlicht diesen Befund zusätzlich. Die geringsten Differenzen im Anteil an formell freiwillig Tätigen finden sich nicht innerhalb der Schweiz, sondern innerhalb der drei Sprachräume. Das heisst: Die Deutschschweiz ist in Bezug auf das formell freiwillige Engagement dem süddeutschen Raum am ähnlichsten, während die Romandie dem angrenzenden Frankreich und das Tessin dem norditalienischen Raum am stärksten gleichen. Dies lässt den Schluss zu, dass in Bezug auf das freiwillige Engagement in Vereinen und Organisationen eher von sprachregionalen als von länderspezifischen Freiwilligenkulturen gesprochen werden kann.[7]

Ähnliches lässt sich im Bereich der informellen Freiwilligkeit feststellen (siehe *Abbildung 4*). Insbesondere für den deutschen und italienischen Kulturraum lässt sich eine hohe Übereinstimmung im Anteil der freiwillig Tätigen feststellen. Während in Süddeutschland und der Deutschschweiz um die 40 Prozent der Befragten angeben, mindestens einmal in der Woche ihren Mitmenschen zur Hand zu gehen, sind es im Tessin 26 Prozent und in den norditalienischen Regionen 31 Prozent. Hingegen lässt sich kein gemeinsamer französischer Kulturraum mit Blick auf die informelle Freiwilligentätigkeit herauslesen. Dies scheint allerdings in erster Linie auf die doch recht unterschiedlichen Fragestellungen zurückzuführen zu sein. Während in den Regionen Ostfrankreichs nur nach der Unterstützung von Verwandten und Familienmitgliedern gefragt wird, wird in der Romandie die Hilfe

---

[7] Die Fragen nach dem formell freiwilligen Engagement im ESS und im Schweizer Freiwilligen-Monitor unterscheiden sich vor allem in Bezug auf die für die Erhebung relevante Zeitdauer. Während in der Schweizer Erhebung lediglich die letzten vier Wochen als Referenzperiode betrachtet werden, wird im ESS nach freiwillig Tätigen in den vergangenen zwölf Monaten gefragt. Dies kann zu unterschiedlichen Niveaus freiwilligen Engagements führen. Um die Robustheit der präsentierten Ergebnisse zu prüfen, wurden deshalb in weiteren hier nicht abgebildeten Analysen für die Schweiz zusätzlich jene 351 ehemals Freiwilligen in die Analysen integriert, die angaben, dass ihr letztes freiwilliges Engagement in Vereinen und Organisationen weniger als ein Jahr her ist. Die Anteilswerte für die drei Sprachregionen verändern sich dadurch um 1,1 Prozentpunkte (Tessin), 4,8 Prozentpunkte (Deutschschweiz) und 5,7 Prozentpunkte (französische Schweiz). Die hier präsentierten Befunde verändern sich dadurch jedoch nicht wesentlich.

Tabelle 2: Regionale Unterschiede im formell freiwilligen Engagement, in Prozentpunkten, 2002 bzw. 2006

	Regionen der Nachbarländer			Schweizer Sprachregionen		
	Süd-deutschland	Ost-frankreich	Norditalien	Deutsche Schweiz	Französische Schweiz	Tessin
Deutsche Schweiz	3,6	9,4	21,0	–	8,6	16,2
Französische Schweiz	12,2	0,8	12,4	8,6	–	7,6
Tessin	19,8	6,8	4,8	16,2	7,6	–

Anmerkung: Angegeben sind die absoluten Differenzen (Prozentpunkte) zwischen den Anteilen formell Freiwilliger in den jeweiligen Regionen. Schattiert: geringste Differenzen mit den Schweizer Sprachregionen im formell freiwilligen Engagement. Formelle Freiwilligentätigkeit: unbezahlte Arbeit in Vereinen und Organisationen. Genaue Fragestellungen und Antwortkategorien vgl. Kasten 2. Es wurden folgende Regionen mit einbezogen: Süddeutschland: Baden-Württemberg und Bayern; Ostfrankreich: Lorraine, Alsace, Franche-Comté, Rhône-Alpes, Auvergne, Champagne-Ardenne, Picardie, Bourgogne; Norditalien: Piemont, Aosta-Tal, Lombardei (für Südtirol liegen keine Angaben vor).
Stichprobengrösse: Deutschschweiz: 5'176, französische Schweiz: 1'873, Tessin: 337, Süddeutschland: 531, Ostfrankreich: 438, Norditalien: 219.
Quelle: Daten für Süddeutschland, Ostfrankreich und Norditalien: ESS 2002. Daten für die Schweiz: Schweizer Freiwilligen-Monitor 2006.

erhoben, die allen anderen Menschen angeboten wurde. Diese Ausweitung des Hilfeempfängerkreises spiegelt sich auch in den höheren Werten informeller Freiwilligkeit der Romandie (30 Prozent) gegenüber Ostfrankreich (17 Prozent) wieder.

Während die Schweizer Sprachregionen insbesondere in Bezug auf formell freiwillige Tätigkeiten mit den angrenzenden ausländischen Regionen gemeinsame Kulturräume bilden, scheint dies für die Spendentätigkeit weniger zu gelten. Wie *Abbildung 4* deutlich macht, ist hier vielmehr von einer «schweizerischen Spendenkultur» auszugehen, welche sich durch eine deutlich stärkere Spendentätigkeit im Vergleich zu den Nachbarländern auszeichnet.

Abschliessend kann angemerkt werden, dass sich die präsentierten Befunde auch dann bestätigen, wenn lediglich die Grenzkantone für die Berechnung der Freiwilligenraten in der deutsch- bzw. französischsprachigen Schweiz hinzugezogen werden. Bei den Grenzkantonen der Deutschschweiz handelt es sich um Basel-Stadt, Basel-Land, Aargau, Zürich, Schaffhausen und Thurgau. Grenzkantone der französischsprachigen Schweiz sind Genf, Waadt, Neuenburg und Jura. Insgesamt weisen die Grenzkantone ein leicht geringeres freiwilliges Engagement auf als die jeweilige Sprachregion insgesamt. Die Unterschiede sind jedoch statistisch nicht signifikant. Dieses Ergebnis bestärkt die hier zu Grunde liegende Annahme, dass sich die Sprach- und

Kulturräume mit spezifischen Freiwilligenformen überlappen und nicht allein die geographische Nähe für die Ähnlichkeit der Schweizer Kantone mit den Regionen des angrenzenden Auslands verantwortlich ist.

5 Schlussfolgerung

Der vorliegende Beitrag hat aufgezeigt, dass sich das freiwillige Engagement in der Schweiz nicht nur nach Bevölkerungsgruppen, sondern vor allem auch nach regionalen Gesichtspunkten wesentlich unterscheidet. Dabei übernehmen Deutschschweizerinnen und Deutschschweizer häufiger freiwillige Tätigkeiten als dies Bewohner der französischen Sprachregion tun. Ein noch geringeres freiwilliges Engagement weist die Tessiner Bevölkerung auf. Diese Unterschiede werden in der theoretischen Diskussion nicht zuletzt darauf zurückgeführt, dass die Schweizer Sprachregionen zu unterschiedlichen Kulturräumen gehören und deshalb in Bezug auf die Freiwilligkeit den gleichsprachigen Regionen des angrenzenden Auslands gleichen. Mit der Erhebung des Schweizer Freiwilligen-Monitors des Jahres 2006 sowie dem ESS 2002 und 2004 wurde diese Hypothese sprachregionaler Freiwilligenkulturen im Rahmen dieses Beitrags zum ersten Mal überprüft. Die zentralen Ergebnisse können wie folgt zusammengefasst werden:

Zunächst zeigen die Befunde in Bezug auf die Übernahme freiwilliger Tätigkeiten überaus deutlich, dass tatsächlich von sprachregionalen Freiwilligenkulturen gesprochen werden kann. Das am stärksten ausgeprägte freiwillige Engagement findet sich in Süddeutschland und in den deutschsprachigen Kantonen der Schweiz. Rund dreissig Prozent der Bevölkerung ist in diesen Regionen in Vereinen oder Organisationen freiwillig tätig, während sogar rund vierzig Prozent informell freiwillige Tätigkeiten übernehmen. Ein deutlich geringeres Niveau an Freiwilligkeit weist der französische Sprachraum auf. Etwa jede fünfte Person ist in Frankreich und in der Romandie formell freiwillig engagiert, rund jede Dritte (bzw. jede Fünfte) übt in den französischsprachigen Kantonen (bzw. in Ostfrankreich) informell freiwillige Tätigkeiten aus. Am wenigsten verbreitet sind freiwillige Tätigkeiten im italienischsprachigen Raum. Nur rund zehn Prozent der Italienerinnen und Italiener sowie der Tessinerinnen und Tessiner sind innerhalb von festen Organisationsstrukturen freiwillig engagiert. Im informellen Freiwilligenbereich sind es beidseitig der Grenzen immerhin rund dreissig Prozent.

Aus Schweizer Perspektive machen die Ergebnisse deutlich, dass die Schweizer Sprachregionen bezüglich der Freiwilligentätigkeiten einander weniger stark gleichen als dem angrenzenden Ausland. Von allen hier analysierten Formen der Freiwilligkeit (Spendentätigkeit, informelle und formelle unbezahlte Arbeit) lassen sich besonders für die Ausübung unbezahlter Tätigkeiten in formellen Organisationsstrukturen sprachregionale Kulturräume über die Landesgrenzen hinweg ausmachen. Es kann hier angemerkt werden, dass der Befund sprachregionaler Freiwilligenkulturen nicht allein als schweizerisches Phänomen zu werten ist. Zu einem ähnlichen Schluss kommen auch Hwang et al. (2007), welche deutliche Unterschiede im freiwilligen Engagement zwischen den englisch- und französischsprachigen kanadischen Regionen ausmachen.

Eine Ausnahme von den berichteten Befunden zur Schweiz und ihren angrenzenden Regionen bildet die Spendentätigkeit. Auch hier lässt sich zwar ein gemeinsames Muster zwischen den Schweizer Sprachregionen und den ausgewählten Grenzregionen feststellen: Die Deutschschweiz weist im Vergleich zur französisch- und italienischsprachigen Schweiz eine wesentlich höhere Spendentätigkeit auf. Diese Grundtendenz finden wir auch für Süddeutschland relativ zu Ostfrankreich und Norditalien. Trotzdem kann hier nicht von einer sprachregionalen Spendenkultur im engeren Sinne gesprochen werden. Vielmehr weist die Schweiz insgesamt ein deutlich höheres Niveau an Spendenden als ihre Nachbarländer auf. Inwiefern dieses Resultat auf dem schweizerischen Selbstverständnis eines reichen Landes beruht oder auf den nach wie vor stark verankerten Subsidiaritätsgedanken zurückgeführt werden kann, bleibt vorerst ungeklärt. Neben der Erforschung dieser Problemstellung sollte die systematische theoretische Fundierung wie auch die empirische Überprüfung kausaler Bedingungskonstellation zwischen Kulturraum und Aspekten der sozialen Integration ein fester Bestandteil künftiger Forschungsanstrengungen sein. Denn bislang bleibt die Entwicklung eines schlüssigen Konzeptes zur Entstehung sozialer Integrationsformen nach wie vor ein Desiderat der Forschung, wie dies von Portes and Landolt (1996, 20) bereits vor über zehn Jahren auf den Punkt gebracht wurde: «Niemand hat bisher eine zuverlässige Formel präsentiert, wie soziale Solidarität und Vertrauen in Gemeinwesen, denen diese fehlen, produziert werden können. Und dies, obwohl man jeden Sonntag Mahnrufe zur Förderung des Gemeinwohls von der Kanzel hört» (eigene Übersetzung).

6   Weiterführende Literatur

Dekker, Paul und Loek Halman, Hrsg. (2003), *The Values of Volunteering: Cross-Cultural Perspectives*. New York: Kluwer Academic/Plenum Publishers.

Die Beiträge dieses Bandes behandeln «volunteering» aus einer zivilgesellschaftlichen und international vergleichenden Perspektive. Das Spektrum an behandelten Fragen ist breit und reicht von der Darlegung der internationalen

Unterschiede in Bezug auf das «volunteering», über die Diskussion seiner sozialen und gesellschaftlichen Bestimmungsgrössen bis hin zu den möglichen individuellen, gesellschaftlichen und politischen Effekten.

Gensicke, Thomas; Sibylle Picot und Sabine Geiss (2006), *Freiwilliges Engagement in Deutschland 1999–2004. Ergebnisse der repräsentativen Trenderhebung zu Ehrenamt, Freiwilligenarbeit und bürgerschaftlichem Engagement*. Wiesbaden: VS-Verlag.

Das Buch stellt die Ergebnisse des deutschen Freiwilligensurveys vor, einer großen repräsentativen Bevölkerungsumfrage, die 1999 und 2004 im Auftrag des Bundesministeriums für Familie, Senioren, Frauen und Jugend (BMFSFJ) durch TNS Infratest Sozialforschung durchgeführt wurde. Der Freiwilligensurvey ist ein öffentliches Informationssystem für die Zivilgesellschaft, das mit der nächsten Erhebung im Jahr 2009 fortgeschrieben wird. Im vorliegenden Band erfolgt eine umfassende Analyse der Daten mit Vertiefungsteilen für Jugendliche, Frauen und Männer, ältere Menschen sowie für deutschsprachige Migranten.

Halba, Bénédicte (2003), *Bénévolat et volontariat en France et dans le monde*. Paris: La documentation Française.

Diese Studie widmet sich basierend auf zahlreichen französischen und internationalen Untersuchungen verschiedenen Fragen: Wer sind die Freiwilligen? Welches sind ihre Motive? Wie kann und soll man Freiwilligenarbeit definieren? Welches ist der ökonomische Wert der Freiwilligkeit? Welche Haltung nehmen Öffentlichkeit und Behörden gegenüber dieser neuen Form von Altruismus und gegenüber den Vereinen und Verbänden als zentrale Träger der Freiwilligkeit ein? Die Studie kommt zum Schluss, dass die Freiwilligkeit auf Grund der zunehmenden Komplexität und des benötigten Fachwissens für gewisse Aufgaben um einen gewissen Grad an Professionalisierung nicht herum kommt. Diese Entwicklung sollte jedoch nicht dazu führen, dass die Freiwilligkeit ihren auf altruistischen Werten, Solidarität und Humanität beruhenden Charakter verliert.

Stadelmann-Steffen, Isabelle; Markus Freitag und Marc Bühlmann (2007), *Freiwilligen-Monitor Schweiz*. Zürich: Seismo Verlag.

Trotz der vielerorts konstatierten Relevanz der Freiwilligentätigkeit wurde dieser Forschungsgegenstand in der Schweizer Sozialforschung in der Vergangenheit weitgehend vernachlässigt. Diese augenfällige Forschungslücke lässt sich zu einem erheblichen Teil auf den Mangel an (quantitativen) Informationen über die freiwillig Tätigen zurückführen. Hier schliesst die vorliegende Studie an. Basierend auf einer Befragung von 7'410 Personen aus allen Kantonen der Schweiz im Jahre 2006 wird im Rahmen des ersten Schweizer Freiwilligen-Monitors eine Bestandesaufnahme des freiwilligen Engagements in der Schweiz präsentiert, die im Gegensatz zu früheren Studien neben dem Umfang und der Art auch die Motive, Erfahrungen und Mobilisierungspotentiale in Bezug auf ein freiwilliges Engagement aufzeigt.

Politische Gestaltung

Indikatoren

Der politische Bereich unterscheidet sich von anderen Gesellschaftsbereichen durch zwei Besonderheiten: er «bearbeitet» die ganze Gesellschaft, und sein Funktionieren ist demokratischen Regeln unterworfen. Er ist das Instrument, mit dem die Menschen die Gesellschaft, in der sie leben, gestalten können. Das Kapitel «Politische Gestaltung» untersucht den Wandel im politischen Leben der Schweiz anhand von vier Indikatorgruppen:

Erstens werden subjektive Beurteilungen und Haltungen der Bevölkerung behandelt, genauer wichtige politische Anliegen, die als Wünsche für die Schweiz der Zukunft interpretiert werden können (Indikator *Politische Überzeugungen*), die als grundlegend wahrgenommenen Sorgen und Probleme (Indikator *Problemwahrnehmung*) und die Legitimität, die den wichtigsten politischen Instanzen zugestanden wird (Indikator *Politisches Vertrauen*).

Zweitens werden Formen politischer Interessenartikulation der Bevölkerung thematisiert, individuell (Indikator *Politische Aktivitäten*), in Form sozialer Bewegungen und Mobilisierungen (Indikator *Politische Mobilisierung*), im Rahmen der Beziehungen zwischen Arbeitgebern und Arbeitnehmern (Indikator *Gewerkschaftsstärke und Arbeitskonflikte*) und durch den Gebrauch der politischen Volksrechte auf Bundesebene (Indikator *Initiativen und Referenden*).

Drittens wird das Verhältnis zwischen Machtgruppen und Bevölkerung dargestellt: die Parteiensympathie bzw. ihr Gegenteil, die Parteienferne, d. h. *Personen ohne Parteisympathie*, die aus den Wahlen hervorgehende *Parteienstärke*, die *Wählerschaft der Parteien* und die Beteiligung der Frauen (Indikator *Frauen in der Politik*).

Viertens befassen sich die Indikatoren mit der nationalen Regierung und ihrem Verhältnis zur Bevölkerung, auf der Ebene der Bundesratsparteien (*Konsens/Dissens* zwischen ihnen), in Bezug auf die *Wahl- und Abstimmungsbeteiligung*, in Bezug auf den Zusammenhang zwischen *Regierungskonsens und Abstimmungsergebnissen* und schliesslich hinsichtlich der *Regionalen Abstimmungsunterschiede*.

Politische Überzeugungen

Die Ansichten zu sieben wichtigen Themen der Schweizer Politik haben sich zwischen 1999 und 2006 nur wenig verschoben, auch ihre Rangfolge ist ähnlich geblieben. Diese Themen sprechen verschiedene Kraftlinien politischer Interessenausrichtung an, die in den vergangenen Jahren aktuell waren, sind jedoch alle im Links-Rechts-Spektrum lokalisiert.

Deshalb macht die Selbstverortung der Befragten in diesem Spektrum einen grossen Unterschied für ihre Meinungsäusserungen; auch Bildung und Alter spielen eine Rolle. Zeitliche Veränderungen und Altersunterschiede stimmen nicht systematisch überein, das Alter drückt also weniger Meinungsverschiebungen zwischen aufeinanderfolgenden Generationen aus als andere Positionen im Lebenslauf.

Alle verglichenen Länder akzeptieren mehrheitlich das Prinzip staatlicher Verminderung der Einkommensungleichheiten, und in allen wird die Befürwortung durch ein tieferes Bildungsniveau verstärkt, allerdings in unterschiedlichem Ausmass.

Ähnlich lehnen alle verglichenen Länder die Ungleichbehandlung von Mann und Frau auf dem Arbeitsmarkt ab, besonders bei höherer Bildung und im egalitären Schweden; auch hier liegen die Werte der Schweiz im Mittelfeld.

Definitionen/Bemerkungen

Fragestellung: obere vier Grafiken: Fragebeispiel: «Sind Sie für eine Erhöhung oder für eine Verringerung von Steuern auf die hohen Einkommen?» Angegeben sind die Anteile der Befragten, die sich für eine Erhöhung aussprechen. *Untere zwei Grafiken:* Fragebeispiel: «Der Staat sollte Massnahmen ergreifen, um die Einkommensunterschiede zu vermindern». Angegeben sind die Anteile der Befragten, die der Aussage zustimmen. Detaillierte Fragestellungen und Antwortkategorien: siehe CD.

Bildungsstufen: tief: ISCED 0–2 (keine nachobligatorische Bildung, Anlehre); *hoch:* ISCED 5–6 (Fachhochschule, Universität).

Politische Orientierung: Selbsteinschätzung auf Skala von 0 (links) bis 10 (rechts): *links:* Werte 0–3; *rechts:* Werte 7–10.

Stichprobengrösse: SHP 1999: 7799; SHP 2006 (nur Aufstockungsstichprobe): 2747; ESS 2004: 1663–2870; US-CID: 1001; gewichtete Daten.

Quelle: obere vier Grafiken: SHP 1999 und 2006; *untere zwei Grafiken:* ESS 2004; US-CID 2005.

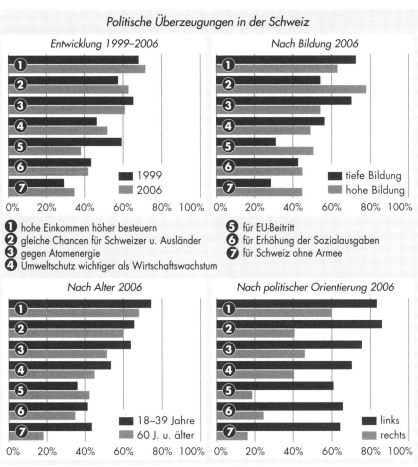

Politische Überzeugungen in der Schweiz

① hohe Einkommen höher besteuern
② gleiche Chancen für Schweizer u. Ausländer
③ gegen Atomenergie
④ Umweltschutz wichtiger als Wirtschaftswachstum

⑤ für EU-Beitritt
⑥ für Erhöhung der Sozialausgaben
⑦ für Schweiz ohne Armee

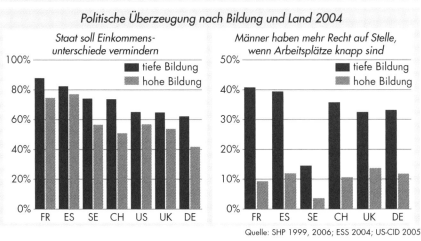

Politische Überzeugung nach Bildung und Land 2004

Quelle: SHP 1999, 2006; ESS 2004; US-CID 2005

Problemwahrnehmung

Die wahrgenommenen politischen Prioritäten schwanken in den vergangenen zwanzig Jahren zum Teil stark und sehr unterschiedlich.

Die Aufmerksamkeitskurve der Arbeitslosigkeit entspricht den Veränderungen der effektiven Arbeitslosenquote.

Der Gesundheitsbereich hat in den Neunzigerjahren deutlich – wenn auch eher vorübergehend – an Priorität gewonnen, wohl vor allem wegen seiner wachsenden Kosten und dem damit verbundenen Anstieg der Krankenversicherungsprämien. Leicht zunehmende Tendenz zeigen die AHV und die neue Armut.

An Priorität verloren haben dagegen die Themen Umwelt, Drogen und Europa. Die verstärkte Diskussion der Klimaproblematik hat 2007 das Absinken der Umweltsorgen umzukehren vermocht. Die Asyl- bzw. Flüchtlingsthematik variiert ohne klare Tendenz, aber zum Teil parallel zur effektiven Zahl der Asylgesuche; die Ausländerthematik hat in neuerer Zeit leicht an Aufmerksamkeit gewonnen, grossenteils aufgrund ihrer Politisierung durch die Schweizerische Volkspartie (SVP).

Definitionen/Bemerkungen

Fragestellung: «Auf diesen Kärtchen sehen Sie einige Themen, über die in letzter Zeit viel diskutiert und geschrieben worden ist. Sehen Sie sich bitte alle Kärtchen an, und legen Sie mir dann von allen Kärtchen jene fünf heraus, die Sie persönlich als die fünf wichtigsten Probleme der Schweiz ansehen». Angegeben ist der Anteil der Befragten, die ein bestimmtes Thema zu den fünf wichtigsten Problemen der Schweiz zählen. Infolge Konzeptänderung sind Daten vor und nach 1995 zum Teil nur begrenzt vergleichbar.

Stichprobengrösse: 1000 pro Jahr.

Quelle: Sorgenbarometer Credit Suisse; 1989 bis 1994 Isopublic, 1995 bis 2007 gfs.bern.

194

«Welches sind für Sie die fünf grössten Probleme in der Schweiz?» 1988–2007

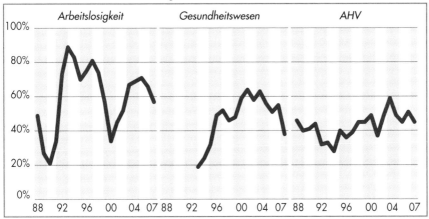

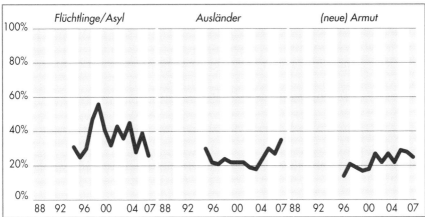

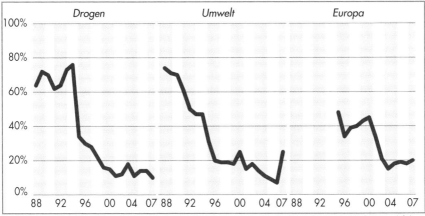

Quelle: Sorgenbarometer Credit Suisse/gfs.bern

Politisches Vertrauen

Ohne Vertrauen, eine zentrale Komponente der Legitimität, ist ein normales Funktionieren demokratischer Institutionen schwer vorstellbar. Schweizerinnen und Schweizer vertrauen verschiedenen Instanzen des öffentlichen Lebens ungleich: bemerkenswert stark der Polizei, am wenigsten den Medien. Nach einem Rückgang zwischen den Siebziger- und Neunzigerjahren ist das Vertrauen in alle Instanzen zwischen 1995 und 2006 wieder gestiegen, mit Ausnahme der Medien, wo es von 35 Prozent (1997) auf 27 Prozent (2006) gesunken ist. Die Vermehrung der Gratiszeitungen und privaten Fernsehsender mit ihrem redaktionellen Kurzfutter und ihrer besonders starken Abhängigkeit von den Inserenten könnte die BürgerInnen misstrauisch gemacht haben.

Nur die Schweden zeigen höheres Vertrauen ins Parlament als die Schweizer. In allen Ländern haben höher Gebildete mehr Vertrauen, sei dies, weil sie dank ihrer zusätzlichen Bildung die oft komplexen politischen Vorgänge leichter verstehen, sei es, weil sie als sozial besser Gestellte von der praktizierten Politik besser «bedient» werden.

Das Vertrauen in die nationale Legislative hängt auch mit der politischen Orientierung zusammen. In vier der sieben Vergleichsländer ist die politische Mitte am zurückhaltendsten, vielleicht, weil sie nirgends dominiert. In den von Rechts regierten Ländern Schweden, Frankreich und USA zeigen Rechtssympathisanten mehr Vertrauen als Linksorientierte. In der Tendenz scheint also das Vertrauen in die politischen Institutionen mit der Nähe der verschiedenen politischen Kräfte zur Macht zusammenzuhängen.

Definitionen/Bemerkungen

Fragestellung: obere Grafik: «Ich nenne Ihnen jetzt einige Einrichtungen des öffentlichen Lebens in der Schweiz und ich möchte wissen, ob diese Ihr Vertrauen geniessen oder nicht». *Mittlere und untere Grafik:* «Bitte sagen Sie mir, wie Sie persönlich Ihr Vertrauen in das Parlament einstufen würden». Angegeben sind die Anteile der Befragten, die Werte zwischen 6 und 10 auf einer Skala von 0 bzw. 1 bis 10 genannt haben. Details: siehe CD.

Bildungsstufen: tief: ISCED 0–2 (keine nachobligatorische Bildung, Anlehre);
mittel: ISCED 3–4 (Berufslehre, Matura); *hoch:* ISCED 5–6 (Fachhochschule, Universität).

Politische Orientierung: Selbsteinschätzung auf Skala von 0 (links) bis 10 (rechts): *links:* Werte 0–3;
mitte: Werte 4–6; *rechts:* Werte 7–10.

Stichprobengrösse: Sicherheitssurvey 795 (1995); 1014 (1997); 1200 (2006); ESS 2006: 1804–2916; US-CID: 1001; gewichtete Daten.

Quelle: obere Grafik: Sicherheitssurvey 1995, 1997, 2006 ETH Zürich, Details: siehe CD; *mittlere und untere Grafik:* ESS 2006; US-CID 2005.

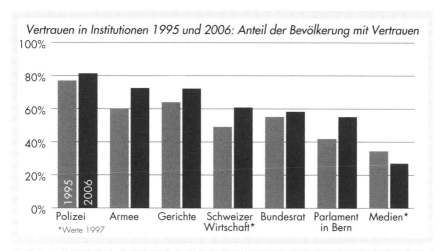

Vertrauen in Institutionen 1995 und 2006: Anteil der Bevölkerung mit Vertrauen

Polizei
*Werte 1997
Armee Gerichte Schweizer Bundesrat Parlament Medien*
Wirtschaft* in Bern

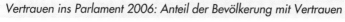

Vertrauen ins Parlament 2006: Anteil der Bevölkerung mit Vertrauen

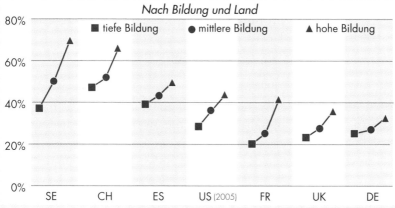

Nach Bildung und Land

■ tiefe Bildung ● mittlere Bildung ▲ hohe Bildung

SE CH ES US (2005) FR UK DE

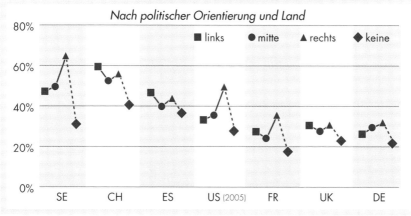

Nach politischer Orientierung und Land

■ links ● mitte ▲ rechts ◆ keine

SE CH ES US (2005) FR UK DE

Quelle: Sicherheitssurvey ETHZ 1995, 1997, 2006; ESS 2006; US-CID 2005

Politische Aktivitäten

Der Fächer politischer Betätigungsmöglichkeiten wird unterschiedlich benützt, wobei das Ausmass des nötigen persönlichen Engagements eine offensichtliche Rolle spielt. Am häufigsten werden Unterschriften für Initiativen oder Referenden gegeben. Im Mittelfeld liegen die Teilnahme an politischen Versammlungen, das Spenden von Geld an eine politische Organisation, das Sammeln von Unterschriften oder die Teilnahme an einer Demonstration. Besonders selten ist die aktive Beteiligung an einer Bürgerinitiative oder in einer Partei.

Alle diese Aktivitätsformen werden von der persönlichen Bildung gefördert. Besser Gebildete mögen politische Zusammenhänge eher verstehen, sie können aber auch aufgrund ihrer besseren sozialen Stellung eher den Eindruck haben, mit politischen Mitteln tatsächlich etwas ausrichten zu können. In schlechter gestellten sozialen Milieus ist das Gefühl der eigenen Ohnmacht stärker verbreitet. Der Zusammenhang mit dem Alter ist meist wenig ausgeprägt, aber oft ist die Partizipation der mittleren Altersgruppen etwas höher, ausser bei Demonstrationen.

Der internationale Vergleich, der politische Aktivität global erfasst (mindestens zwei Aktivitäten aus einer Liste von sieben Möglichkeiten), zeigt, dass auch in den Vergleichsländern die mittlere Altersgruppe politisch am aktivsten ist. Beim so erfassten Beteiligungsniveau liegt die – nach ihrem Selbstverständnis besonders «beteiligungsintensive» – Schweiz deutlich hinter Schweden.

Definitionen/Bemerkungen

Fragestellung: obere drei Grafiken: «Bitte sagen Sie mir für jede der folgenden politischen Aktivitäten, ob Sie sie in den letzten 5 Jahren aus dem einen oder anderen Grund ausgeübt haben».
Untere Grafik: «Haben Sie in den vergangenen 12 Monaten einen der folgenden Schritte unternommen? Einen Politiker oder einen Vertreter der Bundesbehörden, der Kantons- oder der Gemeindeverwaltung kontaktiert? In einer politischen Partei oder einer Gruppierung mitgewirkt? In einer sonstigen Organisation oder in einem Verband mitgewirkt? Ein Abzeichen oder einen Kleber einer Kampagne getragen oder irgendwo angebracht? Eine Petition unterzeichnet? An einer bewilligten Demonstration teilgenommen? Bestimmte Produkte boykottiert?» *Antwortkategorien:* «Ja», «Nein». Details: siehe CD.
Bildungsstufen: tief: ISCED 0–2 (keine nachobligatorische Bildung, Anlehre);
mittel: ISCED 3–4 (Berufslehre, Matura); *hoch:* ISCED 5–6 (Fachhochschule, Universität).
Stichprobengrösse: Selects 1995: 1900; Selects 2007: 4410; ESS 2006: 1804–2916; US-CID: 1001; gewichtete Daten.
Quelle: obere drei Grafiken: Selects 1995, 2007; *untere Grafik:* ESS 2006; US-CID 2005.

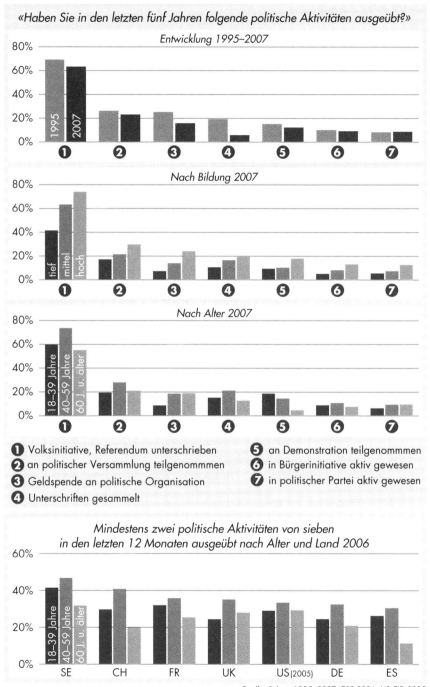

«Haben Sie in den letzten fünf Jahren folgende politische Aktivitäten ausgeübt?»

Entwicklung 1995–2007

Nach Bildung 2007

Nach Alter 2007

❶ Volksinitiative, Referendum unterschrieben
❷ an politischer Versammlung teilgenommmen
❸ Geldspende an politische Organisation
❹ Unterschriften gesammelt

❺ an Demonstration teilgenommen
❻ in Bürgerinitiative aktiv gewesen
❼ in politischer Partei aktiv gewesen

Mindestens zwei politische Aktivitäten von sieben
in den letzten 12 Monaten ausgeübt nach Alter und Land 2006

SE   CH   FR   UK   US(2005)   DE   ES

Quelle: Selects 1995, 2007; ESS 2006; US-CID 2005

199

Politische Mobilisierung

Wenn die institutionellen Prozesse der Politik wichtige gesellschaftliche Anliegen ungenügend berücksichtigen, kommt es leicht zu Ereignissen politischer Mobilisierung.

Diese Form politischer Aktivität hielt sich seit den späten Sechzigerjahren auf einem weit höheren Niveau als in den vorherigen zwanzig Jahren nach dem Zweiten Weltkrieg. Die fünf unterschiedlichen Themenbereiche mobilisieren ähnlich stark, aber mit anderen Verläufen. Die Anti-AKW-Bewegung hat während der vergangenen dreissig Jahre ihr Mobilisierungspotential verloren (vor allem wohl wegen des Nuklearmoratoriums, das gerade zu Ende geht). Die Autonomiebewegung, stark jugendlich geprägt, zeigt nach einem Höhepunkt in den frühen Achtzigerjahren sinkende Tendenz, ohne ganz von der Bühne zu verschwinden. Der Mobilisierungsgrad der Friedensbewegung und der Solidaritätsbewegung, beide stark international ausgerichtet, schwankt wenig, zumindest, was die Anzahl der Ereignisse betrifft. Auch die erst nach den Sechzigerjahren entstandene Ökologiebewegung hat ihre Zahl von Mobilisierungsereignissen konstant gehalten.

Die Entwicklung der Teilnehmerzahlen gleicht mehr oder weniger jener der Ereignishäufigkeiten für vier Themenbereiche, die Ausnahme bildet die Umweltproblematik. Sie mobilisierte in den Anfangsperioden deutlich mehr Teilnehmer als in jüngerer Zeit, obwohl ihre Ereigniszahl nicht zurückgegangen ist. Dies bestärkt die Idee, dass ein Teil dieser Bewegung durch den «Gang in die Institutionen» (z. B. Wahl in die Parlamente) absorbiert wird und die Bühne wechselt. Die Solidaritäts- und die Friedensbewegung haben bei eher gleichbleibender Zahl der Ereignisse in jüngster Zeit wieder mehr Teilnehmer mobilisiert, was in erster Linie mit der wachsenden Aktualität der Globalisierungsproblematik (konkret vor allem mit dem Krieg im Irak) zu tun haben dürfte.

Definitionen/Bemerkungen

Aufgeführt sind Protestereignisse (z. B. Petitionen, Demonstrationen, Blockaden und Anschläge). Nicht erfasst sind Initiativen/Referenden, rein kommunikative Aktionen und Organisationsgründungen. Datenbasis ist die Berichterstattung über solche Ereignisse in den wichtigsten Schweizer Medien (Montagsausgabe). Globalisierungskritische Ereignisse werden erst seit 2000 gesondert erfasst, zuvor sind sie in anderen Kategorien enthalten (v. a. Solidaritäts- und Friedensbewegung).
Quelle: Universität Genf, Département de science politique; Forschungsprojekt «Nationaler politischer Wandel in entgrenzten Räumen» (Ludwig-Maximilians-Universität München und Universität Zürich); Details: siehe CD.
Datenaufbereitung: Sven Hutter.

Anzahl Protestereignisse von fünf sozialen Bewegungen 1976–2005

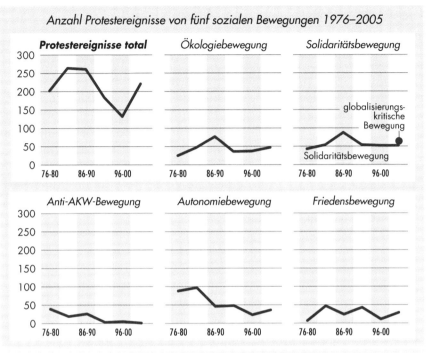

Anzahl TeilnehmerInnen an Protestereignissen
von fünf sozialen Bewegungen 1976–2005

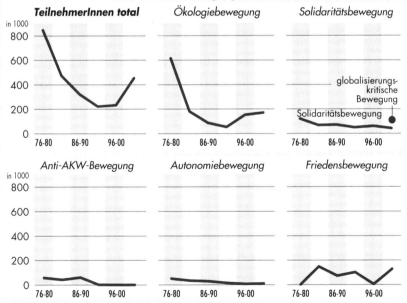

Quelle: Universität Genf, Universität Zürich, Ludwig-Maximilians-Universität München

Gewerkschaftsstärke und Arbeitskonflikte

Die Gewerkschaftsdichte (Organisationsgrad der Lohnempfänger) der Schweiz liegt in der Mitte der Vergleichsländer. Schweden hat ein wesentlich höheres Niveau, u. a. wohl, weil dort die Gewerkschaften gesetzlich verankert und auch direkt an der Handhabung der Arbeitslosigkeit beteiligt sind. Im schweizerischen, stark dezentralen Weg zur Industrialisierung spielte die Schwerindustrie mit ihren grossen städtischen Arbeiterkonzentrationen keine Rolle. Der wirtschaftliche Strukturwandel der jüngeren Zeit hat die Sektoren mit starker Gewerkschaftstradition verkleinert, und seit dem Auseinanderfallen der Sowjetunion hat die Arbeitgeberseite ihr Interesse an der Aufrechterhaltung der Sozialpartnerschaft und damit auch am Bestand aktionsfähiger Gewerkschaften zum Teil verloren.

Die im internationalen Vergleich minime Streikhäufigkeit in der Schweiz hängt einerseits mit der stark verankerten Vertragspolitik zwischen den Sozialpartnern zusammen, andererseits mit der relativen Schwäche der Gewerkschaften. Eindrücklich ist die Zunahme der Streikhäufigkeit in Spanien nach dem Zusammenbruch des Franco-Regimes.

Unmittelbar nach dem Zweiten Weltkrieg war die Streikaktivität in der Schweiz besonders intensiv (Maximum 1946). Sie verschwand während der anschliessenden Nachkriegskonjunktur weitgehend, mit Ausnahme von zwei massiven Streiks in Zürich (Malerstreik von 1954 und Gipserstreik von 1963). Angesichts der wirtschaftlichen Reaktionen auf die «Erdölkrise» stieg die Streikhäufigkeit vorübergehend wieder an, ebenso seit der Rezession der Neunzigerjahre. In den Streikphasen der unmittelbaren Nachkriegszeit und seit den Neunzigerjahren ging es vor allem um Gesamtarbeitsverträge (GAV), deren Inkrafttreten jeweils weitere Streiks weitgehend unnötig gemacht hat (jüngstes Beispiel: GAV in der Baubranche).

Definitionen/Bemerkungen

Obere Grafik: Gewerkschaftsdichte: Gewerkschaftsmitglieder in Prozent der unselbständig Erwerbstätigen (ohne Personen, die arbeitslos, selbständig, vollzeitlich in Ausbildung, pensioniert, behindert oder nicht berufstätig sind).
Mittlere und untere Grafik: Angegeben sind Streiktage aufgrund von Streiks und Aussperrungen. Frankreich: geschätzte Werte 1997–2005 (Eurostat). *Gleitendes Mittel:* siehe Glossar.
Quelle: obere Grafik: Ebbinghaus und Visser (2000), Visser (2006); *mittlere und untere Grafik:* Seco; ILO; Eurostat, NewCronos.

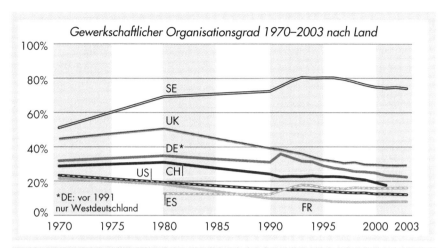

Gewerkschaftlicher Organisationsgrad 1970–2003 nach Land

Anzahl Streiktage pro 1000 Arbeitnehmende 1960–2006

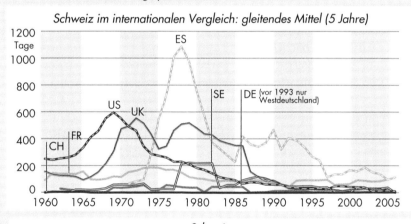

Schweiz im internationalen Vergleich: gleitendes Mittel (5 Jahre)

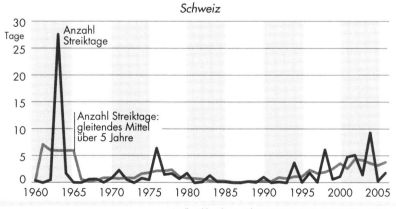

Schweiz

Quelle: Ebbinghaus und Visser 2000, Visser 2006; Seco; ILO; Eurostat

203

Initiativen und Referenden

Ähnlich wie ausserinstitutionelle politische Mobilisierungen haben auch Initiativen und Referenden Protestcharakter: sie drücken Nichteinverständnis mit einem Produkt des offiziellen politischen Prozesses aus, sind allerdings dadurch «gewichtet», dass sie nur bei genügender Zustimmung zustande kommen. Die sachbezogenen Volksrechte werden seit ihrer Einrichtung im letzten Viertel des 19. Jahrhunderts relativ beständig und zunehmend gebraucht. Die Zunahme war zwischen den Sechziger- und Neunzigerjahren verstärkt, seither kam es wieder zu einem gewissen Rückgang, aber auf einem wesentlich höheren Niveau als etwa in der Nachkriegszeit. Interessant ist, dass nur gegen einen kleinen Anteil (zwischen 3 Prozent und 13 Prozent) aller vom Parlament angenommenen Vorlagen ein Referendum ergriffen wird, was darauf zurückzuführen ist, dass entsprechend der Tradition der politischen Konkordanz über die meisten Projekte solange verhandelt wird, bis alle referendumsfähigen Gruppierungen damit einverstanden sind. Die Erfolgsrate der Initiativen (Erreichen einer zur Einreichung genügenden Unterschriftenzahl) hat seit den Sechzigerjahren leicht zugenommen.

Seit der Einführung dieser international seltenen Möglichkeit der Stimmbürger und Stimmbürgerinnen, politische Sachgeschäfte auf nationaler Ebene direkt zu beeinflussen (1891–2007), sind 350 Volksinitiativen lanciert worden, von denen 258 dank genügender Unterschriftenzahl eingereicht wurden, 162 zur Abstimmung kamen, aber nur 15 vom Volk angenommen wurden. Die übrigen wurden aus verschiedenen Gründen zurückgezogen, oft aufgrund von genügend weit gehenden Gegenvorschlägen.

Definitionen/Bemerkungen

Volksinitiativen: Damit eine Initiative zustande kommt, braucht es Unterschriften von 100000 Stimmberechtigten. Seit 1977 muss dies in einer Frist von 18 Monaten geschehen.

Referenden: Bundesgesetze, allgemeinverbindliche Bundesbeschlüsse sowie unbefristete Staatsverträge unterliegen dem fakultativen Referendum: Es kommt zu einer Volksabstimmung, falls dies 50000 Bürgerinnen und Bürger verlangen. Die Unterschriften müssen innert 100 Tagen nach der Publikation des Erlasses vorliegen. Die Unterschriftenzahl wurde 1977 von 30000 auf 50000 erhöht.

Erfolgreiche Referenden: zustande gekommen und in Abstimmung angenommen.

Nicht erfolgreiche Referenden: nicht zustande gekommen oder in Abstimmung abgelehnt.

Quelle: Bundeskanzlei, politische Rechte.

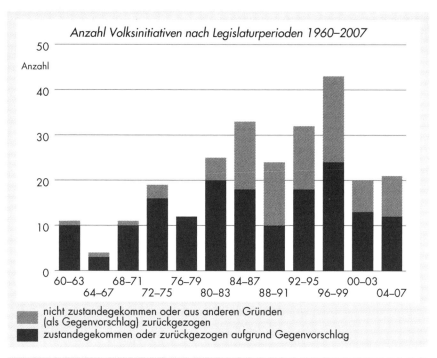

Anzahl Volksinitiativen nach Legislaturperioden 1960–2007

nicht zustandegekommen oder aus anderen Gründen (als Gegenvorschlag) zurückgezogen

zustandegekommen oder zurückgezogen aufgrund Gegenvorschlag

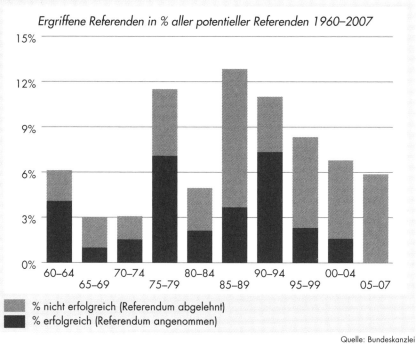

Ergriffene Referenden in % aller potentieller Referenden 1960–2007

% nicht erfolgreich (Referendum abgelehnt)

% erfolgreich (Referendum angenommen)

Quelle: Bundeskanzlei

Personen ohne Parteisympathie

Ein langfristig wachsender Anteil der Schweizer BürgerInnen will sich bei Befragungen nicht für eine bestimmte Partei entscheiden. Der Unterschied nach Bildung hat sich verstärkt, Befragte mit der geringsten Bildung zeigen die grösste Parteienferne. Während am Anfang der Achtzigerjahre dieser Anteil ohne grosse Unterschiede bei 40 Prozent lag, ist er bis zum Ende der Neunzigerjahre deutlich über 50 Prozent gestiegen. Seit dem Ende der Neunzigerjahre geht er wieder zurück und ist, mit Ausnahme der unteren Bildungsschichten, auf einem ähnlichen Niveau angelangt wie zu Beginn der Beobachtungsperiode – vermutlich ein Ausdruck der Links-Rechts-Polarisierung der letzten Jahre (vgl. Indikatoren *Parteienstärke, Konsens/Dissens der Bundesratsparteien, Wahl- und Abstimmungsbeteiligung)*. Inwiefern sich in dieser «Sympathieenthaltung» Institutionenferne, Ohnmachtsgefühle oder Verständnisprobleme ausdrücken, muss hier offen bleiben.

Als parteifern erweisen sich besonders BürgerInnen mit geringem Einkommen und geringer Bildung, die also den unteren sozialen Schichten angehören. Daneben spielt auch das Alter eine deutliche Rolle: die Älteren bekunden weniger Zurückhaltung, wenn es um Parteiensympathie geht. Dieser Zusammenhang besteht in allen verglichenen Ländern, am wenigsten in Spanien. Die Schweiz weist einen mittleren Anteil von Parteifernen auf.

Durchgängig besteht auch ein gewisser Geschlechterunterschied: in allen verglichenen Ländern entscheiden sich Frauen seltener für eine Partei als Männer. Der Unterschied ist eher schwach, lässt sich aber nicht etwa auf Bildungsunterschiede zwischen Frauen und Männern zurückführen.

Definitionen/Bemerkungen

Fragestellung: obere Grafik: «Welche heute im National- oder Ständerat vertretene Partei entspricht in den Zielen und Forderungen am ehesten Ihren eigenen Ansichten und Wünschen?» Angegeben ist der Anteil der Befragten, die keine Partei nannten; *untere und mittlere Grafik:* «Gibt es eine bestimmte politische Partei, die Ihnen näher steht als alle übrigen Parteien?» *Antwortkategorien:* «Ja», «Nein». Angegeben ist der Anteil der Befragten mit Antwort «Nein».
Bildungsstufen: tief: ISCED 0–2 (keine nachobligatorische Bildung, Anlehre);
mittel: ISCED 3–4 (Berufslehre, Matura); *hoch:* ISCED 5–6 (Fachhochschule, Universität).
Stichprobengrösse: Voxit: 1410–4032 pro Jahr; ESS 2006: 1804–2916; gewichtete Daten.
Quelle: obere Grafik: Voxit kumulierte Daten 1981–2006; *untere und mittlere Grafik:* ESS 2006.

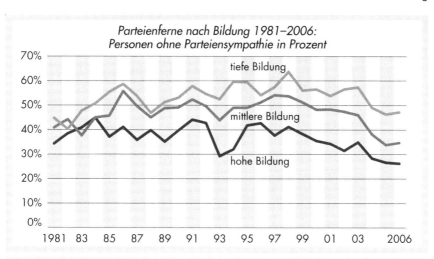

Parteienferne nach Bildung 1981–2006:
Personen ohne Parteiensympathie in Prozent

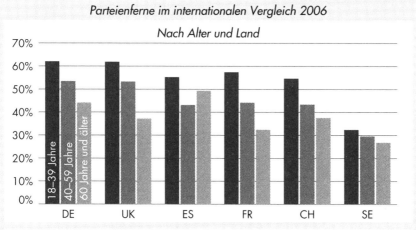

Parteienferne im internationalen Vergleich 2006

Nach Alter und Land

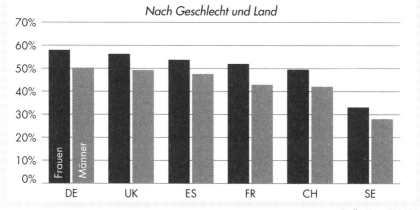

Nach Geschlecht und Land

Quelle: Voxit, ESS 2006

Parteienstärke

In den letzten dreissig Jahren haben sich die Stimmenverhältnisse der Parteien auf Bundesebene markant verändert, wenn auch insgesamt weniger radikal als es die Medien häufig nahelegen. Dies betrifft vor allem die Regierungsparteien. Die kleinen Nichtregierungsparteien haben in den letzten zwanzig Jahren an Boden verloren oder sind ganz verschwunden, meist zugunsten der ihnen ideologisch verwandten linken oder rechten Regierungsparteien.

Insgesamt erfolgte vor allem eine Umverteilungen innerhalb der beiden politischen Hauptlager: die sich deutlicher nach rechts profilierende Schweizerische Volkspartei (SVP) erstarkte auf Kosten anderer Rechts- und Mitte-Rechts-Parteien (Christlichdemokraten, Freisinn, extrem rechte Parteien), der Stimmengewinn der Grünen Partei (GPS) geschah weitgehend auf Kosten der Sozialdemokraten (SPS), in geringem Mass auch der kleinen Mitte-Parteien. Ausserdem «nationalisieren» sich die eidgenössischen Wahlen, was sich u. a. im Niedergang lokaler oder regionaler Gruppierungen ausdrückt. Im Ganzen addieren sich die Veränderungen seit dem Ende der Neunzigerjahre zu einer stärkeren Links-Rechts-Polarisierung der Kräfteverhältnisse in der eidgenössischen Legislative, zumindest im Nationalrat.

Der Anteil der Bundesratsparteien von nahezu achtzig Prozent der Gesamtstimmenzahl schwankte über die vergangenen 35 Jahre nur unwesentlich – seine relative Stabilität ist ein Ausdruck der breiten parteipolitischen Basis der schweizerischen Koalitionsregierung. Diese Stabilität drückt sich auch darin aus, dass die Anzahl der Parteien über die vergangenen vierzig Jahre nur wenig schwankt. In den Siebzigerjahren kam es zu verschiedenen Neugründungen, von denen sich aber nur wenige über die Neunzigerjahre hinaus gehalten haben, die anderen verschwanden wieder oder wurden von den grossen Parteien absorbiert.

Definitionen/Bemerkungen

Parteien: Namen siehe Abkürzungsverzeichnis. Einteilung links-rechts nach Hug und Schulz (2007).
Quelle: BFS, politische Statistik; Bundeskanzlei.

Parteien in der Schweiz: Nationalratswahlen 1971–2007

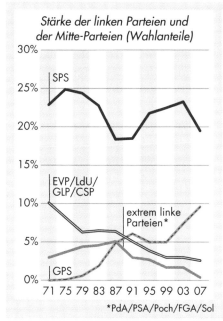

Stärke der linken Parteien und der Mitte-Parteien (Wahlanteile)

SPS

EVP/LdU/ GLP/CSP

extrem linke Parteien*

GPS

*PdA/PSA/Poch/FGA/Sol

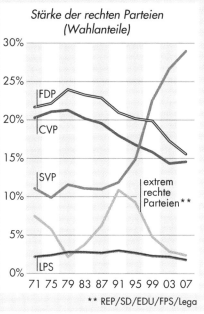

Stärke der rechten Parteien (Wahlanteile)

FDP

CVP

SVP

extrem rechte Parteien**

LPS

** REP/SD/EDU/FPS/Lega

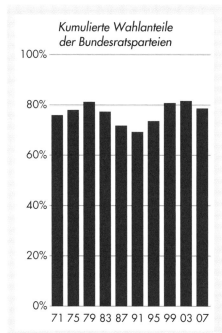

Kumulierte Wahlanteile der Bundesratsparteien

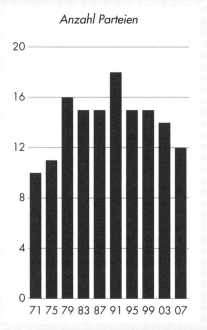

Anzahl Parteien

Quelle: BFS, Bundeskanzlei

209

Wählerschaft der Parteien

Wer wählt in der Schweiz welche Partei? Die Sozialdemokratische (SPS) und die Grüne Partei (GPS) sind bei den Jüngeren beliebter, die Christlichdemokratische (CVP), die Freisinnige (FDP) und die Schweizerische Volkspartei (SVP) bei den Älteren (CVP: 2007 verschwindender Altersunterschied, SPS: sinkende Unterstützung bei Jungen). Bei der SVP ist die Altersschere besonders offen. Auch nach Geschlecht bestehen Unterschiede: die SVP wird stärker von Männern gewählt, die SPS und die GPS stärker von Frauen.

SPS und GPS, aber auch FDP sind bei höher Gebildeten beliebter, für SVP und CVP ist der Zusammenhang umgekehrt, aber unregelmässig: bei der CVP schwächt er sich ab, während sich bei der SVP in jüngster Zeit (2007) eine Abkehr der gut Gebildeten abzeichnet. Unterschiede nach Einkommen gibt es für SPS, CVP und GPS kaum, aber: je höher das Einkommen, desto eher wählt man FDP und desto weniger SVP.

Insgesamt entspricht keine der Regierungsparteien klar einer sozialen Schicht oder Kategorie; die direkte Wählerunterstützung entspricht nicht der Vorstellung von Klassenparteien. Feinere Analysen zeigen aber, dass SPS und GPS ihre Unterstützung besonders bei den gut gebildeten sozialen und kulturellen Spezialisten finden (Sozial- und Pflegeberufe, LehrerInnen, medizinische Berufe u. Ä.), die stark mit Symbolen, kulturellen Gehalten und menschlichen Beziehungen arbeiten und entsprechende reflexive und relationale Kompetenzen erfordern. Die soziale Basis der ursprünglichen Arbeiterpartei SPS hat sich also beträchtlich verschoben, ähnlich wie jene der SVP, die ihre Geschichte als Bauern- und Gewerbepartei anfing. Die FDP findet ihre Unterstützung nach wie vor besonders unter Managern und Selbständigen.

Definitionen/Bemerkungen

Fragestellung: «Von welcher Partei haben Sie (bei den letzten Nationalratswahlen) am meisten Leute gewählt?» Parteinamen: siehe Abkürzungsverzeichnis.

Bildungsstufen: tief: ISCED 0–2 (keine nachobligatorische Bildung, Anlehre); *mittel:* ISCED 3–4 (Berufslehre, Matura); *hoch:* ISCED 5–6 (Fachhochschule, Universität).

Einkommen: «Wie schätzen Sie das Einkommen von Ihrem Haushalt im Vergleich zum schweizerischen Durchschnitt ein?» *Antwortkategorien:* «unter dem Durchschnitt», «etwa dem Durchschnitt entsprechend», «über dem Durchschnitt».

Stichprobengrösse: Selects 1900 (1995), 2000 (1999), 5891 (2003), 4410 (2007). Die Daten sind (neben der üblichen Gewichtung) dem offiziellen Wahlergebnis entsprechend gewichtet, da vor allem die SPS-Wählenden in den Befragungen überrepräsentiert sind.

Quelle: Selects 1995, 1999, 2003, 2007.

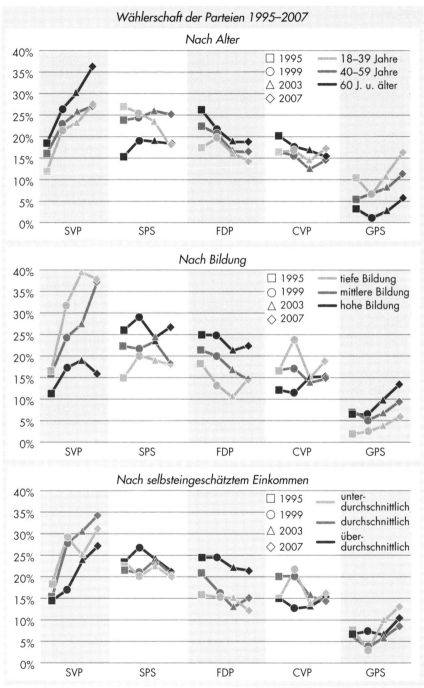

Wählerschaft der Parteien 1995–2007

Nach Alter

Nach Bildung

Nach selbsteingeschätztem Einkommen

Quelle: Selects 1995, 1999, 2003, 2007

Frauen in der Politik

Im internationalen Vergleich nimmt die Schweiz hinsichtlich des Frauenanteils im nationalen Parlament eine mittlere Stellung ein. In sämtlichen betrachteten Ländern ist die Entwicklung zur Gleichstellung noch unterwegs, nur Schweden ist bereits in der Nähe der 50%-Marke angekommen.

Seit der politischen Gleichberechtigung der Frauen in der Schweiz (1971) ist ihr Anteil in allen politischen Gremien ständig gestiegen, wenn auch langsam. Die gegenwärtige Bundesregierung ist dagegen mit drei Frauen und vier Männern im Bundesrat und einer Bundeskanzlerin der Parität erstaunlich nahe.

Alle Regierungsparteien sind an diesem Trend des steigenden Frauenanteils beteiligt, jedenfalls was den Nationalrat betrifft. Die Schweizerische Volkspartei (SVP) erreicht den niedrigsten Frauenanteil, die Grüne Partei (GPS) mit über fünfzig Prozent den höchsten. Interessanterweise sinkt in der SVP der Frauenanteil in der Phase des grössten Erstarkens der Partei.

Der Vergleich der Frauenanteile auf den Wahllisten und unter den Gewählten zeigt bei fast allen Parteien eine Senkung des Anteils durch die Wahlentscheide der Stimmberechtigten. Dies kann auf mehrere Gründe zurückzuführen sein, etwa «Schaufensterstrategien» von Parteien, die sich durch forcierte Aufstellung von nicht sehr chancenreichen Kandidatinnen ein frauenfreundliches Images geben wollen, aber auch direkte Widerstände unter den WählerInnen. Offensichtlich sind im Wahlprozedere Bremsen gegenüber einer rascheren Angleichung weiblicher und männlicher Anteile wirksam. Dass bei SPS und CVP nach 1999 die Frauenanteile auf den Listen auf das (steigende) Niveau der Anteile unter den Gewählten sinkt, dürfte mit der Einführung getrennter Männer- und Frauenlisten und anderer Taktiken («Zebralisten», auf denen sich Frauen und Männer abwechseln) zusammenhängen, die eine Verbesserung der Gleichbehandlung anstreben.

Definitionen/Bemerkungen

Obere Grafik: Anteil der gewählten Frauen bei den letzten Wahlen; UK: Unterhaus 2005; US: Repräsentantenhaus 2004; CH: Nationalrat 2007; DE: 2005; FR: 2007; SE: 2006; ES: 2004.

Untere Grafik: Nationalratswahlen. Parteinamen: siehe Abkürzungsverzeichnis.

Quelle: obere Grafik: UNECE; *mittlere und untere Grafiken:* BFS, politische Statistik.

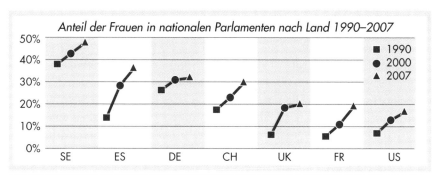

Anteil der Frauen in nationalen Parlamenten nach Land 1990–2007

■ 1990
● 2000
▲ 2007

Anteil der Frauen in nationalen und kantonalen Parlamenten und Exekutiven in der Schweiz 1971–2007

■ 1971
● 1983
▲ 1995
◆ 2007

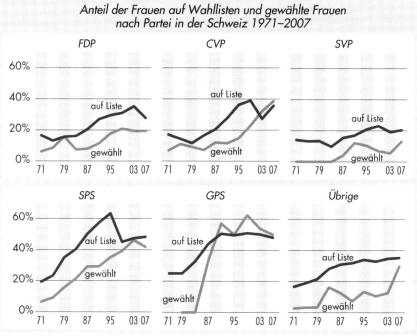

Anteil der Frauen auf Wahllisten und gewählte Frauen nach Partei in der Schweiz 1971–2007

Quelle: BFS, UNECE

Konsens/Dissens der Bundesratsparteien

Wie weit stimmen die Regierungsparteien überein? Die De-facto-Koalitionen aufgrund der Parteiparolen bei Volksabstimmungen zeigen, dass nach dem häufigsten Muster die drei bürgerlichen Parteien zusammen gegen die Sozial-demokratische Partei (SPS) standen, dass es aber während der Siebziger- und Neunzigerjahre auch oft zu Übereinstimmungen zwischen allen vier Regierungsparteien kam (insgesamt dauerte die Periode hoher Uebereinstimmung praktisch vom Kriegsende bis zur Mitte der Siebzigerjahre) – eine Situation, die seit der Mitte der Neunzigerjahre deutlich seltener wurde. Zugenommen hat die früher seltene Übereinstimmung von Freisinnig-demokratischer Partei (FDP), Christlichdemokratischer Volkspartei (CVP) und SPS gegen die Schweizerische Volkspartei (SVP). Andere Konstellationen spielen eine vernachlässigbare Rolle, sind aber insgesamt auch etwas häufiger geworden.

Vergleicht man die Parolenkoalitionen paarweise, so zeigt sich *erstens* eine hohe Übereinstimmung zwischen den bürgerlichen Parteien FDP, CVP und SVP, mit deutlich sinkender Tendenz über die letzten 35 Jahre, besonders im Fall der SVP; *zweitens* eine geringere und wesentlich schneller sinkende Übereinstimmung zwischen der SPS und den drei bürgerlichen Parteien, besonders ausgeprägt zwischen SPS und SVP, wobei allerdings nach dem «Konsenstief» zu Ende der Achtzigerjahre eine Tendenz zu einem stärkeren Zusammengehen von SPS, FDP und CVP gegenüber der SVP erkennbar ist; *drittens* eine in der letzten Legislaturperiode zur ausgesprochenen Seltenheit gewordene Übereinstimmung zwischen SPS und SVP.

Unter den Regierungsparteien bestehen also zwei Gegenüberstellungen, eine Hauptopposition links/rechts (SPS kontra bürgerliche Parteien) und eine Nebenopposition unter den bürgerlichen Parteien, die ebenfalls auf der Links-Rechts-Dimension (Rechts kontra Mitte) verortbar ist (SVP gegen die beiden anderen bürgerlichen Parteien). Die Links-Rechts-Polarisierung kommt so auch auf der Ebene der Abstimmungsparolen zum Ausdruck.

Definitionen/Bemerkungen

Quelle: Simon Hug und Ioannis Papadopoulos, Résultats des votations fédérales et prises de position des partis politiques et des groupes d'intérêt (Sidos/FORS); Institut für Politikwissenschaft, Universität Bern; BFS, politische Statistik.

Konstellationen unter den Bundesratsparteien bei Volksabstimmungen 1972–2007

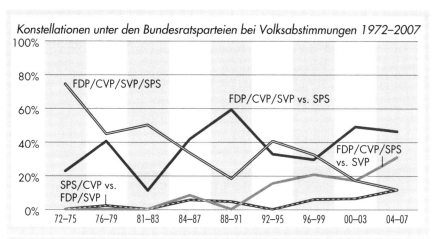

Parolenübereinstimmung zwischen den Bundesratsparteien
bei eidgenössischen Volksabstimmungen in den Legislaturperioden 1972–2007

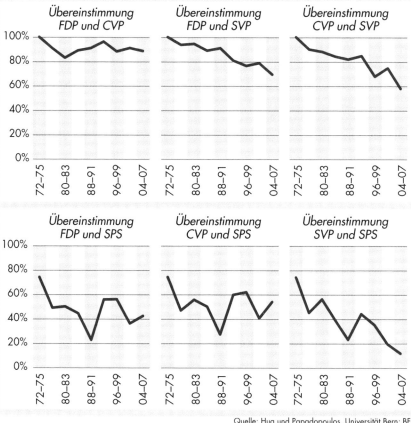

Quelle: Hug und Papadopoulos, Universität Bern; BFS

Wahl- und Abstimmungsbeteiligung

Dass die Wahl- und Abstimmungsbeteiligung zurückgeht, war während langer Zeit eine Tatsache, aber auch ein Klischee. Langfristig sank die Wahlbeteiligung von rund 80 Prozent zu Beginn des 20. Jahrhunderts, immer noch 70 Prozent anfangs der Fünfzigerjahre, auf rund 50 Prozent dreissig Jahre später. Der bisherige Tiefpunkt wurde allerdings bereits 1995 mit 42,2 Prozent erreicht, seither ist die Tendenz wieder schwach steigend, vor allem wohl aufgrund der verstärkten Parteienpolarisierung. Die Stimmbeteiligung lag lange Zeit deutlich unter der Wahlbeteiligung und schwankte stark zwischen den einzelnen Vorlagen (grosse Unterschiede treten erst seit dem Ende der Sechzigerjahre und nur sehr unregelmässig auf). Die beiden Verläufe haben sich während der Achtzigerjahre einander angenähert und decken sich seither.

Unterschiedlich ist nach wie vor die Stimm- und Wahlbeteiligung zwischen den Kantonen (Wahlbeteiligung: zwischen rund 20 Prozent und 65 Prozent), mit einer seit langem unbestrittenen Spitzenposition von Schaffhausen, wo Nichtbeteiligung traditionell durch eine – wenn auch eher symbolische – Busse geahndet wird. Die besonders niedrigen Beteiligungen in den beiden Appenzell, Uri und Glarus dürften aus den dort besonders häufigen Parteiabsprachen resultieren, welche den Entscheidungswert der Wahlen stark vermindern.

International vergleichen lässt sich die Schweiz nur in Bezug auf die Wahlbeteiligung, doch ist auch dieser Vergleich nicht unproblematisch, weil das Nebeneinander von Abstimmungen und Wahlen, das sie mit keinem anderen Land teilt (trotz vereinzelten Referenden in anderen Ländern und systematischen Sachabstimmungen in einigen Staaten der USA) und auch der starke Föderalismus (kantonale Wahlen gelten als ebenso wichtig wie die nationalen) die Bedeutung der Wahlen auf nationaler Ebene relativiert. Es erstaunt deshalb nicht, dass die Wahlbeteiligung der Schweiz tiefer liegt als in den meisten Vergleichsländern.

Definitionen/Bemerkungen

Obere Grafik: Abstimmungen: durchschnittliche, maximale und minimale Beteiligung pro Legislaturperiode. *Wahlen:* Wahlbeteiligung bei Nationalratswahlen.

Mittlere Grafik: ohne NW (stille Wahl). Kantonsnamen: siehe Abkürzungsverzeichnis.

Untere Grafik: Wahljahre (für nationale Parlamente): siehe CD. Ländernamen: siehe Abkürzungsverzeichnis.

Quelle: obere zwei Grafiken: BFS, politische Statistik; *untere Grafik:* International Institute for Democracy and Electoral Assistance (IDEA).

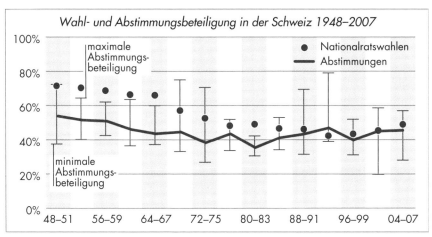

Wahl- und Abstimmungsbeteiligung in der Schweiz 1948–2007

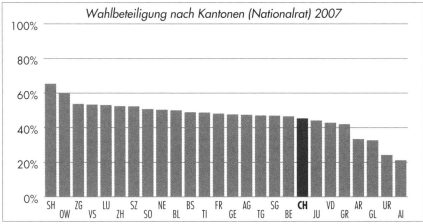

Wahlbeteiligung nach Kantonen (Nationalrat) 2007

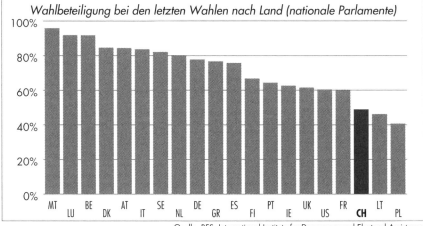

Wahlbeteiligung bei den letzten Wahlen nach Land (nationale Parlamente)

Quelle: BFS, International Institute for Democracy and Electoral Assistance

Regierungskonsens und Abstimmungsergebnisse

Der Konsens oder Dissens zwischen den Regierungsparteien beeinflusst die Zustimmung zu den Vorlagen in Volksabstimmungen. Geben alle Regierungsparteien Ja-Parolen aus, ist mit einem Maximum an Zustimmung zu rechnen, geben alle Nein-Parolen aus, mit einem Maximum an Ablehnung. Bei gemischten Situationen hat die Schweizerische Volkspartei (SVP) ein grösseres Gewicht als die Sozialdemokratische Partei (SPS): wenn die SVP gegen eine Koalition der anderen drei Regierungsparteien steht, beeinflusst sie das Abstimmungsresultat stärker in ihrem Sinn als die SPS, wenn diese sich in derselben Situation befindet. Ausserdem findet ein ausscherendes Nein (gegen drei Ja) deutlich mehr Gehör als ein ausscherendes Ja (gegen drei Nein). Zu bedenken ist allerdings, dass die Parteien abweichende Parolen meist nur dann ausgeben, wenn sie sich echte Gewinnchancen ausrechnen.

Zu Beginn der Achtzigerjahre, zu Beginn der Neunzigerjahre und erneut seit 2004 lag die Ablehnungsquote der SPS nahe jener der bürgerlichen Parteien, dazwischen entfernten sich die beiden Lager in der Gunst der Stimmenden. Diese zeitlichen Schwankungen stimmen weitgehend mit jenen der Parolenkonstellation «bürgerliche Regierungsparteien gegen SPS» überein.

Insgesamt tendiert das Stimmvolk dazu, den Parolen der Regierungsparteien weniger zu folgen als früher – was mit der ebenfalls steigenden Tendenz des Vertrauens in verschiedene politische Instanzen kontrastiert.

Definitionen/Bemerkungen

Bundesratsparteien: FDP, CVP, SPS, SVP (Parteinamen: siehe Abkürzungsverzeichnis).

Abstimmungsniederlagen: Angegeben ist der Anteil der Abstimmungsniederlagen in Prozent aller Abstimmungen.

Quelle: Simon Hug und Ioannis Papadopoulos, Résultats des votations fédérales et prises de position des partis politiques et des groupes d'intérêt (Sidos/FORS); Institut für Politikwissenschaft, Universität Bern; BFS, politische Statistik.

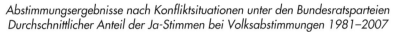

Abstimmungsergebnisse nach Konfliktsituationen unter den Bundesratsparteien
Durchschnittlicher Anteil der Ja-Stimmen bei Volksabstimmungen 1981–2007

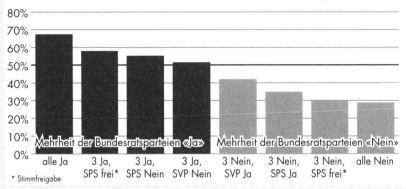

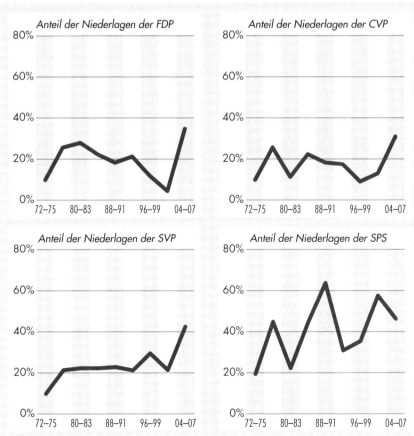

Quelle: Hug und Papadopoulos, Universität Bern; BFS

219

Regionale Abstimmungsunterschiede

Bei den meisten Abstimmungsresultaten bestehen beträchtliche Unterschiede zwischen Kantonen und zwischen Gemeinden. Die Logiken, denen diese Unterschiede folgen, sind mit den durch die Vorlagen angesprochenen Interessendimensionen verknüpft.

Diese Unterschiede entwickeln sich im Zeitablauf nicht linear. Grössere Deutsch-Welsch-Differenzen bei den Abstimmungsresultaten waren in den Neunzigerjahren häufiger als in den Achtzigerjahren und sind seit 2000 wieder seltener geworden. Dies kann damit zusammenhängen, dass sich die politischen Präferenzen zwischen den beiden sprachkulturellen Landesteilen unterschiedlich entwickeln. Es kann aber auch darauf zurückgehen, dass die Abstimmungsvorlagen nicht in jeder Periode gleichermassen jene Interessendivergenzen betreffen, die sprachkulturell markiert sind. Grosse Unterschiede bestanden beispielsweise bei den EU-Abstimmungen und jenen, die den privaten Autoverkehr betrafen; beide fielen in die Neunzigerjahre.

Grosse Land-Stadt-Differenzen sind regelmässig seltener geworden. Die Bevölkerungszusammensetzung der meisten ländlichen Gemeinden hat sich in den letzten dreissig Jahren «rurbanisiert». Viele ländliche Gemeinden sind in den Pendlerbereich von Städten gerückt und Städter siedeln sich vermehrt dort an, sodass in engerem Sinne ländliche Verhältnisse nur noch in schwach bevölkerten, peripheren Regionen vorwiegen, die abstimmungsmässig wenig ins Gewicht fallen. Die hier benützte Unterscheidung von Stadt und Land verwischt deshalb die Unterschiede und entspricht eher den zahlenmässigen Kräfteverhältnissen als den Unterschieden zwischen extremen Kontexttypen.

Definitionen/Bemerkungen

Mittlere Grafik: Unterscheidung Stadt/Land nach Definition BFS. Details: siehe CD.
Quelle: BFS, politische Statistik.

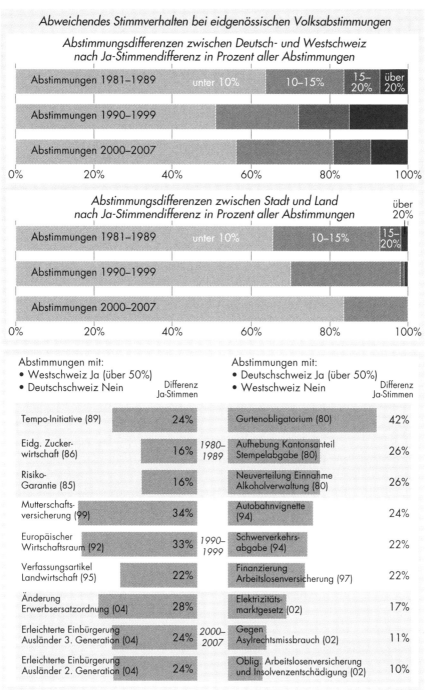

Abweichendes Stimmverhalten bei eidgenössischen Volksabstimmungen

Abstimmungsdifferenzen zwischen Deutsch- und Westschweiz
nach Ja-Stimmendifferenz in Prozent aller Abstimmungen

Abstimmungen 1981–1989 — unter 10% — 10–15% — 15–20% — über 20%

Abstimmungen 1990–1999

Abstimmungen 2000–2007

0%   20%   40%   60%   80%   100%

Abstimmungsdifferenzen zwischen Stadt und Land
nach Ja-Stimmendifferenz in Prozent aller Abstimmungen

über 20%

Abstimmungen 1981–1989 — unter 10% — 10–15% — 15–20%

Abstimmungen 1990–1999

Abstimmungen 2000–2007

0%   20%   40%   60%   80%   100%

Abstimmungen mit:
• Westschweiz Ja (über 50%)
• Deutschschweiz Nein

Differenz
Ja-Stimmen

Tempo-Initiative (89)	24%	
Eidg. Zucker-wirtschaft (86)	16%	1980–1989
Risiko-Garantie (85)	16%	
Mutterschafts-versicherung (99)	34%	
Europäischer Wirtschaftsraum (92)	33%	1990–1999
Verfassungsartikel Landwirtschaft (95)	22%	
Änderung Erwerbsersatzordnung (04)	28%	
Erleichterte Einbürgerung Ausländer 3. Generation (04)	24%	2000–2007
Erleichterte Einbürgerung Ausländer 2. Generation (04)	24%	

Abstimmungen mit:
• Deutschschweiz Ja (über 50%)
• Westschweiz Nein

Differenz
Ja-Stimmen

Gurtenobligatorium (80)	42%
Aufhebung Kantonsanteil Stempelabgabe (80)	26%
Neuverteilung Einnahme Alkoholverwaltung (80)	26%
Autobahnvignette (94)	24%
Schwerverkehrs-abgabe (94)	22%
Finanzierung Arbeitslosenversicherung (97)	22%
Elektrizitäts-marktgesetz (02)	17%
Gegen Asylrechtsmissbrauch (02)	11%
Oblig. Arbeitslosenversicherung und Insolvenzentschädigung (02)	10%

Quelle: BFS

221

Polarisierung und Politisierung in der Schweiz

Marco Giugni und Pascal Sciarini

1 Einleitung

Die für ihre Stabilität bekannte Schweizer Politik war während der letzten 15 Jahre Gegenstand tiefgreifender Transformationen. Im vorliegende Beitrag sollen diese Transformationen dargestellt werden, wobei zwei bedeutenden Aspekten der Veränderung besondere Aufmerksamkeit gilt: der Polarisierung und der Politisierung. Der erste Teil dieses Beitrags befasst sich mit der Polarisierung unter dem Aspekt der in der Schweiz in Erscheinung tretenden neuen politischen Konfliktlinie, die «Gewinner» und «Verlierer» der Globalisierung einander gegenüberstellt. Wir beschreiben zunächst die Ursachen dieser Konfliktlinie, ihre unterschiedlichen Komponenten und die Rolle, die sie bei zwei wichtigen Veränderungen innerhalb des Schweizer Parteiensystems spielen: der Verschiebung der Kräfteverhältnisse zwischen den Parteien und der Nationalisierung des Parteiensystems. In einem weiteren Schritt befassen wir uns mit dem Konflikt zwischen den Regierungsparteien. Der zweite Teil des Beitrags befasst sich in vergleichbarer Weise mit der Frage nach einer eventuellen Zunahme der Politisierung der Schweizer Bevölkerung auf Grundlage einer Untersuchung konventioneller und nichtkonventioneller Formen politischer Partizipation. Wir beschäftigen uns nacheinander mit der Entwicklung der Wahl- und Abstimmungsbeteiligung, sowie der Manifestation unterschiedlicher Formen politischen Protestes sowohl auf individueller (politische Aktivitäten), als auch auf kollektiver Ebene (soziale Bewegungen). Im dritten Teil wird die Analyse um die Frage erweitert, ob und in welchem Ausmass Polarisierung und Politisierung mit einer Verschlechterung des Verhältnisses zwischen Bürgern und politischen Autoritäten einhergehen. Im Rahmen des Möglichen wird die Darstellung des Falls der Schweiz durch eine ländervergleichende Betrachtung ergänzt.

2 Polarisierung

2.1 Eine neue politische Konfliktlinie

Gemäss einer weit verbreiteten Definition setzt eine «politische Konfliktlinie» die Existenz einer *strukturellen* oder sozialen Spaltung, einen *normativen* Gegensatz zwischen den betroffenen gesellschaftlichen Gruppen und eine *politische* Artikulation dieser Spaltung durch Institutionen oder Organisationen, wie etwa politische Parteien, voraus. Im letzten Sozialbericht hat Rothmayr (2004) gezeigt, dass innerhalb der Schweizer Bevölkerung ein neuer, *normativer* Gegensatz in der Dimension «Öffnung-Schliessung» oder «Modernisierung-Tradition» sichtbar wird, d. h. ein Gegensatz hinsichtlich dem wünschenswerten Grad der internationalen Öffnung der Schweiz und der Modernisierung ihrer Institutionen (Brunner und Sciarini, 2002; Bornschier und Helbling, 2005; vgl. auch Indikator *Politische Überzeugungen*). Diese neue Konfliktlinie ist eine direkte Folge des Globalisierungsprozesses und der Internationalisierung der Politik und beinhaltet drei ursächliche Faktoren: einen ökonomischen, einen politischen und einen kulturellen. Auf der ökonomischen Ebene beschleunigt der Wegfall der Nationalgrenzen den Prozess ökonomischer Modernisierung, steigert die Konkurrenz auf dem Arbeitsmarkt und nährt somit Umverteilungskonflikte. Auf der politischen Ebene verengt die wachsende Interdependenz den Handlungsspielraum der Staaten und erschüttert die klassische, von Unabhängigkeit geprägte Schweizer Weltanschauung in ihren Grundfesten. Auf der kulturellen Ebene bilden die «Verschmelzung» der Kulturen und die Zunahme der Migrationsbewegungen eine Herausforderung nationaler Identitäten, vor allem derjenigen, die wie im Fall der Schweiz auf die Verteidigung nach aussen gegründet sind.

Für ein europäisches Land stellt sich der Prozess der Globalisierung in erster Linie als Prozess der Europäisierung dar. Dies gilt selbst für ein Land wie die neutrale und nicht zu den Mitgliedsstaaten der Europäischen Union (EU) zählende Schweiz. So ist der Konflikt «Öffnung-Schliessung» in der Schweiz vor allem durch die Frage der europäischen Einigung geprägt: zum einen, da die europäische Politik seit Ende der Achtzigerjahre im Mittelpunkt der politischen Agenda der Schweiz steht, und zum anderen, da die Schweiz trotz der Ablehnung einer Mitgliedschaft in der EU weitgehend von den Entscheidungen beeinflusst wird, die auf europäischer Ebene getroffen werden.

Der Konflikt «Öffnung-Schliessung» drückt auf normativer Ebene den auf *sozio-struktureller* Ebene bestehenden Gegensatz zwischen «Gewinnern» und «Verlierern» der Globalisierung aus: auf Seiten der «Gewinner» finden sich die Vertreter der «neuen Mittelschicht» (insbesondere die soziokulturellen Berufe) und die freien Berufe, von denen angenommen wird, dass sie von der

Öffnung der Grenzen profitieren; auf Seiten der «Verlierer» stehen die alte Mittelschicht (Bauern, Handwerker, Kleinhandel) und die Arbeitermilieus, die die internationale Öffnung als Bedrohung begreifen und sich davor zu schützen versuchen.

Auf der *politischen* Ebene wird der Konflikt zwischen «Gewinnern» und «Verlierern» seit Anfang der Neunzigerjahre einerseits durch die Schweizerische Volkspartei (SVP) und andererseits durch die Sozialdemokratische Partei (SPS) und die Grünen artikuliert (Brunner und Sciarini, 2002). Diese politische Artikulation, die es bereits 1995 in den konfessionell gemischten deutschschweizer Kantonen (Kriesi, 1998) gab, hat sich mittlerweile auch auf die katholischen deutschschweizer Kantone und dann auf die Romandie ausgeweitet.

Dieser neue Gegensatz erfüllt somit die drei Kriterien – strukturell, normativ und politisch – zur Definition einer politischen Konfliktlinie. Aus der Bestätigung dieser Konfliktlinie zwischen «Gewinnern» und «Verlierern» ergibt sich als logische Folge eine Neuformulierung des Klassenkonflikts. Dieser stellt in seiner traditionellen Form die Unternehmer bezüglich der Verteilung der intern erwirtschafteten Güter in ein Spannungsverhältnis zur Arbeiterschaft und ist nun mit dieser neuen Konfliktlinie konfrontiert, bei der hinsichtlich der ökonomischen und kulturellen Auswirkungen der internationalen Öffnung die Arbeitermilieus und die alte Mittelschicht der neuen Mittelschicht entgegengesetzt werden.

In der Folge der Arbeiten Kriesis (1998) haben mehrere Untersuchungen die Konturen dieser Spaltung genauer beschrieben. Für die Schweiz haben die Untersuchungen der Selects-Studie (Schweizer Wahlstudien) zum einen die enge Übereinstimmung zwischen der strukturellen Komponente (Gegensatz «Gewinner-Verlierer») und der normativen Komponente (Gegensatz «Öffnung-Schliessung») dieser Spaltung belegt. Zum anderen haben sie gezeigt, dass diese Spaltung ein Schlüsselfaktor für die Erklärung des Machtzuwachses der SVP in den Neunzigerjahren ist (insbesondere Kriesi et al., 2005b; Mazzoleni, 2003; Rennwald, 2006). Nach diesen Untersuchungen wenden sich die als traditionelle Bastion der Linken geltenden Arbeitermilieus zunehmend der nationalistischen und konservativen Rechten (SVP) zu,[1] während die SPS durch die neue Mittelschicht verstärkt wird.

---

1   Auch wenn es nicht angebracht ist, einer eingeschränkten Lesart zu folgen, nach der die von der Globalisierung ausgelösten Ängste zwangsläufig alle bedrohten Personen zur Wahl der SVP veranlassen, stimmen die empirischen Anzeichen doch insoweit überein, dass ein solcher Prozess *tendenziell* tatsächlich im Gang ist. Wir verweisen im Übrigen darauf, dass dem jüngsten Auftrieb der konservativen und nationalen Rechten eine Welle der Fremdenfeindlichkeit vorausgegangen ist, die allerdings nicht

Ausserhalb des Parteiensystems lässt sich zudem feststellen, dass diese neue Spaltung auch über die direkte Demokratie bei den Volksabstimmungen zu internationalen Fragen – insbesondere zur europäische Integration der Schweiz – und solchen zur Asyl-, Einwanderungs- und Ausländerpolitik oder zu institutionellen Reformen zum Ausdruck kommt (Christin et al., 2002).

Die These, dass der Prozess der Globalisierung als Ursache einer neuen politischen Konfliktlinie zu sehen ist, findet sich nicht nur in der Schweiz. Sie wird in verschiedenen internationalen Arbeiten bestätigt, die zudem oft auf die Rolle der europäischen Integration beim Entstehen dieser Konfliktlinie verweisen (insbesondere Hooghe und Marks, 2005). Zwar wird die normative Dimension der Konfliktlinie in den einzelnen Studien unterschiedlich charakterisiert («Integration versus Demarkation», «Universalismus versus Anti-Universalismus», «Inklusion versus Exklusion»), ihr allgemeiner Inhalt bleibt jedoch weitgehend mit dem zuvor für die Schweiz beschriebenen identisch. Auch wird in diesen internationalen Arbeiten ebenfalls die Meinung geäussert, dass diese neue Spaltung auf struktureller Ebene im Gegensatz zwischen «Gewinnern» und «Verlieren» sichtbar wird und das Humankapital, insbesondere das Bildungsniveau, einen entscheidenden Faktor für die Positionierung der Individuen auf dieser Konfliktlinie darstellt.

In vergleichender Sicht weisen die vorhandenen Untersuchungen jedoch eher darauf hin, dass diese neue Spaltung in der Schweiz besonders deutlich hervortritt. Erstens ist, auf der normativen Ebene, die durch den Gegensatz «Öffnung-Tradition» verursachte Polarisierung in der Schweiz offenbar ausgeprägter als anderswo (Brunner und Sciarini, 2002). Zweitens ist auch die politische Artikulation des Gegensatzes «Gewinner-Verlierer» in der Schweiz offensichtlicher als in anderen Ländern wie Grossbritannien oder Deutschland (Oesch, 2007a): in der Schweiz ist die neue Konfliktlinie «Gewinner-Verlierer» fortan ausschlaggebend für das Wählerverhalten. In Grossbritannien oder Deutschland dagegen gilt immer noch die traditionelle Klassentrennung: die Arbeiterschaft stimmt für die Linke, Bürgertum, Handwerk und Handel stimmen für die Rechte. Eine vergleichende Untersuchung in sechs Ländern (Deutschland, England, Österreich, Frankreich, den Niederlanden und der Schweiz) zeigt die Schweiz als das Land, in dem die europäische Integration am meisten zur Neubestimmung der politischen Spaltungen und des Parteiensystems zwischen den Siebziger- und den Neunzigerjahren beigetragen hat (Kriesi et al., 2006). Dies hängt eventuell auch damit zusammen, dass es sich hier um jenes Land handelt, in dem die europäische Integration die grösste Rolle im Wahlkampf bei den nationalen Wahlen spielt (Kriesi, 2007).

---

so stark war wie zu Beginn der Siebzigerjahre (Entstehung der Nationalen Aktion, Volksinitiativen gegen Ausländer).

In anderer Hinsicht unterscheidet sich die Schweiz nicht grundlegend von anderen Ländern wie Belgien, Frankreich oder Norwegen, in denen eine rechtspopulistische Partei besteht (Oesch, 2007b). In allen diesen Ländern weisen die rechtspopulistischen Parteien das gemeinsame Merkmal einer starken Verankerung in der Arbeiterschaft und den alten Mittelschichten auf. Ebenso wird in diesen Ländern die Unterstützung dieser Parteien durch eine Kombination wirtschaftlicher und kultureller Faktoren bestimmt, wobei letztere – die man genauer als Furcht vor den kulturellen Auswirkungen bezeichnen kann, die mit der Öffnung der Grenzen und der Immigration verbunden sind – offenbar eher massgeblich sind als erstere. Aufgrund dieser Ergebnisse, die mit den Feststellungen der meisten Arbeiten übereinstimmen, spielt der Identitätsbezug bei der Entwicklung isolationistischer Haltungen eine grössere Rolle als das Gefühl wirtschaftlicher Bedrohung.

2.2 Veränderung des Parteiensystems

Die Wahlerfolge der politischen Parteien sind weitgehend von ihrer Fähigkeit abhängig, die Wähler und Wählerinnen bezüglich der grossen Konfliktlinien zu mobilisieren, die im jeweiligen Land bestehen. Auch wenn die Erklärung für die ständigen Stimmenzuwächse der SVP nicht auf einen einzelnen Faktor zurückgeführt werden können, ist es sehr wahrscheinlich, dass die neue Konfliktlinie «Gewinner-Verlierer» massgeblich dazu beigetragen hat.

Der gewaltige Machtzuwachs der SVP während der letzten 15 Jahre ist zweifellos das spektakulärste Phänomen der Schweizer Politik (vgl. *Abbildung 1*) Zwischen 1991 und 2007 hat sich der Stimmenanteil der SVP bei den Nationalratswahlen mehr als verdoppelt und ist von 11,9 Prozent auf 28,9 Prozent gestiegen.

Obwohl die kantonalen Wahlen[2] der Periode 2003–2007 sowie die Analyse des Wählerpotentials der SVP und ihres Erfolgs bei der Mobilisierung ihrer Wähler (Kriesi et al., 2005b; Lutz, 2006) eine Stagnation der SVP bei den eidgenössischen Wahlen von 2007 ankündigten, konnte letztere dennoch einen Stimmenzuwachs von 2,2 Prozent gegenüber 2003 verzeichnen. Am anderen Ende des politischen Spektrums hat die SPS eine empfindliche

---

2 Nach dem Index des Stimmenanteils der Parteien in den Kantonsparlamenten, der die unterschiedlichen Grössen der Kantone berücksichtigt, indem die Anzahl der Parlamentssitze entsprechend der Einwohnerzahl des jeweiligen Kantons gewichtet werden – und der somit direkt mit dem Stimmenanteil der im Nationalrat vertretenen Parteien vergleichbar ist –, wurde die SVP 2007 mit 23,4 Prozent Prozent der Parlamentssitze zur stärksten Partei in den Schweizer Kantonen, hat jedoch zwischen 2003 und 2007 lediglich 0,8 Prozent der zusätzlichen Sitze gewonnen (vgl. Sciarini und Bochsler, 2007).

*Abbildung 1:   Entwicklung des Wahlanteils ausgewählter
                  Nationalratsparteien, 1919–2007*

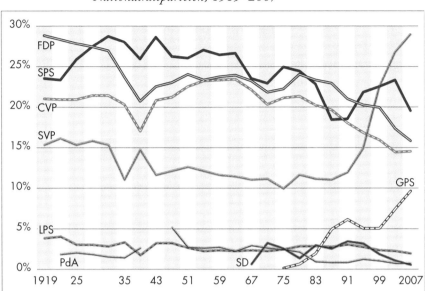

Anmerkung: Parteinamen vgl. Abkürzungsverzeichnis.
Quelle: BFS, politische Statistik.

Niederlage erlitten (ein Stimmenverlust von 3,5 Prozent gegenüber 2003),
die jedoch teilweise von den Gewinnen der Grünen ausgeglichen wurde
(+2,2 Prozent). Von den Parteien der gemässigten Rechten hat die Christlichdemokratische Volkspartei (CVP) geringfügig zugelegt (+0,1 Prozent),
wohingegen die Freisinnig-Demokratische Partei (FDP) Verluste hinnehmen
musste (–1,5 Prozent). Wenn man die Schweizer Parteienlandschaft in drei
Lager teilt – Linke, gemässigte Rechte und nationalkonservative Rechte –,
kann man feststellen, dass die eidgenössischen Wahlen 2007 nicht zu der
von manchen erwarteten Abnahme der Links-Rechts-Polarisierung, sondern
eher zu ihrer Verstärkung geführt haben. Das Parteiensystem der Schweiz ist
noch immer tripolar, wobei die konservative Rechte weiterhin zulegt und ihr
Stimmenanteil jetzt demjenigen der beiden grössten Parteien der gemässigten
Rechten zusammengenommen entspricht.

Im internationalen Vergleich stellt das von der SVP bei dem letzten Wahlen
erzielte Ergebnis die Schweiz in eine Reihe von Ländern, in denen populisti-
sche Parteien die besten Wahlergebnisse verzeichnet haben, etwa Österreich
(1999: 27 Prozent für die FPÖ-Freiheitliche Partei Österreichs) und noch vor
Länder wie Belgien (2003: 18 Prozent für Vlaams Belang), Norwegen (2001:
16 Prozent für die Fremskrittspartiet) oder Frankreich (1994: 11 Prozent für

den Front national), wobei in diesen Ländern die entsprechenden Parteien extremer sind als die SVP.

Bezüglich der Schweiz lässt sich wiederum feststellen, dass bei den Wahlen von 2007 – wie schon bei denen von 2003 – die SVP in fast allen Kantonen zugelegt hat, vor allem jedoch in denen der Romandie, in denen sie zuvor weniger verankert war. Allgemeiner gesagt, haben die wiederholten Wahlerfolge der SVP in den verschiedenen Regionen des Landes während der letzten 15 Jahre wesentlich zu einer spürbaren Steigerung des Grades der Nationalisierung des Schweizer Parteiensystems beigetragen (*Abbildung 2*).[3]

Abbildung 2:   *Grad der Nationalisierung des Parteiensystems in der Schweiz, 1943–2007*

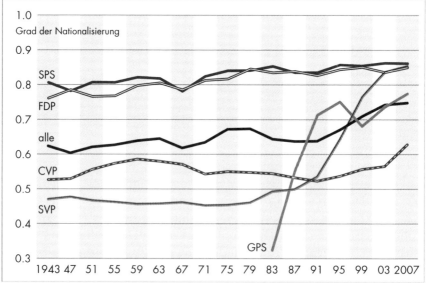

Anmerkung: Parteinamen vgl. Abkürzungsverzeichnis. Der Index der Nationalisierung ist im Text beschrieben.
Quelle: Bochsler (o.J.), Sciarini und Bochsler (2006).

Der Grad der Nationalisierung wird nach derselben Methode berechnet wie der Gini-Index (vgl. Glossar), der allgemein zur Darstellung der Ungleichverteilung von Einkommen oder Vermögen eines Landes verwendet wird: während der Gini-Index das Verhältnis zwischen der effektiven Verteilung der Güter und einer theoretischen, vollständig egalitären Verteilung berechnet,

---

3   Wir danken Daniel Bochsler, der uns diesen Index für die Schweiz sowie für Deutschland, Frankreich und Österreich zu Verfügung gestellt hat (siehe Bochsler, o.J.; Sciarini und Bochsler, 2006).

misst der Grad der Nationalisierung des Parteiensystems das bestehende Verhältnis zwischen der effektiven Verteilung des Stimmenanteils einer Partei in den einzelnen Kantonen und einer theoretischen Verteilung, nach der eine Partei in sämtlichen Kantonen denselben Stimmenanteil hat. Anders gesagt: der Index der Nationalisierung der politischen Parteien gestattet die Messung des Grads der Homogenität des Parteiensystems; je näher der Wert an 1 liegt, desto homogener ist die Verteilung auf dem gesamten Territorium der Schweiz.

Bis Anfang der Neunzigerjahre betrug der Grad der Nationalisierung des Schweizer Parteiensystems gerade einmal sechzig Prozent und wies damit ein aussergewöhnlich niedriges Niveau auf. Im Vergleich dazu betrug im Jahr 2000 der Grad der Nationalisierung der Parteien in Deutschland 88 Prozent, in Frankreich 89 Prozent und in Österreich 91 Prozent.

In der Schweiz verfügten nur die FDP und die SPS seit mehreren Jahrzehnten über eine relativ homogene Wählerbasis im gesamten Staatsgebiet und wiesen somit einen Nationalisierungsgrad von über achtzig Prozent auf. Dagegen war die CVP auf die katholischen Kantone begrenzt und die SVP vor allem eine protestantisch und agrarisch geprägte deutschschweizer Partei. Diese territoriale Fragmentierung war natürlich auf den Schweizer Föderalismus zurückzuführen: die Parteien bestanden zunächst auf kantonaler Ebene und haben sich erst danach auf nationaler Ebene vereinigt. Diese gleichsam von unten nach oben erfolgte Gestaltung gewährt den kantonalen Parteien ein grosses Mass an Autonomie. In Verbindung mit einer ausgeprägten Dezentralisierung der Kompetenzen und dem jedem Kanton – insbesondere in Form von Konfliktlinien – eigenen historischem Erbe, hat dies zum Fortbestand der bedeutenden Unterschiede der kantonalen Parteiensysteme bis zum Ende der Neunzigerjahre beigetragen.

Indessen ist durch die Nationalisierung der SVP – und, in einem geringeren Mass, der Grünen – der Nationalisierungsgrad des Parteiensystems seit 1995 insgesamt stark gestiegen und hat 2007 mit 75 Prozent ein Rekordniveau erreicht. Seitdem sind vier der fünf grossen Parteien so gut wie in allen Kantonen verankert – 2007 weist auch die CVP eine grössere Homogenität bezüglich des Stimmenanteils in den einzelnen Kantonen auf. Innerhalb von zwölf Jahren hat sich die Schweiz somit dem internationalen Durchschnitt spürbar angenähert.

Neben anderen Gründen, etwa der zunehmenden Mediatisierung der Politik und der Nationalisierung der Wahlkämpfe liefert die zunehmende Bedeutung der Konfliktlinie zwischen «Gewinnern» und «Verlierern» der Globalisierung auch hier wieder eine plausible Erklärung für die Steigerung des Nationalisierungsgrades des Parteiensystems: im Gegensatz etwa zur religiösen Konfliktlinie überlagert die Konfliktlinie «Gewinner-Verlierer» der Globalisierung und die ihr zugrunde liegenden Faktoren (Aussenpolitik, Asyl- und Einwanderungspolitik) nicht die kantonalen Grenzen, sondern übt einen transversalen, d. h. das gesamte Staatsgebiet umfassenden Einfluss auf das Wählerverhalten aus.

2.3 Gesteigerte Konfliktualität zwischen den Regierungsparteien

Die politische Elite der Schweiz ist seit jeher durch einen hohen Konsensgrad charakterisiert. Aus diesem Grund wurde das politische System der Schweiz als Beispiel für eine «konsoziative Demokratie», einen demokratischen Korporatismus oder eine Konsensdemokratie bezeichnet. Seit zwei oder drei Jahrzehnten findet in der Schweiz jedoch eine zunehmende *Polarisierung der Parteien* statt, die auch die Regierungsparteien einschliesst. Hier sind zwei wesentliche Konfliktlinien herauszustellen: einerseits besteht zwischen den Regierungsparteien der auch in der Bevölkerung vorhandene Konflikt hinsichtlich der internationalen Öffnung der Schweiz und der Asyl- und Einwanderungspolitik, wobei SPS und SVP bei diesen Themen gegensätzliche Meinungen vertreten. Andererseits hat die zunehmende Verschlechterung der Wirtschaftskonjunktur seit Mitte der Siebzigerjahre, in Verbindung mit der damit einhergehenden Infragestellung der bisherigen Sozialpartnerschaft und der Krise der Staatsfinanzen, die Verteilungskonflikte auf der Ebene des traditionellen Rechts-Links-Gegensatzes gesteigert. Eine analoge Polarisierung fand auch zwischen den Sozialpartnern (Arbeitgeber und Gewerkschaften) statt, insbesondere im Bereich der Sozialpolitik.

Während die gesteigerte Konfliktualität innerhalb der politischen Elite der Schweiz unbestritten ist, sind die Meinungen hinsichtlich der tatsächlichen Tragweite des Problems und seiner Auswirkungen geteilt, vor allem, was das Ausmass der «Konkordanzkrise» betrifft. Dies ist jedoch weitgehend vom betrachteten Indikator abhängig.

Einerseits tendieren die Untersuchungen auf der Basis der Schlussabstimmungen im Nationalrat dazu, den Fortbestand eines erhöhten Konsensniveaus zu betonen (Sciarini und Trechsel, 1996). Auch zeigt eine aktuelle Studie auf Grundlage der Ergebnisse der namentlichen Abstimmungen im Nationalrat zwischen 1996 und 2005, dass die Mitte-Rechts-Parteien weiterhin die treibende Kraft für Koalitionen im Parlament bilden, die Zusammensetzung der Koalitionen sich je nach politischem Aspekt ändert und die Polarisierung nicht zu wiederholten Blockierungen im Nationalrat geführt hat, was die Autoren dazu veranlasst, die Vitalität der Konkordanzdemokratie zu betonen (Schwarz und Linder, 2006).

Andererseits belegen die Untersuchungen auf Grundlage der Stimmempfehlungen der politischen Parteien vor den eidgenössischen Abstimmungen das Schwinden der Konkordanz (Sciarini, 2006, 512; vgl. Indikator *Konsens/Dissens der Bundesratsparteien*): zwischen dem Beginn der Siebzigerjahre und dem ersten Jahrzehnt des 21. Jahrhunderts sind die Fälle, in denen alle vier Regierungsparteien ein der Volksabstimmung unterzogenes Regierungsprojekt einhellig unterstützt haben, von 70 Prozent auf weniger als 20 Prozent gesunken; gleichzeitig ist die Häufigkeit der Opposition einer der beiden grössten Parteien im Bundesrat (SPS *oder* SVP) bei Volksabstimmungen stark gestiegen. Die Situation hat sich während der letzten Legislaturperiode (2003–2007) nochmals verschärft: die SPS hat in 50 Prozent, die SVP in 30 Prozent der Fälle eine dem Bundesrat widersprechende Parole ausgegeben. Nur in einem von zehn Fällen hat ein der Volksabstimmung vorgelegtes Thema die einhellige Unterstützung der vier Regierungsparteien gefunden. Mit dem im Dezember 2007 erfolgten Ausschluss des Parteiführers der SVP, Christoph Blocher, aus dem Bundesrat und dem erklärten Willen der SVP, eine Oppositionspolitik zu betreiben, wird eine eingeschränkte Drei-Parteien-Konkordanz eingeleitet. Da jedoch die SVP schon davor die Doppelrolle einer Regierungs- und Oppositionspartei besetzte, dürfte ihre neue Strategie kaum zu einer grundlegenden Neuverteilung der Karten führen.

3 Politisierung: Zunahme politischer Partizipation?

Angesichts der im ersten Teil dieses Beitrags beschriebenen Anzeichen der Polaisierung wäre eine entsprechende Zunahme der Politisierung in der Schweiz zu erwarten, das heisst eine wachsende politische Partizipation in ihrer konventionellen und/oder nicht konventionellen Form. Die in den folgenden beiden Abschnitten dargestellten empirischen Befunde bestätigen diese Annahme jedoch nur zum Teil.

3.1 Konventionelle Partizipation: Wahlen und Abstimmungen

Bei Betrachtung einer relativ kurzen historischen Periode (1951–2007, vgl. Indikator *Wahl- und Abstimmungsbeteiligung*) zeigt die Entwicklung der eidgenössischen Wahlen und Volksabstimmungen zwei teilweise unterschiedliche Tendenzen. Einerseits lässt sich eine relativ konstante Abnahme der Beteiligung an Wahlen feststellen, insbesondere zwischen 1960 und 1970. Andererseits zeigt sich bei der Beteiligung an Volksabstimmungen kein vergleichbar starker Rückgang, so dass sich die beiden Kurven ab Ende der Achtzigerjahre dauerhaft annähern und eine Beteiligung zwischen 40 Prozent und 50 Prozent belegen.

Legt man dagegen einen längeren Beobachtungszeitraum zugrunde, der die Entwicklung seit 1919 berücksichtigt (Lutz und Selb, 2006, vgl. *Abbildung 3*), lässt sich ebenfalls eine ausgeprägte Rückläufigkeit der Beteiligung an Volksabstimmungen feststellen, die lediglich früher als bei den Wahlen eingesetzt hat (1940–1960). Vor allem ist hier jedoch der leichte Anstieg der Beteiligung während der letzten zehn bis fünfzehn Jahre bemerkenswert, insbesondere bei den Wahlen. Dieses Ergebnis ist nach unserer Meinung ein offenkundiges, wenn auch nicht stark ausgeprägtes Zeichen für eine Neubelebung der Politisierung innerhalb der schweizerischen Bevölkerung.

Abbildung 3: *Entwicklung der Beteiligung an eidgenössischen Wahlen und Volksabstimmungen, 1917/19–2004/07*

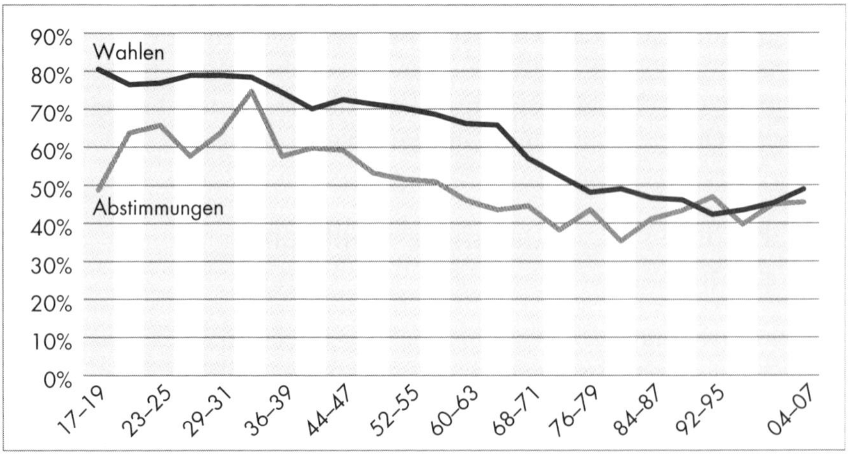

Anmerkung: durchschnittliche Abstimmungsbeteiligung pro Legislaturperiode. Wahlbeteiligung bei Nationalratswahlen.
Quelle: BFS, politische Statistik.

Neben diesen allgemeinen Tendenzen ist hervorzuheben, dass nicht alle Volksinitiativen und Referenden dieselbe Aufmerksamkeit der Bürgerinnen und Bürger auf sich ziehen. Man kann im Gegenteil eine beträchtliche Schwankung bei der Beteiligung an den verschiedenen Volksabstimmungen feststellen, die sich zwischen zwanzig Prozent (Initiative zur Begrenzung der Einwanderung aus dem Jahr 2000) und achtzig Prozent (Referendumsabstimmung über den Beitritt der Schweiz zum europäischen Wirtschaftsraum im Jahr 1992) bewegt. Zur Erklärung dieser Schwankungen können mehrere Faktoren herangezogen werden, etwa die Vertrautheit mit den zur Abstimmung kommenden Problemen, deren Bedeutung oder auch die Intensität der Kampagne, die der Abstimmung vorhergeht (Kriesi, 2005; Marquis, 2006).

Hinsichtlich der Wahlen ist ebenfalls eine eingehendere Analyse erforderlich. Zunächst lässt sich der Fortbestand eines beträchtlichen Unterschieds zwischen der Beteiligung von Männern und Frauen nicht stillschweigend übergehen (Engeli et al., 2006). Das Fortbestehen dieses *gender gap* in der Schweiz ist umso signifikanter, da er in den meisten europäischen Ländern und in Nordamerika in den Achtziger- und Neunzigerjahren verschwunden ist. Die geläufigste Erklärung für diese Schweizer Eigenheit liefert die verspätete Einführung des Frauenwahlrechts (bundesweit 1971) und die mit dessen Ausübung verbundene «Versuchsperiode» (Mossuz-Lavau, 1997). Von anderer Seite wird dagegen die Bedeutung einer Kombination individueller Ressourcen, mangelnder sozialer Integration und, vor allem, geringer Politisierung der Frauen herangezogen, um deren im Vergleich zu den Männern geringere Beteiligung an den nationalen Wahlen von 2003 zu erklären (Engeli et al., 2006).

Zudem gibt es noch bedeutende kantonale Unterschiede bei der Beteiligung sowohl an den Wahlen (Wernli, 2001; vgl. Indikator *Wahl- und Abstimmungsbeteiligung*), als auch an den Abstimmungen (Trechsel, 2000). Diese Unterschiede erklären sich gleichermassen aus individuellen und kontextuellen Faktoren (Bühlmann und Freitag, 2006): ein starker Parteienwettbewerb, die obligatorische Stimmabgabe und der Anteil der Katholiken im Kanton wirken sich offensichtlich besonders förderlich auf die Wahlbeteiligung aus.

Schliesslich gibt noch ein letzter Umstand zu denken: die Wahlbeteiligung in der Schweiz gehört in einer vergleichenden Perspektive zu den niedrigsten (Franklin, 1997). Trotz der leichten Zunahme der Beteiligung während der letzten Jahre bleibt mehr als die Hälfte der Schweizer Wähler der Urne fern. Wie der Indikator *Wahl- und Abstimmungsbeteiligung* zeigt, weisen lediglich Polen und Lettland eine niedrigere Wahlbeteiligung als die Schweiz auf; in allen anderen Ländern liegt sie über sechzig Prozent, teilweise sogar über achtzig Prozent. Zu den am häufigsten zur Erklärung dieser niedrigen Wahlbeteiligung in der Schweiz herangezogenen Gründen gehören unter anderem: die Konkurrenz durch die direkte Demokratie (im Gegensatz zur Situation in anderen Ländern können sich die Bürger auch zu konkreten Problemstellungen äussern, wodurch die Bedeutung von Wahlen entsprechend verringert werde), die Trennung zwischen Parlamentswahlen und der Wahl der Regierung, die es dem Wähler nicht ermöglicht, die Zusammensetzung der Regierung zu beeinflussen und somit den Anreiz zur Wahlbeteiligung verringert; das Milizsystem und die organisatorische und finanzielle Schwäche der politischen

Parteien, die ihre Fähigkeit zur Belebung von Wahlkampagnen – und zur Mobilisierung der Wähler – einschränkt.

3.2 Nicht-konventionelle Partizipation: politische Aktivitäten und kollektive Mobilisierung

Die politische Partizipation ist selbstverständlich nicht auf Wahlen und Abstimmungen beschränkt. Es gibt eine Vielzahl so genannter nicht-konventioneller Formen der Partizipation – deren Definition mit der Zeit oder in verschiedenen Ländern variiert – wie etwa das Unterzeichnen einer Petition oder das Engagement in einer sozialen Bewegung. Der steigende Einfluss der nicht-konventionellen Politik und die häufigere Verwendung von Protestformen durch die «Nach-68er»-Generation ist übrigens ein häufig verwendetes Argument zur Erklärung des Rückgangs der Wahlbeteiligung, der seit mehreren Jahrzehnten fast überall in Europa zu beobachten ist.

Uns interessiert hier jedoch die Frage, ob eine Zunahme der nicht-konventionellen Partizipation festzustellen ist, in der sich, falls vorhanden, die Tendenz einer fortschreitenden Politisierung der Schweizer Bevölkerung ausserhalb der institutionellen Kanäle ausdrücken könnte. Wir befassen uns mit dieser Frage auf zwei Untersuchungsebenen: zunächst auf einer individuellen Ebene – wobei wir die Diskussion hinsichtlich der Teilnahme an Wahlen und Abstimmungen weiterführen – und anschliessend auf der aggregierten Ebene der kollektiven Mobilisierung.

Auf der *individuellen Ebene* kann die nicht-konventionelle Partizipation auf der Basis von Umfragewerten ermittelt werden. Aus der Menge der verfügbaren Optionen ermöglichen die Daten der Selects-Erhebung die Identifizierung eventueller zeitlicher Veränderungen bei der Ausübung unterschiedlicher Formen der Partizipation. Leider ist dieser zeitliche Vergleich nur bei einer begrenzten Auswahl von Partizipationsformen und, in den meisten Fällen, ausschliesslich für die zuletzt durchgeführten Wahlen möglich. Wir vergleichen hier sieben Formen politischer Aktivität, die von Schweizer Bürgern während der Perioden 1991–1995 und 2003–2007 ausgeübt wurden (vgl. Indikator *Politische Aktivitäten*).

Abgesehen vom hohen Anteil von Personen, die angegeben, schon einmal die Unterschrift für eine Petition, eine Initiative oder ein Referendum geleistet zu haben, was die häufigste Aktivität in der Schweiz darstellt, können wir feststellen, dass die Ausübung der verschiedenen berücksichtigten politischen Aktivitäten zwischen den zwei Zeitperioden generell abnimmt. Die einzige Form politischer Aktivität, deren Ausübung – allerdings nur geringfügig – zunimmt, ist die Tätigkeit in einer Partei. In allen anderen Fällen ist das politische Engagement offenbar rückläufig. Dies gilt insbesondere für die konventionellsten Formen (Spenden für eine Organisation und Sammeln von Unterschriften), aber auch für die beiden ausgeprägtesten Formen nicht-konventioneller Aktivität (Engagement in einer Bürgerinitiative und, vor allem, Teilnahme an einer Demonstration). Angesichts dieser Ergebnisse können wir nicht feststellen, dass in der Schweiz auf dieser Ebene eine Politisierung stattgefunden hätte.

In vergleichender Hinsicht unterscheidet sich die in der Schweiz beobachtete Partizipation nicht grundlegend von der in anderen europäischen Ländern (vgl. Indikator *Politische Aktivitäten*). Es gibt jedoch einige signifikante Unterschiede, die die Bedeutung des institutionellen Kontextes bei der Erklärung der politischen Partizipation hervorheben. Insgesamt scheinen die Schweizer vergleichsweise ziemlich aktiv zu sein, vor allem hinsichtlich der konventionellen Formen (beispielsweise durch die Kontaktaufnahme zu einem Politiker oder das Engagement in einer Partei), aber auch – in einem geringeren Mass – der nicht-konventionellen Partizipation (etwa durch die Teilnahme an einer Demonstration oder den Boykott bestimmter Produkte). Schliesslich wird auch die Tatsache bestätigt, dass Petitionen die bevorzugte Form der Partizipation nicht nur in der Schweiz, sondern auch in den meisten anderen berücksichtigten Ländern darstellen.

Auf der Ebene der *kollektiven Mobilisierung* berücksichtigen wir drei Aspekte, wiederum in einer zeitlichen und ländervergleichenden Perspektive: die Entwicklung der Mobilisierung, vor allem in ihrem Bezug zur These der Komplementarität von konventioneller und nicht-konventioneller Partizipation, der Typus der mobilisierten Akteure (Bewegungen) und die zur Anwendung kommenden Aktionsformen oder die etwaige Radikalisierung der Mobilisierung.

Das Bestehen zweier, von verschiedenen Forschern erstellter Datenbanken bietet uns die Möglichkeit, die Entwicklung der Mobilisierung der sozialen Bewegungen in der Schweiz seit 1945 zu verfolgen. Die erste zeigt die Entwicklung der nicht-konventionellen Aktivitäten von 1945 bis 1978 (Kriesi et al., 1981). Das wesentliche Merkmal dieser Periode ist die rapide Ausbreitung neuer sozialer Bewegungen und, allgemeiner, der «neuen Politik» seit Ende der Sechzigerjahre. Ab diesem Zeitpunkt ist die Mobilisierung dieser Bewegungen, die auf Wertkonflikte wie den Gegensatz materialistisch-postmaterialistisch und auf die Einforderung eher kultureller als ökonomischer Rechte zurückzuführen ist, stärker als die Mobilisierung von Bewegungen, die aufgrund traditioneller Konfliktlinien entstanden sind, selbst wenn man während dieser Periode auch eine Reaktivierung der traditionellen sozialen Bewegungen und der Arbeiterbewegung feststellen kann. Die Mobilisierung letzterer ist im Übrigen in der Schweiz stets relativ schwach geblieben, aufgrund bestimmter

Abbildung 4:   Anzahl der Protestereignisse, 1975–2005

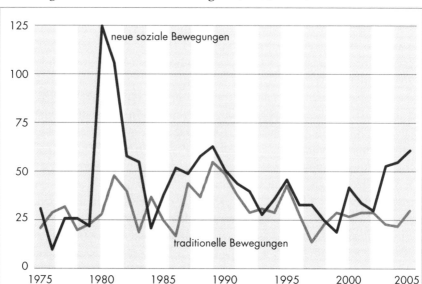

Anmerkung: Neue soziale Bewegungen: Friedensbewegung, Anti-AKW-Bewegung, Ökologie-
bewegung, Solidaritätsbewegung (Anti-Rassismus- und andere Solidaritäten), urbane
Autonomiebewegung (Hausbesetzer und Gegenkultur), Homosexuellenbewegung,
Frauenbewegung und Antiglobalisierungsbewegung. *Traditionelle soziale Bewegun-
gen:* Die bedeutendsten Bewegungen sind die Ausländer-, Bauern-, Studenten- und
Arbeiterbewegung sowie die Bewegung der extremen Rechten.
Quelle: Forschungsprojekt «Neue soziale Bewegungen in den Achtzigerjahren» (Hanspeter
Kriesi, Universität Genf, Département de science politique) für die Jahre 1975–1989);
Forschungsprojekt «Etude des impacts des mouvements sociaux» (Marco Giugni,
Universität Genf, Département de science politique) für die Jahre 1990–1999; For-
schungsprojekt «Nationaler politischer Wandel in entgrenzten Räumen» (Hanspeter
Kriesi und Edgar Grande, Universität Zürich und Ludwig-Maximilians-Universität
München) für die Jahre 2000–2005.

Eigenschaften des Schweizer Politik- und Konsenssystems, insbesondere des
in der Zwischenkriegszeit geschlossenen Arbeitsfriedens.

Die zweite Datenbank wurde über eine längere Zeit hinweg erstellt und
deckt die Periode von 1975 bis 2005 ab (Giugni, 1995, 2006).[4] *Abbildung
4* zeigt die Entwicklung der Protestbewegungen während dieser Zeit, wobei
zwischen der Entwicklung der neuen und der traditionellen sozialen Bewe-

---

4   Die Daten zum Zeitraum 2000–2005 wurden im Rahmen des von Hanspeter Kriesi
(Universität Zürich) und Edgar Grande (Universität München) geleiteten Projekts
«Nationaler Politischer Wandel in einer entgrenzten Welt» erhoben. Wir danken Swen
Hutter, der diese Daten zur Verfügung gestellt hat.

gungen unterschieden wird, zu der hier auch die Arbeiterbewegung zählt.[5] Der auffälligste Aspekt ist dabei sicher die gegen Ende der Achtzigerjahre zu beobachtende bedeutende Protestwelle, die in erster Linie der pazifistischen Bewegung im Rahmen der Mobilisierungen gegen den Natobeschluss zur Stationierung von Marschflugkörpern (*cruise missiles*) auf europäischem Boden zuzuschreiben ist (vgl. Indikator *Politische Mobilisierung*). Zwei weitere bedeutende Bewegungen hatten ihren Höhepunkt eher im Jahrzehnt davor (Anti-AKW-Bewegung) oder danach (Ökologiebewegung). Die von den Analytikern oft vernachlässigte Solidaritätsbewegung mit der Dritten Welt hat, vor allem in den Achtzigerjahren, ebenfalls zu einer bedeutenden Mobilisierung in der Schweiz geführt.

Nach der Protestwelle der Achtzigerjahre ist die Mobilisierung der neuen sozialen Bewegungen, ebenso wie die der traditionellen, während der beiden folgenden Jahrzehnte deutlich zurückgegangen. Seit Beginn des neuen Jahrtausends kann jedoch eine gewisse Reaktivierung beobachtet werden, die in erster Linie von den neuen sozialen Bewegungen getragen wird. Diese jüngste Mobilisierung geht vor allem auf die ökologischen und pazifistischen Bewegungen sowie auf die in der politischen Landschaft neu erschienene globalisierungskritische Bewegung zurück (Bandler und Giugni, 2008).

Aber nicht nur die neuen sozialen Bewegungen sind in den letzten Jahren wiedererstarkt. Die traditionellen Konfliktlinien (insbesondere der Klassenkonflikt) haben offenbar einen gewissen Auftrieb erfahren, der die Basis für eine neuerliche Mobilisierung der traditionellen Bewegungen bildet. Dies betrifft vor allem die Arbeiterbewegung und die Bewegungen der extremen Rechten. Hinsichtlich der Arbeiterbewegung ist die zunehmende Zahl der Streiktage, die seit einigen Jahren beobachtet werden kann, ein deutliches Zeichen für ein Wiederaufleben der Mobilisierung der Arbeiterschaft (vgl. Indikator *Gewerkschaftsstärke und Arbeitskonflikte*). Bezüglich der extremen Rechten belegt eine von der Stiftung gegen Rassismus und Antisemitismus und der Gesellschaft Minderheiten in der Schweiz (vgl. Stiftung GRA, o.J.) zur Verfügung gestellte Untersuchung, dass zwar die Zahl der von rechtsextremen Gruppen ausgehenden Gewalttätigkeiten nach einer intensiven Phase während der ersten Hälfte der Neunzigerjahre sukzessive abnimmt, andere Formen der Mobilisierung (Aufmärsche, öffentliche Auftritte, Versammlungen etc.) jedoch seit dieser Zeit einen starken Anstieg erfahren haben.

---

5   Die Verteilung der Protestereignisse in *Abbildung 4*, vor allem jene der neuen sozialen Bewegungen, stimmt aufgrund unterschiedlicher Auswahlkriterien nicht völlig überein mit den in früheren Publikationen (insbesondere Giugni, 2006) angegebenen Werten, v. a. hinsichtlich der Anzahl der Ereignisse. Die Entwicklung im Zeitverlauf ist jedoch weitgehend identisch.

Anders ausgedrückt erleben wir eine Mobilisierung der ausserparlamentarischen Linken (wir betrachten die neuen sozialen Bewegungen und die globalisierungskritische Bewegung als Akteure der libertären Linken), die ihren Widerhall in einer erhöhten Mobilisierung der Akteure und Bewegungen der radikalen Rechten findet. Dies kann als Zeichen einer wachsenden Politisierung – und auch Polarisierung – der Schweizer Bevölkerung interpretiert werden.

Die nähere Betrachtung der Aktionsformen liefert ein weiteres Anzeichen für die wachsende Politisierung, die sich in Gestalt kollektiver Mobilisierungen äussert. *Abbildung 5* zeigt die Entwicklung demonstrativer und konfrontativer bzw. gewalttätiger Protestformen innerhalb der Gesamtheit der Protestereignisse zwischen 1975 und 2005. Einmal abgesehen vom Spitzenwert zu Beginn der Achtzigerjahre, als die starke Mobilisierung der urbanen Hausbesetzer und Autonomen (insbesondere in Zürich) zu einer Zunahme konfrontativer und gewalttätiger Aktionen führte, lässt sich eine allgemeine Tendenz zur Radikalisierung der Proteste beobachten. Diese Radikalisierung ist ab 2000 besonders ausgeprägt, was nochmals auf eine wachsende Politisierung während der letzten Jahre hinweist.

Trotz dieser in letzter Zeit erfolgten Radikalisierung sind die sozialen Bewegungen in der Schweiz im Vergleich zu jenen anderer Länder durch ihr gemässigtes Aktionsrepertoire gekennzeichnet. Dies geht zumindest aus einer der wenigen vergleichenden Untersuchungen zur Mobilisierung sozialer Bewegungen hervor (Kriesi et al., 1995). Diese Untersuchung legt nahe, dass die Befriedung der traditionellen Konflikte, insbesondere des Klassenkonflikts, in der Schweiz mehr Raum für das Entstehen und die Mobilisierung der neuen sozialen Bewegungen bietet, die andere Konfliktlinien als die traditionellen Bewegungen zur Grundlage haben. Sie zeigt vor allem auch, wie die politische Opportunitätsstruktur der Schweiz, die offener ist als die entsprechende Struktur anderer Länder wie Frankreich, Deutschland oder der Niederlande, der kollektiven Mobilisierung mehrere institutionelle Kanäle zur Verfügung stellt (insbesondere die Instrumente der direkten Demokratie und den Föderalismus) und die Bewegungen somit zu gemässigteren Aktionsformen veranlasst. Die Schweiz ist durch die Integration der Protestbewegungen gekennzeichnet und steht diesbezüglich im Gegensatz vor allem zu Frankreich, wo der rigidere und repressivere Kontext zu einer Situation führt, in der Bewegungen ausgeschlossen und dadurch zur Radikalisierung getrieben werden (Giugni und Passy, 1993). Eine andere Untersuchung belegt ebenfalls, dass die Ökologie-, Friedens- und Anti-AKW-Bewegungen in der Schweiz im Vergleich zu den entsprechenden Bewegungen in Italien und den Vereinigten Staaten ein gemässigteres Aktionsrepertoire anwenden (Giugni,

*Abbildung 5:   Entwicklung der Protestereignisse nach Radikalisierungsgrad,
1975–2005*

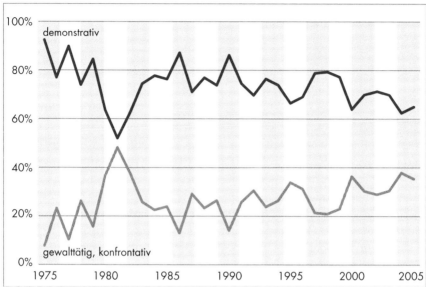

Anmerkung: Demonstrative Ereignisse zielen auf die Mobilisation der grösstmöglichen
Anzahl Personen oder dazu, Präsenz, Stärke und/oder Engagement zu zeigen, z. B.
Unterschriftensammlungen, Präsentation oder Einreichung von Referenden, Initiativen
und Petitionen, Demonstrationen, Protestmärsche. *Konfrontative Ereignisse* versuchen
Änderungen durch radikalere Aktionen zu erreichen, z. B. Boykotte, Hungerstreik,
Störaktionen, illegale Demonstrationen, Blockaden, Besetzungen. *Gewalttätige Ereig-
nisse:* Anwendung von Gewalt bei (illegalen) Protestaktionen, z. B. Objektzerstörung,
Sabotage, gewalttätige Demonstrationen.

Quelle: Forschungsprojekt «Neue soziale Bewegungen in den Achtzigerjahren» (Hanspeter
Kriesi, Universität Genf, Département de science politique) für die Jahre 1975–1989);
Forschungsprojekt «Etude des impacts des mouvements sociaux» (Marco Giugni,
Universität Genf, Département de science politique) für die Jahre 1990–1999; For-
schungsprojekt «Nationaler politischer Wandel in entgrenzten Räumen» (Hanspeter
Kriesi und Edgar Grande, Universität Zürich und Ludwig-Maximilians-Universität
München) für die Jahre 2000–2005.

1999). Zwar decken die dieser Untersuchung zugrundeliegenden Daten lediglich die Periode 1975–1989, bzw. 1975–1995 ab, es besteht jedoch kein
Anlass zur Annahme, dass diese Unterschiede sich danach reduziert hätten.

4   Konflikte zwischen Bürgern und Eliten

Inwieweit geht die erhöhte Polarisierung innerhalb der Bevölkerung und der politischen Elite mit einer Verschlechterung der Beziehung der Bürgerinnen und Bürger zu den politischen Eliten einher? Zur Beantwortung dieser Frage können drei Indikatoren herangezogen werden: das den politischen Autoritäten entgegengebrachte Vertrauen, die Parteiensympathie und die Unterstützung der politischen Autoritäten im Rahmen der direkten Demokratie.

Wenn man die Entwicklung des Masses an *Vertrauen* berücksichtigt, das die Schweizer Bürger den politischen Institutionen entgegenbringen, kann nicht von einer Verschlechterung der Beziehungen zwischen Bürgern und politischen Autoritäten gesprochen werden (vgl. Indikator *Politisches Vertrauen*): mit Ausnahme der Medien wird allen Institutionen 2006 mehr Vertrauen entgegengebracht als 1995. Dieses gestiegene Vertrauen bezieht sich insbesondere auf das Parlament und, in geringerem Mass, auf den Bundesrat. Sicher basiert diese Tendenz lediglich auf zwei Momentaufnahmen und muss deshalb mit Vorsicht betrachtet werden. Dennoch ist sie überraschend und widerspricht einer bestimmten Sichtweise, nach der das Vertrauen der Bürger in die politischen Institutionen ständig sinken würde. Bei diesem gestiegenen institutionellen Vertrauen könnte es sich im Übrigen durchaus um eine Besonderheit der Schweiz handeln, die sich im internationalen Vergleich durch ein höheres Mass an Vertrauen abhebt.

Die Entwicklung der *Parteiensympathie* weist ebenfalls nicht auf eine Verschlechterung der Beziehung zwischen Bürgern und politischen Parteien während der letzten zehn Jahre hin (vgl. Indikator *Personen ohne Parteisympathie*). Der Prozentsatz der Personen, die mit einer Partei sympathisieren, ist zwischen 1995 und 2005 sogar leicht gestiegen, was mit den anderen, in dieser Arbeit festgestellten Anzeichen für die in letzter Zeit stattfindende Politisierung übereinstimmt. Hinsichtlich der Parteiensympathie unterscheidet sich die Schweiz nicht grundsätzlich von anderen Ländern. Der institutionelle Kontext hat somit offenbar keinen grossen Einfluss auf diesen Aspekt des Verhältnisses zwischen Bürgern und politischen Eliten. Unabhängig vom jeweiligen Wahlsystem oder politischen System bewegt sich der Prozentsatz der Personen, die mit einer bestimmten Partei sympathisieren, zumindest in den hier berücksichtigten Ländern, beständig zwischen vierzig Prozent und sechzig Prozent.

Schliesslich können auch die Entwicklung der *Inanspruchnahme der Instrumente der direkten Demokratie* (fakultatives Referendum und Volksinitiative) sowie die Ergebnisse der Volksabstimmungen als Indikatoren für die Entwicklung des Rückhalts der Bundesbehörden bei der Bevölkerung gesehen werden. Hier ist zunächst darauf zu verweisen, dass die Zahl der

Volksabstimmungen in der Schweiz im Lauf der Zeit und insbesondere seit den Siebzigerjahren stark gestiegen ist. Daraus darf jedoch nicht voreilig geschlossen werden, dass dieser Anstieg Zeichen für eine wachsende Kluft zwischen Bevölkerung und Autoritäten sei. Erstens ist zwar die Zahl der aus fakultativen Referenden hervorgegangenen Volksabstimmungen im Lauf der Zeit stark gestiegen, der Anteil der per Referendum angefochtenen Gesetze weist jedoch ein gleichbleibend niedriges Niveau auf (unter zehn Prozent im historischen Mittel; vgl. auch Indikator *Initiativen und Referenden*). Zweitens ist nicht nur die Zahl der mittels Volksinitiative oder fakultativem Referendum «vom Volk» ausgehenden Volksabstimmungen tatsächlich im Lauf der Zeit gestiegen, sondern ebenso die Zahl der von Amts wegen «initiierten» obligatorischen Referenden. Dementsprechend ist der jeweilige Anteil aller drei direktdemokratischen Instrumente an der Gesamtzahl der Volksabstimmungen zwischen dem Ende des Zweiten Weltkriegs und der Mitte der Neunzigerjahre relativ stabil geblieben.

Ebenso hat sich das Ausmass des Einverständnisses mit den politischen Autoritäten, das sich aus dem Anteil der erfolgreichen Volksabstimmungen von Bundesrat und Parlament ergibt, zwischen dem Ende des zweiten Weltkriegs und dem Ende der Neunzigerjahre auf einem hohen Niveau gehalten: 75 Prozent im historischen Mittel für die drei wichtigen Instrumente der direkten Demokratie. Diese Zustimmungsquote ist insbesondere bei Volksinitiativen (neunzig Prozent werden auf Wunsch des Bundesrats abgelehnt) und bei obligatorischen Referenden sehr hoch (75 Prozent der vom Bundesrat vorgelegten Vorlagen werden angenommen). Bei den fakultativen Referenden ist sie niedriger (im Mittel sechzig Prozent) und unbeständiger.

Dennoch können in jüngster Zeit hinsichtlich der Inanspruchnahme der direkten Demokratie und dem Einverständnis mit den politischen Autoritäten bei Volksabstimmungen ungewöhnliche Anzeichen für Divergenzen zwischen Volk und Autoritäten festgestellt werden. Zunächst ist der Anteil der Volksinitiativen an der Gesamtzahl der Volksabstimmungen zwischen 1995 und 2003 stark gestiegen, während der Anteil der fakultativen Referenden während der Legislaturperiode 2003–2007 stark zugenommen hat. Zweitens hat sich das Ausmass des Einverständnisses mit den politischen Autoritäten bei zwei der drei direktdemokratischen Instrumente während der letzten Legislaturperiode (2003–2007) stark verringert: der Bundesrat hat bei drei von sieben Abstimmungen eines obligatorischen Referendums und bei zwei von fünf Abstimmungen einer Volksinitiative eine Niederlage erlitten. Diese Niederlagen sind im Übrigen ursächlich für einen beträchtlichen Anstieg der Quote der Abstimmungsniederlagen der rechten Regierungsparteien verantwortlich (vgl. Indikator *Regierungskonsens und Abstimmungsergebnisse*), einschliesslich der beiden Parteien (FDP, CVP), die bis dahin gewöhnlich achtzig Prozent der Volksabstimmungen «gewonnen» hatten. Allerdings bleibt die Frage, ob diese Ergebnisse Anzeichen für eine dauerhafte Verschlechterung der Beziehungen zwischen Volk und politischen Autoritäten sind oder lediglich ein vorübergehendes Phänomen darstellen, weiterhin offen.

5   Schlussfolgerung

Mit unserer schwerpunktmässigen Analyse der beiden Phänomene Polarisierung und Politisierung sowie ihren eventuellen Auswirkungen auf das Verhältnis zwischen BürgerInnen und politischen Autoritäten haben wir im vorliegenden Beitrag versucht, einige der jüngsten Veränderungen der Schweizer Politik zu beleuchten.

Das politische Antlitz der Schweiz hat sich im Lauf der letzten Jahrzehnte zweifellos verändert und mehrere empirische Anzeichen deuten darauf hin, dass eine zunehmende Polarisierung und Politisierung stattfindet – etwa die Radikalisierung der politischen Auseinandersetzung, die unter anderem auf den Machtzuwachs der SVP zurückzuführen ist, oder die vor allem durch die verstärkte Mobilisierung im Rahmen sozialer Bewegungen belegte Intensivierung der sozialen Spannungen.

Kann diese Feststellung einer wachsenden Polarisierung und Politisierung auch noch aufrechterhalten werden, wenn man sie, über diese wenigen spektakulären Anzeichen hinaus, einer systematischen empirischen Prüfung unterzieht? Können wir tatsächlich von einer allgemeinen Tendenz in Richtung einer gestiegenen Polarisierung und Politisierung in der Schweiz ausgehen?

Die Intensivierung der neuen Konfliktlinie «Gewinner-Verlierer» der Globalisierung – und ihr normativer Ausdruck im Gegensatz «Öffnung-Schliessung» – stellt zweifellos eine der bedeutendsten Veränderungen dar, mit denen die Schweiz zu Beginn des neuen Jahrtausend konfrontiert ist. Diese neue Konfliktlinie ist nicht nur die Ursache einer gestiegenen *Polarisierung* sowohl innerhalb der politischen Eliten als auch der Bevölkerung, sondern trägt auch ebenso stark zur Restrukturierung der Konfliktlinien in der Schweizer Politik (insbesondere des Klassenkonflikts) sowie zu einer tiefgreifenden Veränderung der Kräfteverhältnisse innerhalb der Parteieliten bei. Zwar ist die Schweiz diesbezüglich im internationalen Vergleich kein Sonderfall, gehört jedoch zu den Ländern, in denen diese neue Konfliktlinie am deutlichsten erscheint und den grössten Einfluss hat.

Wir konnten somit beobachten, dass die Intensivierung dieser neuen Konfliktlinie mit einem spektakulären Machtzuwachs der nationalistischen und konservativen Rechten sowie einer beträchtlichen Erweiterung der Nationalisierung des Parteiensystems einhergeht. Wir konnten auch eine zunehmende Konfliktualität zwischen den Regierungsparteien («Ende der Konkordanz»?) feststellen, die in der öffentlichen Meinung vielleicht einen der sichtbarsten Aspekte der stattfindenden Veränderungen darstellt. Ebenso sind der Anstieg der Wahlbeteiligung seit Mitte der Neunzigerjahre und die Mobilisierung im Rahmen der sozialen Bewegungen zu Beginn des neuen Jahrtausends zwei Anzeichen für eine erhöhte *Politisierung* der Schweizer Bevölkerung. In einigen Fällen geht diese Politisierung mit einer gestiegenen Polarisierung einher – man denke etwa an die Radikalisierung der von den sozialen Bewegungen angewandten Aktionsformen oder die «symmetrische» Mobilisierung im Feld dieser Bewegungen (Bewegungen der libertären Linken auf der einen und Bewegungen der extremen Rechten auf der anderen Seite).

Einige unserer Aussagen bedürfen dennoch einer nuancierten Betrachtung: die empirischen Anzeichen deuten nicht immer auf eine gestiegene Polarisierung und Politisierung der Schweizer Politik hin. Allgemein gesagt scheint sich die Hypothese der Polarisierung einigermassen deutlich zu bestätigen, während die Hypothese der Politisierung zu weniger eindeutigen Feststellungen führt. So verzeichnet die Untersuchung der konventionellen und nicht-konventionellen Partizipation auf individueller Ebene eher eine Abnahme während der letzten Jahre, vor allem hinsichtlich der nicht-konventionellen Partizipation. Des Weiteren können die in der politischen Landschaft der Schweiz beobachteten Transformationen der jüngsten Zeit mit Sicherheit nicht ausschliesslich auf das Erscheinen der Konfliktlinie «Gewinner-Verlierer» zurückgeführt werden. Andere und komplexere, gleichermassen interne und externe Faktoren und Dynamiken tragen ebenfalls dazu bei. Schliesslich erscheint die Schweiz im Hinblick auf Polarisierung und Politisierung im internationalen Vergleich bei weitem nicht als Extremfall, sondern ist vielmehr im Begriff, sich von dem durch ein hohes Mass an Konsens gekennzeichneten Sonderfall, den sie einmal verkörpert hat, zu einem «normalen» Fall zu entwickeln, der sich der Situation in anderen Ländern annähert.

6 Weiterführende Literatur

Klöti, Ulrich, et al., Hrsg., (2006), *Handbuch der Schweizer Politik – Manuel de la politique suisse (4. Auflage)*. Zürich: NZZ Libro.

Das Referenzwerk zur Schweizer Politik. Die voliegende vierte, vollständig neu berarbeitete Auflage ist um neue Themenstellungen erweitert und bietet eine umfassende Darstellung des Forschungsstands bis Ende 2005. Die einzelnen Kapitel wurden auf Französisch und Deutsch von renommierten Fachleuten verfasst und decken die wichtigsten Aspekte des politischen Systems der Schweiz ab (Institutionen, Akteure, Prozesse und Entscheidungen).

Kriesi, Hanspeter, et al., Hrsg., (2005), *Der Aufstieg der SVP: Acht Kantone im Vergleich*. Zürich: NZZ Verlag.

Diese Arbeit beruht auf Daten, die im Rahmen von 1995 und 2003 durchgeführten Wahlerhebungen in der Schweiz gewonnen wurden (Selects, Schweizer Wahlstudien) und befasst sich mit dem Machtzuwachs der SVP in der Schweiz und in acht Kantonen. Das Werk ist aus einem Forschungsseminar der Universität Zürich hervorgegangen, vollständig in deutscher Sprache verfasst und richtet sich eher an ein Fachpublikum.

Kriesi, Hanspeter, et al. (1995), *New Social Movements in Western Europe*: *A Comparative Analysis*. Minneapolis: University of Minnesota Press.

Eine der wenigen vergleichenden Arbeiten über soziale Bewegungen. Es geht hier um den Vergleich der Mobilisierung sowohl der neuen, als auch der traditionellen sozialen Bewegungen in vier westeuropäischen Ländern (Deutschland, Frankreich, Niederlande, Schweiz). Die Verfasser zeigen, inwiefern die Mobilisierung der sozialen Bewegungen weitgehend von der politischen Gelegenheitsstruktur in den jeweiligen Ländern abhängig und stark mit der institutionellen oder konventionellen Politik verknüpft ist.

Giugni, Marco und Florence Passy (1999), *Zwischen Konflikt und Kooperation: Die Integration der sozialen Bewegungen in der Schweiz*. Zürich: Rüegger.

Diese zunächst als französischsprachige Ausgabe erschienene Arbeit befasst sich mit der Mobilisierung von fünf neuen sozialen Bewegungen in der Schweiz (Atomkraftgegner, Friedensbewegung, städtische Autonome, Umweltbewegung, Solidaritäts- und Frauenbewegung). Die Autoren zeigen, wie die politischen Opportunitätsstrukturen in der Schweiz zur Integration der sozialen Bewegungen in institutionelle Bereiche beitragen.

Umwelt und Gesellschaft

Indikatoren

Dass jede Gesellschaft einen vielfältigen «Stoffwechsel» mit ihrer natürlichen Umgebung unterhält, muss heute nicht mehr ausführlich erklärt werden. Seit dem Beginn der Industrialisierung ist dieser – grundsätzlich unabdingbare – stoffliche Austausch zu einer immer einseitigeren Plünderung von Ressourcen durch die menschliche Gesellschaft auf Kosten der Natur geworden, sodass die Rückkehr zu einem nachhaltigen Austauschmodell immer dringender, aber zugleich auch schwieriger geworden ist. Die Wahrnehmung ökologischer Probleme in der Bevölkerung und die Handlungsmotivation der politischen Instanzen entsprechen allerdings nicht unbedingt der wissenschaftlich begründbaren Priorität von Veränderungen. Entwicklungen in diesem Bereich zu dokumentieren gehört deshalb mit zur Übersicht über die wichtigsten gesellschaftlichen Strukturen und Prozesse.

Vier Indikatorgruppen werden betrachtet: *Erstens* wird die effektive Belastung der Umwelt anhand von Angaben über den *Personen- und Güterverkehr*, den *Energieverbrauch*, die *Landschaftsveränderung, Artenvielfalt und Landschaftsschutz, Wassernutzung*, die *Luftverschmutzung,* die Emission von *Schadstoffen und Treibhausgasen* dargestellt.

Zweitens wird die Problemwahrnehmung thematisiert, genauer die *Einschätzung von Umweltgefahren*, das *Umweltbewusstsein* und die *Beurteilung umweltpolitischer Massnahmen*.

Drittens wird umweltrelevantes Verhalten in Form von *umweltpolitischem Engagement, umweltbezogenem Verhalten* und der *Behandlung von Abfällen* beschrieben.

Viertens schliesslich wird als Globalmass der Übernutzung der Umwelt durch die Gesellschaft der *ökologische Fussabdruck* betrachtet.

Personenverkehr

Seit der Mitte des zwanzigsten Jahrhunderts steigt das gesamte Verkehrsaufkommen stark an, wenn auch seit den Achtzigerjahren in leicht geringerem Ausmass. Zwischen 1960 und 2005 hat sich das gesamte Personenverkehrsvolumen beinahe vervierfacht. Wie weit der kurzfristige Rückgang am Beginn der Neunzigerjahre auf die damalige Rezession zurückgeht, ist fraglich, weil 1994 die Erhebungsmethode für den Privatverkehr und 1995 jene für den Schienenverkehr angepasst wurde. Die Zunahme geht sehr weitgehend aufs Konto des Privatverkehrs, vor allem des motorisierten Strassenverkehrs, der wichtigsten Form privaten Verkehrs. Die stetige Zunahme des Pendleranteils (von ca. zehn Prozent anfangs des zwanzigsten Jahrhunderts auf ungefähr zwei Drittel aller Erwerbstätigen heute) ist einer der wichtigsten Motoren dieser Entwicklung.

Der Anteil des öffentlichen Verkehrs bleibt im Wesentlichen konstant, mit einer geringfügig zunehmenden Tendenz ab Mitte der Achtzigerjahre, vor allem für den öffentlichen Schienenverkehr. Darin spiegeln sich die Ausbaumassnahmen der Schweizerischen Bundesbahn (besonders die S-Bahnnetze für den Agglomerationsverkehr) und auch der Ausbau der Tram- und Metronetze in einigen grösseren Städten (Genf, Lausanne, Zürich) wider. Trotz seiner relativen Bescheidenheit gehört der schweizerische Anteil des öffentlichen Verkehrs international zu den hohen Werten.

Mit ihrem Verkehrsaufkommen pro Person und ihrem sogenannten Modalmix, d. h. der Kombination der täglich benützten Verkehrsmittel, genauer mit dem Anteil kollektiver Transportformen (Busse, Eisenbahn) steht die Schweiz, direkt nach den USA mit ihrer einsamen Spitzenposition, vor den anderen Vergleichsländern, wenn auch die internationalen Unterschiede in Europa gering sind.

Definitionen/Bemerkungen

Obere und mittlere Grafik: Bei den Angaben zu den Personenkilometern handelt es sich nicht um erhebungsgestützte Daten, sondern um modellgestützte Schätzungen. Ab 1995 neue Erfassungsmethode für den Schienenverkehr der SBB. Ab 1994 Anpassung der Methode für den privaten motorisierten Verkehr aufgrund neuer Quellen.

Quelle: obere und mittlere Grafik: BFS, Schweizerische Verkehrsstatistik; *untere Grafik:* OECD Environmental Data Compendium.

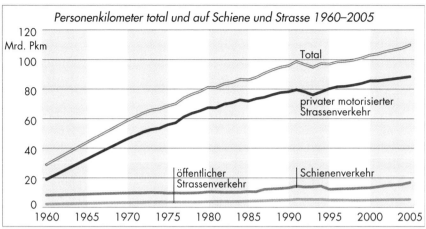

Personenkilometer total und auf Schiene und Strasse 1960–2005

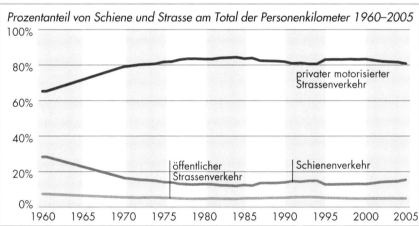

Prozentanteil von Schiene und Strasse am Total der Personenkilometer 1960–2005

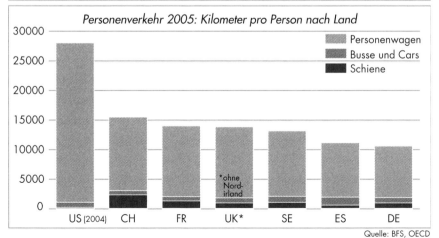

Personenverkehr 2005: Kilometer pro Person nach Land

Quelle: BFS, OECD

247

Güterverkehr

Der Güterverkehr zeigt eine noch stärker steigende Tendenz als der Personenverkehr, allerdings mit starken, konjunkturbedingten Schwankungen. In der Beobachtungsperiode hat sich das gesamte Transportaufkommen verfünffacht.

Während längerer Zeit entwickelten sich die Anteile von Strassen- und Schienentransport umgekehrt, sodass zu Beginn der Achtzigerjahre der Strassentransport anteilsmässig den Transport auf der Schiene überflügelte. Seit den Neunzigerjahren ist das Verhältnis konstant geblieben, aber der (in der Grafik nicht sichtbare) Anteil der Schiene und Strasse kombinierenden Transporte nimmt stetig zu (Huckepack, Container usw.). Die nähere Zukunft wird zeigen, ob die umweltschonendere Schiene ihren Transportanteil gegenüber der Strasse wieder zu erhöhen vermag. Wie in vielen Bereichen dürfte auch hier nicht nur die Verfügbarkeit der entsprechenden Transportmöglichkeiten eine wichtige Rolle spielen, sondern auch ihr Preisverhältnis und andere Benützungsregeln.

Bezüglich der Intensität des Gütertransports steht Deutschland an der Spitze der Vergleichsländer, die Schweiz an dritter Stelle. Der relative Umfang des Schienenverkehrs in der Schweiz ist höher als in den anderen Ländern des Vergleichs. Ausser in den USA ist der Anteil der Strasse jedoch überall grösser als jener der Schiene.

Definitionen/Bemerkungen

Obere und mittlere Grafik: Die Angaben beziehen sich auf Güter im Landverkehr. Bei den Tonnenkilometern handelt es sich nicht um erhebungsgestützte Daten, sondern um modellgestützte Schätzungen.
Quelle: obere und mittlere Grafik: BFS, Schweizerische Verkehrsstatistik; *untere Grafik:* OECD Environmental Data Compendium.

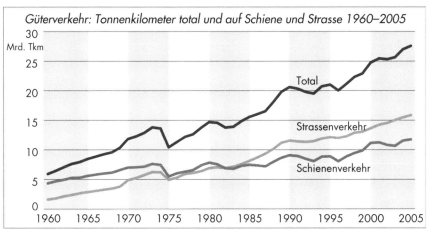

Güterverkehr: Tonnenkilometer total und auf Schiene und Strasse 1960–2005

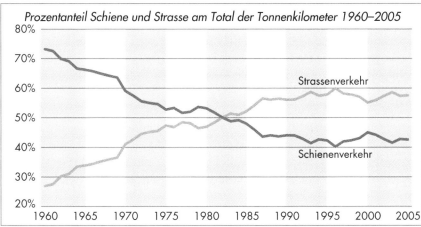

Prozentanteil Schiene und Strasse am Total der Tonnenkilometer 1960–2005

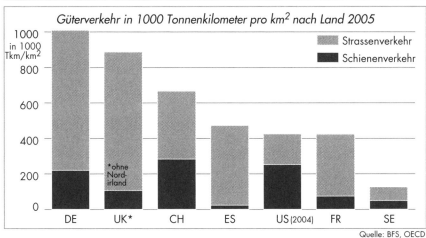

Güterverkehr in 1000 Tonnenkilometer pro km² nach Land 2005

Quelle: BFS, OECD

Energie-Endverbrauch

Die Entwicklung des Gesamtenergieverbrauchs hat sich seit 1950 mehr als vervierfacht. Kohle und Holz herrschten als Energiequellen in der unmittelbaren Nachkriegszeit vor, entwickelten sich aber rückläufig, obwohl sie auch heute noch nicht völlig verschwunden sind. Der Anteil der Elektrizität hat sich stetig erhöht, noch stärker erhöhte sich aber der Anteil der drei CO_2-wirksamen Energieträger Gas, Treibstoffe und Erdölbrennstoffe. Erneuerbare Energiequellen haben sich seit den Achtzigerjahren zu entwickeln begonnen, bleiben aber anteilsmässig marginal. Anzufügen ist, dass der Anteil der Kernkraftwerke an der schweizerischen Elektrizitätsproduktion bei zwei Fünfteln liegt, mit steigender Tendenz (Wasserkraftwerke rund die Hälfte).

Der Schweizer Energiemix ist im internationalen Vergleich einerseits relativ stark erdöllastig. Er beruht andererseits zu einem vergleichsweise hohen Anteil auf der Ausnützung der Wasserkraft, der nur von Schweden übertroffen wird, und daneben auf einem mittleren Anteil an Kernenergie. Die Energieabhängigkeit der Schweiz ist beträchtlich, sie muss gut vier Fünftel der insgesamt verbrauchten Primärenergie (Erdöl, Erdgas, Nuklearbrennstoff) aus dem Ausland importieren.

Der Pro-Kopf-Energieverbrauch der Schweiz ist im Vergleich mit den anderen (ausnahmslos hoch industrialisierten) Ländern eher gering und hat sich seit der Mitte der Achtzigerjahre stabilisiert, ähnlich wie in den USA, Schweden und Deutschland. Nur Frankreich und noch stärker Spanien («Nachholbedarf» an Industrialisierung?) zeigen eine ungebrochene Zunahme über die betrachtete Periode.

Definitionen/Bemerkungen

Obere Grafik: Der *Endverbrauch* setzt sich vor allem aus Sekundärenergieträgern wie Elektrizität, Benzin oder Heizöl zusammen und wurde um Verluste der Energieumwandlung, den Eigenverbrauch des Energiesektors und Netzverluste bereinigt. Eine *Tonne Öläquivalenz* entspricht 10^7 Kilokalorien (41,868 Gigajoules).

Mittlere und untere Grafik: Der *Brutto-Energieverbrauch* bezieht sich auf die Primärenergieträger und entspricht der Inlandproduktion plus Importe minus Exporte plus/minus Lagerveränderungen (total primary energy supply, TPES).

Quelle: obere Grafik: Bundesamt für Energie, Schweizerische Gesamtenergiestatistik; *mittlere und untere Grafik:* OECD Factbook 2007.

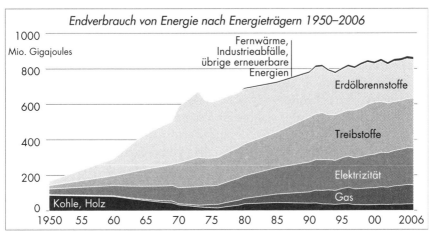

Endverbrauch von Energie nach Energieträgern 1950–2006

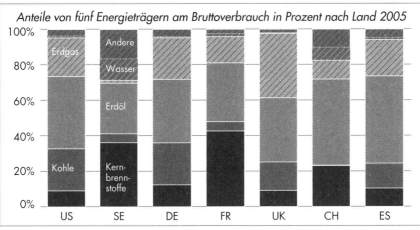

Anteile von fünf Energieträgern am Bruttoverbrauch in Prozent nach Land 2005

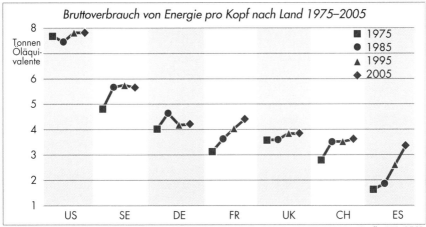

Bruttoverbrauch von Energie pro Kopf nach Land 1975–2005

Quelle: BFE, OECD

Veränderung der Landschaft

Der Zivilisationsdruck auf die natürliche Umgebung resultiert aus deren Unterordnung unter gesellschaftliche Prioritäten, namentlich wirtschaftlicher Art. Wie weit werden jene Teile der Landschaft zurückgedrängt, die nicht unmittelbar gesellschaftlich «nützlich» sind? Hecken, nach den Siebzigerjahren aus ökologischen Gründen stark gefördert, haben bis 1984–1995 tatsächlich wieder zugenommen, nachdem sie lange als unrentabel weitgehend beseitigt worden waren. Die Entwicklung der anderen drei Arten von Kleinstrukturen war direkter vom Zivilisationsdruck gekennzeichnet.

Einige kommerziell nicht direkt nutzbare Landschaftstypen nehmen seit den Achtzigerjahren wieder zu, «Wasserlandschaften» (Nass- und Feuchtstandorte) allerdings nur schwach. Waldflächen nehmen deutlicher zu, wenn auch ungleichmässig. Dahinter stehen zum Teil gegenläufige Faktoren (Vergandung ungenutzter Weideflächen, gesetzlicher Schutz der Wälder).

Die meisten nichtlandwirtschaftlichen Nutzungen (Transportinfrastrukturen, Bauten) zerschneiden die Landschaft. Die durchschnittliche Grösse eines unzerschnittenen Gebietes misst diesbezügliche Veränderungen; seit 1935 nimmt die Zerschneidung stetig zu. Mittelland und Jura sind traditionell zerschnittene Regionen, wo grössere Abnahmen unzerschnittener Flächen kaum mehr möglich sind; in den Berggebieten hat dieser Prozess in den letzten Jahrzehnten wesentlich stärker stattgefunden und schwächt sich erst nach 1980 ab. Landschaftszerschneidung schränkt unter anderem die Begegnungs- und damit auch die Fortpflanzungschancen von Wild ein.

Definitionen/Bemerkungen

Obere und mittlere Grafik: Die Landschaftsveränderungen werden aufgrund der Änderungen in den Landeskarten ausgewertet (Stichprobe von Flächen). Die Beobachtungsperioden entsprechen dem Erneuerungsrhythmus der Landeskarten (z. B. wird die Ausgabe 1972–1977 mit der Ausgabe 1978–1983 verglichen, in den Grafiken ist jeweils nur das letzte Jahr aufgeführt). *Einzelbäume:* einzeln stehende Bäume, Bäume in Gruppen und Bäume in Reihen, die nicht Bestandteil des offenen Waldes oder einer Hecke sind. *Hecken:* auffällige Reihe von Bäumen oder Sträuchern.

Untere Grafik: terrestrische Fläche unterhalb 2100 m. Die Zerschneidungsgeometrie basiert auf dem Kriterium der Besiedelbarkeit, d. h. Landschaften wie z. B. Gletscher und Seen werden ausgeklammert. Als Barriere oder zerschneidende Elemente gelten: Autobahnen, Strassen der Klassen 1–3, Geleise, Siedlungen, Flüsse, Seen und Berge (Gebiete über 2100 m).

Quelle: obere und mittlere Grafik: Bafu (2007); *untere Grafik:* Jaeger et al. (2007).

252

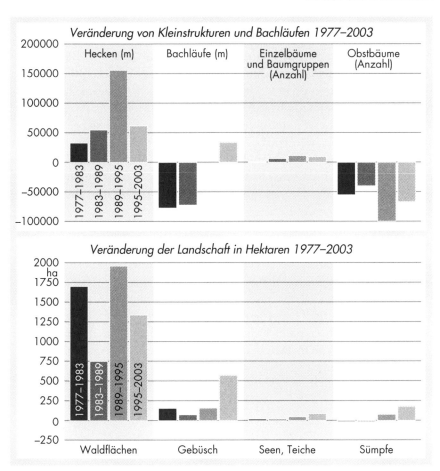

Veränderung von Kleinstrukturen und Bachläufen 1977–2003

Veränderung der Landschaft in Hektaren 1977–2003

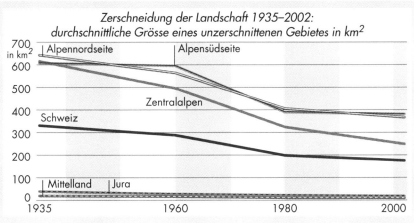

Zerschneidung der Landschaft 1935–2002:
durchschnittliche Grösse eines unzerschnittenen Gebietes in km²

Quelle: Bafu

253

Artenvielfalt und Landschaftsschutz

Dass unter dem wachsenden Druck vielfältiger zivilisatorischer Einflüsse auf die Natur (nicht allein durch Klimawandel) eine zunehmende Zahl von Arten bedroht ist oder gar ausstirbt, wird schon lange vorhergesagt, kann aber inzwischen durch systematische Erhebungen quantifiziert und bestätigt werden. Die Artengruppen sind unterschiedlich bedroht, die Reptilien beispielsweise sind es ausnahmslos, während bei den Säugetieren nicht ganz die Hälfte aller einheimischen Arten als nicht und ein Sechstel «erst» als potenziell gefährdet beurteilt wird. Die Fische weisen den höchsten Anteil bereits verschwundener Arten auf. Einige der Gründe für diese Entwicklung werden im Indikator *Veränderung der Landschaft* belegt.

Eine wirksame Schutzmassnahmen ist die Ausgliederung geschützter Gebiete. Die Differenzierung nach unterschiedlichen Ausmassen des Schutzes zeigt, dass die Zunahme der streng geschützten Flächen deutlich geringer ist als jene weniger stark geschützter Gebiete.

International gehört die Schweiz zu einer Spitzengruppe, zusammen mit Grossbritannien und Deutschland, während Länder wie Schweden oder Spanien, aber auch Frankreich, bisher in diesem Bereich weit weniger aktiv geworden sind. In einem dicht besiedelten Land wie der Schweiz ist allerdings auch die Dringlichkeit geschützter Gebiete höher.

Definitionen/Bemerkungen

Obere Grafik: Stand zwischen 1994 bis 2007 je nach Art. Die verschiedenen Gefährdungskategorien schätzen das Risiko, mit dem eine Art während einer festgelegten Zeitspanne aussterben wird (siehe www.bafu.admin.ch).

Mittlere und untere Grafik: Flächenanteil, für welchen rechtlich verbindliche Schutzrichtlinien auf nationaler Ebene bestehen.

Quelle: obere und mittlere Grafik: Bafu; *untere Grafik:* OECD Environmental Data Compendium.

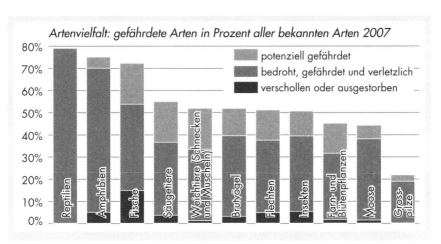

Artenvielfalt: gefährdete Arten in Prozent aller bekannten Arten 2007

- potenziell gefährdet
- bedroht, gefährdet und verletzlich
- verschollen oder ausgestorben

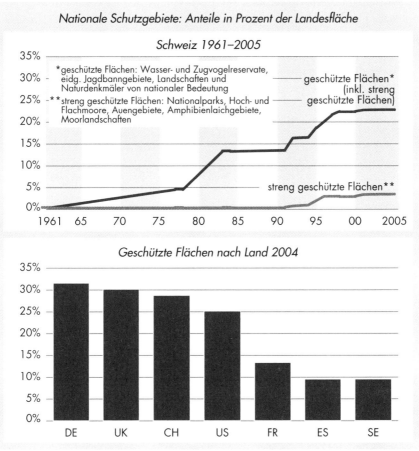

Nationale Schutzgebiete: Anteile in Prozent der Landesfläche

Schweiz 1961–2005

*geschützte Flächen: Wasser- und Zugvogelreservate, eidg. Jagdbanngebiete, Landschaften und Naturdenkmäler von nationaler Bedeutung

**streng geschützte Flächen: Nationalparks, Hoch- und Flachmoore, Auengebiete, Amphibienlaichgebiete, Moorlandschaften

geschützte Flächen* (inkl. streng geschützte Flächen)

streng geschützte Flächen**

Geschützte Flächen nach Land 2004

Quelle: Bafu, OECD

255

Wassernutzung

Die Trinkwassernutzung scheint im Laufe der Zeit weniger verschwenderisch geworden zu sein: trotz Bevölkerungszunahme stagniert das Volumen der drei Formen von Trinkwasserentnahme seit den Siebzigerjahren.

Der Trinkwasserverbrauch pro Person (Haushalte/Kleingewerbe wie auch Gewerbe/Industrie) sinkt im Laufe der vergangenen dreissig Jahre, obwohl neben der Bevölkerung auch die Wirtschaftstätigkeit und damit auch diese Form von Wasserverbrauch zugenommen hat – ein weiterer Hinweis auf einen haushälterischeren Umgang mit dieser Umweltressource, der wohl vor allem auf technische Fortschritte zurückzuführen ist.

Die Wasserqualität war eines der ersten Themen, die seit den Sechzigerjahren in die öffentliche Diskussion gekommen sind und zum Teil schon früh zu Sanierungsmassnahmen (z. B. Verallgemeinerung von Abwasserreinigungsanlagen) geführt haben. Diese Massnahmen haben in den Siebzigerjahren zu greifen begonnen, seit den Achtzigerjahren verbessert sich dementsprechend der Phosphorgehalt praktisch aller Schweizer Seen.

Auch der internationale Vergleich weist die Schweiz als Land aus, das eine relativ geringe Intensität der Wassergewinnung (pro Person und Tag) erreicht.

Definitionen/Bemerkungen

Untere Grafik: Die Wassergewinnung umfasst Süsswasser, das aus dem Boden oder aus Oberflächengewässern entnommen wird. Das Wasser wird hauptsächlich für Trinkwassergewinnung, Bewässerung, Industrieprozesse und Kühlung von Kraftwerken genutzt. Teilweise unterschiedliche Definitionen und Schätzungsmethoden der Länder. Schweiz und Deutschland: ohne Gebrauch für die Landwirtschaft.
Quelle: obere und zweitoberste Grafik: Schweizerischer Verein des Gas- und Wasserfaches (SVGW); *zweitunterste Grafik:* Bafu; *untere Grafik:* OECD Environmental Data Compendium.

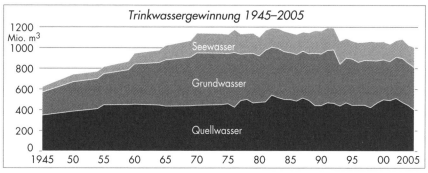

Trinkwassergewinnung 1945–2005

1200
Mio. m³
1000
800
600
400
200
0

Seewasser

Grundwasser

Quellwasser

1945 50   55   60   65   70   75   80   85   90   95   00 2005

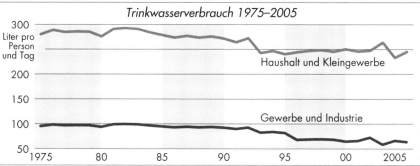

Trinkwasserverbrauch 1975–2005

300
Liter pro
Person
und Tag
200
150
100
50

Haushalt und Kleingewerbe

Gewerbe und Industrie

1975   80   85   90   95   00   2005

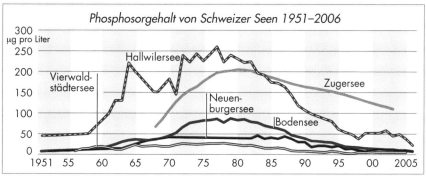

Phosphosorgehalt von Schweizer Seen 1951–2006

300
µg pro Liter
250
200
150
100
50
0

Hallwilersee

Vierwald-
städtersee

Neuen-
burgersee

Bodensee

Zugersee

1951 55   60   65   70   75   80   85   90   95   00 2005

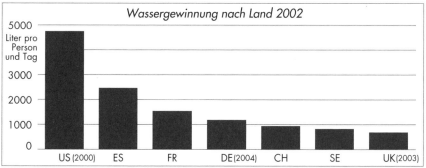

Wassergewinnung nach Land 2002

5000
Liter pro
Person
und Tag
3000
2000
1000
0

US (2000)   ES   FR   DE (2004)   CH   SE   UK (2003)

Quelle: SVGW, Bafu, OECD

257

Luftverschmutzung

Was Menschen, Tiere und Pflanzen heute in der Schweiz atmen, ist «nicht mehr saubere Luft, sondern ein schwach bis stark verschmutztes Gemisch» (Bundesamt für Umwelt). Die Emission einiger gefährlicher Luftschadstoffe konnte durch verschiedene Massnahmen (regelmässige Messung und Festlegung von Maximalwerten, Obligatorischerklärung von Filtern und Ähnlichem) zurückgebunden werden. Dies ist am stärksten der Fall für flüchtige organische Verbindungen und Kohlenmonoxid, aber auch für Stickoxid, und Schwefeldioxid, noch kaum dagegen für Feinstaub. Die Emission von Kohlendioxid (vgl. Indikator *Klima und Treibhausgase*) und Ozon nimmt dagegen weiter zu.

Schwefeldioxide werden vor allem von Industrie und Gewerbe in die Umwelt entlassen, Kohlenmonoxid vor allem vom Strassenverkehr. Auch bei der Emission von Stickoxiden liegt der Verkehr weit vorne, obwohl sein Anteil in den letzten 15–20 Jahren wieder zurückgegangen ist. Industrie und Gewerbe haben dagegen während längerer Zeit einen Rückgang vollzogen, der allerdings seit den Achtzigerjahren von einer Stagnation abgelöst wurde. Flüchtige organische Verbindungen entstammen heute nur noch zu einem kleinen Teil dem Verkehr, Industrie und Gewerbe haben ihren Anteil längere Zeit verstärkt, seit rund zehn Jahren geht er aber wieder zurück.

Die Emission verschiedener Schadstoffe verläuft also sehr unterschiedlich, ebenso unterschiedlich sind die wichtigsten Verursacher an dieser Emission beteiligt. Für eine generelle Kontrolle dieser vitalen Form der Umweltbelastung gibt es zwar zunehmend Anzeichen, aber noch keine massiven und durchgehenden Belege.

Definitionen/Bemerkungen

Für eine detaillierte Erklärung der Schadstoffe vgl. Glossar.
Flüchtige organische Verbindungen (NMVOC): ohne Methan, ohne FCKW (Fluorchlorkohlenwasserstoff).
Quelle: Bafu, BFS.

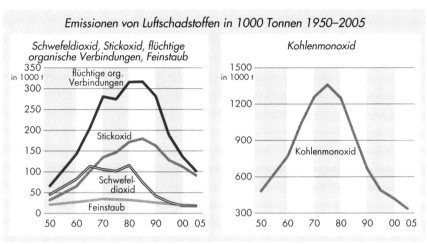

Emissionen von Luftschadstoffen in 1000 Tonnen 1950–2005

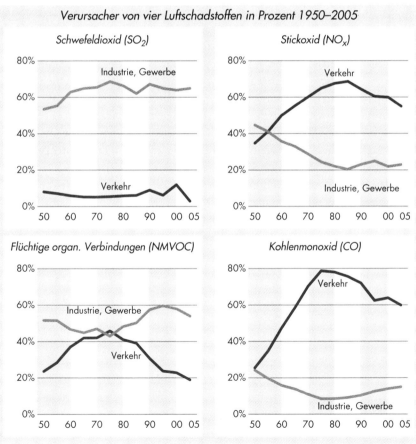

Verursacher von vier Luftschadstoffen in Prozent 1950–2005

Quelle: Bafu, BFS

259

Klima und Treibhausgase

Die Emission von Kohlendioxid (CO_2) steigt in der Schweiz seit langem, die Zunahme ist jedoch seit den frühen Siebzigerjahren gegenüber den vorangegangenen zwanzig Jahren wesentlich geringer geworden. Die Gesamtmenge der Treibhausgase – erst seit 1990 erfasst – liegt nur wenig über der CO_2-Kurve und verläuft weitgehend parallel zu ihr, was die ausschlaggebende Rolle dieses Gases unterstreicht.

Der (Strassen-) Verkehr steht an der Spitze der Verursachergruppen von Treibhausgasemissionen. Die Haushalte und die Industrie folgen mit ähnlich grossen Anteilen, der (grosse) Dienstleistungssektor und die (kleine) Landwirtschaft wirken weniger klimaschädigend. Diese Grössenverhältnisse haben sich zwischen 1990 und 2005 kaum verschoben.

Die Emissionsintensität der Vergleichsländer in Bezug auf CO_2 ist sehr unterschiedlich und hat sich auch ungleich entwickelt. Die USA liegen ohne grosse zeitliche Veränderung deutlich an der Spitze, Deutschland lag noch in den Siebzigerjahren nur wenig dahinter, machte aber (mit der Abkehr von der Kohleausbeutung, welche vor allem in der DDR noch lange eine grosse Rolle spielte) einen markanten Sprung auf ein tieferes Niveau. Die Schweiz, Land ohne eigene Kohlevorkommen, weist die tiefsten Zahlen auf. Mit der Ausnahme von Spanien, wo die Zahlen durchgehend steigen, und der Schweiz mit stagnierenden Werten, sinkt die CO_2-Intensität in den Vergleichsländern tendenziell, aber nur in wenigen genügend, um die vom Kyoto-Protokoll vorgeschriebenen Reduktionsziele gegenüber 1990 zu erreichen.

Dass die zivilisatorische Emission von Treibhausgasen ein direkter Motor der Klimaerwärmung ist, wird – nach jahrelangen Verneinungskampagnen – kaum mehr bezweifelt, und dass die Klimaerwärmung konkrete Folgen hat, ist ebenfalls allgemein anerkannt. Eine derartige Folge ist die Beschleunigung bzw. das frühere Eintreten verschiedener biologischer Prozesse. Ein Beispiel unter vielen ist, wie früh im Jahr die Kirschblüte eintritt – seit mindestens zwanzig Jahren immer früher.

Definitionen/Bemerkungen

Obere zwei Grafiken: Treibhausgase: Kohlendioxid (CO_2), Methan (CH_4), Lachgas (N_2O), synthetische Gase. Änderung der Messmethode für CO_2 1990. *CO_2-Äquivalente:* Summe aller Treibhausgase; Nicht-CO_2-Emissionen wurden ihrem globalen Erwärmungspotential entsprechend umgerechnet (IPCC 1999).
Mittlere Grafik: CO_2-Emissionen von Energieverbrauch.
Untere Grafik: gleitendes Mittel: siehe Glossar.
Quelle: obere zwei Grafiken: Bafu; *mittlere Grafik:* OECD Environmental Data Compendium; *untere Grafik:* Meteo Schweiz.

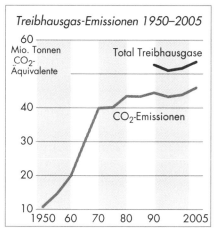

Treibhausgas-Emissionen 1950–2005

Treibhausgase nach Verursacher 1990 und 2005

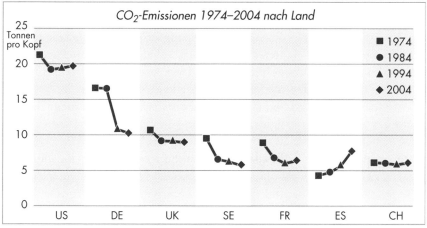

CO$_2$-Emissionen 1974–2004 nach Land

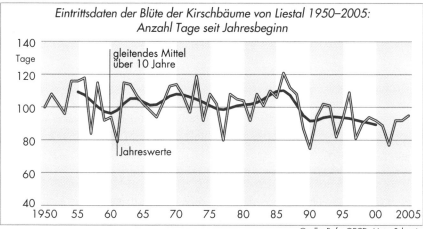

Eintrittsdaten der Blüte der Kirschbäume von Liestal 1950–2005: Anzahl Tage seit Jahresbeginn

Quelle: Bafu, OECD, MeteoSchweiz

Einschätzung von Umweltgefahren

Das Gefahrenpotential von neun verschiedenen Umweltproblemen wird von der Schweizer Bevölkerung sehr unterschiedlich eingestuft. An der Spitze stehen der Treibhauseffekt mit der Klimaerwärmung (zwischen 1994 und 2007 hat seine Nennungshäufigkeit von 54 Prozent auf 82 Prozent zugenommen) und mit wenig Unterschied die Abnahme der Artenvielfalt, am wenigsten gefährlich erscheinen Handyantennen, der persönliche Gebrauch von Handys, die gentechnischen Anwendungen in der Humanmedizin und in der Wissenschaft, und Hochspannungsleitungen.

Bildung beeinflusst die Gefahrenwahrnehmung in eher bescheidenem Ausmass und ausserdem nicht immer in derselben Richtung. Bei sieben der neun Umweltbedrohungen reduziert sie das wahrgenommene Gefahrenpotential, der Treibhauseffekt und der Autoverkehr werden dagegen bei hoher Bildung als akutere Gefahrenherde gesehen.

Die politische Links-Rechts-Orientierung erscheint wichtiger als das Bildungsniveau, die Gefahrenwahrnehmung ist bei Linksorientierten durchgehend höher als bei Mitte- oder gar Rechtsorientierten. Bei den vier «nachrangigen» Gefahren sind die Unterschiede allerdings sehr gering.

Gewisse Unterschiede bestehen auch zwischen Sprachregionen, sie sind allerdings geringer als gängig erwartet wird – etwa in den Medien – und entsprechen auch qualitativ nicht unbedingt diesen Stereotypen. Die Gefahrenwahrnehmung ist für alle neun Bedrohungen im Tessin am stärksten, zwischen Deutschschweiz und Romandie bestehen oft kaum Unterschiede, und wo es solche gibt, sind es teils die Deutschschweizer (Autoverkehr), teils die Romands (Atomkraftwerke), welche das Gefahrenpotential stärker wahrnehmen.

Definitionen/Bemerkungen

Fragestellung: Fragebeispiel: «Wie hoch schätzen Sie die Gefahr vom Treibhauseffekt und von der Klimaerwärmung für Mensch und Umwelt ein?» *Antwortkategorien:* Skala von 1 (überhaupt keine Gefahr) bis 5 (sehr hohe Gefahr). Angegeben ist der Anteil der Befragen, die die Werte 4 oder 5 nannten. Detaillierte Fragestellung siehe CD.

Bildungsstufen: tief: ISCED 0–2 (keine nachobligatorische Bildung, Anlehre); *mittel:* ISCED 3–4 (Berufslehre, Matura); *hoch:* ISCED 5–6 (Fachhochschule, Universität).

Politische Orientierung: Selbsteinschätzung auf Skala von 0 (links) bis 10 (rechts): *links:* Werte 0–4; *mitte:* Wert 5; *rechts:* Werte 6–10.

Stichprobengrösse: Umweltsurvey 2007: 3369; gewichtete Daten.

Quelle: Schweizer Umweltsurvey 2007, ETH Zürich.

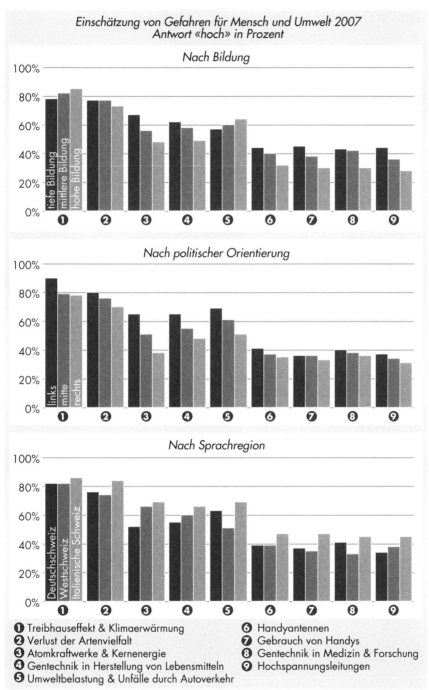

Einschätzung von Gefahren für Mensch und Umwelt 2007
Antwort «hoch» in Prozent

Nach Bildung

Nach politischer Orientierung

Nach Sprachregion

❶ Treibhauseffekt & Klimaerwärmung
❷ Verlust der Artenvielfalt
❸ Atomkraftwerke & Kernenergie
❹ Gentechnik in Herstellung von Lebensmitteln
❺ Umweltbelastung & Unfälle durch Autoverkehr

❻ Handyantennen
❼ Gebrauch von Handys
❽ Gentechnik in Medizin & Forschung
❾ Hochspannungsleitungen

Quelle: Schweizer Umweltsurvey 2007

263

Umweltbewusstsein

Zwei Aspekte von Umweltbewusstsein sind in der Schweiz stark verbreitet, die Anerkennung der Notwendigkeit von Einschränkungen des Lebensstandards und jene des Herannahens einer Umweltkatastrophe (bei rund zwei Dritteln der Bevölkerung). Deutlich weniger Menschen finden umgekehrt, das Umweltproblem werde übertrieben, und ihr Anteil hat seit 1994 weiter abgenommen. Noch stärker abgenommen hat der Anteil jener, die einen grundsätzlichen Widerspruch zwischen Wirtschaftswachstum und Umweltgefährdung sehen

Bildung und politische Orientierung spielen eine wichtige Rolle, Bildung allerdings auf widersprüchlich scheinende Art. Höher Gebildete vertreten weniger häufig die Ansicht, die Umweltprobleme würden übertrieben. Sie scheinen aber auch etwas weniger mit dem Einschränkungspostulat einverstanden zu sein, jedoch mit so geringen Differenzen, dass es zutreffender ist zu sagen, es bestehe hier kein Zusammenhang. Mit der Links-rechts-Orientierung ist der Zusammenhang stärker und auch kohärenter: Linksorientierte sind häufiger mit der Notwendigkeit von Einschränkungen einverstanden und lehnen das Übertreibungsargument stärker ab.

Die internationalen Differenzen im Umweltbewusstsein sind relativ stark, jedenfalls beim Verzichtpostulat, das in der Schweiz die meiste Akzeptanz findet, während das Übertreibungsargument international weniger differiert. Interessant ist, das in der Tendenz in allen verglichenen Ländern die beiden Ansichten kohärent mit dem Alter zusammenhängen: Ältere finden Umweltgefährdungsargumente häufiger übertrieben und akzeptieren das Verzichtpostulat weniger.

Definitionen/Bemerkungen

Fragestellung: obere und mittlere Grafik: «Ich lese Ihnen jetzt eine Reihe von Aussagen vor. Sagen Sie mir bitte bei jeder Aussage, wie weit Sie ihr zustimmen». Aussagen: siehe Grafik; *untere Grafik:* genaue Fragestellung siehe CD.

Antwortkategorien: siehe CD. Angegeben sind die Anteile der Befragten, die der Aussage (eher) zustimmen bzw. die Aussage sehr/eher akzeptabel finden.

Bildungsstufen: tief: ISCED 0–2 (keine nachobligatorische Bildung, Anlehre); *mittel:* ISCED 3–4 (Berufslehre, Matura); *hoch:* ISCED 5–6 (Fachhochschule, Universität).

Politische Orientierung: Selbsteinschätzung auf Skala von 0 (links) bis 10 (rechts): *links:* Werte 0–4; *mitte:* Wert 5; *rechts:* Werte 6–10.

Stichprobengrösse: Umweltsurvey 1994: 2900; Umweltsurvey 2007: 3369; ISSP 2000: 958–1501; gewichtete Daten.

Quelle: Schweizer Umweltsurvey 1994 und 2007, ETH Zürich; ISSP 2000.

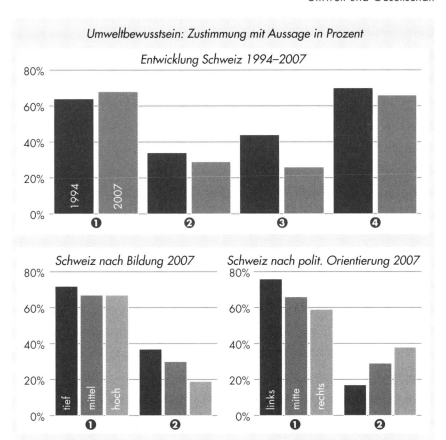

Umweltbewusstsein: Zustimmung mit Aussage in Prozent

Entwicklung Schweiz 1994–2007

Schweiz nach Bildung 2007

Schweiz nach polit. Orientierung 2007

❶ Zugunsten der Umwelt sollten alle bereit sein, ihren Lebensstandard einzuschränken.
❷ Das Umweltproblem wird von vielen Umweltschützern stark übertrieben.
❸ Das Wirtschaftswachstum schadet der Umwelt immer.
❹ Wenn wir weitermachen wie bisher, steuern wir auf eine Umweltkatastrophe zu.

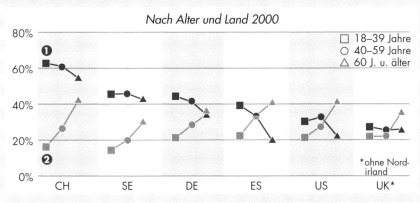

Nach Alter und Land 2000

☐ 18–39 Jahre
○ 40–59 Jahre
△ 60 J. u. älter

*ohne Nord-irland

Quelle: Schweizer Umweltsurvey 1994, 2007; ISSP 2000

265

Beurteilung umweltpolitischer Massnahmen

Verschiedene umweltpolitische Massnahmen werden in der Schweizer Bevölkerung recht unterschiedlich beurteilt. Die Partikelfilterpflicht ist konsensual (aber keinesfalls praktisch durchgesetzt), während die übrigen Massnahmen grob gesagt zwischen zwanzig Prozent (erhöhte Parkgebühren und tiefere Höchstgeschwindigkeit auf Autobahnen) und sechzig Prozent (Treibstoffabgaben) Zustimmung finden. Höhere Bildung verstärkt im allgemeinen die Akzeptanz aller Massnahmen, wenn auch in ungleichem und insgesamt eher geringem Ausmass.

Sämtliche Massnahmen werden deutlich stärker von Links- als von Mitte- und Rechtsorientierten akzeptiert, mit dem geringsten Unterschied bei dem am stärksten akzeptierten Obligatorium für Partikelfilter.

Die Sprachregionen unterscheiden sich nicht immer im gleichen Sinn und allgemein eher geringfügig. Ein Teil der Massnahmen wird am stärksten in der deutschen Schweiz akzeptiert, am wenigsten im Tessin (Partikelfilter, Treibstoffabgaben, Strassenzölle), ein anderer ebenfalls am stärksten in der Deutschschweiz, aber am wenigsten in der Romandie (die beiden temporären Tempolimiten, erhöhte Parkgebühren und tiefere Höchstgeschwindigkeit auf Autobahnen), während das Atom-Moratorium in der Romandie am meisten Anhänger hat.

Insgesamt besteht ein gewisser Widerspruch zwischen der eher geringen Akzeptanz der meisten hier getesteten konkreten Massnahmen und der eher hohen Zustimmung zum Postulat der Lebensstileinschränkung beim Indikator *Umweltbewusstsein*.

Definitionen/Bemerkungen

Fragestellung: «Zum Schutz der Umwelt wird eine Reihe von umweltpolitischen Massnahmen vorgeschlagen. Was halten Sie von den folgenden Massnahmen?» *Antwortkategorien:* «sehr dagegen», «eher dagegen», «weder noch», «eher dafür», «sehr dafür». Angegeben sind die Anteile der Befragten, die eher/sehr dafür sind.

Bildungsstufen: tief: ISCED 0–2 (keine nachobligatorische Bildung, Anlehre);
mittel: ISCED 3–4 (Berufslehre, Matura); *hoch:* ISCED 5–6 (Fachhochschule, Universität).

Politische Orientierung: Selbsteinschätzung auf Skala von 0 (links) bis 10 (rechts): *links:* Werte 0–4;
mitte: Wert 5; *rechts:* Werte 6–10.

Stichprobengrösse: Umweltsurvey 2007: 2789; gewichtete Daten.

Quelle: Schweizer Umweltsurvey 2007, ETH Zürich.

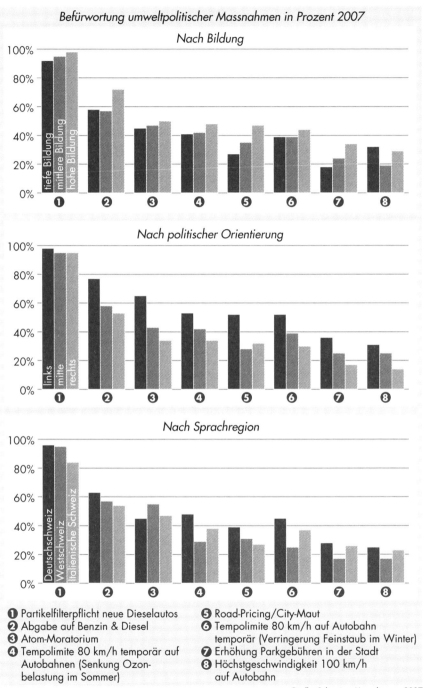

Befürwortung umweltpolitischer Massnahmen in Prozent 2007

Nach Bildung

Nach politischer Orientierung

Nach Sprachregion

❶ Partikelfilterpflicht neue Dieselautos
❷ Abgabe auf Benzin & Diesel
❸ Atom-Moratorium
❹ Tempolimite 80 km/h temporär auf Autobahnen (Senkung Ozonbelastung im Sommer)
❺ Road-Pricing/City-Maut
❻ Tempolimite 80 km/h auf Autobahn temporär (Verringerung Feinstaub im Winter)
❼ Erhöhung Parkgebühren in der Stadt
❽ Höchstgeschwindigkeit 100 km/h auf Autobahn

Quelle: Schweizer Umweltsurvey 2007

Umweltpolitisches Engagement

Das Engagement für umweltpolitische Anliegen hat sich seit 1994 nur wenig verändert, trotz leicht sinkender Tendenz beim Unterschreiben von Petitionen und Geldspenden. Aktivere Formen des Engagements sind, wie zu erwarten, wesentlich seltener als diese beiden, ihre Häufigkeit hat sich aber ebenfalls kaum verändert.

Hohe Bildung und linkspolitische Interessen sind starke Förderfaktoren für umweltpolitisches Engagement, während die Altersunterschiede eher bescheiden sind.

Die sprachregionalen Unterschiede sind nicht sehr ausgeprägt. Interessant ist aber, dass sie den gängigen Vorstellungen nicht ganz entsprechen: die Deutschschweizer sind am wenigsten geneigt, Petitionen zu diesem Thema zu unterschreiben (aber sie spenden am häufigsten), während die Romands häufiger als die beiden anderen Sprachgruppen unterschreiben und sich als AktivistInnen betätigen (Protestaktionen usw.).

Im internationalen Vergleich zeigt die Schweiz das höchste Niveau von Engagement, mindestens was die beiden häufigeren Formen betrifft. Persönlicher Einsatz ist überall ähnlich selten, in Spanien sind Geldspenden ebenso selten wie persönlicher Einsatz. Auch in Deutschland nehmen die Spenden punkto Häufigkeit eine mittlere Stellung zwischen Unterschriften und direktem Engagement einzunehmen, während sie in den anderen Ländern wie in der Schweiz nur wenig seltener sind als die Leistung von Unterschriften. In der Tendenz widerspiegeln diese internationalen Unterschiede, insgesamt gesehen, den Zusammenhang zwischen nationalem Reichtum und Stärke des Umweltbewusstseins: je reicher die Nation, desto entwickelter ist das Problembewusstsein.

Definitionen/Bemerkungen

Fragestellung: «Haben Sie in den letzten fünf Jahren … eine Petition zu einer Umweltfrage unterzeichnet? … einer Umweltgruppe oder Umweltorganisation Geld gespendet? … selber an einer Protestaktion oder Demonstration teilgenommen? … Unterschriften oder Geld gesammelt oder an einer anderen Aktion zum Schutz der Umwelt teilgenommen?» Detaillierte Fragestellung untere Grafik: siehe CD.
Antwortkategorien: «Ja», «Nein». Angegeben sind die Anteile der Befragten, die mit Ja geantwortet haben.
Bildungsstufen: tief: ISCED 0–2 (keine nachobligatorische Bildung, Anlehre);
mittel: ISCED 3–4 (Berufslehre, Matura); *hoch:* ISCED 5–6 (Fachhochschule, Universität).
Politische Orientierung: Selbsteinschätzung auf Skala von 0 (links) bis 10 (rechts): *links:* Werte 0–4;
mitte: Wert 5; *rechts:* Werte 6–10.
Stichprobengrösse: Umweltsurvey 1994: 2900; Umweltsurvey 2007: 2789; ISSP 2000: 958–1501;
gewichtete Daten.
Quelle: Schweizer Umweltsurvey 1994 und 2007, ETH Zürich; ISSP 2000.

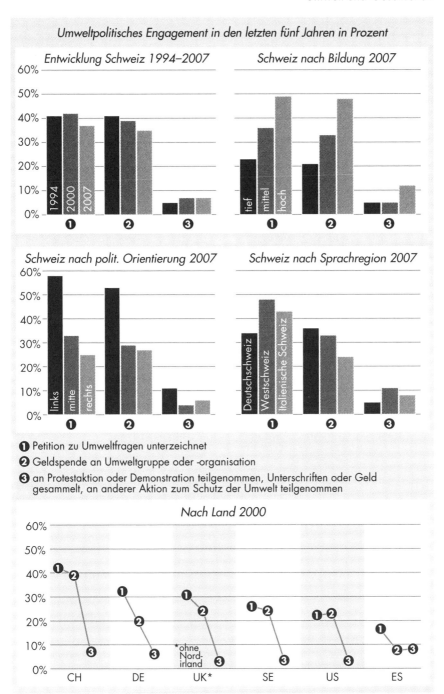

Umweltpolitisches Engagement in den letzten fünf Jahren in Prozent

Entwicklung Schweiz 1994–2007

1994, 2000, 2007

❶ ❷ ❸

Schweiz nach Bildung 2007

tief, mittel, hoch

❶ ❷ ❸

Schweiz nach polit. Orientierung 2007

links, mitte, rechts

❶ ❷ ❸

Schweiz nach Sprachregion 2007

Deutschschweiz, Westschweiz, Italienische Schweiz

❶ ❷ ❸

❶ Petition zu Umweltfragen unterzeichnet

❷ Geldspende an Umweltgruppe oder -organisation

❸ an Protestaktion oder Demonstration teilgenommen, Unterschriften oder Geld gesammelt, an anderer Aktion zum Schutz der Umwelt teilgenommen

Nach Land 2000

CH DE UK* SE US ES

*ohne Nordirland

Quelle: Schweizer Umweltsurvey 1994, 2007; ISSP 2000

269

Umweltverhalten

Umweltbelastung resultiert aus menschlichem Verhalten, unter anderem im Konsumbereich. Spitzenreiter unter den Beispielen umweltschonender Verhaltensweisen bleibt über die betrachteten 13 Jahre hinweg das Lichterlöschen beim Verlassen eines Raumes. Aus Altpapier hergestelltes Toilettenpapier bzw. Umweltschutzpapier haben etwas von ihrer Attraktivität eingebüsst, die Benützung von Energiesparlampen hat dagegen zugenommen. Weitere praktische Verhaltensweisen sind ebenfalls populär, andere weniger. Das seltene Fliegen für private Zwecke und der seltene Konsum von Bioprodukten sind wohl eher durch finanzielle als durch ökologische Überlegungen motiviert.

Die Unterschiede zwischen Einkommensklassen bestätigen dies, besonders beim privaten Fliegen, aber ähnlich auch für Bioprodukte. Dass besser Verdienende häufiger ein Abonnement für öffentliche Verkehrsmittel haben, hat vermutlich nicht direkt mit dem Kostenaspekt zu tun, sondern damit, dass es sich dabei um Menschen mit höherem sozialem Status handelt, die häufiger reisen. Einige Beispiele hängen «umgekehrt» mit dem Einkommen zusammen: besser Verdienende benützen seltener rezykliertes Toilettenpapier und achten weniger aufs völlige Abstellen von Fernsehapparaten. Umweltschonendes Verhalten fällt offensichtlich leichter, wenn es auch finanziell ins Gewicht fällt.

Die Zusammenhänge mit der allgemeinen politischen Orientierung sind kohärent und entsprechen anderen Indikatoren: Linksorientierte richten ihr Alltagsverhalten besonders häufig nach Umweltschutzkriterien aus (Ausnahmen: Reaktion auf kalte Temperaturen und Fliegen).

Definitionen/Bemerkungen

Fragestellung: Fragebeispiel: «Schalten Sie das Licht von normalen Glühbirnen aus, wenn Sie das Zimmer für kurze Zeit, z. B. für eine Viertelstunde, verlassen?» *Antwortkategorien:* «Ja», «Nein». Angegeben ist der Anteil der Befragten, die mit Ja geantwortet haben.
Politische Orientierung: Selbsteinschätzung auf Skala von 0 (links) bis 10 (rechts); *links:* Werte 0–4; *mitte:* Wert 5; *rechts:* Werte 6–10.
Einkommen: Monatliches Haushalts-Äquivalenzeinkommen; Äquivalenzeinkommen: siehe Glossar.
Stichprobengrösse: Umweltsurvey 1994; 2900; Umweltsurvey 2007: 3369; gewichtete Daten.
Quelle: Schweizer Umweltsurvey 1994 und 2007, ETH Zürich.

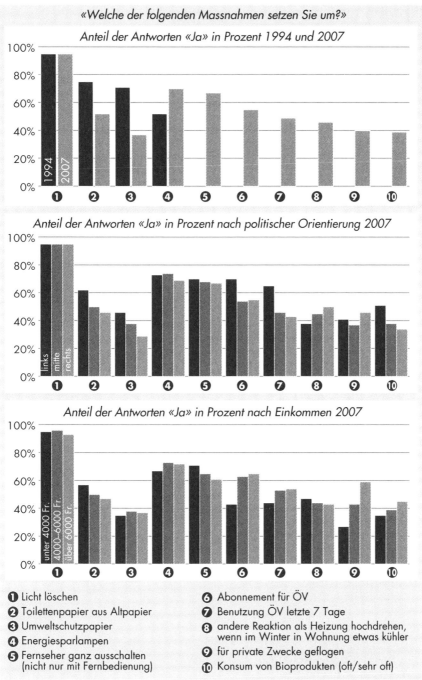

«Welche der folgenden Massnahmen setzen Sie um?»

Anteil der Antworten «Ja» in Prozent 1994 und 2007

Anteil der Antworten «Ja» in Prozent nach politischer Orientierung 2007

Anteil der Antworten «Ja» in Prozent nach Einkommen 2007

❶ Licht löschen
❷ Toilettenpapier aus Altpapier
❸ Umweltschutzpapier
❹ Energiesparlampen
❺ Fernseher ganz ausschalten
   (nicht nur mit Fernbedienung)

❻ Abonnement für ÖV
❼ Benutzung ÖV letzte 7 Tage
❽ andere Reaktion als Heizung hochdrehen,
   wenn im Winter in Wohnung etwas kühler
❾ für private Zwecke geflogen
❿ Konsum von Bioprodukten (oft/sehr oft)

Quelle: Schweizer Umweltsurvey 1994, 2007

271

Abfälle und Wiederverwertung

Abfälle sind eine augenfällige Komponente des zivilisatorischen Drucks auf die Umwelt. Dass ihr Umfang seit 1970 (und sicher schon länger) kontinuierlich zunimmt, erstaunt nicht, eher schon, dass sich diese Zunahme 1990 vorübergehend abgeschwächt hat und dass sich die Zusammensetzung der Abfälle gleichzeitig differenziert.

Verschiedene Abfallsorten werden zunehmend ausgesondert und zur Wiederverwertung oder mindestens spezifischen Entsorgung gesammelt. Die längste Tradition besteht für Papier und wohl auch Glas (Daten erst ab 1985), Pet und Weissblech haben nachgezogen, auch das Sammeln von gebrauchten Aludosen und Batterien ist stark verbreitet, sodass heute ein ansehnlicher Teil der wiederverwertbaren Abfälle (60–95 Prozent) tatsächlich rezykliert werden.

In Bezug auf die Produktion von Siedlungsabfällen pro Person, gewissermassen die Abfallintensität eines Landes, liegt die Schweiz zusammen mit Spanien an der Spitze des Vergleichs, ein gewisses Umkippen ist erst in den letzten fünf Jahren festzustellen, ähnlich wie in Spanien, Deutschland und Grossbritannien (für die USA fehlen hier die Daten). Schwedens Abfallproduktion wächst weiter, liegt aber auf einem deutlich tieferen Niveau als in den anderen sechs Ländern. Allerdings sagen diese Zahlen nichts über die umweltbezogene Qualität der Entsorgung aus, sondern nur über deren Umfang.

Regelmässiges Sammeln hängt mit Alter und Bildung zusammen, wenn auch unregelmässig; Jüngere und weniger Gebildete sammeln in den meisten Ländern weniger.

Definitionen/Bemerkungen

Obere Grafik: Siedlungsabfälle ohne Importe. Recycling von Glas wird erst ab 1985 erfasst.

Zweitunterste Grafik: Siedlungsabfälle sind Abfälle, die von den Gemeinden gesammelt werden und umfassen Abfälle von Haushalten, gewerblichen Aktivitäten, Bürogebäuden, Institutionen wie Schulen oder Regierungsgebäude und kleine Firmen (inkl. Sperrgut und Separatsammlungen). Details: Siehe CD.

Untere Grafik: Fragestellung: «Wie häufig bemühen Sie sich Wertstoffe Ihres Abfalls, wie Glas, Metall, Plastik für die Wiederverwertung zu trennen?» *Antwortkategorien:* «immer», «oft», «manchmal», «nie», «wo ich wohne, werden Wertstoffe nicht getrennt entsorgt». Angegeben ist der Anteil der Befragten, die mit «immer» geantwortet haben.

Bildungsstufen: tief: ISCED 0–2 (keine nachobligatorische Bildung, Anlehre);

mittel: ISCED 3–4 (Berufslehre, Matura); *hoch:* ISCED 5–6 (Fachhochschule, Universität).

Stichprobengrösse: ISSP 2000: 958–1501; gewichtete Daten.

Quelle: obere und zweitoberste Grafik: Bafu, Abfallstatistik; *zweitunterste Grafik:* OECD Environmental Data Compendium; *untere Grafik:* ISSP 2000.

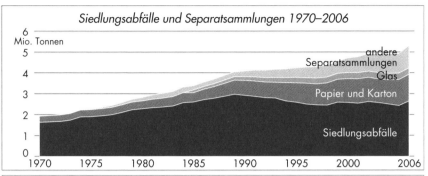

Siedlungsabfälle und Separatsammlungen 1970–2006

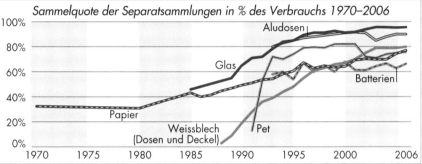

Sammelquote der Separatsammlungen in % des Verbrauchs 1970–2006

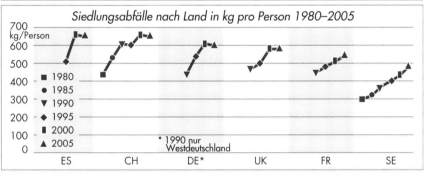

Siedlungsabfälle nach Land in kg pro Person 1980–2005

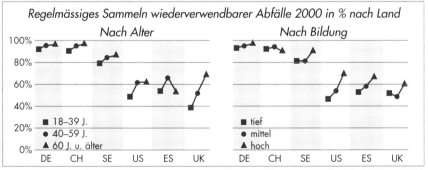

Regelmässiges Sammeln wiederverwendbarer Abfälle 2000 in % nach Land

Quelle: Bafu, OECD, ISSP 2000

Ökologischer Fussabdruck

Der ökologische Fussabdruck drückt aus, wie weit eine Gesellschaft ihre Umwelt nachhaltig oder «ausbeuterisch» benützt. Gegenwärtig beträgt der ökologische Fussabdruck der Schweiz rund 5 globale Hektaren pro Kopf, die Biokapazität des Landes dagegen etwa 1,5 globale Hektaren pro Kopf. Die Schweiz übernutzt also ihre Umwelt in einem Verhältnis von mehr als 1:3.

Während zu Beginn der Sechzigerjahre der Ackerbau noch ungefähr die Hälfte des schweizerischen Fussabdrucks ausmachte und die ganze Landwirtschaft annähernd zwei Drittel, ist dieser Anteil inzwischen auf ein Zehntel bzw. einen Fünftel gesunken. Dagegen ist der Verbrauch fossiler Energien absolut und anteilsmässig stark angestiegen und stellt heute den Hauptteil des Fussabdrucks. Insgesamt hat der Fussabdruck in den vergangenen 45 Jahren um die Hälfte zugenommen, nachdem er ungefähr 1990 sein bisheriges Maximum überschritten hat (möglicherweise aufgrund der Rezession der frühen Neunzigerjahre, wie schon 1975 und 1982).

Im internationalen Vergleich steht die Schweiz weniger schlecht da als andere Ländern. Die Entwicklung ist überall scherenförmig, d. h. der Fussabdruck nimmt zu (besonders stark in den USA und Spanien), die Biokapazität nimmt ab (besonders stark in Schweden und den USA), und die Kluft zwischen beiden Grössen wächst. Einzig in Schweden liegt die Biokapazität noch höher als der Fussabdruck, und nur in Deutschland ist es gelungen, seit den frühen Siebzigerjahren den Fussabdruck zu verringern.

Die Zusammensetzung des Fussabdrucks variiert beträchtlich zwischen den Ländern, vor allem in Abhängigkeit ihres Profils der Energiegewinnung und des Gewichts der Landwirtschaft.

Definitionen/Bemerkungen

Ökologischer Fussabdruck: Ausmass der Nutzung von Natur und Rohstoffen (z. B. Erdölverbrauch, Nahrungsmittelkonsum oder Holzverbrauch) umgerechnet in Flächen, die nötig wären, um diese Ressourcen auf erneuerbare Weise bereitzustellen (hypothetischer Flächenbedarf in globalen Hektaren). Zur Berechnung des ökologischen Fussabdrucks in der Schweiz siehe von Stokar et al. (2006).
Biokapazität: Fähigkeit der Natur, Rohstoffe zu erzeugen und Schadstoffe abzubauen (biologische Kapazität einer Fläche).
Globale Hektare: Hektare produktiver Fläche, welche eine Produktivität aufweist, die dem weltweiten Durchschnitt entspricht.
Quelle: Global Footprint Network.

274

Ökologischer Fussabdruck und Biokapazität in globalen Hektaren pro Person

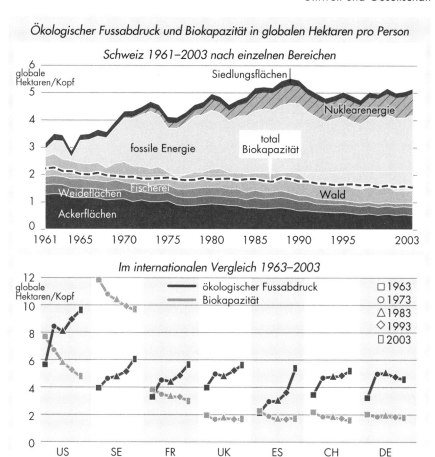

Schweiz 1961–2003 nach einzelnen Bereichen

Im internationalen Vergleich 1963–2003

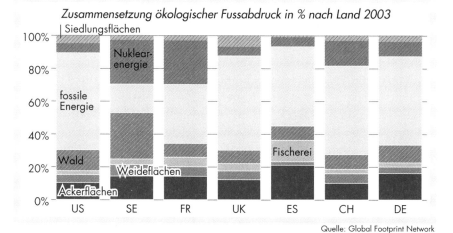

Zusammensetzung ökologischer Fussabdruck in % nach Land 2003

Quelle: Global Footprint Network

275

Umweltbewusstsein, Umwelthandeln und ökologische Risiken

Andreas Diekmann und Reto Meyer

1   Einleitung

Vor zwei Jahrzehnten wurde im Brundtland-Bericht der Vereinten Nationen das Prinzip der nachhaltigen Entwicklung formuliert. Von dem Ziel «die Bedürfnisse der gegenwärtigen Generation zu erfüllen, ohne die Fähigkeit zukünftiger Generationen zu gefährden, ihre eigenen Bedürfnisse zu befriedigen», sind wir heute trotz zahlreicher Umweltkonferenzen und internationaler Vereinbarungen weit entfernt. Zwar gibt es in den wohlhabenden Ländern einige Fortschritte, z. B. bei der Gewässergüte und Luftqualität. Globale Probleme wie der Klimawandel, der Verlust an Biodiversität und die extensive Ausbeutung endlicher Rohstoffe haben sich dagegen verschärft. Die Überbelastung der «globalen Allmende» hat Konsequenzen für alle Länder, auch für die Schweiz. Vermehrte Bodenerosion, Naturkatastrophen und die Veränderung alpiner Landschaften sind zu erwartende Folgen des Klimawandels, die die Schweiz direkt betreffen werden.

Der – ungleich verteilte – Wohlstand auf unserem Planeten basiert auf der technisch-industriellen Produktion. Die ökologischen Risiken sind Folgen industrieller Produktion und einer Ressourcen verzehrenden Lebensweise in modernen Gesellschaften. Gleichzeitig gilt das Paradox, dass technische Innovationen zu einer nachhaltigen, effizienten Ressourcennutzung verhelfen können. «Industrielle Produktion», «technische Innovationen» und «Ressourcennutzung» sind abstrakte Begriffe, hinter denen sich menschliches Handeln verbirgt. «Grüne Technik» steht in vielen Bereichen zur Verfügung, wird aber wenig genutzt, wenn die Anreize fehlen. In einer Vielzahl von Studien (z. B. Eckes und Six, 1994) wird denn auch die Diskrepanz zwischen Umweltbewusstsein und Umweltverhalten beklagt und es ist von «der Kluft zwischen Anspruch und Wirklichkeit» die Rede. Diese scheint umso grösser, je höher die Unannehmlichkeiten und Kosten der umweltfreundlichen Alternative sind (Diekmann und Preisendörfer, 2003). Die Diskrepanz ist aber wenig überraschend, wenn man bedenkt, dass ökologisches Verhalten nicht nur vom Umweltbewusstsein, sondern stark von ökonomischen Anreizen abhängig ist. So besteht z. B. ein beträchtliches Einsparpotential an Energie und CO_2-Emissionen im Bereich der Modernisierung von Altbauten. Bei der Entscheidung über energiesparende Investitionen spielen aber Kosten-Nutzen-Überlegungen eine wesentliche Rolle. Auch im Verkehrsbereich können alternative Antriebe, sparsamere Motoren, eine effizientere Nutzung der Infrastruktur und die Verbesserung des Angebots an öffentlichen Verkehrsmitteln wesentlich zur Verbesserung der CO_2-Bilanz beitragen. Hier dürfte der direkte Einfluss von Umweltbewusstsein auf die Entscheidung relativ gering sein. Die Akzeptanz von Nachhaltigkeitszielen und die Einsicht in ökologische Zusammenhänge können aber durch die vermehrte Nachfrage für nachhaltige Umweltpolitik sehr wohl indirekt zu ökologisch relevanten Verhaltensänderungen führen. Indem durch umweltpolitische Massnahmen wie CO_2-Abgabe, Leistungsabhängige Schwerverkehrsabgabe (LSVA), Emissionszertifikate, Fördermassnahmen für regenerative Energien und einer ökologiefreundlichen Infrastruktur die Anreize richtig gesetzt werden, kommt man den Nachhaltigkeitszielen näher. Konkrete Umweltziele sind nur erreichbar, wenn eine umweltbewusste Bevölkerung und Wählerschaft die umweltpolitischen Massnahmen unterstützt, die nötig sind, um die mittel- und langfristigen Nachhaltigkeitsziele umzusetzen. Studien machten jedoch darauf aufmerksam, dass die Bedeutung der Umweltfrage seit den Neunzigerjahren rückläufig sei (u. a. Longchamp et al., 2003).

Im folgenden Abschnitt sollen diese Schlussfolgerungen überprüft werden. Dazu wird im Schweizer Umweltsurvey 2007 (vgl. *Kasten 1*) die Bedeutung des Umweltproblems aus Sicht der Bevölkerung mit zwei alternativen Methoden erfasst. In einer differenzierten Analyse wird zudem der Stellenwert einzelner ökologischer Risiken ermittelt. Der dritte Abschnitt befasst sich mit dem Wandel des Umweltbewusstseins im Vergleich der Surveys 1994 und 2007. Verändert haben sich auch regionale Unterschiede und die soziale Basis des Umweltbewusstseins. Im vierten Abschnitt wird die Aufmerksamkeit auf die subjektive und objektive Umweltbelastung gerichtet. Durch die Verknüpfung der Befragungsdaten mit raumbezogenen Daten der Luftverschmutzung können Zusammenhänge zwischen sozialen Lagen und der Umweltverschmutzung am Wohnort ermittelt werden. Im fünften Abschnitt berichten wir Ergebnisse zum Stand des Umweltwissens, wiederum im Vergleich der Surveys 1994 und 2007. Der sechste Abschnitt behandelt einzelne Dimensionen des Umweltverhaltens. In einem Pfadmodell werden Zusammenhänge zwischen dem Umweltwissen, der Umweltbelastung, dem Umweltbewusstsein und dem Verhalten genauer untersucht. Das Umweltbewusstsein beeinflusst in moderater Weise nicht nur das persönliche Verhalten, sondern stärker noch

Kasten 1: Der Schweizer Umweltsurvey

Wie reagiert die Bevölkerung auf Umweltbelastungen im lokalen Bereich und die Probleme des Klimawandels im globalen Massstab? Mit einer landesweiten Befragung können die Wahrnehmung ökologischer Probleme, die Einstellungen zu Umweltproblemen, die Meinung über erforderliche Massnahmen und damit die subjektiven Aspekte der Umweltprobleme erfasst werden. Darüber hinaus stellt sich die Frage nach dem Umweltverhalten in privaten Haushalten. Wie verhalten sich die Menschen in privaten Haushalten mit Blick auf Energiever-brauch, Verkehr, Konsum und Abfalltrennung in der Schweiz und in welchem Ausmass sind Veränderungen umweltbezogenen Handelns erkennbar? Erstmalig wurde eine umfassende, landesweite Erhebung der Umwelteinstellungen und des Umweltverhaltens der Bevölkerung mit dem «Umweltsurvey 1994» in der Schweiz unternommen (Erhebungszeitraum: Oktober 1993 bis Februar 1994). Seither wurde der Themenbereich Umwelt nur vereinzelt in Bevölkerungsbefragungen integriert. 2007 wurde nun der Umweltsurvey mit einem stark erweiterten Fragenprogramm und neuen Themen wieder durchgeführt.

Die Erhebung basiert auf einer Zufallsstichprobe aus der erwachsenen Wohn-bevölkerung der Schweiz mit registrierten Telefonanschlüssen. Im Zeitraum von November 2006 bis März 2007 wurden vom Link Institut telefonische Interviews mit 3'369 Haushalten geführt. Die zu befragende Person wurde zufällig aus den über 18 Jahre alten Mitgliedern des Haushalts ausgewählt und in deutscher, fran-zösischer oder italienischer Sprache interviewt. Die Ausschöpfungsquote beträgt 52 Prozent (strikte Berechnung gemäss wissenschaftlichem Standard der American Association für Public Opinion Research). An das telefonische Interview mit einer durchschnittlichen Dauer von 37 Minuten schloss sich eine schriftliche Nachbe-fragung an. 83 Prozent der telefonisch interviewten Personen haben sich an der schriftlich-postalischen Umfrage beteiligt (Diekmann und Meyer, 2008).

Gefördert wurde der Schweizer Umweltsurvey 2007 durch den Schweizeri-schen Nationalfonds (SNF; Projekt: 100012-107835). Das Projekt wurde vom Bundesamt für Umwelt (Bafu), den Kantonen Basel-Stadt (Amt für Umwelt und Energie) und Zürich (Amt für Abfall, Wasser, Energie und Luft, AWEL), den Zen-tralschweizer Kantonen (Umweltämter) und dem Umwelt- und Gesundheitsschutz der Stadt Zürich (UGZ) bezuschusst. Ferner wurde das Projekt finanziell und bei der Methodik der Stichprobenziehung vom Bundesamt für Statistik (BFS) unter-stützt. Das BFS hat keinen Einfluss auf die verwendete Methode und die daraus resultierenden Ergebnisse.

das Ausmass, in dem politische Umweltmassnahmen befürwortet werden. Dieser Zusammenhang wird im siebten Abschnitt diskutiert. In der Um-weltforschung bisher wenig untersucht wurden Handlungssituationen, in denen zwar Anreize für ökologisches Verhalten bestehen, viele Personen sich aber dennoch für die umweltschädliche Alternative entscheiden. Grund für das Verhalten kann die zeitliche Verschiebung zwischen Kosten und Erträgen sein. Bei stark ausgeprägter «Gegenwartspräferenz» vermeiden Personen häufig Investitionen, die sich erst langfristig bezahlt machen. Im achten Abschnitt werden Ergebnisse zu dieser Thematik aus dem Schweizer Umweltsurvey vorgestellt. Einige Konsequenzen aus den Befunden werden im Schlussteil angesprochen.

2 Die Bedeutung des Umweltproblems in der Wahrnehmung der Bevölkerung

2.1 Die Messung der Bedeutung ökologischer Risiken

Welche Bedeutung ein Thema hat, hängt von den Einstellungen der Menschen, aber auch von der aktuellen politischen Diskussion und methodisch von der Frageform ab. Wir haben die Bedeutung des Umweltproblems deshalb auf zwei unterschiedliche Weisen erfasst.

— Bei Methode eins (Rating-Methode) konnten die befragten Personen zu neun unterschiedlichen Problemen Stellung nehmen. Dabei handelte es sich um (1) die Finanzierung der AHV (88 Prozent), (2) die Zunahme der Gesundheitskosten in der Schweiz (88 Prozent), (3) die Umweltbelastung und Umweltverschmutzung in der Schweiz (79 Prozent), (4) Arbeitslosigkeit in der Schweiz (70 Prozent), (5) Kriminalität, persönliche Sicherheit von den Leuten in der Schweiz (69 Prozent), (6) Armut in der Schweiz (69 Prozent), (7) Zuwanderung von Ausländern in die Schweiz (64 Prozent), (8) Verhältnis der Schweiz zur EU (63 Prozent), (9) Terrorismus und Extremismus in der Schweiz (44 Prozent). Die Prozentzahlen geben Auskunft über den Anteil der Personen, die das Thema «als eher oder sehr wichtig» einstufen. AHV und Gesundheitskosten stehen ganz oben auf der Liste der Probleme, gefolgt vom Umweltproblem an immerhin dritter Stelle. Das Schlusslicht bildet die Terrorismusgefahr.
— Bei Methode zwei (Ranking-Methode) wurde eine offene Frage nach dem wichtigsten Problem in der Schweiz gestellt. Die Antworten wurden den oben aufgeführten und weiteren, insgesamt 18 Kategorien zugewiesen. Die offene Frage ergibt eine andere Rangfolge. Arbeitslosigkeit und die Zuwanderung und Integration von Ausländern werden am häufigsten genannt (wobei die Kategorie «Ausländer» nicht nur Ablehnungen enthält, sondern auch Antworten von Personen zugeordnet wurden, die z. B. mehr Integrationsanstrengungen fordern). An zweitletzter Stelle der Liste stehen Staatschulden und Finanzen, gefolgt vom Terrorismus, der mit weniger als ein Prozent Nennungen abfällt. Das Umweltproblem steht

aber wieder relativ weit oben auf dem dritten Platz aller Antworten auf die offene Frage.

Der Bericht des UNO-Weltklimarats (IPCC) und das grosse Medienecho auf die Veröffentlichung dürfte auch einen Einfluss auf die Prominenz der Umweltthematik ausgeübt haben. Der UNO-Klimabericht machte im Januar 2007 in der Schweizer Presse Schlagzeilen, während des Befragungszeitraums des Umweltsurveys. Betrachtet man die Antworten der Befragten auf die offene Frage nach dem wichtigsten Problem (Ranking-Methode) getrennt für die Interviews vor und nach der Veröffentlichung des Klimaberichts, zeigt sich folgendes Bild: Vor der Veröffentlichung waren die Prioritäten «Arbeitslosigkeit», «Ausländer», «Umwelt». Nach der Veröffentlichung rückte das Umweltthema auf den ersten Platz vor. Bei der Rating-Methode (Einstufung vorgegebener Probleme) hingegen bleibt die Reihenfolge vor und nach dem UNO-Klimabericht unverändert. Die mit der Befragungsmethode variierenden Ergebnisse unterstützen die Vermutung, dass mit der Rating-Methode langfristige Grundeinstellungen gemessen werden, mit der Ranking-Methode hingegen eher kurzfristige Prioritäten.

In der Sorgenbarometer-Umfrage wird schon seit einigen Jahren die Wichtigkeit von verschiedenen Themen erhoben (vgl. Kapitel *Politische Gestaltung*, Indikator *Problemwahrnehmung*). Hieraus wurde bis vor kurzem von der rückläufigen Bedeutung des Umweltthemas seit Ende der Achtzigerjahren berichtet. Die jüngsten Ergebnisse legen aber den Schluss nahe, dass sich dieser Trend umkehrt. So rückte das Thema Umwelt zwischen 2006 (vor UNO-Klimabericht) und 2007 (nach UNO-Klimabericht) wieder um fast zwanzig Prozentpunkte nach oben (Longchamp et al., 2006; Longchamp et al., 2007). Trotzdem erreicht es nicht den hohen Stellenwert wie im Schweizer Umweltsurvey 2007. Dies mag vor allem an methodischen Unterschieden liegen. Im Sorgenbarometer werden die Befragten gebeten, aus einer vorgegebenen Liste von Themen die fünf wichtigsten zu nennen. Das Umweltthema wird dabei enger gefasst als im Umweltsurvey. Die Themen «Energiefragen/ Kernenergie» und «Verkehrsfragen/Neat» werden separat vorgelegt (Longchamp et al. 2003, 7), während im Umweltsurvey diese Problemkreise dem Thema «Umwelt» zugeordnet werden.

Es zeigt sich somit, dass heute das Umweltproblem von der Bevölkerung der Schweiz als gravierende Bedrohung erkannt wird.

2.2 Die dringendsten Umweltprobleme und ökologische Risiken

Im Umweltsurvey 2007 werden einzelne ökologische Gefährdungen mit einer Frage nach dem dringendsten Umweltproblem mittels Ranking-Verfahren differenziert erfasst. Am häufigsten werden Luftverschmutzung und Klimaerwärmung hervorgehoben, gefolgt von Problemen des Verkehrs und der «Verschmutzung allgemein», während der «Schutz der Natur und der Tiere» und das Thema «Artenvielfalt» relativ selten genannt werden.

Auch mittels Rating-Methode zeigt sich der Klimawandel als das prioritäre Umweltthema (vgl. Indikator *Einschätzung von Umweltgefahren*). Im Umweltsurvey 1994 – zwei Jahre nach der Umweltkonferenz der Vereinten Nationen in Rio – war der Klimawandel in der Öffentlichkeit viel weniger prominent als heute. Schätzen in der Befragung 2007 mehr als Vier Fünftel (82 Prozent) der Schweizer Wohnbevölkerung «die Gefahr vom Treibhauseffekt und von der Klimaerwärmung für Mensch und Umwelt» als hoch ein, waren es 1994 erst 54 Prozent. Die Klimaerwärmung wird in allen drei Sprachregionen als grosse Gefahr für Mensch und Umwelt eingeschätzt. Gleiches gilt mit der Rating-Methode für den Verlust der Artenvielfalt (Gesamte Schweiz 76 Prozent, vgl. Indikator *Einschätzung von Umweltgefahren*), während dieses Thema bei der Ranking-Methode eher das Schlusslicht bildet.

In der Umweltdiskussion geben Risiken aus neuen Technologien immer wieder zu Kontroversen Anlass. Kernkraftwerke sind seit Jahrzehnten umstritten, haben immer wieder Proteste hervorgerufen und jüngst längere Debatten im Parlament ausgelöst. Neue Technologien wie der Einsatz von gentechnisch veränderten Organismen bei der Herstellung von Nahrungsmitteln oder in der Medizin lassen Befürchtungen über Risiken und Nebenwirkungen aufkommen. Aber auch alltägliche Gebrauchsgegenstände wie Mobiltelefone sind wegen der so genannten schwach ionisierenden Strahlen in Verdacht geraten, gesundheitsschädigende Wirkungen hervorzurufen. Das Ausmass dieser und weiterer technischer Risiken sollte von den Befragten im Umweltsurvey 2007 eingeschätzt werden.

In der französischen (66 Prozent) und in der italienischen (69 Prozent) Schweiz ist das Risikobewusstsein bei der Kernkraft noch stärker ausgeprägt als in der Deutschschweiz (52 Prozent). Gefahren der Gentechnik werden weniger bei der Medizin (39 Prozent), dagegen in höherem Masse bei Nahrungsmitteln wahrgenommen (57 Prozent). Auffallend ist die Differenz in der Risikowahrnehmung zwischen der Deutschschweiz und der französischen Schweiz bei der Umweltbelastung und bei Unfällen durch Autoverkehr. In der Romandie (51 Prozent) werden diese Gefahren deutlich geringer bewertet als in der Deutschschweiz (63 Prozent). Immerhin 37 Prozent der Befragten sehen Risiken beim Gebrauch von Mobiltelefonen bzw. 39 Prozent durch Antennen für die Mobiltelefonie und etwas mehr als ein Drittel (35 Prozent) der Bevölkerung betont Gefahren durch Hochspannungsleitungen.

Anhand von Korrelationsanalysen zeigt sich, dass Technologierisiken (Kernkraft, Gentechnik und Elektrosmog) bei steigendem Einkommen als weniger gravierend wahrgenommen werden. Die wahrgenommene Gefährdung durch ökologische Probleme (Klimaerwärmung, Verlust der Artenvielfalt und Luftverschmutzung durch Autoverkehr) wächst dagegen mit dem Einkommen. Alterseffekte existieren nur in relativ geringem Masse. So schätzen die jüngeren Befragten die Ökologierisiken und die Gefahr der Kernkraft etwas höher ein, währenddem es sich bei den Gefahren zu nicht ionisierenden Strahlen durch Handy-Gebrauch und -Antennen sowie Hochspannungsleitungen gerade umgekehrt verhält. Systematisch sind die Unterschiede zwischen den Geschlechtern. Alle Risiken werden von Frauen in höherem Masse wahrgenommen als von Männern, wobei – ausser bei der Gefahr der Klimaerwärmung – die Unterschiede sehr deutlich ausgeprägt sind.

3   Umweltbewusstsein

3.1   Messung von Umweltbewusstsein

In der Alltagssprache wird Umweltbewusstsein als Sammelbegriff für eine Reihe von ökologischen Orientierungen verwendet, wie z. B. Einstellungen gegenüber umweltpolitischen Massnahmen oder Umweltwissen. Sogar umweltgerechtes Verhalten wird als Indiz für eine umweltbewusste Einstellung interpretiert (Mustur, 2007). In der wissenschaftlichen Diskussion haben sich die verschiedenen Teilaspekte schon relativ früh ausdifferenziert (Maloney et al., 1975).

Als Kernelement verbleibt ein Verständnis von Umweltbewusstsein als Einstellung (Diekmann und Preisendörfer, 2001), bestehend aus einer kognitiven Komponente (verstandesmässige Einsicht in die Zusammenhänge und Gefährdung), einer konativen Komponente (intendierte Handlungsbereitschaft) und einer affektiven Komponente (emotionale Reaktionen wie Empörung oder Angst). Es gibt mehrere Vorschläge, wie Umweltbewusstsein als Einstellung in einer Befragung ermittelt werden kann (z. B. Schahn et al., 1999). Auch wegen der Kürze eignet sich die von Diekmann und Preisendörfer (2001, 103 f.) entwickelte Skala gut zur Messung des allgemeinen Umweltbewusstseins im Rahmen einer Bevölkerungsbefragung wie dem Schweizer Umweltsurvey.

Kasten 2: Skala zur Messung von Umweltbewusstsein

	Anteilswerte 1994	Anteilswerte 2007	Faktor-ladungen
Affektive Komponente			
«Es beunruhigt mich, wenn ich daran denke, unter welchen Umweltverhältnissen unsere Kinder und Enkelkinder wahrscheinlich leben müssen.»	–	78%	0,70
«Wenn wir so weitermachen wie bisher, steuern wir auf eine Umweltkatastrophe zu.»	70%	66%	0,74
«Wenn ich Zeitungsberichte über Umweltprobleme lese oder entsprechende Fernsehsendungen sehe, bin ich oft empört und wütend.»	–	51%	0,57
Kognitive Komponente			
«Es gibt Grenzen vom Wachstum, wo unsere industrialisierte Welt schon überschritten hat oder sehr bald erreichen wird.»	–	65%	0,53
«Heute ist es immer noch so, dass sich der grösste Teil von der Bevölkerung in unserem Land wenig umweltbewusst verhält.»	–	59%	0,53
*«Nach meiner Einschätzung wird das Umweltproblem in seiner Bedeutung von vielen Umweltschützern stark übertrieben.»	34%	29%	0,39
Konative Komponente			
«Es ist immer noch so, dass die Politiker viel zu wenig für den Umweltschutz tun.»	63%	62%	0,67
«Zugunsten von der Umwelt sollten wir alle bereit sein, unseren derzeitigen Lebensstandard einzuschränken.»	64%	68%	0,61
«Umweltschutzmassnahmen sollten auch dann durchgesetzt werden, wenn dadurch Arbeitsplätze verloren gehen.»	45%	39%	0,48
Mittelwert Index für Umweltbewusstsein (9 Items)	–	33,01	–
Mittelwert Index für Umweltbewusstsein (5 Items)	17,78	17,90	–

Die Aussagen können jeweils auf einer Skala von 1 bis 5 beantwortet werden. Die ausgewiesenen Anteilswerte geben die Zustimmungsquoten an (4 «stimme eher zu» und 5 «stimme voll zu»). Mit Ausnahme der Frage, die mit einem * gekennzeichnet ist, gilt für alle Fragen: Je höher die Zustimmung, desto höher das Umweltbewusstsein. Eine Faktorenanalyse für das Jahr 2007 mit allen Items ergibt eine eindimensionale Lösung, bei der 34 Prozent der Varianz erklärt wird. Die Faktorladungen dazu sind in der letzten Spalte festgehalten. Die Reliabilität der Skala liegt bei 0,76 (Cronbachs Alpha), für die reduzierte Variante von 5 Items bei 0,64 (2007) und 0,61 (1994). Der Index für Umweltbewusstsein (vgl. Diekmann und Preisendörfer, 2001) wird für jede befragte Person durch Aufsummierung der einzelnen Item-Antworten gebildet und liegt für den 9-Item-Index zwischen 9 und 45, resp. zwischen 5 und 25 für den 5-Item-Index.

Die Skala besteht aus den neun Fragen, die in *Kasten 2* ausgewiesen sind. Die Aussagen wurden in beiden Befragungen (1994 und 2007) im telefonischen Interview mit gleichem Wortlaut vorgelesen, wobei aber im Umweltsurvey 1994[1] noch nicht alle Fragen erhoben wurden. Um eine bessere Basis zum Vergleich zwischen 1994 und 2007 zu haben, wird im Text über die Analyseergebnisse von zusätzlichen Fragen berichtet, die in beiden Jahren mit gleicher Formulierung und bei gleicher Erhebungsmethode[2] (schriftlich resp. telefonisch) gestellt wurden.

3.2 Umweltbewusstsein im Wandel

Die Einschätzung, «wenn wir so weitermachen wie bisher, steuern wir auf eine Umweltkatastrophe zu», teilten damals 70 Prozent der Bevölkerung. Heute stimmen 66 Prozent der Befragten dieser Aussage zu. Nur noch 29 statt früher 34 Prozent glauben, dass das Umweltproblem übertrieben wird und etwas mehr als 60 Prozent sind damals wie heute der Auffassung, «dass die Politiker viel zu wenig für den Umweltschutz tun». Die Bereitschaft, den Lebensstandard zugunsten der Umwelt einzuschränken, bekundeten 64 Prozent im Umweltsurvey 1994 und 68 Prozent im Survey 2007. Die befragten Personen sind heute aus Gründen des Umweltschutzes weniger besorgt um Arbeitsplätze (1994: 29 Prozent, 2007: 23 Prozent) und Fortschritt (1994: 31 Prozent, 2007: 28 Prozent). Sind sie aber angehalten, Prioritäten zu setzen, geben heute weniger der Ökologie den Vorzug als im Survey 1994. 45 Prozent waren damals für die «Durchsetzung von Umweltschutzmassnahmen, auch wenn dadurch Arbeitsplätze verloren gehen». Heute sind es mit 39 Prozent etwas weniger, wobei die Antwort auf diese Frage allerdings auch von der aktuellen Lage auf dem Arbeitsmarkt abhängen dürfte. Rund zwei Drittel der befragten Personen gaben im Survey 1994 an, dass sie sich auch dann umweltbewusst verhalten, «wenn es erheblich höhere Kosten und Mühen verursacht». In der aktuellen Befragung ist der Anteil mit 64 Prozent kaum geringer. Ebenfalls auf gleichem Niveau ist der Anteil der befragten Personen geblieben, die fordern, dass alle etwas zur Erhaltung einer intakten Umwelt tun sollten. 68 Prozent der Personen stimmen heute der Aussage zu, dass wir alle bereit sein sollten, zugunsten der Umwelt unseren Lebensstandard einzuschränken, damals waren es 64 Prozent. Als Zwischenfazit lässt sich sagen,

---

1 Im Unterschied zum Survey 2007 wurden 1994 nur Schweizerinnen und Schweizer befragt. Die Ergebnisse ändern sich nur geringfügig, wenn wir bei den Vergleichen auch in der Stichprobe 2007 nur Schweizerinnen und Schweizer berücksichtigen.

2 Methodeneffekte können dabei nicht ganz ausgeschlossen werden. So sind Unterschiede bei den Einstellungen im Vergleich der beiden Erhebungen bei den schriftlichen Fragen stärker ausgeprägt als bei den telefonisch gestellten Fragen.

dass die Grundeinstellung zur Umweltproblematik seit der ersten Befragung 1994 relativ stabil geblieben ist. Der unveränderte Mittelwert des Index zur Messung des allgemeinen Umweltbewusstseins (vgl. *Kasten 2*, Mittelwert 5-Item-Index) bestätigt diesen Schluss.

Unterschiede lassen sich aber ausmachen, wenn weitere Items zur Rolle von Wissenschaft, Wirtschaftswachstum und zur finanziellen Opferbereitschaft angesprochen werden. 1994 glaubten immerhin 28 Prozent der Bevölkerung, dass die Wissenschaft die Umweltprobleme ohne schmerzhafte Eingriffe in die Lebensweise lösen könnten. Heute wird dieser Optimismus nur noch von 19 Prozent der Befragten geteilt. In den Anfängen der Umweltbewegung war «Wirtschaftswachstum» ein Reizwort. Auch 1994 waren noch 44 Prozent der Bevölkerung der Meinung, dass Wirtschaftswachstum der Umwelt immer schaden würde. Dieser Anteil hat sich auf 26 Prozent verringert, der Konflikt zwischen Ökonomie und Ökologie wird heute entspannter gesehen. Gesunken ist auch die finanzielle Opferbereitschaft. 78 Prozent waren damals bereit, Geld und Zeit für die Umwelt zu opfern; heute ist es gut die Hälfte der Bevölkerung.

Wenn man die oben beschriebenen Komponenten des Umweltbewusstseins («affektiv», «kognitiv» und «konativ») unterscheidet, kann festgehalten werden: Die Grundeinstellung zum Umweltproblem, die affektive Komponente (Besorgnis um Arbeitsplätze und Fortschritt sowie Zusteuern auf Umweltkatastrophe), ist relativ stabil geblieben. Gewandelt haben sich aber Einstellungen über Zusammenhänge und die Bereitschaft, finanzielle Einschränkungen zugunsten der Umwelt zu leisten. Bedingungsloser Optimismus gegenüber der Wissenschaft als Lösung der Umweltprobleme ist ebenso wie der Pessimismus zu den schädlichen Auswirkungen des Wirtschaftswachstums einer pragmatisch-nüchternen Betrachtungsweise gewichen.

3.3 Umweltbewusstsein nach Regionen und soziodemographischen Merkmalen

Betrachten wir im Folgenden genauer, ob und in welchem Ausmass Unterschiede bei umweltbezogenen Einstellungen nach Sprachregionen und weiteren soziodemographischen Merkmalen bestehen.

Dazu wird für jede Person mit den Fragen aus der Skala für Umweltbewusstsein, die in beiden Jahren vorkommen, ein Indexwert des allgemeinen Umweltbewusstseins berechnet. Für beide Erhebungsjahre werden die Sprachregionen gemäss ihrer Mittelwerte auf einer Schweizer Karte (vgl. *Abbildung 1*) eingefärbt, wobei gilt: je dunkler das Blau, desto höher das Umweltbewusstsein.

Abbildung 1:   *Veränderung des Umweltbewusstseins zwischen 1994 und*
2007 nach Sprachregionen

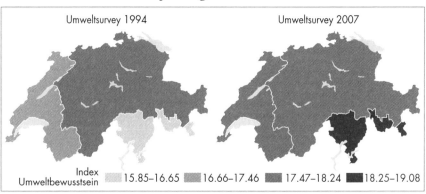

Anmerkung: Index für Umweltbewusstsein gemäss *Kasten 2* (5-Item-Index). *Stichproben-*
grösse: 2'701 (1994) und 3'233 (2007)
Quelle: Schweizer Umweltsurvey 1994 und 2007, ETH Zürich.

Zeichnete sich die Deutschschweiz 1994 noch durch ein höheres Umweltbewusstsein aus, ist dieser Unterschied in der aktuellen Befragung nicht mehr zu
beobachten. Es ist zu einer Anhebung des Umweltbewusstseins der lateinischen
Schweiz auf das Niveau der Deutschschweiz gekommen. Möglicherweise hängt
die Sensibilisierung für Themen in den verschiedenen Sprachgebieten mit der
öffentlichen Diskussion in den Nachbarländern gleicher Sprache zusammen.
Deshalb könnten die regionalen Unterschiede 1994 mit der Vorreiterrolle
Deutschlands in der Umweltdebatte erklärt werden.

Ob sich die Angleichung der Sprachregionen auch bei gleichzeitiger
Kontrolle weiterer Erklärungsvariablen beobachten lässt oder durch Effekte
von Drittvariablen hervorgerufen wird, soll eine detailliertere Analyse zeigen.
Dafür wird mittels Regressionsanalyse die Stärke verschiedener Einflussgrössen
auf den Index für Umweltbewusstsein (5-Item) bestimmt.

Auch bei diesen Auswertungen lässt sich für den Survey 1994 ermitteln,
dass das Umweltbewusstsein in der Westschweiz und der italienischen Schweiz
signifikant tiefer ausgeprägt war als in der Deutschschweiz und dieser Effekt
im aktuellen Survey verschwindet (vgl. *Tabelle 1*). Somit ist zumindest beim
allgemeinen Umweltbewusstsein eine Angleichung erfolgt und der Röstigraben
beim Umweltbewusstsein eingeebnet. Der Erfolg grüner Politik bei Wahlen
in der Romandie könnte auch dieser Veränderung von Grundströmungen
geschuldet sein.

Weiter nahm das Umweltbewusstsein 1994 signifikant mit dem Bildungsgrad zu, verringerte sich mit dem Alter und dem Einkommen und
war bei Frauen höher als bei Männern. Auch im Survey 2007 ist der Effekt

Tabelle 1:   Soziale Basis des Umweltbewusstseins, 1994 und 2007

	Umweltbewusstsein 1994		Umweltbewusstsein 2007	
Frau	0,21 **	(9,72)	0,14 **	(7,40)
Alter	−0,10 **	(−4,56)	−0,00	(−0,20)
Bildungsjahre	0,05 *	(2,30)	0,09 **	(4,44)
Französische Schweiz	−0,13 **	(−6,36)	−0,01	(−0,63)
Italienische Schweiz	−0,09 **	(−4,11)	0,00	(0,12)
Äquivalenzeinkommen	−0,05 *	(−2,48)	−0,06 **	(−3,17)
Ausländer			0,01	(0,30)
Korrigiertes R-Quadrat	0,072		0,025	
Anzahl Fälle	2'131		2'818	

Anmerkung: OLS-Regressionen mit standardisierten Koeffizienten. t-Werte in Klammern; Signifikanzniveaus: * $p < 0,05$, ** $p < 0,01$; +: positiver Zusammenhang mit der Variable im Spaltenkopf, −: negativer Zusammenhang mit der Variable im Spaltenkopf. Je grösser die Zahl, desto stärker der Einfluss auf die Variable im Spaltenkopf.
Quelle: Schweizer Umweltsurvey 1994 und 2007, ETH Zürich.

von Einkommen negativ und das Umweltbewusstsein der Frauen übertrifft dasjenige der Männer. Der Bildungsgrad hat im neuen Umweltsurvey ebenfalls einen positiven Einfluss auf das Umweltbewusstsein. Allerdings ist der Zusammenhang nicht robust und ändert sich mit der zugrunde gelegten Skala zur Messung des Umweltbewusstseins.[3]

Berücksichtigt man zusätzlich die politische Links-Rechts-Einordnung einer Person, so zeigt sich zu beiden Zeitpunkten ein starker Zusammenhang mit dem Umweltbewusstsein. Je weiter links sich ein Befragter einstuft, desto höher ist der Index des Umweltbewusstseins. Es wird oft behauptet, dass die Links-Rechts-Einstufung der Vergangenheit angehöre. Tatsächlich hat sich aber der Einfluss der Links-Rechts-Dimension auf das Umweltbewusstsein in der Zeitspanne zwischen den beiden Befragungen überhaupt nicht abgeschwächt.[4]

---

3   Wird das gleiche Modell mit allen Items der Skala zur Messung des Umweltbewusstseins aus dem Umweltsurvey 2007 berechnet, ist kein Zusammenhang mit der Bildung zu beobachten, vgl. dazu die Regressionsergebnisse im Pfadmodell (*Abbildung 5*) zur Erklärung des Umweltbewusstseins.

4   Bei zusätzlicher Berücksichtigung der Links-Rechts-Dimension in einer multivariaten Regressionsschätzung «verschwindet» der Bildungseffekt, der von der «Links-Rechts-Dimension» gewissermassen überlagert wird, vgl. dazu die Regressionsergebnisse im Pfadmodell (*Abbildung 5*) zur Erklärung des Umweltbewusstseins.

Anders verhält es sich mit dem Merkmal «Alter», das im Survey 2007 keinen Einfluss mehr auf das Ausmass des Umweltbewusstseins hat. Vertiefende Analysen zeigen, dass sich die Altersgruppen bezüglich ihres Umweltbewusstseins angeglichen haben und kein Kohorteneffekt vorliegt.

3.4 Umweltbewusstsein im internationalen Vergleich

Studien zum internationalen Vergleich von Umwelteinstellungen sind der Frage nachgegangen, ob Umweltbewusstsein ein globales Phänomen ist oder hauptsächlich in den reicheren Ländern vorkommt. Empirische Belege lassen sich für beide Hypothesen finden. Dunlap und Mertig (1996) finden mit den Daten der Health of Planet Befragung (HOP) Unterstützung für die weltweite Verbreitung des Umweltbewusstseins. Andere Untersuchungen mit Daten des International Social Survey Program (ISSP) (Diekmann und Franzen, 1999; Franzen und Meyer, 2004) machen einen starken Zusammenhang zwischen dem Wohlstand eines Landes (gemessen mit dem Bruttoinlandprodukt pro Kopf) und dem Umweltbewusstsein ausfindig. Mit Daten der ISSP Befragung 2000 ergibt sich eine Korrelation von 0,8 (vgl. *Abbildung 2*).

Diekmann und Franzen (1999) haben die Aussagen zum Umweltbewusstsein in den verschiedenen Befragungen genauer untersucht: Positive Korrelationen lassen sich dann finden, wenn es um den Willen und die

Abbildung 2:   *Zusammenhang zwischen Wohlstand (BIP/Kopf) und Umweltbewusstsein im Ländervergleich, 2000*

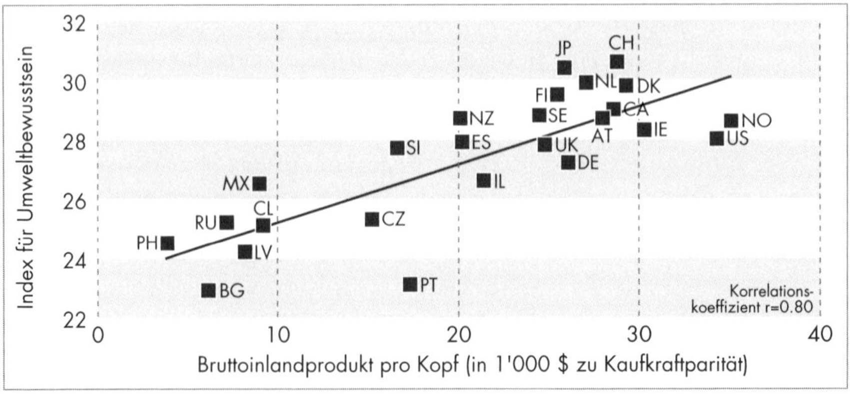

Anmerkung: Der Index für Umweltbewusstsein besteht aus einer Skala mit neun Fragen. Cronbachs Alpha über alle Länder beträgt 0,69. Der nationale Wohlstand wird mit dem Bruttoinlandprodukt pro Kopf (Kaufkraft bereinigt) gemessen. Länderabkürzungen vgl. Abkürzungsverzeichnis.
Quelle: Franzen und Meyer (2004, 131) mit Daten aus dem ISSP 2000.

Möglichkeit der Leute geht, zugunsten der Umwelt finanzielle Beiträge zu leisten oder den Lebensstandard einzuschränken. Diese Möglichkeit ist in reicheren Ländern per Definition eher gegeben, d. h. Personen in wohlhabenden Gesellschaften sehen sich mit weniger Restriktionen konfrontiert. In der Literatur (Inglehart, 1995) wird mit der Postmaterialismusthese ein mit der Wohlstandshypothese konkurrierender Vorschlag zur Erklärung dieses positiven Zusammenhangs vorgeschlagen.

Im Unterschied zur Wohlstandshypothese (Restriktionen) geht die Postmaterialismusthese von einer langfristigen Änderung der Präferenzen aus, von materialistischen Werten in ärmeren Ländern hin zu postmaterialistischen Werten in reicheren Ländern. Personen mit postmaterialistischen Werten ist die Erhaltung der Umwelt eher ein Anliegen als materialistisch eingestellten Personen. Im direkten empirischen Vergleich zur Erklärung von länderspezifischen Unterschieden im Umweltbewusstsein setzt sich die Wohlstandshypothese gegenüber der Postmaterialismusthese klar durch (Franzen und Meyer, 2004).

Eine negative Korrelation mit dem Wohlstand des Landes ist dann feststellbar, wenn die Fragen auf lokale Umweltprobleme abzielen. In ärmeren Ländern liegen lokal schlechtere Umweltbedingungen (z. B. Mangel an sauberem Trinkwasser, gesundheitsgefährdende Luftverschmutzung, vgl. UNEP, 2002) vor und die Unzufriedenheit dürfte sich besonders auf die Umweltprobleme vor Ort richten.

4 Wahrnehmung und Verteilung der Umweltqualität

4.1 Subjektive Bewertung von Umweltqualität und Umweltbelastung

Nicht nur bei der Erklärung von länderspezifischen Unterschieden ist die lokale Umweltqualität und deren Wahrnehmung eine wichtige Einflussgrösse bei der Bewertung des Umweltproblems, sondern auch bei der länderspezifischen Betrachtung (vgl. *Abbildung 5*).

Bei der ganz allgemeinen Frage nach der Zufriedenheit mit der Umweltqualität in der Wohnumgebung waren es 1994 noch 74 Prozent der Schweizer, die eher oder sehr zufrieden sind, heute ist dieser Anteil auf 86 Prozent angestiegen.

Die Zufriedenheit mit der Umweltqualität wächst mit dem Alter und dem Einkommen. Im Vergleich zu der Agglomeration ist sie höher auf dem Lande und tiefer in der Stadt. Ausserdem ist sie höher in der Deutschschweiz

(87 Prozent) und der Romandie (85 Prozent) im Vergleich zur italienischsprachigen Schweiz (73 Prozent).

Der Anteil der Befragten, die sich durch Lärm und Luftverschmutzung in der Wohnumgebung belästigt fühlen, hat seit 1994 ebenfalls abgenommen.[5] Waren es 1994 noch 22 Prozent, die sich durch den Strassenverkehrslärm «stark oder sehr stark» belästigt fühlten, sind es 2007 nur noch 14 Prozent. Beim Fluglärm hat dieser Anteil, trotz starker Medienpräsenz in den letzten Jahren, von 9 auf 6 Prozent abgenommen. 1994 gaben 34 Prozent an, «stark oder sehr stark» von Autoabgasen belastet zu sein, 2007 fühlten sich 9 Prozent durch die Luftverschmutzung «stark oder sehr stark» belästigt. Trotz ungleicher Frageformulierungen in den beiden Erhebungen, kann von einem Rückgang der subjektiven Belästigung durch Lärm und Luftverschmutzung ausgegangen werden.

Erwartungsgemäss fühlen sich die befragten Personen auf dem Lande weniger stark durch Luftverschmutzung und Lärm belastet. Die italienischsprachige Schweiz klagt zudem im Durchschnitt mehr über Luftverschmutzung als die anderen Landesteile. Die wahrgenommene Belastung durch Strassen- und Eisenbahnlärm sowie Luftverschmutzung nimmt mit zunehmendem Einkommen ab, zudem fühlt sich die ausländische Wohnbevölkerung stärker vom Lärm betroffen.

4.2 Objektive Umweltbelastung und Umweltgerechtigkeit

Diese Ergebnisse stehen im Einklang mit den Thesen der Umweltgerechtigkeitsforschung (Environmental Justice), die auf eine erhöhte Umweltbelastung benachteiligter Bevölkerungsschichten aufmerksam machen (z. B. Mielck und Heinrich, 2002).

Ob sich diese Ergebnisse auch mit objektiv gemessenen Belastungsdaten bestätigen lassen, zeigen vertiefende Analysen. Zu diesem Zweck werden die geo-refenzierten Daten der Haushaltsbefragung in einem Geoinformationssystem (GIS) mit Daten zu Lärm- und Luftverschmutzung räumlich verknüpft und jeder befragten Person die Belastungswerte bei ihr zu Hause zugeschrieben. So sind objektiv abgestützte Aussagen über die Verteilung von Umweltbelastungen nach dem Einkommen und der Sozialschicht möglich.

Eine mögliche Abhängigkeit der Umweltqualität am Wohnort von der sozialen Lage soll anhand verschiedener Umweltbelastungen untersucht

---

5   Die Fragen hierzu waren 1994 und 2007 nicht identisch. Im Umweltsurvey 1994 wurde nach der persönlichen Belastung durch Strassenverkehrslärm, Fluglärm und Autoabgase gefragt. In der Befragung 2007 wird explizit auf die Lärmbelastung in der Wohnung bei offenem Fenster Bezug genommen und nach der Luftverschmutzung in der Wohnumgebung gefragt.

werden: hauptsächlich für Luftschadstoffe, Lärm und Elektrosmog, für die auch die subjektive Wahrnehmung erhoben wurde.

Für die ersten Analysen dieser Art dienen die Schadstoffkarten des Bundesamtes für Umwelt (Bafu) als Grundlage zur Messung der objektiven Luftbelastung: Stickstoffdioxid (NO_2), Feinstaub (10 und 2,5µmm) sowie bodennahes Ozon (Bafu, 2008a; Bafu, 2008b). Bei Stickstoffdioxid und Feinstaub lässt sich für die gesamte Schweiz der erwartete Sozialgradient beobachten: je geringer das Einkommen, desto höher die Schadstoffkonzentration am Wohnort, wobei der Effekt aber als gering einzustufen ist. Ebenfalls in Übereinstimmung mit der «Environmental Justice»-Hypothese ist die höhere Schadstoffbelastung für Ausländer. Kein Zusammenhang hingegen ist mit der Bildung zu beobachten. Erwartungsgemäss sind Personen mit ländlichem Wohnort weniger und diejenigen in der Stadt höherer Luftbelastung ausgesetzt. Der Stadt-Land Unterschied ist aber wesentlich stärker ausgeprägt als die Differenz nach Sozialschicht. Die Jahresmittel-Differenz der Stickoxidbelastung zwischen Grossstadt und Land beträgt 17,6 µg/m³. Ausländer haben gegenüber Schweizern im Durchschnitt eine um 0,84 erhöhte Belastung. Der Grossstadt-Land-Unterschied ist also um den Faktor 21 höher als der «Ausländereffekt». Ferner ist der Grossstadt-Land-Unterschied 160 Mal stärker als der Effekt eines um 1'000 Franken höheren Monatseinkommens.

Interessanterweise kehren sich die erwähnten Effekte gerade um, wenn man die Unterschiede bei der Ozonbelastung (Anzahl Stunden über dem Grenzwert von 120µg/m³ Stundenmittel) zu erklären versucht. Im Vergleich zu den beiden anderen Luftschadstoffen breitet sich Ozon andersartig im Raum aus. Bodennahes Ozon (Sommersmog) ist ein Sekundärstoff, der unter starker Sonneneinstrahlung aus Vorläufersubstanzen wie Stickstoffoxiden entsteht, die hauptsächlich vom Strassenverkehr abgegeben werden. Während der Nacht, wenn es kühler ist, baut sich das bodennahe Ozon wieder ab, wobei dieser Prozess paradoxerweise im Beisein von Autoabgasen begünstigt wird. In ländlichen Gebieten läuft dieser Abbauprozess weniger schnell ab und es kommt zu einer Akkumulation der Ozonbelastung. Dies gilt hauptsächlich für ländliche Gebiete in der Nähe von urbanem Siedlungsgebiet (z. B. Jura, Tessin), in die tagsüber das Ozon aus den Städten verfrachtet wird. In Bergregionen wie dem Wallis oder dem Graubünden ist die Ozonbelastung gering (Bafu, 2008b).

Personen mit ländlichem Wohnort, höherem Einkommen, Schweizer Pass und Kindern im Haushalt sind zwar einer geringeren Feinstaub- und Stickstoffdioxidbelastung ausgesetzt, jedoch wird bei ihnen zu Hause häufiger der Grenzwert für bodennahes Ozon überschritten als bei Ausländern, Städtern sowie Personen mit geringerem Einkommen und Personen ohne Kinder.

Entscheiden sich nun einkommensstärkere Personen mit Kindern bewusst für Wohnorte mit häufigeren Überschreitungen des Ozongrenzwertes, für die sie aber mit einer niedrigen Feinstaub- und NO_2-Belastung entschädigt werden? Die Berechnungen zur Erklärung der subjektiv wahrgenommenen Belastungen durch Feinstaub und Ozon am Wohnort zeigen, dass dies kaum der Fall ist. Viel mehr wird die Belastung durch Ozon von den Befragten falsch eingeschätzt. Beim Feinstaub zeigt sich ein positiver Zusammenhang zwischen objektiver Belastung und subjektiver Wahrnehmung, bei der Ozonbelastung ist diese Beziehung negativ, d. h. je seltener der Ozongrenzwert überschritten wird, desto mehr fühlen sich die befragten Personen durch Ozon[6] belastet.

Die Mehrheit der Befragten dürfte auf die Frage nach der subjektiven Ozonbelastung wohl nicht aufgrund wahrgenommener körperlicher Symptome geantwortet haben; vielmehr kann ein Zusammenhang mit dem Strassenverkehrsaufkommen in der Wohnumgebung vermutet werden. Die detaillierten Informationen zum Entstehungs- und Abbauprozess von bodennahem Ozon sind eher weniger bekannt. Subjektiv wird vermutlich angenommen, dass sich Verkehrsaufkommen, Luftverschmutzung und Ozon parallel entwickeln.

5 Veränderungen und Unterschiede beim Umweltwissen

Die überwiegende Mehrheit der Befragten (89 Prozent) ist darüber im Bilde, dass die Verbrennung von Öl, Kohle und Gas zum Treibhauseffekt beiträgt (80 Prozent im Survey 1994).[7] Wird danach gefragt, «welches Gas hauptsächlich zum Treibhauseffekt beiträgt», so wird von 42 Prozent der Befragten (Survey 1994: 33 Prozent) die richtige Antwort genannt. Die Verwechslung von Treibhauseffekt und Ozonloch ist immer noch weit verbreitet, wenn auch in etwas geringerem Masse als früher. Die falsche Behauptung «Die Ursache für den Treibhauseffekt ist ein Loch in der Erdatmosphäre» wird von 35 Prozent erkannt, im Survey 1994 waren es 29 Prozent. Dass hohe Ozon-Werte am Boden und nicht oben in der Erdatmosphäre eine Gefahr darstellen, wissen

---

6 Es wurde danach gefragt, wie stark sich die Leute durch «bodennahes Ozon, also Sommersmog bei Ihnen um das Haus herum» gestört fühlen. Der Zusatz «Sommersmog» könnte allerdings auch als Hinweis auf andere Arten von Luftverschmutzung verstanden worden sein.

7 Da die Frage mit «ja», «nein» oder «weiss nicht» beantwortet werden sollte, ist 89 Prozent eine Obergrenze für den Anteil der korrekt informierten Befragten. In den 89 Prozent dürfte auch ein Anteil von Personen enthalten sein, die die richtige Antwort nicht kannten und geraten haben. Das gleiche Argument gilt aber auch für 1994.

49 Prozent (Survey 1994: 38 Prozent). Über umweltpraktisches Wissen zum richtigen Lüften verfügen 70 Prozent (Survey 1994: 70 Prozent). Kaum Änderungen im Wissensstand zeigen sich auch bei den Fragen über Radioaktivität und Chemikalien. Bei der aktuellen Befragung wissen genau wie im Survey 1994 nur 38 Prozent, dass nicht alle Chemikalien in der Nahrung Krebs hervorrufen können. Offenbar sind die Begriffe «Chemie» und «Krebs» im Bewusstsein der allgemeinen Bevölkerung psychologisch eng miteinander verknüpft (vgl. *Abbildung 3*).

Der Grossteil der Bevölkerung verfügt nur über recht oberflächliche Kenntnisse des Umweltgeschehens. Die überwiegende Mehrheit weiss aber, dass fossile Energien zum Treibhauseffekt beitragen. Seit der letzten Befragung hat sich das Umweltwissen leicht verbessert.

Abbildung 3:   *Veränderung des Umweltwissens zwischen 1994 und 2007*

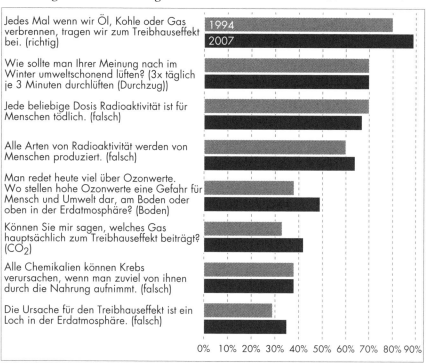

Anmerkung: Es sind die Anteile der Befragten mit richtiger Antwort ausgewiesen. Aus den aufgeführten Fragen wird ein Index für Umweltwissen gebildet, der aus der Anzahl richtiger Antworten der befragten Person besteht. Die Reliabilität der Skala liegt 2007 bei 0,58 (Cronbachs Alpha). *Stichprobengrösse:* 2'450 (1994) und 3'340 (2007).
Quelle: Schweizer Umweltsurvey 1994 und 2007, ETH Zürich.

Die genauere Betrachtung nach Geschlecht legt nahe, dass sich die Männer im Umweltbereich durchwegs besser auskennen, zumindest bei reinen Wissensfragen naturwissenschaftlicher Art. Bei der Frage zu Handlungswissen hingegen schneiden die Frauen besser ab. Beim Alter zeigt sich ein ähnliches Bild. Die jüngste Altersgruppe beantwortet die rein schulischen Fragen am besten, schneidet aber bei der Praxisfrage zum Lüften relativ schlecht ab.

6   Umwelthandeln

Handlungen von Privatpersonen und Entscheidungen von Haushalten können sich mehr oder minder an ökologischen Kriterien orientieren. Aber was ist eigentlich genau unter umweltfreundlichem Handeln zu verstehen? Die subjektive, psychologische K0nzeption des Umwelthandelns setzt weniger an den Verhaltenseffekten als vielmehr an den Handlungszielen an. Dabei werden Handlungen berücksichtigt, die nur geringe ökologische Konsequenzen haben («symbolisches Umwelthandeln», z. B. Schreiben auf Umweltschutzpapier) ebenso wie Handlungen, die messbar zur Verringerung von Umweltbelastungen beitragen können (z. B. das Verkehrsverhalten). Eine Gewichtung der einzelnen Verhaltensweisen in Bezug auf die ökologischen Konsequenzen findet dagegen nicht statt. Die objektive Sichtweise auf der anderen Seite berücksichtigt explizit den Ressourcenverzehr. Ein Haushalt kann danach als umso umweltfreundlicher eingestuft werden, je geringer die (auf die Grösse des Haushalts) bezogene Umweltbelastung ist. Ein Indikator dafür sind z. B. die CO_2-Emissionen. Der Grad, in dem ein Haushalt umweltfreundlich ist, müsste allerdings mit einer aufwändigen Ökobilanz des Haushalts ermittelt werden. Da Heizung und Verkehr einen wesentlichen Anteil am Energieverbrauch (und damit an den CO_2-Emissionen) ausmachen, kann man als pragmatische Näherung Indikatoren wie die Wohnfläche und die mit verschiedenen Verkehrsmitteln zurückgelegten Distanzen heranziehen (Bodenstein et al., 1997). Umwelthandeln, gemessen am Ressourcenverzehr, ist stark mit dem Einkommen korreliert, auch wenn in der gleichen Einkommensgruppe noch viel Spielraum für ökologisches Handeln existiert. So wird ein Rentnerhaushalt mit zwei Personen in einem städtischen Mehrparteienhaus und unterdurchschnittlichem Einkommen in der Regel eine günstigere CO_2-Bilanz aufweisen als zwei berufstätige, ökologisch orientierte Ehepartner, die dem oberen Einkommenssegment angehören, in einem renovierten Bauernhaus auf 200 m² Wohnfläche leben und täglich weite Strecken zu ihrem Arbeitsplatz zurücklegen (vgl. Diekmann und Jann, 2000).

Mit dem Umweltsurvey wurden Daten erhoben, um zumindest näherungsweise den objektiven Ressourcenverzehr von Haushalten zu schätzen.

Eine systematische Auswertung wird in Zukunft erfolgen. Vorerst können wir die Häufigkeit verschiedener Umweltaktivitäten berichten, die sich sowohl auf symbolische Handlungen als auch auf Umweltaktivitäten beziehen, von denen stärkere Effekte auf den Ressourcenverzehr zu erwarten sind. Bei einigen Handlungen ist wiederum ein Vergleich zwischen dem Survey 1994 und dem Survey 2007 möglich. Im neuen Umweltsurvey wurden darüber hinaus weitere umweltbezogene Handlungen erfasst, die nach soziodemographischen Merkmalen aufgeschlüsselt werden können.

6.1 Veränderungen beim Umwelthandeln

Einzelne Umweltaktivitäten hängen sehr stark vom Stand der Technik, der Infrastruktur und den jeweiligen Handlungsanreizen ab. Im Vergleich von 1994 mit 2007 (vgl. Indikator *Umweltverhalten*) finden wir eine starke Zunahme der Nutzung von Energiesparlampen. Heute verwenden 69 Prozent der Haushalte Energiesparlampen gegenüber 52 Prozent im Jahr 1994. Fast alle Befragten geben an, dass sie das Licht «normaler» Glühbirnen ausschalten, wenn sie ein Zimmer «z. B. für eine Viertelstunde verlassen». Der Anteil beträgt heute wie damals rund 95 Prozent. Seltener wird dagegen die Heizung beim Verlassen der Wohnung heruntergedreht (14 versus 27 Prozent). Ein Grund dürfte auch hier wieder eine Veränderung technischer Gegebenheiten sein, da heute vermutlich mehr Heizungsanlagen automatisch geregelt sind. Interessant ist ein Rückgang des eher symbolischen Umweltverhaltens der Nutzung von Umweltschutzpapier im privaten Bereich. Nur noch 37 Prozent (früher 71 Prozent) geben an, dass sie privat auf Umweltpapier schreiben oder Umweltschutzpapier im Drucker verwenden. Auch Toilettenpapier aus Altpapier hat an Popularität eingebüsst (52 versus 75 Prozent).

Nach wie vor ist Abfalltrennung in Schweizer Haushalten die Regel. Bei Papier und Zeitungen, Glas, Batterien und Akkus liegen die selbst angegebenen Separierungsquoten unverändert bei über 95 Prozent. Bei Grünabfällen sind es ebenso fast unverändert 73 Prozent gegenüber 77 Prozent früher. Eine Zunahme ist bei PET-Flaschen (97 versus 73 Prozent), Aluminium (82 versus 72 Prozent) und Konservenbüchsen (86 versus 78 Prozent) zu beobachten. Diese Anteile liegen deutlich über den offiziellen Recyclingquoten (vgl. Indikator *Abfälle und Wiederverwertung*). Der Grund für die Überschätzung ist vermutlich, dass Befragte angeben, den Abfall zu trennen, auch wenn diese Praxis nicht konsequent durchgehalten wird. Weiter sind die Antworten im Umweltsurvey Selbstauskünfte, bei denen zu erwarten ist, dass sozial erwünschtes Verhalten überbetont wird.

6.2 Umweltverhalten nach Region und Geschlecht

Am Beispiel der Trennung von Grünabfällen lässt sich die Abhängigkeit von Handlungen von lokalen Rahmenbedingungen demonstrieren. Auf dem Land werden Grünabfälle von 85 Prozent der Befragten kompostiert, in den Kernstädten lediglich von 60 Prozent, und dies bei tendenziell höherem Umweltbewusstsein der urbanen Bevölkerung. Weitere durch die Infrastruktur bedingte Stadt-Land Unterschiede sind bei der Mobilität sichtbar: Häufigere Benutzung der öffentlichen Verkehrsmittel und weniger Autojahreskilometer in den Städten.

Abbildung 4:   Umweltverhalten nach Geschlecht, 2007

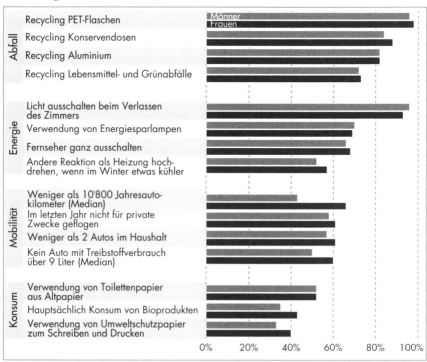

Anmerkung: Für jede Frage wird der Anteil der Befragten mit der umweltfreundlichen Handlungsalternative ausgewiesen. Die Items werden zu einem Index für Umweltverhalten zusammengefasst, der die Anzahl Fragen angibt, bei denen sich die Personen für die umweltfreundliche Alternative entschieden haben. Die Reliabilität der Skala liegt bei 0,50 (*Cronbachs Alpha*). *Stichprobengrösse:* variiert je nach Frage zwischen 2'511 und 3'369. In den Index fliessen nur diejenigen Fälle ein, die alle Fragen beantwortet haben.

Quelle: Schweizer Umweltsurvey 2007, ETH Zürich.

Unterschiede sind auch zwischen den Sprachregionen zu beobachten. In der Romandie sind fast die Hälfte (49 Prozent) der Befragten in den letzten zwölf Monaten für private Zwecke geflogen, in der Deutschschweiz 38 Prozent und auch im Tessin immerhin noch über ein Drittel (33 Prozent). In der Deutschschweiz geben 37 Prozent der Haushalte an, ein Zweitauto zu besitzen, in der Westschweiz sind es 48 Prozent und in der italienischen Schweiz 58 Prozent. Ein ähnliches Bild zeigt sich bei der Anzahl zurückgelegter Autojahreskilometer. Die Befragten aus der Deutschschweiz legen im Mittel weniger Jahreskilometer zurück (Median 10'000 km pro Jahr), als die Befragten aus der Romandie (12'000 km) oder aus dem Tessin (10'800 km). Zwar haben sich die Sprachregionen beim allgemeinen Umweltbewusstsein angeglichen, bei der Affinität zum Auto jedoch hebt sich die lateinische Schweiz weiterhin von der Deutschschweiz ab. Dagegen verfügen die Haushalte in der Romandie über weniger Wohnfläche (was im Durchschnitt den Energieverbrauch reduziert) und verwenden im Vergleich der drei Regionen am häufigsten Energiesparlampen.

Wie aus *Abbildung 4* ersichtlich, haben die Frauen gegenüber den Männern nicht nur ein höheres Umweltbewusstsein, sondern geben ebenfalls an, sich im privaten Bereich umweltgerechter zu verhalten: Sie drucken oder schreiben häufiger auf Umweltschutzpapier (40 Prozent vs. 33 Prozent), ziehen lieber etwas mehr an, als die Heizung gleich hoch zu drehen (Frauen 58 Prozent, Männer 52 Prozent) und legen im Durchschnitt weniger Autokilometer zurück (8'000 im Vergleich zu 12'000 Jahreskilometer). Ebenfalls ist ein kleinerer Anteil der Frauen (39 Prozent) als der Männer (42 Prozent) in den letzten zwölf Monaten vor der Befragung für private Zwecke geflogen. Die deutlichen Unterschiede beim Konsum von Bioprodukten (43 Prozent der Frauen und 35 Prozent der Männer) dürfte auch durch eine gesundheitsbewusstere Ernährungsweise motiviert sein.

6.3 Zusammenhänge mit dem Umwelthandeln

Durch welche Faktoren kann das Umweltverhalten erklärt werden? Mittels multivariater Regression werden die mutmasslichen Einflüsse von ökologischem Wissen, der wahrgenommenen Belastung sowie dem Umweltbewusstsein auf das Umweltverhalten geschätzt und gleichzeitig für eine Reihe von soziodemographischen Variablen kontrolliert. Dazu wird mit den Items in *Abbildung 4* ein Index für allgemeines Umweltverhalten gebildet (Addition der Fragen bei denen die umweltfreundliche Handlungsalternative gewählt wurde). Die Ergebnisse der Analysen sind in *Abbildung 5* (Pfadmodell) zu sehen. Die standardisierten Regressionskoeffizienten (Pfadkoeffizienten) informieren über die Richtung und Stärke der Einflussbeziehungen.

Das Umweltbewusstsein (9-Item-Index, vgl. *Kasten 2*) erhöht sich mit der wahrgenommenen Umweltbelastung am Wohnort, kein Einfluss hingegen hat in den vorliegenden Analysen das ökologische Wissen. Der deutlichste Zusammenhang mit Umweltbewusstsein liegt bei der politischen Einstellung vor, je weiter rechts desto weniger umweltbewusst. Dieser Effekt überlagert sogar den positiven Bildungszusammenhang, der bei Absenz von Einstellungen und Werten als erklärende Variable beobachtet werden kann (vgl. *Tabelle 1*).

Die ermittelten Effekte für den Index des allgemeinen Umweltverhaltens lassen sich wie folgt interpretieren: ältere Befragte, Frauen, Personen mit häufigerem Kontakt zu ihren Nachbarn, Bewohner von Kernstädten sowie Personen ohne Kinder im Haushalt, mit politisch linker Einstellung, niedrigerem Einkommen und höherem Bildungsabschluss verhalten sich umweltfreundlicher als jüngere Personen, Männer sowie Leute mit niedrigerem Bildungsstand, Kindern im Haushalt, hohem Einkommen und einer rechten politischen Meinung. Trotz Einebnung des Röstigrabens beim Umweltbewusstsein geben die Deutschschweizer an, sich umweltfreundlicher zu verhalten als die Einwohner der lateinischen Schweiz. Insgesamt erklären alle Faktoren zusammen ungefähr 25 Prozent ($R^2=0{,}25$) der Gesamtvarianz des Umwelthandelns.

Der Effekt der Umwelteinstellungen auf das Umweltverhalten ist in der erwarteten Richtung und von moderater Stärke. Das Umweltverhalten hängt dementsprechend nur zu einem geringen (aber nicht zu vernachlässigenden) Teil vom Umweltbewusstsein ab. Eine grosse Rolle spielen die Infrastruktur sowie positive und negative Anreize, die umweltfreundliche Handlungen erst ermöglichen oder hemmen. Wenn in einer ländlichen Region nur schlechte öffentliche Verkehrsverbindungen bestehen, wird eben vermehrt mit dem privaten Auto gefahren. Insbesondere die Siedlungsstruktur hat langfristige Auswirkungen auf das Umweltverhalten der Haushalte. Durch die «strategischen» Konsumentscheidungen (Bodenstein et al., 1997) wie z. B. durch den Erwerb eines Hauses und die Entscheidung über den Wohnort schafft ein Haushalt neue Rahmenbedingungen, die einen wesentlichen und andauernden Einfluss auf den Ressourcenverzehr ausüben. Wenn dieser stark erhöht ist, können symbolische Aktivitäten eventuell das Öko-Gewissen beruhigen, nicht aber für die höheren Umweltbelastungen kompensieren.

7   Unterstützung politischer Umweltmassnahmen

Bei der Schaffung von Anreizen zur nachhaltigen Nutzung der natürlichen Ressourcen kommt der Umweltpolitik eine herausragende Stellung zu. Um

Abbildung 5: *Pfadmodell zum Zusammenhang von subjektiver Umweltbelastung, Umweltwissen, Umweltbewusstsein und Umweltverhalten bzw. der Befürwortung umweltpolitischer Massnahmen, 2007*

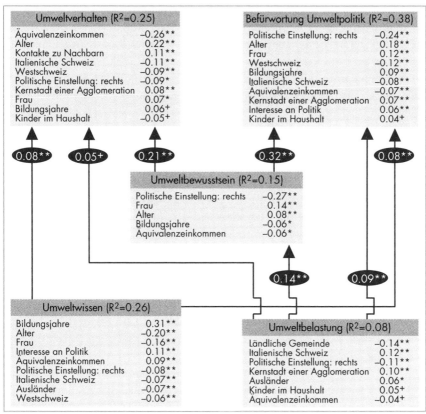

Anmerkung: Die statistischen Schätzungen basieren auf einer Fallzahl von N=1'076 für die Berechnung der Koeffizienten des Umweltverhaltens, bei der Erklärung von Umweltbewusstsein ist N=1'610. In der Abbildung sind die standardisierten partiellen Regressionskoeffizienten dargestellt, die mindestens auf dem 10%-Niveau signifikant sind: + p < 0,10, * p < 0,05, ** p < 0,01. Die Umweltbelastung, das Umweltwissen, die Befürwortung von umweltpolitischen Massnahmen sowie das Umweltverhalten werden jeweils durch mehrere Fragen gemessen und zu einem Index addiert. Der Index für Umweltbelastung besteht aus den Items zur wahrgenommenen Belastung zu Hause durch Fluglärm, Strassenlärm, Eisenbahnlärm, Feinstaub, Ozon (Sommersmog) sowie Strahlen von Handyantennen. Die Reliabilität der Skala liegt bei 0,67 (Cronbachs Alpha). Die anderen vier Indizes sind im Text bzw. im *Kasten 2* sowie in den *Abbildungen 3 und 4* beschrieben. Referenzkategorie für die Sprachregionen ist die Deutschschweiz und für das Wohngebiet sind darin die Personen aus einer anderen Agglomerationsgemeinde als der Kernstadt sowie Personen aus isolierten Städten (z. B. Langenthal) enthalten. Die Variable «Kontakt zu Nachbarn» misst die Häufigkeit des Nachbarschaftskontakts.

Quelle: Schweizer Umweltsurvey 2007, ETH Zürich.

entsprechende Gesetze zu verabschieden und hinreichende Infrastrukturen aus der öffentlichen Hand zu finanzieren, ist – besonders in der direkten Demokratie der Schweiz – eine breite Unterstützung in der Bevölkerung unabdingbar. Die Bedeutung des Umweltbewusstseins für die Verbesserung der Umweltqualität ist durch diesen indirekten Einfluss vermutlich grösser als im individuellen Alltagskontext. Einen Hinweis auf die Stärke des Zusammenhangs liefert die Schätzung des Effekts von Umwelteinstellungen auf die Befürwortung von umweltpolitischen Massnahmen (vgl. *Abbildung 5*).

Zur Berechnung des Index zur Unterstützung umweltpolitischer Massnahmen wurden im Survey 2007 sieben Fragen zur Verkehrspolitik sowie eine Frage zur Kernkraft gestellt.[8] Bei der Nutzung von Kernkraft überwiegt zum Befragungszeitpunkt die Unterstützung eines Moratoriums. Etwa die Hälfte der Bevölkerung der gesamten Schweiz (48 Prozent) und in der französischsprachigen Schweiz eine deutliche Mehrheit (55 Prozent), ist gegen den Ausbau von Kernkraftwerken. Befürwortet wird der Ausbau von Kernkraftwerken von 36 Prozent in der gesamten Schweiz, in der Westschweiz sind es 27 Prozent. Sowohl insgesamt als auch in der französischen Schweiz sind jeweils etwa 17 Prozent unentschieden. Bei den Massnahmen zur Reduktion von Emissionen durch den Verkehr ist das Verhältnis zwischen den Landesteilen umgekehrt. Bei allen Verkehrsmassnahmen – ausser der Filterpflicht für Dieselmotoren, die in der ganzen Schweiz von 95 Prozent befürwortet wird – fällt die Zustimmung zu einschränkenden Massnahmen in der Romandie geringer aus. Bei der Einstellung zum Autoverkehr ist die Kluft zwischen den Landesteilen immer noch stark ausgeprägt (vgl. Indikator *Beurteilung umweltpolitischer Massnahmen*).

Über die Stärke der Zusammenhänge zwischen dem Index der Befürwortung umweltpolitischer Massnahmen und dem ökologischen Wissen, der wahrgenommenen Umweltbelastung sowie dem Umweltbewusstsein informiert *Abbildung 5*. Je besser jemand über die ökologischen Zusammenhänge und wohl auch über die Wirkungsmechanismen der umweltpolitischen Instrumente Bescheid weiss, desto grösser ist die Unterstützung. Auch die Erkenntnis der Gefährdung der natürlichen Umwelt sowie die Bereitschaft etwas für deren Erhaltung zu unternehmen, hat einen positiven Einfluss. Das Ergebnis unterstützt die These der indirekten Wirkung von Umweltbe-

---

8   Nähere Angaben zu den acht Fragen finden sich im Indikator *Beurteilung umweltpolitischer Massnahmen*. Für alle Fragen wurde eine fünfstufige Antwortskala mit den Ausprägungen (1) «sehr dagegen», (2) «eher dagegen», (3) «weder noch», (4) «eher dafür», (5) «sehr dafür» verwendet, wobei der Index zur Unterstützung umweltpolitischer Massnahmen die Anzahl der befürworteten Massnahmen enthält (Kategorien 4 und 5 zusammengefasst). Die Reliabilität dieser Skala liegt bei 0,76 (Cronbachs Alpha).

wusstsein auf die Verbesserung der Umweltqualität durch die Unterstützung politischer Massnahmen. Erwartungsgemäss ist auch der Zusammenhang mit der wahrgenommenen Umweltbelastung, der Bildung, dem Interesse an Politik, Kindern im Haushalt und dem Alter positiv und bei Frauen die Befürwortung stärker ausgeprägt als bei Männern. Eine negative Korrelation ist mit dem Einkommen und der rechten politischen Einstellung zu beobachten. Die Ergebnisse bestätigen ebenfalls die Diskrepanz zwischen der deutschen und lateinischen Schweiz bei der Einstellung zum Autoverkehr.

8   Wert der Zukunft

Politische Umweltmassnahmen haben Wirkungen, die weit in die Zukunft reichen. Das Prinzip der Nachhaltigkeit gebietet geradezu, an die Bedürfnisse nachfolgender Generationen zu denken. Eine schwierige Frage ist dabei, welche Kosten heute aufgewendet werden sollen, um künftige Umweltschäden zu vermeiden.

Aber auch im Alltag müssen wir oft Entscheidungen treffen, die gegenwärtig Kosten verursachen und sich erst in der Zukunft auszahlen. Elektrogeräte im Haushalt, Autos, Eigentumswohnungen und Häuser haben nämlich eine Gemeinsamkeit: Man zahlt einmalig einen Preis für die Anschaffung (Fixkosten) und darüber hinaus dauerhaft für die Energiekosten (variable Kosten). Die variablen Kosten haben folgende Eigenschaften. Sie wachsen mit dem Verbrauch, sie reichen weit in die Zukunft und ihre Höhe hängt oftmals mit den Fixkosten der Anschaffung zusammen. So kann es sich z. B. lohnen, eine teure Waschmaschine zu kaufen, wenn diese im Vergleich zu einem billigeren Gerät weniger Strom und Wasser verbraucht. Wer ein Haus baut, kann im Eigeninteresse durch Investitionen in Wärmedämmung und eine moderne Heizanlage über die Zeit die Mehrkosten zurückgewinnen und eine höhere Wohnqualität erzielen. Überdies gewinnt die Umwelt durch verringerte CO_2-Emissionen. Auch wirtschaftlich können die höheren Fixkosten rentieren, insbesondere wenn die energiesparenden Massnahmen bezuschusst werden.

Der Pferdefuss bei derartigen Entscheidungen ist aber, dass die zukünftig anfallenden Kosten – im Gegensatz zu den Kosten der Anschaffung – häufig nicht angemessen in Rechnung gestellt werden. Werden zukünftig anfallende Kosten stark abgewertet, in der Ökonomie spricht man von «Diskontierung», richtet sich der Blick vorwiegend auf die Anschaffungskosten. Wie stark künftige Kosten subjektiv abgewertet werden, wird durch die so genannte subjektive Diskontrate ausgedrückt. Dazu ein Beispiel. Eine Person kann zwischen einer Auszahlung von 1'000 Fr. heute oder 1'300 Fr. in einem

Jahr wählen. Wer sich für die unmittelbare Auszahlung entscheidet, hat eine Diskontrate von (mindestens) dreissig Prozent.

Auf ähnliche Weise haben wir erstmalig versucht, die subjektiven Diskontraten bei einer landesweiten Stichprobe von Haushalten auf empirischem Weg zu ermitteln, um damit Hinweise auf den «Wert der Zukunft» zu erhalten. Je höher die Diskontrate, desto weniger Wert wird der Zukunft, d.h. künftigen Kosten und Erträgen beigemessen. Natürlich können bei derartigen Fragen Verzerrungen auftreten. Ausserdem variiert die subjektive Diskontrate bei der gleichen Person bei unterschiedlichen Entscheidungen. Eine exakte Messung, falls überhaupt möglich, ist nicht unser Anspruch. Dennoch zeigen sich bemerkenswerte Tendenzen. Im Durchschnitt ist die subjektive Diskontrate sehr hoch, weit über der «objektiven» Diskontrate, d.h. dem Marktzins. Wir errechnen aus den Antworten der Befragten zu dem Entscheidungsexperiment eine durchschnittliche subjektive Diskontrate von 65 Prozent. Bei rund drei Viertel der Befragten ist die subjektive Diskontrate höher als zwanzig Prozent. Lässt man die zwei Gruppen mit extrem hohen und extrem niedrigen Diskontraten bei der Rechnung unberücksichtigt, beträgt die durchschnittliche Diskontrate immer noch 32 Prozent. Es zeigt sich ferner, dass die Diskontrate bei Frauen höher ist als bei Männern, mit dem Alter zunimmt, sich dagegen mit dem Bildungsgrad und dem Einkommen verringert. Die Zusammenhänge mit den im Survey erhobenen Umweltaktivitäten geben allerdings kein einheitliches Bild. Personen mit hoher Diskontrate kaufen beispielsweise eher ein Ein-Jahres-Halbtaxabo als ein mehrjähriges Halbtaxabo und es besteht eine Tendenz, dass sie in geringerem Masse Energiesparlampen im Haushalt verwenden. Bei anderen Aktivitäten finden wir aber nicht die erwarteten Zusammenhänge zwischen der Diskontrate und dem entsprechenden Umweltverhalten und auch die verschiedenen Verfahren zur Messung der Diskontrate hängen stark von der Frageformulierung ab.

Trotz dieser Einschränkungen ist die Antwort auf die Frage nach dem subjektiven Wert der Zukunft wichtig für die Umweltpolitik. Vereinfachte Informationen über Verbrauchskosten durch Energielabel, z.B. die Setzung von Energiestandards beim Bauen oder auch sogenanntes Contracting (eine Firma übernimmt die energiesparenden Investitionen und finanziert die Investition teilweise durch den eingesparten Verbrauch) sind nur einige Möglichkeiten, um den unterschätzten Wert der Zukunft durch umweltpolitische Massnahmen zu kompensieren. Zweifellos besteht auf diesem Gebiet Forschungsbedarf und unsere Ergebnisse bedürfen noch der Absicherung und Vertiefung.

9 Schlussfolgerung

Ein Grossteil der Bevölkerung hat ein ausgeprägtes Umweltbewusstsein, erkennt die Gefahren des Klimawandels und beteiligt sich an Umweltaktivitäten, wenn diese mit geringem Aufwand verbunden sind. Das häufig zu hörende Lamento, dass das Umweltthema «aus der Mode» gekommen sei, kann mit den Daten des Schweizer Umweltsurveys nicht bestätigt werden. Auch die früher bestehende Kluft im Umweltbewusstsein zwischen Deutsch- und Westschweiz scheint der Vergangenheit anzugehören, wobei aber unterschiedliche Bewertungen immer noch beim Autoverkehr bestehen. War «Wirtschaftswachstum» früher ein Reizwort, so wird der Konflikt zwischen Ökonomie und Ökologie heute entspannter gesehen. Vermutlich werden deshalb auch marktwirtschaftliche Anreizinstrumente heute eine grössere Akzeptanz finden.

Aus empirischen Studien ist bekannt, dass das Ausmass ökologischen Verhaltens durch positive und negative Anreize beeinflusst werden kann. Eine gute Infrastruktur des öffentlichen Verkehrs erhöht auch die Nutzung von Bus und Bahn. Ein Anstieg der Mineralölpreise führt zu einer deutlichen Senkung der Nachfrage. Kurzfristig wird weniger Auto gefahren, mittelfristig werden günstigere Autos gekauft und längerfristig werden die Hersteller energieeffizientere Alternativen anbieten. Das Umweltbewusstsein hat zwar einen moderaten Einfluss auf das persönliche Umweltverhalten. Dies zeigen die Schätzungen mit unserem Pfadmodell, aber auch z. B. die hohen Recyclingquoten in der Schweiz. Auf der anderen Seite ist das Umweltbewusstsein keine Garantie, dass effizientere Autos nachgefragt werden oder bei Renovierungen in energiesparende Wohnungsmodernisierung investiert wird. Will man die Klimaziele erreichen, führt an Lenkungsmassnahmen kein Weg vorbei. Ein hohes Umweltbewusstsein in der Bevölkerung macht es leichter, den Weg für solche Massnahmen zu ebnen.

Zwei neue Aspekte wurden in diesem Bericht angesprochen. Wir haben in der Tradition der Forschung über «Umweltgerechtigkeit» die subjektiven Befragungsdaten mit objektiven Daten zur Luftverschmutzung in einem Geo-Informationssystem räumlich verknüpft. Auf diese Weise kann untersucht werden, ob Personen mit tieferem Einkommen oder bestimmte Bevölkerungsgruppen höheren Umweltbelastungen ausgesetzt sind. Bei der Luftverschmutzung (ausgenommen bei Ozon) ist nachweisbar, dass sich die Belastung mit dem Einkommen verringert und dass Ausländerinnen und Ausländer an Orten mit höherer Luftbelastung leben. Allerdings sind die Effekte gering, und zwar um ein Vielfaches geringer als z. B. der Unterschied in der Luftbelastung zwischen Stadt und Land. Weitere Forschungen werden sich u. a. mit dem «Sozialgradienten» für Lärm befassen und die vorliegenden Forschungen vertiefen.

Forschungsbedarf besteht auch bei der Frage nach dem Zusammenhang zwischen Umweltinvestitionen und dem Grad der Zukunftsorientierung. Ein erheblicher Anteil der Befragten liess im Auswahlexperiment sehr hohe subjektive Diskontraten erkennen. Bei einer hohen Diskontrate und entsprechend geringer Zukunftsorientierung wird man möglicherweise zukünftige Einsparungen durch gegenwärtige Investitionen gering gewichten, so dass ökologische Modernisierungsinvestitionen unterbleiben. Zuschüsse und günstige Kredite für die ökologische Modernisierung, die aus den Einsparungen zurückgezahlt werden, wären ein Mittel, um die Investitionsbremse zu lockern.

Generell sollte die Sozialberichterstattung künftig mehr Augenmerk auf die differenzierte Erfassung von Umwelteinstellungen in der Bevölkerung, auf die Wahrnehmung von Risiken und auf die verschiedener Dimensionen des Umweltbewusstseins und des Umweltverhaltens legen. Vor allem sollten diese Aspekte auch im Zeitablauf durch regelmässig wiederholte Surveys erhoben werden, um Veränderungen und neue Entwicklungen frühzeitig registrieren und besser abschätzen zu können.

10 Weiterführende Literatur

Diekmann, Andreas und Peter Preisendörfer (2001), *Umweltsoziologie. Eine Einführung*. Reinbek bei Hamburg: Rowohlt.

Das Buch behandelt Theorien und empirische Befunde aus Umweltsoziologie und Nachbarwissenschaften. Studien zum Umweltbewusstsein und Verhalten gehören dazu ebenso wie die Umweltproblematik in Allmendesituationen, betriebliches Umwelthandeln und Umweltpolitik.

Knoepfel, Peter, Hrsg. (2007), *Environmental Policy Analysis. Learning from the Past for the Future – 25 Years of Research. Environmental Science*. Heidelberg: Springer Verlag.

Das Buch enthält fünfzehn Beiträge zur Umweltpolitikanalyse, die Peter Knoepfel in Zusammenarbeit mit anderen Wissenschaftlern im Laufe der letzten 25 Jahre veröffentlicht hat. Dabei wird nicht nur über vergangene Forschung berichtet, sondern es werden auch neuere Konzepte der Umweltpolitik zum umfassenden Ressourcenmanagement entworfen. Die Aufsätze fokussieren auf die empirische Anwendung in der Umweltpolitik und der Schnittstelle zu anderen Politikfeldern. Manche der Aufsätze enthalten konkrete Empfehlungen, die teilweise in der Schweiz umgesetzt wurden.

Kaufmann-Hayoz, Ruth und Antonietta Di Giulio, Hrsg. (1996), *Umweltproblem Mensch. Humanwissenschaftliche Zugänge zu umweltverantwortlichem Handeln.* Bern, Stuttgart, Wien: Verlag Paul Haupt.

Eine Aufsatzsammlung verschiedener Untersuchungen, die sich mit Hemmnissen und unterstützenden Faktoren des Umwelthandelns befassen.

Kuckartz, Udo und Anke Rheingans-Heintze (2006), *Trends im Umweltbewusstsein. Umweltgerechtigkeit, Lebensqualität und persönliches Engagement.* Wiesbaden: VS Verlag für Sozialwissenschaften.

Das Buch berichtet empirische Ergebnisse aus längerfristig durchgeführten deutschen Erhebungen zum Umweltbewusstsein und zu verschiedenen Aspekten von Umwelteinstellungen und Verhalten.

Synthese

Welche Erkenntnisse können abschliessend aus dem *Sozialbericht 2008* gewonnen werden? Sie sollen im Folgenden in fünf Punkten dargestellt werden, wobei die ersten beiden eher methodischer Natur, die drei weiteren mehr auf den Inhalt bezogen sind.

Welche Bedeutung hat zunächst die Einteilung in die gewählten fünf Themenbereiche aus methodischer Sicht? Zweitens, worin besteht der Nutzen der zur Analyse der Indikatoren herangezogenen Erklärungsfaktoren? Hinsichtlich der grundlegenden Ergebnisse räumt dieser Sozialbericht dem internationalen Vergleich einen breiten Raum ein. Wandel und Kontinuität werden somit nicht nur in einer zeitlichen (dritter Abschnitt), sondern auch in einer räumlichen Dimension diskutiert (vierter Abschnitt). Im fünften Abschnitt wenden wir uns schließlich einigen teils zu erwartenden, teils eher überraschenden und weniger vorhersehbaren Ergebnissen zu.

1   Fünf Dimensionen für einen Sozialbericht

Sozialberichterstattung ist grundsätzlich ein gewagtes Unternehmen: hinsichtlich der Beschreibung einer Gesellschaft ist a priori alles interessant, wie Gurvitch (1958, 157 ff.) in seinem berühmten *Traité de sociologie* hervorhob, in dem er die Idee der Tiefenstruktur entwickelte: das kleinste Teileelement enthält Hinweise auf die umfassende, allgemeine Struktur der Gesellschaft. Dies bedeutet jedoch nicht, dass diesbezüglich alle Elemente gleich aussagekräftig sind. Dementsprechend ist es notwendig, eine allgemeine erklärende Perspektive zu entwickeln, um die einzelnen Ergebnisse miteinander in Beziehung setzen und deuten zu können. Bei den Vorarbeiten zum ersten Sozialbericht wurde ein grundlegendes Raster zur Unterscheidung von fünf gesellschaftlichen Kernbereichen erstellt: die Verteilung sozialer Güter, die kulturelle Vielfalt, die soziale Integration, die politische Gestaltung und die Beziehung zwischen Gesellschaft und Umwelt.

Jeder dieser Themenbereiche weist zahlreiche Facetten auf, die sich in den Indikatoren widerspiegeln. Für jeden der fünf Bereiche wurde eine dieser Facetten in einem gesonderten Beitrag detaillierter behandelt: vertiefende Beiträge, deren Verfasser im jeweiligen Bereich spezialisiert sind, die dem neusten Forschungsstand entsprechen und die aktuellsten Erhebungen und Umfragen berücksichtigen. Entsprechend der Reihenfolge der Bereiche handelt es sich dabei um: erstens, den Bildungsverlauf in Sinne des Zugangs zu einer sozialen Ressource, die eine wesentliche Rolle bei der Güterverteilung spielt;

zweitens, die Sprache als Identität und Zugehörigkeit, aber auch als Integrationsinstrument und als Gelegenheit, mit den Grenzen kultureller Einheit und Vielfalt unterschiedlich umzugehen; drittens, die Freiwilligentätigkeit als Engagement in der Gesellschaft und sie integrierendes Element; viertens, politisch gestaltendes Handeln und schließlich fünftens, der persönliche Bezug zur Umwelt als potentielle Grundlage ökologischen Handelns. In diesem Sinn betont der *Sozialbericht 2008* gleichzeitig die Bedeutung der Strukturen und der Spielregeln, zeigt jedoch auch, dass kollektives Handeln eine Ressource darstellt, die in Betracht gezogen werden muss und die nicht auf die Summe individueller Verhaltensweisen beschränkt ist.

Der *Sozialbericht 2008* zeigt ebenfalls, dass es sich bei den oben erwähnten Themenbereichen – Verteilung sozialer Güter, kulturelle Vielfalt, soziale Integration, politische Gestaltung und Umwelt und Gesellschaft – nicht um Inseln oder getrennte Bereiche handelt, sondern dass sie in Beziehung zueinander stehen. Die Frage der sozialen Integration von Ausländerinnen und Ausländern ist beispielsweise ein politisches Thema *par excellence*, das die Einwanderungsdebatte latent begleitet, die sowohl bei den Volksinitiativen als auch bei der politischen Positionierung der Schweizerischen Volkspartei (SVP) geführt wird. Auch bei der Generationensolidarität handelt es sich nicht nur um eine symbolische Frage, da sie auch mit der Verteilung der Güter in einer Gesellschaft zusammenhängt. In diesem Sinn fordern die in den einzelnen Kapiteln präsentierten Daten auch dazu auf, die weiteren Schaubilder, Tabellen und Kommentare heranzuziehen. Mit anderen Worten: es wäre ein Fehler, bei der Betrachtung des *Sozialberichts 2008* und der Analyse des sozialen Wandels die Perspektiven von Ökonomie, Ökologie, Politikwissenschaft, Linguistik und Soziologie jeweils isoliert zu verwenden.

Dazu einige Beispiele: die Migrationsthematik etwa wurde dem Bereich der kulturellen Vielfalt zugeordnet. Sie steht jedoch auch in engem Zusammenhang sowohl mit der Bildungsthematik, die zum Bereich der Güterverteilung gehört, als auch mit dem Themenbereich der sozialen Integration. Desgleichen sind die Geschlechterunterschiede, auf die wir noch zurückkommen werden, sowohl bei der Güterverteilung, als auch bei der Demographie oder der Gestaltung des täglichen Lebens von zentraler Bedeutung.

Diese Vorbemerkungen haben, bei genauerer Betrachtung, auch Auswirkungen auf eine andere Diskussion. Die Kommentare über unser sozio-politisches Umfeld betonen oft einen zunehmenden Individualismus: die Bürger würden ständig freier von sozialen Zwängen und wären, insbesondere aufgrund der räumlichen Mobilität, nicht mehr der sozialen Kontrolle unterworfen, die man einst in unseren Dörfern gekannt hat, oder sie seien nicht mehr im gleichen Masse wie einst in eine Welt eingefügt, die im Wesentlichen vom

Gegensatz zwischen Arbeitgebern und Arbeitnehmern bestimmt war. Oder, in anderen Worten, die gesellschaftlichen Regeln, einschliesslich derjenigen über Güterverteilung und Integration, hätten an Bedeutung verloren, da die persönlichen Ressourcen ebenso entscheidend seien. Es muss jedoch festgehalten werden, und wir werden noch darauf zurückkommen, dass unsere Resultate bei weitem nicht alle in diese Richtung weisen, sondern im Gegenteil einen starken Zusammenhang zwischen den fünf im *Sozialbericht 2008* untersuchten Bereichen belegen und somit zeigen, dass sich die Gesellschaft nicht aufgelöst hat, dass ihre Strukturen noch immer gefestigt sind und deutlich erkennbare Wirkungen erzeugen und man, kurz gesagt, (noch) nicht in der «Zeit der Flüchtigkeit» angekommen ist, um den von Bauman (2003, 2007, 2008) in zahlreichen Veröffentlichungen verbreiteten Begriff zu gebrauchen.

2 Die Stichhaltigkeit des Instrumentariums

Wenn nach unseren Feststellungen das «Soziale» nicht tot ist, muss zunächst seine Rolle genauer definiert werden. Der Umstand des Zusammenlebens bringt ein System von Regeln, Normen, Werten und Ressourcen sowie Organisationsformen hervor, die zur Erklärung der Verhaltensweisen herangezogen werden müssen. Dies spiegelt sich in den Indikatoren wider, wobei ein einigermassen systematisches, aber begrenztes Analyseraster angewandt wird, das in den meisten Fällen Alter, Geschlecht und soziale Position, insbesondere die Ausbildung, als erklärende Faktoren heranzieht.

Dies soll bei weitem nicht heissen, dass alle hier untersuchten Mechanismen auf dieses Erklärungsraster beschränkt sind; dennoch ist es nützlich, auf einige dieser Charakteristika näher einzugehen.

– Das Alter ist de facto ein erklärender Faktor von äusserster Komplexität: «Junge» und «Alte» sind scheinbar Kategorien, die unter diesen Begriff fallen, aber verweisen sie nicht ebenso oder sogar noch mehr auf die Art und Weise, wie sie erlebt werden, als auf ein biologisches Alter? Das Alter gibt auch die Zugehörigkeit zu einer Generation an, die entsprechend besondere Ereignisse oder zumindest besondere Momente erlebt hat: der Mai 68 hatte auf die damals Zwanzigjährigen sicher nicht dieselbe Wirkung wie auf die Sechzigjährigen! Das Alter weist somit nicht nur auf eine bestimmte Position in der demographischen Struktur der Gesellschaft hin, sondern auch auf die Zugehörigkeit zu einer Alterskohorte oder Generation. Zudem bietet es ein von offiziellen Instanzen einfach zu handhabendes Kriterium, etwa zur Definition von Zugangs- oder

Ausschlussbedingungen, was die unterschiedlichen Altersschwellen für Volljährigkeit, Mindestschulpflicht oder Rentenalter belegen. Schliesslich verweist das Alter als erklärender Faktor darauf, dass damit nicht nur ein Zustand beschrieben wird, sondern ein Prozess, der sich auch dadurch auszeichnet, dass im Lauf des Lebens immer mehr Erfahrungen gesammelt werden.

— Das Geschlecht ist ein erklärender Faktor von unverminderter Aktualität. Selbst wenn die Forderung nach Gleichberechtigung stetig mehr Akzeptanz findet, bestehen weiterhin Geschlechterdifferenzen, die Ungleichheit implizieren, etwa bei der Rollenverteilung, in Paar- und Familienbeziehungen, oder auch hinsichtlich der Arbeitswelt und den Selektions- und Beförderungspraktiken in Betrieben und in der Politik. Sämtliche Indikatoren weisen auf die Aktualität dieser Problematik hin, da sich die Daten für Männer und Frauen in der überwiegenden Zahl der Fälle deutlich voneinander unterscheiden.

— Die Ausbildung stellt ein Merkmal dar, dem heute eine ganz besondere Bedeutung zukommt: zum einen hat sie während der letzten fünfzig Jahre eine aussergewöhnliche Erweiterung erlebt und die Rede von der Wissensgesellschaft ist gegenwärtiger denn je, zum anderen bestehen jedoch noch immer Schattenbereiche, und die Ausbildungswege der Jugendlichen verlaufen bei weitem nicht glatt und linear. Der Vertiefungsbeitrag über die Bildungsungleichheit in der Schweiz verweist deutlich auf die entscheidende Bedeutung dieser Ressource. Dementsprechend lässt sich schon allein aus der Tatsache der Erweiterung des Bildungssystems die Frage ableiten, inwieweit der «gesellschaftliche Wert» eines Diploms, d. h. die mit ihm verbundene Anerkennung, gleich geblieben ist. Das hat natürlich zur Folge, dass die Bildungskategorien, die in den Indikatoren als homogen dargestellt sind, für diejenigen, die sie durchlaufen, etwa hinsichtlich ihres Alters oder ihrer sozialen oder nationalen Herkunft nicht exakt dieselbe Bedeutung haben.

— Allgemein gesehen ist der institutionelle Kontext wichtig zum Verständnis des Alltagslebens. Beim internationalen Vergleich steht er an erster Stelle, er ist aber auch auf regionaler und lokaler Ebene von Bedeutung. So wird zum Beispiel im Vertiefungsbeitrag über die Freiwilligentätigkeit deutlich, dass hinsichtlich dieser Praktiken in Europa regionale Unterschiede bestehen. Ebenso fällt das Verhältnis zwischen Gesellschaft und Umwelt regional bei weitem nicht homogen aus. Das eindeutigste Beispiel findet sich jedoch im Bereich Ausbildung: die Bildungsgänge können sich in den verschiedenen Regionen der Schweiz stark voneinander unterscheiden; dies wirkt sich sowohl auf das wirtschaftliche Potential dieser Regionen aus, als auch auf die Art und Weise, in der sich der Übergang von der Schule zum Berufsleben für die jeweiligen Jugendlichen vollzieht.

Aus diesen Analysen sollte jedoch keinesfalls eine Bestätigung des «Röstigrabens» herausgelesen werden. Vielmehr ist die Beziehung zwischen Raum und Gesellschaft gleichzeitig an mehrere Ebenen gebunden (lokal, regional, national, transnational), die ihrerseits überlagert sind durch unterschiedliche gesellschaftliche Konfliktlinien. So haben die gesellschaftlichen Kernfragen zwar oft eine lokale Verankerung, ihre volle Bedeutung erscheint jedoch erst unter Berücksichtigung eines weiteren Zusammenhangs. Diese räumliche Differenzierung kann bisweilen mit der Sprachgrenze übereinstimmen, andere Aufteilungen sind jedoch nicht nur denkbar, sondern tatsächlich gegeben, etwa zwischen Zentren und Peripherien bei der Analyse der Wahlergebnisse oder der räumlichen Verortung der Konfliktlinie zwischen «Gewinnern» und «Verlierern» der Globalisierung, wie sie im Zusammenhang mit den Prozessen von Polarisierung und Politisierung im Kapitel über das politische Leben aufgezeigt wird. Ein Beitrag des *Sozialberichts 2008* besteht darin, wiederholt die Bedeutung dieser räumlichen Dimension aufzuzeigen, im Sinne einer konsequenten Analyse gesellschaftlicher Konfliktlinien, d. h. der innerhalb der Gesellschaft bestehenden Bruchlinien. Allgemeiner gesagt bedeutet dies, dass die politischen Streitfragen auch durch unterschiedliche Interessen organisiert werden, selbst wenn diese vielfältig sind (Links-rechts-Orientierung, Verhältnis zur Globalisierung usw.).

3 Kontrastierende Rhythmen

Anlässlich der nach 2000 und 2004 erfolgenden dritten Ausgabe des Sozialberichts kommt man nicht umhin, sich die Frage nach dem Rhythmus des Wandels zu stellen: erfolgt dieser langsam und fortschreitend, so wäre eine Veröffentlichung wie die vorliegende bestenfalls alle zehn Jahre gerechtfertigt. Bei einem schnelleren Wandel wäre ein wesentlich schnellerer Erscheinungsrhythmus angezeigt.

Es stellt sich nun die Frage, ob der Entscheidung für einen festgelegten Erscheinungsrhythmus mit den jeweils gleichen fünf Themenbereichen nicht implizit die Hypothese zugrunde liegt, dass sich der Wandel in den jeweiligen Bereichen paradoxerweise konstant vollzieht. Dies kann deshalb nicht so einfach gesehen werden, da einerseits die in die jeweiligen Ausgaben aufgenommenen Indikatoren nicht systematisch gleich sind und andererseits die hier zugrunde liegende vergleichende Perspektive die Möglichkeit eröffnet, die Rhythmen des Wandels in Abhängigkeit des Kontextes zu analysieren. Wir werden im Weiteren noch darauf eingehen.

Es muss also zwischen schnellem und wesentlich langsamerem Wandel unterschieden werden. Hierfür je ein Beispiel: heute verfügen annähernd zwei Drittel der Einwohner der Schweiz über einen Internetanschluss und nutzen diesen mindestens einmal wöchentlich, wohingegen dieser Anteil noch vor wenigen Jahren wesentlich geringer war (vgl. Indikator *Mediennutzung*). Im Gegensatz dazu bestehen Ungleichheiten in der Verteilung wichtiger sozialer Güter fast unverändert weiter: so ist die Ausbildung der Eltern für den Bildungserfolg ihrer Kinder ebenso folgenschwer wie vor fünfzig Jahren, auch wenn sich das Schulsystems stark verändert hat und die «Demokratisierung der Bildung» zum Leitmotiv geworden ist (vgl. Indikator *Bildungsvererbung und Bildungshomogamie*). Es ist auch kein Zufall, dass sich die an tatsächliche oder empfundene Ungleichheit gebundenen Spannungen im politischen Feld widerspiegeln und dort zu einer Repolarisierung auch bezüglich der Kernthemen der Linken und Rechten führen.

Ein weiteres Beispiel: die Tertiarisierung der schweizerischen Wirtschaft ist ein langsamer, aber stetiger Prozess; vor vierzig Jahren war die Zahl der Arbeiter und der Angestellten fast gleich, heute hingegen beträgt das Verhältnis eins zu drei.[1] Desgleichen verändert sich der Bereich des Familienlebens beständig: die Zunahme des Alters bei Eheschliessung und Geburt des ersten Kindes und die wachsende Scheidungsrate fallen zusammen mit dem Hochhalten der Gleicheitsideale und einer Pluralisierung der Lebensumstände, während die Institutionen zur Regelung des Familienlebens relativ unbeweglich bleiben (vgl. Indikator *Rollenverteilung im Paar*). Diese Beispiele gelten im Übrigen nicht nur für die Schweiz.

4   Die europäische Konvergenz

Eines der auffälligsten Ergebnisse ist sicherlich die Konvergenz der in der vergleichenden Analyse berücksichtigten Länder. Zwar bestehen zu Beginn des Untersuchungszeitraums starke Unterschiede, die Lage präsentiert sich an seinem Ende jedoch wesentlich homogener, wobei es keine Rolle spielt, ob die berücksichtigten Länder Mitgliedstaaten der Europäischen Union sind oder nicht. Das auffälligste Beispiel liefert hier Spanien, wo vor dreissig Jahren insbesondere im Bereich der Familie deutliche Unterschiede bestanden (geringer Anteil berufstätiger Frauen und, vor allem, die bis 1981 nicht

---

1   Dies erklärt sich sowohl aus der Zunahme der Angestellten («white collars») in den Unternehmen als auch durch die Auslagerung weiter Bereiche der Produktion aus der Schweiz.

existierende gesetzliche Scheidungsmöglichkeit), das sich aber heute stark verändert zeigt und den anderen Ländern vergleichbare Bedingungen aufweist (vgl. etwa Indikatoren *Voll- und Teilzeiterwerbstätigkeit, Scheidungen*).

Bei der Mehrzahl der betrachteten Indikatoren belegt die Schweiz eine mittlere Position. Um nur ein Beispiel zu nennen, ist die Gleichberechtigung von Männern und Frauen auf der Ebene der Tatsachen wie auch der Vorstellungen in den nordeuropäischen Ländern eindeutig etabliert, was sich in zahlreichen Feldern zeigt, von der Arbeit über die Politik bis hin zur Demographie; die Situation in der Schweiz ist längst nicht so weit gediehen, steht aber auch nicht am anderen Extrem. Dennoch bestehen einige Bereiche, in denen sich die Schweiz deutlicher von den anderen Ländern unterscheidet.

Hier könnte man etwa auf die Viktimisierungsrate verweisen, die in der Schweiz niedriger ist als anderswo, was sicherlich sowohl mit der vergleichsweise geringen Arbeitslosigkeit, dem selteneren Auftreten von Armut und einem relativ starken Vertrauen in die Politik zusammenhängt. Das bemerkenswerteste Element ist jedoch die Haltung gegenüber Ausländerinnen und Ausländern: während die Politik der SVP daraus ein zentrales Element macht, ist die Akzeptanz von Ausländern trotz einer besonders hohen Einwanderungsrate höher als in den Vergleichsländern. Man darf hier die Hypothese wagen, dass das Ausländerthema in der Schweiz, insbesondere aufgrund der direkten Demokratie, eines der wichtigsten Themen in der öffentlichen politischen Auseinandersetzung bildet, und dies, wenn man an die ersten «Schwarzenbach»-Initiativen denkt, seit mehr als dreissig Jahren. Es ist hier nicht auszuschliessen, dass der Umstand, dass es sich dabei um ein «politisches» Thema handelt, mehr oder weniger dazu beigetragen hat, diese Debatte im Alltag durch Zuweisung eines eigenen Schauplatzes zu entschärfen.

Man könnte hier noch weitere Elemente analysieren, etwa die freiwillige Tätigkeit in Vereinen und Organisationen die im Mittel zwischen einem diesbezüglich sehr partizipativen Norden und einem Süden liegt, wo andere Formen der Soziabilität im Vordergrund stehen, oder die Umwelt, über die grosse Besorgnis besteht, die aber seltener zu konkretem Handeln führt, vor allem, wenn dies ein individuelles Engagement fordert, das über die Mülltrennung hinausgeht.

Auf jeden Fall muss darauf hingewiesen werden, dass diese vergleichenden Darstellungen erst seit kurzem möglich sind: noch vor einem knappen Jahrzehnt gab es, wenn überhaupt, nur wenige ländervergleichende Projekte, die dafür notwendige Daten liefern konnten, wobei die Qualität bisweilen Anlass zu Fragen oder gar Zweifeln bot und die Schweiz nur selten daran teilnahm. Anders gesagt wird hier deutlich, wie wichtig es in den Sozialwissenschaften ist, über qualitativ hochwertige ländervergleichende Daten zu verfügen.

5   Nicht alles Augenfällige ist zwangsläufig hieb- und stichfest

Über die in den einzelnen Kapiteln dargestellten Ergebnisse hinaus ist vor allem das hervorzuheben, was überrascht und über die gängigen «Stammtisch-Klischees» hinausgeht, nämlich die Widersprüchlichkeiten, die zum Über-denken dessen führen, was uns über die Schweiz und die Bewohner dieses Landes gesagt wird.

Das vorrangigste Ergebnis betrifft zweifellos das Los der «Mittelschicht». Ohne hier weiter auf die Debatte über die Abgrenzung dieser Mittelschicht einzugehen, die de facto ein Kontinuum zwischen «Unterschichten» und «Oberschichten» besetzt, lässt sich überraschend feststellen, dass die Einkom-mensverteilungen während der letzten zwanzig Jahre insgesamt einigermaßen vergleichbar bleiben. Darüber hinaus wird ersichtlich, dass die Reichsten in Abhängigkeit der Bewegungen der Konjunkturzyklen noch reicher werden, ohne dass deshalb die Gesamtverteilung vollkommen aus dem Gleichgewicht gerät. Dabei darf jedoch nicht vergessen werden, dass es sich hier zum Teil um Einkommen vor Abzug der Sozialabgaben handelt, was in der Diskussion der Verteilungsfragen heute zweifellos eine zentrale Rolle spielt, da die Verspre-chungen von gestern bisweilen als schwer haltbar erscheinen – Finanzierung der Renten und des Gesundheitswesens, um nur diese zwei Bereiche zu nennen – und einem Grossteil der Bevölkerung beträchtliche Belastungen auferlegt werden. Ausserdem wird ein nicht vernachlässigbarer Teil der Ungleichheiten von den Steuer- und Einkommensstatistiken nicht erfasst.

Entwicklungen in der Arbeitswelt sind ebenso paradox: zwar wird die Arbeit physisch immer ungefährlicher, aber moralischer Druck und Stress sind dennoch nicht zu vernachlässigen. Zudem scheint sich die vor allem von Goldthorpe[2] entwickelte These von ständig wachsenden Mittel- und Oberschichten mit Langzeitarbeitsverträgen und Karriereaussichten nicht zu bewahrheiten. Auf vielen Ebenen sind Risiken oder sogar Prekarität bis-weilen Teil der Erfahrungen, aber zumindest der alltäglichen Ängste bis in die Mitte dieser bisher begünstigten Milieus hinein geworden, während die Produktion finanzieller Reichtümer, die sich andere Milieus aneignen, so hoch ist wie nie zuvor.

Der letzte Punkt, auf den wir verweisen möchten, mag eine Folge der erwähnten Konvergenz der von uns untersuchten Länder sein. Zwar kul-tiviert die Schweiz, wie das der Politik gewidmete Kapitel deutlich macht, ihre Nichtzugehörigkeit zur Europäischen Union, und einige Parteien setzen

---

2   Eine Zusammenfassung dieser Debatte findet sich z. B. bei Bidou-Zachariasen (2000).

hartnäckig auf diese Distanz. Gleichzeitig wird jedoch eine beträchtliche Anzahl europäischer Bestimmungen in die schweizerische Gesetzgebung übernommen. Angesichts der Graphiken und Daten ist dies nicht weiter verwunderlich: während der letzten Jahrzehnte ist es zu einer umfassenden europäischen Konvergenz gekommen, bei der die Schweiz beteiligt ist; damit ist die Schweiz nicht mehr der Sonderfall,[3] der sie vielleicht einmal war oder zumindest zu sein glaubte.

---

3   Es kommt übrigens nicht von ungefähr, dass die Literatur über den schweizerischen «Sonderfall» so umfangreich ausfällt, obwohl auch jedes andere Land sich in seiner Art als Ausnahme betrachtet. Das Thema «Sonderfall Schweiz» war Gegenstand eines Kongresses der Schweizerischen Gesellschaft für Soziologie, dessen wichtigste Beiträge zusammengefasst sind in Eberle und Imhof (2006). Ebenso nimmt der Syntheseband des sozialwissenschaftlichen Forschungsprogramms «Zukunft Schweiz» explizit Bezug auf diese Vorstellung des Sonderfalls (vgl. Kriesi et al., 2005a).

Glossar

Äquivalenzeinkommen: «Haushaltseinkommen pro Kopf» – statistische Vergleichsgrösse, die die Einkommen von Mehrpersonenhaushalten auf jene von Einpersonenhaushalten umrechnet. Bei der Berechnung geht man davon aus, dass nicht alle Haushaltsmitglieder gleich viel konsumieren, und teilt das Haushaltseinkommen durch die Zahl der nach ihrem Alter und ihrer Stellung im Haushalt gewichteten Mitglieder (häufig wird dafür das verfügbare Haushalteinkommen benützt, also das Nettoeinkommen ohne die obligatorischen Ausgaben wie Steuern und Sozialversicherungen). Häufig wird die international gebräuchliche modifizierte OECD-Äquivalenzskala verwendet, meistens mit den folgenden Gewichten: erste erwachsene Person 1,0, weitere erwachsene Personen 0,5, Kinder ab 14 Jahren 0,5, Kinder unter 14 Jahren 0,3.

Aufenthalter, Jahresaufenthalter: Rechtsstatus für Ausländer, der einen einjährigen Aufenthalt in der Schweiz erlaubt und erneuerbar ist.

Biodiversität: Vielfalt der Lebensräume, Pflanzen- und Tierarten sowie des Erbguts.

Biotop: Lebensraum von Tier- und Pflanzenarten, beispielsweise ein Schwemmgebiet, ein Seeufer, ein Sumpf oder eine Wiese.

Bruttoinlandprodukt (BIP): Summe der in einem Jahr auf Schweizer Territorium geschaffenen ökonomischen Werte.

Bruttonationaleinkommen (BNP): Summe der in einem Jahr geschaffenen ökonomischen Werte, die Inländern (in der Schweiz wohnhafte Personen und Körperschaften, die Schweizern gehören) im Inland oder im Ausland zukommen.

Cronbachs Alpha: Koeffizient, der die Kohärenz oder Verlässlichkeit von aus mehreren Fragen zusammengesetzten Indizes oder Skalen misst, wie sie in der auf Befragungen gestützten Forschung verwendet werden. Er entspricht, vereinfacht gesagt, dem Mittelwert der Korrelationen jeder einzelnen Frage mit dem Indexwert.

EU-15: Mitgliedstaaten der Europäischen Union bis zu deren Erweiterung 2004 (Belgien, Deutschland, Dänemark, Finnland, Frankreich, Griechenland, Grossbritannien, Irland, Italien, Luxemburg, Holland, Österreich, Portugal, Schweden, Spanien).

EU-25: Mitgliedstaaten der Europäischen Union bis zu deren Erweiterung 2007 (EU-15 plus Estland, Lettland, Litauen, Malta, Polen, Slowakei, Slowenien, Tschechien, Ungarn, Republik Zypern).

Faktorenanalyse: Statistisches Analyseverfahren, das herauszufinden erlaubt, inwiefern eine Mehrzahl von Messgrössen (Variablen) systematisch gleichsinnig oder gegensinnig variieren und insofern etwas gemeinsam haben; dieses «Gemeinsame» wird Faktor genannt. Die Faktorenanalyse erlaubt zu bestimmen, wieviele solcher Faktoren in einem Satz von Variablen vorhanden sind und in welchem Ausmass jede Variable an jedem der Faktoren beteiligt ist (sogenannte Faktorenladungen der Variablen). Insofern reduziert die Faktorenanalyse das Informationsvolumen der analysierten Variablen und liefert entweder direkt synthetische Masse für die Faktoren (factor scores) oder die Ausgangsinformation für andere Arten der Skalenkonstruktion.

Feinstaub: Kleine, von blossem Auge unsichtbare Partikel im Nanobereich und etwas darüber, die ein komplexes physikochemisches Gemisch aus natürlichen und technischen Schadstoffen bilden (Russ, geologisches Material, Abriebstaub, biologische Stoffe sowie Schwermetalle, Sulfate, Nitrate, Ammonium, organische Kohlenstoffe, Kohlenwasserstoffe, Dioxine und Furane). Sie stammen vor allem aus der Industrie, der Land- und Forstwirtschaft und dem Autoverkehr. Die im Feinstaub enthaltenen Schwermetalle, Dioxine und Furane sind gesundheitsschädigend, vor allem, wenn sie über die Nahrungskette wirken. Feinstaub und Russ schädigen die Atemwege und das kardiovaskuläre System, erhöhen das Krebsrisiko und die Mortalität.

Flüchtige organische Verbindungen: Verbindungen, die zu verschiedenen chemischen Gruppen gehören (aromatische Kohlenwasserstoffe, Ketone, Alkohole, Aldehyde u. a.), die aufgrund ihres niedrigen Siedepunktes bei Normaltemperaturen leicht verdampfen und sich als Gase in der Luft verbreiten, wo sie eine wichtige Rolle bei der Bildung von bodennahem Ozon spielen. Diese luftverschmutzenden Substanzen entstammen Baumaterialien (Isolierschäume, Farben, Spannteppiche, Linoleum, Lacke, behandeltes Holz von Dachstühlen und Böden), Sprühmitteln (Insektenvertilgungsmittel, Kosmetika, Harze usw.), Verbrennungs- und Kochvorgängen. Reinigungs- und Klebemittel sind ebenfalls punktuelle Quellen; in all diesen Fällen erfolgt eine direkte Emission in die Atmosphäre. (Die englische Bezeichnung volatile organic compounds wird als VOC abgekürzt; wenn dabei Methan nicht mitbetrachtet wird, spricht man von NOMVOC für non-methane volatile organic compounds, d. h. flüchtige organische Verbindungen ohne Methan.)

Gini-Index: Koeffizient, der die Fläche zwischen der effektiven Lorenzkurve und der Diagonale in Beziehung zur Fläche unterhalb der Diagonale setzt

(0 = perfekte Gleichheit, 1 = maximale Ungleichheit) und damit die Verteilungsungleichheit quantifiziert.

Gleitendes Mittel: Mittelwert, der für einen gegebenen Zeitpunkt über mehrere ihm zeitlich vorausliegende und nachfolgende Werte berechnet wird (Beispiel: bei Verwendung einer Fünfjahresperiode würde das gleitende Mittel für 1997 als Mittelwert der Jahre 1995–1999 berechnet), um den allgemeinen Trend gegenüber kurzfristigen Schwankungen besser hervortreten zu lassen.

Homogamie: Ehe von sozial «gleichen» Partnern (religiöse, bildungsmässige Homogamie usw.). Wenn der Partner ein tieferes (Bildungs-) Niveau erreicht hat als die Partnerin, spricht man von weiblicher Hypogamie oder von männlicher Hypergamie.

Kohlendioxid (CO_2): Wichtige (ungiftige) Komponente der Umgebungsluft (ca. 0,04%). Überhöhter CO_2-Ausstoss, der bei Verbrennungsprozessen entsteht, gilt als Hauptursache für den Treibhauseffekt, der zu einer allgemeinen Erwärmung und zu Turbulenzen des Klimas führt.

Kohlenmonoxid (CO): Unsichtbares und geruchloses Gas, das aus der unvollständigen Verbrennung kohlenstoffhaltiger Substanzen entsteht (z. B. Heizöl, Benzin), vor allem im Strassenverkehr. Wirkt als Atemgift für Menschen und andere warmblütige Lebewesen, und ist an der Bildung von Ozon in der freien Troposphäre beteiligt.

Konkordanz: Traditionelles, gesetzlich nicht fixiertes Funktionsprinzip der schweizerischen Politik, nach dem nicht vollumfänglich auf Mehrheitsentscheide abgestellt wird («winner takes all»), sondern in einem gewissen Mass auch Minderheitsinteressen berücksichtigt werden.

Korrelationskoeffizient: Statistische Masszahl für die Stärke des Zusammenhangs zwischen zwei Messgrössen (Variablen). Der Korrelationskoeffizient kann als Ausdruck der Sicherheit oder Unsicherheit verstanden werden, mit der vom Wert der einen Variablen auf den Wert der anderen Variable geschlossen werden kann. Ein Wert von 1,00 bedeutet, dass beide Messgrössen völlig parallel variieren, ein Wert von -1,00, dass sie perfekt gegensinnig variieren, ein Wert von 0, dass keinerlei statistischer Zusammenhang besteht.

Kurzaufenthalter: Rechtsstatus für Ausländer, der in verschiedenen Versionen existiert, in der Regel für nicht mehr als ein Jahr gilt und mit der Erfüllung eines spezifischen Aufenthaltszwecks beendet wird (z. B. Studienabschluss).

Kyoto-Protokoll: Internationales Abkommen zur Klimaproblematik, das im Dezember 1997 beschlossen wurde. Es hat die Reduktion der Treibhausgase und die Bekämpfung der Klimaerwärmung zum Ziel.

Lachgas (Distickstoffmonoxid, N_2O): Farbloses Gas, das zur Gruppe der Stickoxide und damit auch zu den Treibhausgasen gehört. Seine euphorisierende Wirkung hat zu seinem Trivialnamen geführt.

Lohnquote: Anteil der Lohnsumme an der gesamten ökonomischen Wertschöpfung (Volkseinkommen oder Nettonationaleinkommen zu Faktorpreisen).

Lorenzkurve: Grafische Darstellung der Verteilung quantifizierbarer Güter in einer gegebenen Population, bei der auf der X-Achse die Populationsanteile kumulativ in aufsteigender Reihenfolge in Prozenten aufgetragen werden, auf der Y-Achse die Güteranteile ebenfalls kumulativ in Prozenten, sodass die Abweichung der resultierenden Verteilungskurve von der Diagonalen (Gleichverteilung) die Ungleichheit der Verteilung angibt; deren quantitatives Mass ist der Gini-Index.

Median: Wert eines quantitativen Kriteriums (z. B. Einkommen), der eine nach diesem Kriterium rangierte Population in eine «obere» und eine «untere» Hälfte teilt.

Meritokratie: Privilegienordnung, die auf Leistung oder einem anderen Kriterium des persönlichen Verdienstes beruht (wörtlich «Herrschaft derer, die es verdienen»). Gegenwartsgesellschaften stellen sich im allgemeinen als meritokratisch dar, obwohl sie es faktisch nur teilweise sind (Gegenbeispiele: das Vererben von Eigentum oder von Führungspositionen); Bildung ist eines der sozial am häufigsten verwendeten Verdienstkriterien, weil sie als Ausdruck erworbener Qualifikationen aufgefasst wird, die auf persönlichem Einsatz und Begabung beruhen.

Methan (Methylwasserstoff, CH_4): Entzündliches Gas, das u. a. aus Fäulnisprozessen unter Luftabschluss entsteht, wie durch Sumpfbildung, tierische und menschliche Verdauung u. a. m. Methan ist eines der natürlich entstehenden Treibhausgase.

Multivariate Analyse: Gruppe statistischer Analyseverfahren, mit denen die Zusammenhänge zwischen mehreren Variablen aufgeklärt werden können (im Unterschied zu bivariaten Analysen, die nur jeweils zwei Variablen zueinander in Beziehung setzen). Ungerichtete Formen multivariater Analyse dienen z. B. zur empirischen Bestimmung von Typologien, wie Clusteranalyse oder multiple Klassifikationsverfahren. Gerichtete Formen (vor allem Regressionsanalysen) beruhen auf der Unterscheidung von mehreren «unabhängigen» und einer oder mehreren «abhängigen» Variablen; sie dienen dazu, Hinweise auf mögliche Einflussverhältnisse zwischen den beiden Variablengruppen zu erhalten. Die Unterscheidung von unabhängigen und abhängigen Variablen hängt dabei lediglich von der gerade gewählten analytischen Perspektive ab, dieselbe Variable kann grundsätzlich als abhängig oder unabhängig betrachtet werden (mit der Ausnahme von zeitlich früher fixierten Aspekten wie etwa der sozialen Herkunft). Der Nachweis eines statistischen Zusammenhangs ist notwenig, aber nicht hinreichend, um auf ein Verursachungsverhältnis zu schliessen.

Nettoerwerbseinkommen: Einkommen ohne an der Quelle abgezogene Sozialabgaben.

Niedergelassene: Rechtsstatus für Ausländer, der zeitlich unbefristet ist und freie Wahl von Arbeitsstelle und Wohnort einschliesst, aber keine substantiellen politischen Rechte enthält.

Nitrat: Wasserlösliches Stickstoffsalz, das z. B. über die Nahrungskette oder den Kunstdünger durch Versickerung ins Grundwasser gelangen kann. In höheren Konzentrationen stellt es im Trinkwasser eine Gesundheitsgefährdung dar und auch einen wichtigen Faktor der Überdüngung der Gewässer (verstärkte Algenbildung) und von Ungleichgewichten der Tierwelt in nahrungsarmen Umgebungen wie Mooren.

Ozon (O_3): Luftschadstoff, der sich durch die chemische Reaktion von Stickoxiden (NO_x) mit flüchtigen organischen Verbindungen unter der Einwirkung des Sonnenlichts bildet und zu Luftbelastungen in stadtnahen Gebieten führt. Seine wichtigsten Quellen sind Transport, Industrie und Gewerbe. Erdnahes Ozon kann die Schleimhäute irritieren, zu Atembeschwerden führen und die Lungenkapazität einschränken; es schädigt auch Pflanzen. In der Stratosphäre wirkt es als Treibhausgas.

Pfadanalyse: Strategie der statistischen Analyse, die eine spezifische Anwendungsform der multiplen Regression darstellt, bei der typischerweise jene Variablen, die zwischen der mutmasslich frühesten Ursache und der spätesten Folge unter den analysierten Tatbeständen stehen, teils als abhängige, teils als unabhängige Variablen behandelt werden. Dabei können auch unterschiedliche Beeinflussungsstrukturen empirisch miteinander verglichen werden. Wo nur gleichzeitig erhobene Daten zur Verfügung stehen, wird die Pfadanalyse häufig dafür verwendet, die Daten so zu analysieren, dass die Resultate einem vermuteten Prozess der Beeinflussung der abhängigen Variable durch die unabhängigen möglichst nahe kommen.

Phosphor (P): Chemisches Element, das für den Aufbau und das Funktionieren lebendiger Organismen wesentlich ist. Die Landwirtschaft setzt phosphathaltige Düngemittel zur Steigerung des Pflanzenertrags ein (Phosphate: Phosphorverbindungen). Auch in Gewässern hängt die Produktion von pflanzlicher Biomasse direkt mit dem Phosphatgehalt zusammen. Gesteigerter Eintrag von Nährsubstanzen, besonders Phosphor, erhöht die Produktion von Algen und Wasserpflanzen und führt zur Eutrophierung, d. h. zum Ersticken der Gewässer, denn die Zersetzung und Mineralisierung der Algen nach ihrem Absterben verbraucht den im Wasser gelösten Sauerstoff – je mehr Algen es hat, desto weniger Sauerstoff verbleibt im Wasser, besonders in der Tiefe. Unter einem gewissen Schwellwert (4 mg Sauerstoff per Liter) werden die Lebensbedingungen für Flora und Fauna ungenügend.

Primarstufe: Erste Stufe der obligatorischen Schulzeit (erste bis fünfte bzw. sechste Klasse).

Quintil: Fünftel (20 Prozent) einer Population.

Quintilverhältnis: Verteilungsmass, bei dem die Gesamtbeträge eines quantitativen Gutes miteinander verglichen werden (typisch: Einkommen, Vermögen), die dem wenigst dotierten und dem meistdotierten Fünftel (20 Prozent) einer Population zukommen.

Rätoromanisch (Rumantsch): Vierte Landessprache, lateinischen Ursprungs, die in gewissen Gebieten des Kantons Graubünden gesprochen wird.

Regressionsanalyse: Multivariates statistisches Analyseverfahren, dessen verschiedene Formen für unterschiedliche Mess- oder Skalenqualitäten der zu analysierenden Variablen entwickelt wurden (z. B. OLS- oder Ordinary-Least-Squares-Regression für abhängige Variablen metrischen Messniveaus, nicht lineare Regression (z. B. logistische Regression) für andere Arten abhängiger Variablen).

Reproduktion: Wiederherstellung bzw. Aufrechterhaltung eines vorherigen Zustandes. Spezifischer bedeutet Ungleichheitsreproduktion, dass im Generationenwechsel zwischen Eltern und Kindern die Ungleichheitslagen dieselben bleiben, d. h. keine intergenerationale Auf- oder Abwärtsmobilität erfolgt. Demographische Reproduktion bedeutet, dass die Bevölkerungsgrösse gleich bleibt. Hintergrund des Begriffes ist die Einsicht, dass soziale Zustände nicht naturhaft bestehen, sondern konstruiert sind. Ihre Aufrechterhaltung kann deshalb nicht hinreichend mit der Abwesenheit verändernder Faktoren erklärt werden, sie beruht darüber hinaus auf vorwiegenden Prozessen der Aufrechterhaltung.

Romandie: Französischsprachiger Teil der Schweiz (Romands: Französischsprachige).

Schwefeldioxid (SO$_2$): Farbloser, ätzend riechender gasförmiger Luftschadstoff, der bei der Verbrennung schwefelhaltiger Brennstoffe (z. B. Kohle, Heizöl) entsteht. In starker Konzentration führt er zu Störungen der Atemwege, zu vielfältigen Schäden an Pflanzen und empfindlichen Ökosystemen sowie zur Erosion von Gebäuden; saurer Regen geht zu einem wichtigen Teil auf Schwefeldioxid zurück.

Sekundarstufe I: Auf die Grundstufe (Primarstufe) folgende weiterführende Schulen, die noch zur obligatorischen Schulzeit gehören (Sekundarschule, Bezirksschule, Cycle d'orientation, Realschule).

Sekundarstufe II: Nachobligatorische, allgemeinbildende oder berufsbildende Ausbildungen, die an die Sekundarstufe I anschliessen (z. B. Gymnasium, Fachmittelschule, Berufslehre, Berufsmittelschule). Ein Teil dieser Schultypen (Mittelschule, Gymnasium, Collège) schliesst mit der Maturitätsprüfung ab, welche den direkten Zugang zur Universität erlaubt.

Stickoxide (NO$_x$): Luftschadstoffe (Stickstoffmonoxid und -dioxid), die durch die Verbrennung von Brennstoffen (vor allem in Automotoren) entstehen. Sie zu können Störungen der Atemwege führen, zu vielfältigen Schäden an Pflanzen und zur Überdüngung von Ökosystemen. Sie sind Vorläufer der Entstehung sauren Regens, sekundärer Aerosole und, in Kombination mit flüchtigen organischen Verbindungen, von Photooxidantien (Ozon, Sommersmog).

Stigmatisierung: Zuschreibung sozialer Geringschätzung (negative Etikettierung) an Individuen oder Gruppen; spielt bei Diskriminierung (etwa in Form ungleicher Chancen) und ihrer Legitimierung eine wichtige Rolle.

Treibhauseffekt: Die Verglasung von Treibhäusern hält die eingestrahlte Sonnenwärme zurück, wodurch die Temperaturen im innern gegenüber der Umgebungsluft stark aufgeheizt werden. Der globale Treibhauseffekt entsteht weitgehend durch die sogenannten Treibhausgase und erzeugt die Klimaerwärmung.

Treibhausgase: Gase, deren Verbreitung in der Erdatmosphäre verhindert, dass die in diese eingestrahlte Sonnenwärme im natürlichen Ausmass wieder abgestrahlt wird (ein minimaler Treibhauseffekt ist für das Leben auf der Erde unerlässlich). Die wichtigsten Treibhausgase sind Wasserdampf (H_2O, u. a. in Form von Wolken), Kohlendioxid (CO_2), Methan (CH_4), Lachgas (N_2O) und troposphärisches Ozon (O_3). Im Verlauf der vergangenen Jahrzehnte haben menschliche Aktivitäten (vor allem die Verbrennung fossiler Energieträger und die Abholzung tropischer Wälder) die Konzentration von Treibhausgasen in der Atmosphäre stark beschleunigt. So hat jene von CO_2 gegenüber der vorindustriellen Zeit um mehr als dreissig Prozent zugenommen. Daraus resultiert eine zusätzliche Erwärmung der Erdoberfläche und der unteren Schichten der Atmosphäre.

Tertiärstufe: Universitäre Stufe des Bildungssystems (Universität, Polytechnische Hochschule, Fachhochschule, Höhere Berufsbildung).

Z-Standardisierung: In der Statistik häufig verwendete Umrechnung von Messwerten für Vergleichszwecke, bei der jeder Messwert durch seine Abweichung vom Mittelwert der gesamten Werteverteilung ersetzt wird, ausgedrückt in Einheiten der Standardabweichung dieser Verteilung. Z-standardisierte Werte, die über dem Durchschnittswert liegen, sind folglich positiv, solche unter dem Durchschnitt negativ, und der Wert 1 entspricht der Standardabweichung der gesamten Werteverteilung (die Standardabweichung misst die Variabilität der Verteilung der einzelnen Messwerte).

Literaturverzeichnis

Ammann, Herbert (2001), *Von Freiwilligkeit sei die Rede. Ein Vorschlag zur Klärung der Begriffe.* Zürich: Schweizerische Gemeinnützige Gesellschaft.

Andres, Markus et al. (2005), *Fremdsprachen in Schweizer Betrieben. Eine Studie zur Verwendung von Fremdsprachen in der Schweizer Wirtschaft und deren Ansichten zu Sprachenpolitik und schulischer Fremdsprachenausbildung.* Solothurn: Fachhochschule Nordwestschweiz.

Bachmann, Ruth und Oliver Bieri (2000), *Neue Freiwillige finden. Bereitschaft, Motive, Erwartungen.* Luzern: Caritas.

Bafu (2007), *Landschaft unter Druck. 3. Fortschreibung. Beobachtungsperiode 1989–2003.* Bern: Bafu.

Bafu (2008a), *Luftbelastung: Schadstoffkarten,* http://www.bafu.admin.ch/luft/00612/00624/index.html?lang=de (Stand: 31.1.2008).

Bafu (2008b), *Sommersmog und Ozon,* http://www.bafu.admin.ch/luft/00575/00577/index.html?lang=de (Stand: 5.6.2008).

Bandler, Marko und Marco Giugni, Hrsg. (2008), *L'altermondialisme en Suisse.* Paris: L'Harmattan.

Bartholdi, Claire; Geneviève Faessler und Walo Hutmacher (1968), *Milieu social et carrière scolaire.* Genf: Service de la recherche sociologique.

Basel-Stadt Statistik (2008), *Muttersprachen der Schüler im Schuljahr 2007,* http://www.statistik-bs.ch/themen/15/schulen/muttersprache (Stand: 28.7.2008).

Bauer, Philipp und Regina T. Riphahn (2006), Timing of School Tracking as a Determinant of Intergenerational Transmission of Education, *Economic Letters,* 91 (1), 90–97.

Bauman, Zygmunt (2003), *Liquid Love: On the Frailty of Human Bonds.* Cambridge: Polity Press.

Bauman, Zygmunt (2007), *Leben in der flüchtigen Moderne.* Frankfurt a. M.: Suhrkamp.

Bauman, Zygmunt (2008), *Flüchtige Zeiten: Leben in der Ungewissheit.* Frankfurt a. M.: Suhrkamp.

Baumgartner, Edgar; Roland Baur und Peter Sommerfeld (2005), *Sozialbericht 2005 Kanton Solothurn.* Solothurn: Departement des Innern.

BBT (o.J.), *Lehrstellenbarometer,* www.bbt.admin.ch (Stand: 29.7.2008).

Bernath, Walter; Martin Wirthensohn und Erwin Löhrer (1989*), Jugendliche auf ihrem Weg ins Berufsleben.* Bern: Haupt.

Bertschy, Kathrin; Edi Böni und Thomas Meyer, Hrsg. (2007), *An der Zweiten Schwelle: Junge Menschen im Übergang zwischen Ausbildung und Arbeitsmarkt. Ergebnisübersicht des Jugendlängsschnitts Tree, Update 2007.* Bern: Tree.

BFS (1997), *Integration – (k)eine Erfolgsgeschichte. Ausländische Kinder und Jugendliche im schweizerischen Bildungssystem.* Bern: BFS.

BFS (2006), *Statistisches Jahrbuch der Schweiz*. Neuenburg: BFS.

BFS (2008a), *Die schweizerische Sozialhilfestatistik 2006: Nationale Resultate*. Neuenburg: BFS.

BFS (2008b), *Wohnbevölkerung nach detaillierter Staatsangehörigkeit, 1995–2006*, http://www.bfs.admin.ch/bfs/portal/de/index/themen/01/07/blank/data/01. html (Stand: 28.7.2008).

BFS-Bildungsindikatoren (o.J.), www.statistik.admin.ch (Stand: 29.7.2008).

BFS/EDK (2002), *Für das Leben gerüstet? Die Grundkompetenzen der Jugendlichen – Nationaler Bericht der Erhebung Pisa 2000. Reihe «Bildungsmonitoring Schweiz»*. Neuenburg: BFS, EDK.

BFS/Tree (2003), *Wege in die nachobligatorische Ausbildung. Die ersten zwei Jahre nach Austritt aus der obligatorischen Schule. Zwischenergebnisse des Jugendlängsschnitts Tree. Reihe «Bildungsmonitoring Schweiz»*. Neuenburg: BFS.

Bidou-Zachariasen, Catherine (2000), A propos de la service class, les classes moyennes dans la sociologie britannique, *Revue Française de Sociologie*, 41 (4), 777–796.

Bochsler, Daniel (o.J.), http://www.unige.ch/ses/spo/staff/corpsinter/bochsler (Stand: 28.7.2008).

Bodenstein, Gerhard; Achim Spiller und Helmut Elbers (1997), Strategische Konsumentscheidungen: Langfristige Weichenstellungen für das Umwelthandeln – Ergebnisse einer empirischen Studie: *Diskussionsbeiträge des Fachbereichs Wirtschaftswissenschaft der Gerhard-Mercator-Universität-Gesamthochschule-Duisburg*. Duisburg.

Bolzman, Claudio; Rosita Fibbi und Marie Vial (2003), Was ist aus ihnen geworden? Der Integrationsprozess der jungen Erwachsenen mit Migrationshintergrund, in: Hans-Rudolf Wicker, Rosita Fibbi und Werner Haug, Hrsg., *Migration und die Schweiz. Ergebnisse des Nationalen Forschungsprogramms «Migration und die interkulturellen Beziehungen»*. Zürich: Seismo, 453–481.

Bornschier, Simon und Marc Helbling (2005), Stabilität und Wandel von Parteiensystemen und Konfliktlinie zwischen Öffnung und Abgrenzung: der theoretische Ansatz, in: Hanspeter Kriesi et al., Hrsg., *Der Aufstieg der SVP. Acht Kantone im Vergleich*. Zürich: NZZ-Verlag, 11–40.

Bourdieu, Pierre (1983), Ökonomisches Kapital, kulturelles Kapital, soziales Kapital, in: Reinhard Kreckel, Hrsg., *Soziale Ungleichheiten*. Göttingen: Soziale Welt Sonderband 2, 183–198.

Bourdieu, Pierre und Jean-Claude Passeron (1971), *Die Illusion der Chancengleichheit*. Stuttgart: Klett.

Bourdieu, Pierre und Jean-Claude Passeron (1987), *La reproduction: éléments pour une théorie du système d'enseignement*. Paris: Editions de Minuit.

Brunner, Matthias und Pascal Sciarini (2002), L'opposition ouverture–traditions, in: Simon Hug und Pascal Sciarini, Hrsg., *Changements de valeurs et nouveaux clivages politiques en Suisse*. Paris: L'Harmattan, 29–93.

Buchmann, Marlis; Maria Charles und Stefan Sacchi (1993), The Lifelong Shadow: Social Origins and Educational Opportunity in Switzerland, in: Yossi Shavit und Hans-Peter Blossfeld, Hrsg., *Persistent Inequality. Changing Educational Attainment in Thirteen Countries.* Boulder, San Francisco, Oxford: Westview Press, 177–192.

Bühlmann, Jacqueline und Beat Schmid (1999), *Unbezahlt – aber trotzdem Arbeit. Zeitaufwand für Haus- und Familienarbeit, Ehrenamt, Freiwilligenarbeit und Nachbarschaftshilfe.* Neuenburg: BFS.

Bühlmann, Marc und Markus Freitag (2004), Individuelle und kontextuelle Determinanten der Teilhabe an Sozialkapital. Eine Mehrebenenanalyse zu den Bedingungen des Engagements in Freiwilligenorganisationen, *Kölner Zeitschrift für Soziologie und Sozialpsychologie,* 56 (2), 326–349.

Bühlmann, Marc und Markus Freitag (2006), Individual and Contextual Determinants of Electoral Participation, *Schweizerische Zeitschrift für Politikwissenschaft*, 12 (4), 13–48.

Bühlmann, Marc und Markus Freitag (2007), Freiwilligkeit als soziales Kapital der Gesellschaft. Ein Vergleich der Schweizer Kantone, in: Peter Farago, Hrsg., *Freiwilliges Engagement in der Schweiz.* Zürich: Seismo, 56–107.

Christin, Thomas; Simon Hug und Pascal Sciarini (2002), La mobilisation des clivages lors des votations populaires, in: Simon Hug und Pascal Sciarini, Hrsg., *Changements de valeurs et nouveaux clivages politiques en Suisse.* Paris: L'Harmattan, 237–267.

Coleman, James (1990), *Foundations of Social Theory.* Cambridge, Mass.: Belknap Press.

Collaud, Marie-Chantal und Claire-Lise Gerber, Hrsg., (1993), *Vie associative et solidarités sociales.* Lausanne: Réalités sociales.

Diekmann, Andreas und Axel Franzen (1999), The Wealth of Nations and Environmental Concerns, *Environment and Behavior*, 31 (4), 540–549.

Diekmann, Andreas und Ben Jann (2000), Sind die empirischen Ergebnisse zum Umweltverhalten Artefakte? Ein Beitrag zum Problem der Messung von Umweltverhalten, *Umweltpsychologie*, 4 (1), 64–75.

Diekmann, Andreas und Reto Meyer (2008), *Der Schweizer Umweltsurvey 2007. Dokumentation und Codebuch.* Zürich: ETHZ.

Diekmann, Andreas und Peter Preisendörfer (2001), *Umweltsoziologie. Eine Einführung.* Reinbek bei Hamburg: Rowohlt.

Diekmann, Andreas und Peter Preisendörfer (2003), Green and Greenback. The Behavioral Effects of Environmental Attitudes in Low-Cost and High-Cost Situations, *Rationality and Society*, 15, 441–472.

Dunlap, Riley E. und Angela G. Mertig (1996), Weltweites Umweltbewusstsein. Eine Herausforderung für die sozialwissenschaftliche Theorie, in: Andreas Diekmann und Carlo C. Jaeger, Hrsg., *Umweltsoziologie. Kölner Zeitschrift für Soziologie und Sozialpsychologie,* Sonderheft 36. Opladen: Westdeutscher Verlag, 193–218.

Ebbinghaus, Bernhard und Jelle Visser (2000), *Trade Unions in Western Europe since 1945.* Basingstoke: Macmillan.

Eberle, Thomas und Kurt Imhof, Hrsg. (2006), *Sonderfall Schweiz.* Zürich: Seismo.

Eckes, Thomas und Bernd Six (1994), Fakten und Fiktion in der Einstellungs-Verhaltens-Forschung: Eine Meta-Analyse, *Zeitschrift für Sozialpsychologie,* 25, 253–271.

EDK (1995), *Perspektiven für die Sekundarstufe I.* Bern: EDK.

EDK (1998), *Sprachenkonzept Schweiz. Bericht einer von der Kommission für Allgemeine Bildung eingesetzten Expertengruppe «Gesamtsprachenkonzept»:* (http:// sprachenkonzept.franz.unibas.ch; Stand: 28.7.2008).

EDK/BBT (2000), *Die Sekundarstufe II hat Zukunft. Schlussbericht der Projektgruppe Sekundarstufe II.* Bern: EDK, BBT.

Engeli, Isabelle; Thanh-Huyen Ballmer-Cao und Marco Giugni (2006), Gender Gap and Turnout in the 2003 National Elections, *Schweizerische Zeitschrift für Politikwissenschaft,* 12 (4), 217–242.

Esping-Andersen, Gøsta (1990), *The Three Worlds of Welfare Capitalism.* Cambridge: Polity Press.

Esping-Andersen, Gøsta (1998), Die drei Welten des Wohlfahrtskapitalismus, in: Stephan Lessenich und Ilona Ostner, Hrsg., *Welten des Wohlfahrtskapitalismus: Der Sozialstaat in vergleichender Perspektive.* Frankfurt a. M., New York: Campus, 19–58.

European Sourcebook of Crime and Criminal Justice Statistics (2003, 2006), www.europeansourcebook.org (Stand: 19.8.2008).

Franklin, Mark N. (1997), Electoral Participation, in: Lawrence L. LeDuc, Richard G. Niemi und Pippa Norris, Hrsg., *Comparing Democracies.* Thousand Oaks: Sage, 216–234.

Franzen, Axel und Markus Freitag, Hrsg. (2007), *Sozialkapital. Grundlagen und Anwendunge*n, *Kölner Zeitschrift für Soziologie und Sozialpsychologie,* Sonderheft 47. Opladen: Westdeutscher Verlag.

Franzen, Axel und Reto Meyer (2004), Klimawandel des Umweltbewusstseins? Eine Analyse des ISSP 2000, *Zeitschrift für Soziologie,* 33 (2), 119–137.

Freitag, Markus (2000), Soziales Kapital und Arbeitslosigkeit. Eine empirische Analyse zu den Schweizer Kantonen, *Zeitschrift für Soziologie,* 29 (3), 186–201.

Freitag, Markus (2004), Schweizer Welten des Sozialkapitals. Empirische Untersuchungen zum sozialen Leben in Regionen und Kantonen, *Schweizerische Zeitschrift für Politikwissenschaft,* 10 (2), 87–118.

Friedrichs, Jürgen und Wolfgang Jagodzinski (1999), Theorien sozialer Integration, *Soziale Integration, Kölner Zeitschrift für Soziologie und Sozialpsychologie,* Sonderheft 39. Opladen: Westdeutscher Verlag, 9–43.

Fukuyama, Francis (2000), *The Great Disruption. Human Nature and the Reconstitution of Social Order.* New York: The Free Press.

Gaskin, Katherine; Justin Davis Smith und Irmtraut Paulwitz (1996), *Ein neues bürgerliches Europa. Eine Untersuchung zur Verbreitung und Rolle von Volunteering in zehn Ländern.* Freiburg i. Br.: Lambertus.

Geser, Hans (2003), Beruf und Bildung diesseits und jenseits der Saane, *Panorama,* 2003 (3), 39–41.

Giugni, Marco (1995), *Entre stratégie et opportunité: Les nouveaux mouvements sociaux en Suisse.* Zürich: Seismo.

Giugni, Marco (1999). Mobilitazioni su ambiente, pace e nucleare, *Quaderni di Sociologia,* XLIII, 45–67.

Giugni, Marco (2006), Mouvements sociaux, in: Ulrich Klöti et al., Hrsg., *Handbuch der Schweizer Politik.* Zürich: NZZ-Verlag, 346–360.

Giugni, Marco und Florence Passy (1993), Etat et nouveaux mouvements sociaux, deux cas contrastés: la Suisse et la France, *Schweizerische Zeitschrift für Soziologie,* 19 (3), 545–570.

Gomolla, Mechthild und Frank-Olaf Radtke (2007), *Institutionelle Diskriminierung. Die Herstellung ethnischer Differenz in der Schule. 2. durchgesehene und erweiterte Auflage.* Opladen: Leske + Budrich.

Grin, François (1999), *Compétences et récompenses. La valeur des langues en Suisse.* Freiburg i. Ü.: Editions universitaires (PNR 33 Efficacité de nos systèmes de formation).

Gürtler, Sabine (2001), Habermas und Lévinas: alteritäts- und diskursethische Bestimmungen zum Verhältnis von Sprache und Gewalt, in: Ursula Erzgräber und Alfred Hirsch, Hrsg., *Sprache und Gewalt.* Berlin: Berliner Wissenschaftsverlag, 201–226.

Gurvitch, Georges (1958), *Traité de sociologie.* Paris: PUF.

Haeberlin, Urs; Christian Imdorf und Winfried Kronig (2004), *Von der Schule in die Berufslehre. Untersuchungen zur Benachteiligung von ausländischen und von weiblichen Jugendlichen bei der Lehrstellensuche.* Bern, Stuttgart, Wien: Haupt.

Heid, Helmut (1986), Kritische Anmerkungen zur pädagogischen Rechtfertigung ontogenetischer früher Auslese, in: Helmut Heim und Heinz-Jürgen Ipfling, Hrsg., *Pädagogik in geschichtlicher Erfahrung und gegenwärtiger Verantwortung.* Frankfurt a. M.: Lang, 184–199.

Hoffmann-Nowotny, Hans-Joachim, Hrsg. (2001), *Das Fremde in der Schweiz. Ergebnisse soziologischer Forschung.* Zürich: Seismo.

Hofstede, Geert (2001), *Culture's Consequences. Comparing Values, Behaviors, Institutions, and Organizations Across Nations.* London: Sage.

Hooghe, Liesbet und Gary Marks (2005), Calculation, Community and Cues: Public Opinion on European Integration, *European Union Politics,* 6 (4), 419–443.

Höpflinger, François und Kurt Wyss (1997), *Konzeption einer periodischen Sozialberichterstattung aus sozialwissenschaftlicher Sicht.* Bern, Zürich: Schwerpunktprogramm «Zukunft Schweiz».

Hug, Simon und Tobias Schulz (2007), Left-Right Positions of Political Parties in Switzerland, *Party Politics,* 13 (3), 305–330.

Hupka, Sandra; Stefan Sacchi und Barbara E. Stalder (2006), *Herkunft oder Leistung? Analyse des Eintritts in eine zertifizierende nachobligatorische Ausbildung anhand der Daten des Jugendlängsschnitts Tree. Arbeitspapier. Juni 2006.* Bern, Zürich: Tree.

Hutmacher, Walo (1990), *Enfants d'immigrés ou enfants d'ouvriers? Scolarisation des migrants et inégalité sociale devant l'école.* Genf: Service de la recherche sociologique, Faculté de psychologie et des sciences de l'éducation.

Hwang, Monica; Robert Andersen and Edward Grabb (2007), Voluntary Association Activity in Quebec and English Canada: Assessing the Effects of Region and Language, *Canadian Journal of Political Science,* 40 (1), 209–232.

IKV (2007), *Interkantonale Vereinbarung über die Harmonisierung der obligatorischen Schule vom 14. Juni 2007,* http://www.edk.ch/dyn/11659.php (Stand: 28.7.2008).

ILO (1954, 1958, 1968), *Yearbook of Labour Statistics.* Genf: ILO.

Imdorf, Christian (2007*), Lehrlingsselektion in KMU. Kurzbericht März 2007.* Freiburg i. Ü.: Heilpädagogisches Institut der Universität Freiburg i. Ü.

Immerfall, Stefan (1994), *Einführung in den Europäischen Gesellschaftsvergleich: Ansätze – Problemstellungen – Befunde.* Passau: Rothe.

Inglehart, Ronald (1995), Public Support for Environmental Protection: Objective Problems and Subjective Values in 43 Societies, *Political Science and Politics,* 28, 57–72.

Jaeger, Jochen; Rene Bertiller und Christian Schwick (2007), *Landschaftszerschneidung Schweiz: Zerschneidungsanalyse 1900 bis 2002 und Folgerungen für die Verkehrs- und Raumplanung.* Neuenburg: BFS, Bundesamt für Strassen (Astra), Bafu, Bundesamt für Raumentwicklung (Are).

Klages, Helmut (2002), Freiwilliges bürgerschaftliches Engagement im kommunalen Raum, *Deutsche Zeitschrift für Kommunalwissenschaften,* (41) 2, 83–107.

Kneschaurek, Francesco (1964), Wandlungen der schweizerischen Industriestruktur seit 1800, *Schweizerische Zeitschrift für Volkswirtschaft und Statistik,* I/II/1964, 133–166.

Knöpfel, Carlo (1998), *Mehr freiwilliges Engagement im bedrängten Sozialstaat? Ein Positionspapier von Caritas Schweizer zur Freiwilligenarbeit und Sozialzeit.* Luzern: Caritas.

Knüsel, René (1994), *Plurilinguism et enjeux politique. Les minorités ethnolinguistiques autochtones à territoire: l'exemple du cas helvétique.* Lausanne: Payot.

Kohn, Melvin L. (1987), Cross-National Research as an Analytic Strategy, *American Sociological Review,* 52 (6), 713–731.

Kriesi, Hanspeter (1998), The Transformation of Cleavage Politics: The 1997 Stein Rokkan Lecture, *European Journal of Political Research,* 33 (2), 165–185.

Kriesi, Hanspeter (2005), *Direct Democratic Choice.* Lanham, MD: Lexington Books.

Kriesi, Hanspeter (2007), The Role of European Integration in National Elections Campaigns, *European Union Politics,* 8 (1), 83–108.

Kriesi, Hanspeter et al., Hrsg. (1981), *Politische Aktivierung in der Schweiz, 1945–1978.* Diessenhofen: Rüegger.

Kriesi, Hanspeter et al. (1995), *New Social Movements in Western Europe: A Comparative Analysis.* London: University College London Press.

Kriesi, Hanspeter et al., Hrsg. (2005a), *Contemporary Switzerland – Revisiting the Special Case.* Houndmills, Basingstoke, New York: Palgrave Macmillan.

Kriesi, Hanspeter et al., Hrsg., (2005b), *Der Aufstieg der SVP. Acht Kantone im Vergleich.* Zürich: NZZ-Verlag.

Kriesi, Hanspeter et al. (2006), Globalization and the Transformation of the National Political Space: Six European Countries Compared, *European Journal of Political Research,* 45 (6), 921–957.

Kristen, Cornelia (1999), *Bildungsentscheidungen und Bildungsungleichheit – ein Überblick über den Forschungsstand. Arbeitspapier Nr. 5/1999.* Mannheim: Mannheimer Zentrum für europäische Sozialforschung.

Kronig, Winfried (2007), *Die systematische Zufälligkeit des Bildungserfolgs. Theoretische Erklärungen und empirische Untersuchungen zur Lernentwicklung und Leistungsbewertung in unterschiedlichen Schulklassen.* Bern: Haupt.

Kronig, Winfried; Urs Haeberlin und Michael Eckhart (2000), *Immigrantenkinder und schulische Selektion. Pädagogische Visionen, theoretische Erklärungen und empirische Untersuchen zur Wirkung integrierender und separierender Schulformen in den Grundschuljahren.* Bern: Haupt.

Kunz, Volker und Oscar W. Gabriel (2000), Soziale Integration und politische Partizipation. Das Konzept des Sozialkapitals – ein brauchbarer Ansatz zur Erklärung politischer Partizipation?, in: Ulrich Druwe, Steffen Kühnel und Volker Kunz, Hrsg., *Kontext, Akteur und strategische Interaktion. Untersuchungen zur Organisation politischen Handelns in modernen Gesellschaften.* Opladen: Leske + Budrich, 47–74.

Lamprecht, Markus und Hanspeter Stamm (1996), *Soziale Ungleichheit im Bildungswesen.* Bern: BFS.

Larcher, Sabina und Jürgen Oelkers (2003), *Die besten Ausbildungssysteme. Thematischer Bericht der Erhebung Pisa 2000.* Neuenburg: BFS, EDK.

Leu, Robert; Stefan Burri und Tom Priester (1997), *Lebensqualität und Armut in der Schweiz.* Bern: Haupt.

Levy, René et al. (1997), *Tous égaux? De la stratification aux représentations.* Zürich: Seismo.

Longchamp, Claude et al. (2006), *Zurückgekehrtes Bankenvertrauen – gebliebenes Problem «Arbeitslosigkeit».* *Schlussbericht zum allgemeinen Teil des Sorgenbarometers 2006. Im Auftrag vom Bulletin der Credit Suisse.* Bern: gfs.bern.

Longchamp, Claude et al. (2007), *Wirtschaftsoptimismus, Staatsvertrauen und nationale Orientierung gleichzeitig gestärkt. Schlussbericht zum allgemeinen Teil des Sorgenbarometers 2007. Im Auftrag vom Bulletin der Credit Suisse.* Bern: gfs.bern.

Longchamp, Claude; Lukas Golder und Silvia Ratelband-Pally (2003), *Das Sorgenbarometer 2003. «Sorge um den Arbeitsplatz dominiert».* Zürich: gfs-zürich.

Lüdi, Georges (2007a), Basel: einsprachig und heteroglossisch. *Zeitschrift für Literaturwissenschaft und Linguistik,* 148, 132–157.

Lüdi, Georges (2007b), Deutsch in der Deutschschweiz: eine Fremdsprache?, in: Angelika Reder, Hrsg., *Diskurse und Texte. Festschrit für Konrad Ehlich zum 65. Geburtstag.* Tübingen: Stauffenburg, 616–627.

Lüdi, Georges; Katharina Höchle und Patchareerat Yanaprasart (im Druck), Dynamiques langagières et gestion de la diversité: l'exemple d'une grande entreprise pharmaceutique internationale basée en Suisse, in: Paul Danler et al., Hrsg., *Actes du XXVe Congrès International de Linguistique et de Philologie Romanes (Innsbruck, September 2007).* Tübingen: Niemeyer.

Lüdi, Georges und Bernard Py (2003), *Etre bilingue.* 3. überarbeitete Ausgabe. Bern: Peter Lang.

Lüdi, Georges und Iwar Werlen (2005), *Sprachenlandschaft in der Schweiz.* Neuenburg: BFS (Statistik der Schweiz. Eidg. Volkszählung 2000).

Lüdi, Georges; Iwar Werlen und Rita Franceschini (1997), *Die Sprachenlandschaft Schweiz.* Bern: BFS (Statistik der Schweiz. Eidg. Volkszählung 1990).

Lutz, Georg (2006), Party Potential and the Pattern of Party Election in the 2003 Swiss Federal Elections, *Schweizerische Zeitschrift für Politikwissenschaft,* 12 (4), 191–215.

Lutz, Georg und Peter Selb (2006), Die nationalen Wahlen in der Schweiz, in: Ulrich Klöti et al., Hrsg., *Handbuch der Schweizer Politik.* Zürich: NZZ-Verlag, 427–458.

Maloney, Michael P.; Michael P. Ward und Nicholas G. Braucht (1975), A Revised Scale for the Measurement of Ecological Attitudes and Knowledge, *American Psychologist,* 787–790.

Marquis, Lionel (2006), *La formation de l'opinion publique en démocratie directe: Les référendums sur la politique extérieure suisse (1981–1995).* Zürich: Seismo.

Mazzoleni, Oscar (2003), *Nationalisme et populisme en Suisse: La radicalisation de la «nouvelle» UDC.* Lausanne: Presses polytechniques et universitaires romandes.

Meyer, Peter C. et al. (1998), *Soziale Unterstützung und Gesundheit in der Stadt.* Zürich: Seismo.

Meyer, Peter C. und Monica Budowski (1993), *Bezahlte Laienhilfe und freiwillige Nachbarschaftshilfe*. Zürich: Seismo.

Mielck, Andreas und Joachim Heinrich (2002), Soziale Ungleichheit und die Verteilung umweltbezogener Exposition (Environmental Justice), *Gesundheitswesen*, 64, 405–416.

Moser, Urs (2004*), Jugendliche zwischen Schule und Berufsbildung. Eine Evaluation bei Schweizer Grossunternehmen unter Berücksichtigung des internationalen Schulleistungsvergleichs Pisa*. Bern: h.e.p. Verlag.

Moser, Urs; Florian Keller und Sarah Tresch (2003), *Schullaufbahn und Leistung. Bildungsverlauf und Lernerfolg von Zürcher Schülerinnen und Schülern am Ende der 3. Volksschulklasse*. Bern: h.e.p. Verlag.

Mossuz-Lavau, Janine (1997), Les femmes et le vote: la France au regard de l'Europe, in: Armelle Le Bras-Chopard und Janine Mossuz-Lavau, Hrsg., *Les femmes et la politique*. Paris: L'Harmattan, 81–94.

Mustur, Vasilije (2007), *Touristen müssen umdenken*, http://www.20min.ch/tools/suchen/story/21537030 (Stand: 28.01.2008).

Nadai, Eva (1996), *Gemeinsinn und Eigennutz. Freiwilliges Engagement im Sozialbereich*. Bern: Haupt.

Nollert, Michael (2006), Sonderfall im rheinischen Kapitalismus oder Sonderweg im liberalen Wohlfahrtskapitalismus? Zur Spezifität des Sozialstaats Schweiz, in: Thomas Eberle und Kurt Imhof, Hrsg., *Sonderfall Schweiz*. Zürich: Seismo, 153–171.

Nollert, Michael und Christian Huser (2007), Freiwillig Aktive in der Schweiz: Einflussfaktoren und typische Profile, in: Peter Farago, Hrsg., *Freiwilliges Engagement in der Schweiz*. Zürich: Seismo, 14–55.

OECD (2005a), *Education at a Glance 2005*. Paris: OECD.

OECD (2005b), *School Factors Related to Quality and Equity. Results from PISA 2000*. Paris: OECD.

OECD (2006a), *Society at a Glance: OECD Social Indicators – 2006*. Paris: OECD.

OECD (2006b), *Where Immigrant Students Succeed – A Comparative Review of Performance and Engagement in PISA 2003*. Paris: OECD.

OECD/CPRN (2005), *From Education to Work. A Difficult Transition for Young Adults with Low Levels of Education*. Paris: OECD, CPRN.

OECD/Pisa (2001), *Lernen für das Leben. Erste Ergebnisse von Pisa 2000. Ausbildung und Kompetenzen*. Paris: OECD.

OECD/Statistics Canada (2000), *Literacy in the Information Age. Final Report of the International Adult Literacy Survey*. Paris, Ottawa: OECD, StatCan.

Oesch, Daniel (2007a), *The Changing Shape of Class Voting: An Individual-Level Analysis of Party Support in Britain, Germany and Switzerland*. Genf: Département de science politique.

Oesch, Daniel (2007b), *What Explains Workers' Massive Electoral Support for Right-Wing Populist Parties in Western Europe? Empirical Evidence from Austria, Flanders, France, Norway and Switzerland*. Genf: Département de science politique.

Pekarek Doehler, Simona (2005), De la nature située des compétences en langue, in: Bronckart, Jean-Paul; Ecaterina Bulea und Michèle Puoliot, Hrsg., *Repenser l'enseignement des langues: comment identifier et exploiter les compétences?* Villeneuve d'Ascq: Presses universitaires du Septentrion, 41–68.

Perrig-Chiello, Pasqualina (2004), Soziale Integration im Spiegelbild lebenszyklischer Übergänge, in: Christian Suter, Isabelle Renschler und Dominique Joye, Hrsg., *Sozialbericht 2004*. Zürich: Seismo, 129–153.

Perrig-Chiello, Pasqualina; François Höpflinger und Christian Suter (2008), *Generationen – Strukturen und Beziehungen. Generationenbericht Schweiz*. Zürich: Seismo.

Pichler, Florian und Claire Wallace (2007), Patterns of Formal and Informal Social Capital in Europe, *European Sociological Review*, 23, 423–435.

Poglia, Edo et al., Hrsg. (1995*), Interkulturelle Bildung in der Schweiz. Fremde Heimat*. Bern: Lang.

Portes, Alejandro und Patricia Landolt (1996), The Downside of Social Capital, *The American Prospect*, 26, May-June 1996, 18–21, 94.

Przeworski, Adam und Henry Teune (1970), *The Logic of Comparative Social Inquiry*. New York: Wiley.

Putnam, Robert D. (1995), Bowling Alone: America's Declining Social Capital, *Journal of Democracy*, 6, 65–78.

Ragin, Charles C. (1987), *The Comparative Method: Moving Beyond Qualitative and Quantitative Strategies*. Berkley, Los Angeles, London: University of California Press.

Ramseier, Erich und Christian Brühwiler (2003), Herkunft, Leistung und Bildungschancen im gegliederten Bildungssystem: Vertiefte Pisa-Analyse unter Einbezug der kognitiven Grundfähigkeiten. *Schweizerische Zeitschrift für Bildungswissenschaften*, 25 (1), 23–58.

Rennwald, Line (2006), *L'évolution de l'impact des clivages sur le choix partisan en Suisse entre 1995 et 2003: clivage de classe et vote pour le PS et l'UDC*. Genf: Département de science politique (mémoire de DEA).

Rothmayr, Christine (2004), Zwischen Öffnung und Tradition: grundsätzlicher Wandel schweizerischer Politik?, in: Christian Suter, Isabelle Renschler und Dominique Joye, Hrsg., *Sozialbericht 2004*. Zürich: Seismo, 199–223.

Schahn, Joachim et al. (1999), Konstruktion und Evaluation der dritten Version des Skalensystems zur Erfassung des Umweltbewusstseins (SEU-3): *Bericht aus dem Psychologischen Institut der Universität Heidelberg, Diskussionspapier Nr. 84*. Heidelberg.

Schuler, Martin et al. (2007), *Atlas des räumlichen Wandels der Schweiz*. Neuenburg, Zürich: BFS, NZZ-Verlag.

Schuler, Martin und Dominique Joye (1988), Die fünfte Grenze – Zur Diskussion einer Ost-West zweigeteilten Schweiz, *DISP*, 92, 22–23.

Schwarz, Daniel und Wolf Linder (2006), *Mehrheits- und Koalitionsbildung im schweizerischen Nationalrat 1996–2005*. Bern: Institut für Politikwissenschaft.

Sciarini, Pascal (2006), Le processus législatif, in: Ulrich Klöti et al., Hrsg., *Handbuch der Schweizer Politik*. Zürich: NZZ-Verlag, 491–525.

Sciarini, Pascal und Daniel Bochsler (2006), Partis politiques: les chapelles cantonales sont en voie de disparition, *Le Temps,* 14. September 2006.

Sciarini, Pascal und Daniel Bochsler (2007), L'UDC aurait-elle maintenant atteint son apogée électoral? *Le Temps*, 17. April 2007.

Sciarini, Pascal und Alexander Trechsel (1996), Démocratie directe en Suisse: l'élite victime des droits populaires? *Schweizerische Zeitschrift für Politikwissenschaft,* 2 (2), 201–232.

Solga, Heike (2005), Meritokratie – die moderne Legitimation ungleicher Bildungschancen, in: Peter A. Berger und Heike Kahlert, Hrsg., *Institutionalisierte Ungleichheiten. Wie das Bildungswesen Chancen blockiert*. Weinheim, München: Juventa, 19–38.

SpG (2007), *Bundesgesetz über die Landessprachen und die Verständigung zwischen den Sprachgemeinschaften vom 5. Oktober 2007*, http://www.admin.ch/ch/d/ff/2007/6951.pdf (Stand: 28.7.2008).

Spichiger-Carlsson, Peter (2003), *Vereinszugehörigkeit von Schweizer Einwohnern*. Zürich: gfs-zürich.

Stadelmann-Steffen, Isabelle; Markus Freitag und Marc Bühlmann (2007), *Freiwilligen-Monitor Schweiz*. Zürich: Seismo.

Stadtentwicklung Zürich (2007), *Bevölkerungsbefragung 2007*. Zürich: Präsidialdepartement.

Stalder, Barbara E. (2000), *Gesucht wird … Rekrutierung und Selektion von Lehrlingen im Kanton Bern*. Bern: Amt für Bildungsforschung der Erziehungsdirektion.

Stamm, Hanspeter und Markus Lamprecht (2005), *Eidgenössische Volkszählung 2000. Entwicklung der Sozialstruktur*. Neuenburg: BFS.

Stiftung GRA – Stiftung gegen Rassismus und Antisemitismus (o.J.), http://www.gra.ch/chron/chron_index.asp (Stand: 28.7.2008).

Streuli, Elisa und Tobias Bauer (2002), *Working poor in der Schweiz. Konzepte, Ausmass und Problemlagen aufgrund der Daten der Schweizerischen Arbeitskräfteerhebung*. Neuenburg: BFS.

Suter, Christian (2000), *Sozialbericht 2000*. Zürich: Seismo.

Suter, Christian und Katia Iglesias (2003), Social Reporting in Switzerland. The Hidden Roots and the Present State of the Art, in: Isabelle Renschler und

Dominique Joye, Hrsg., *Social Change and Social Measures: Structures and Turbulences*. Bern: UNESCO, 51–76.

Suter, Christian; Isabelle Renschler und Dominique Joye, Hrsg. (2004), *Sozialbericht 2004*. Zürich: Seismo.

ten Thije, Jan D. und Ludger Zeevaert, Hrsg., (2007), *Receptive Multilingualism. Linguistic Analyses, Language Policies and Didactic Concepts*. Amsterdam, Philadelphia: John Benjamins.

Trechsel, Alexander (2000), *Feuerwerk Volksrechte: Die Volksabstimmungen in den Schweizerischen Kantonen 1970–1996*. Basel, München: Helbing & Lichtenhahn.

UNEP (2002), *Global Environmental Outlook*, http://www.grida.no/geo/geo3/english/pdf.htm (Stand: 31.1.2008).

Van Dijk, Jan; John van Kesteren und Paul Smlt (2007), *Criminal Victimisation in International Perspective: Key Findings from the 2004–2005 ICVS and EU ICS*. Wetenschappelijk Onderzoeken Documentatiecentrum.

Visser, Jelle (2006), Union Membership Statistics in 24 Countries, *Monthly Labor Review*, January 2006, 38–49.

von Stokar, Thomas; Myriam Steinemann und Bettina Rüegge (2006), *Eclogical Footprint of Switzerland. Technical Report*. Bern, Neuenburg: Bundesamt für Raumentwicklung (Are), Direktion für Entwicklung und Zusammenarbeit (Deza), Bafu, BFS.

Werlen, Iwar (2000), *Der zweisprachige Kanton Bern*. Bern: Haupt.

Werlen, Iwar (2007). Wer spricht warum Hochdeutsch und Schweizerdeutsch als Fremdsprachen in der Schweiz?, in: Monica Clalüna und Thomas Studer, Hrsg., *Deutsch im Gespräch. Sprechen im DaF-/DaZ-Unterricht; Sprechen über DaF/DaZ in der Schweiz*. Akten der Gesamtschweizerischen Tagung für Deutschlehrerinnen und Deutschlehrer, 22. und 23. September 2006 – Universität Bern. Sondernummer Rundbrief AkDaF (Arbeitskreis Deutsch als Fremdsprache in der Schweiz), 31–46.

Werlen, Iwar und Verena Tunger (2004), *Mehrsprachigkeit im Kanton Wallis. Eine Politikerbefragung*. Bern, Brig-Glis: Universitäres Forschungszentrum für Mehrsprachigkeit.

Wernli, Boris (2001), *Contraintes institutionnelles, influences contextuelles et participation aux élections fédérales en Suisse*. Bern: Haupt.

Wilson, John (2000), Volunteering, *Annual Review of Sociology*, 26, 215–240.

Wilson, John und Marc Musick (1997), Who Cares? Toward an Integrated Theory of Volunteer Work, *American Sociological Review*, 62, 694–713.

Autorinnen und Autoren

Andreas Diekmann (1951), Dr., Professor für Soziologie an der ETH Zürich. Arbeitsschwerpunkte: Modelle und Methoden der empirischen Sozialforschung, experimentelle Spieltheorie, Umweltsoziologie.

Markus Freitag (1968), Dr., Professor für vergleichende Politikwissenschaft an der Universität Konstanz. Arbeitsschwerpunkte: Empirische Demokratieforschung, direkte Demokratie, vergleichende Staatstätigkeit, Sozialkapital, Freiwilligentätigkeit.

Pascale Gazareth (1970), lic. rer. soc., Soziologin, wissenschaftliche Mitarbeiterin an der Universität Neuenburg und am Bundesamt für Statistik. Arbeitsschwerpunkte: berufliche Prekarität, Armut und sozialer Ausschluss, Sozialberichterstattung.

Marco Giugni (1963), Dr., Politologe, Lehrbeauftragter und Forschungsleiter an der Universität Genf. Arbeitsschwerpunkte: Soziale Bewegungen, Migration und sozialer Ausschluss.

Dominique Joye (1955), Dr., Professor für Soziologie an der Universität Lausanne und Schweizer Koordinator des ESS und ISSP. Arbeitsschwerpunkte: Soziale Schichtung und Ungleichheit, sozialer Wandel, Methoden der empirischen Sozialforschung.

Ursina Kuhn (1979), lic. phil., Politologin, wissenschaftliche Mitarbeiterin an der Universität Neuenburg und an der Schweizer Stiftung für die Forschung in den Sozialwissenschaften FORS an der Universität Lausanne. Arbeitsschwerpunkte: politisches Verhalten, Methoden der empirischen Sozialforschung.

René Levy (1944), Dr., Professor emeritus für Soziologie an der Universität Lausanne. Arbeitsschwerpunkte: Soziale Schichtung, Geschlechterverhältnisse, Lebensläufe.

Georges Lüdi (1943), Dr., Professor für Französische Sprachwissenschaft an der Universität Basel. Arbeitsschwerpunkte: Mehrsprachigkeit, Sprachen an der Arbeit, Zweitspracherwerb, Sprache und Migration, Sprachpolitik.

Reto Meyer (1974), lic. rer. soc., Soziologe, Assistent an der Professur für Soziologie der ETH Zürich. Arbeitsschwerpunkte: Umweltsoziologie, insbesondere Umweltgerechtigkeit («environmental justice»).

Thomas Meyer (1959), lic. phil., Bildungssoziologe, Ko-Leiter der Jugendlängsschnittstudie Tree (Transitionen von der Erstausbildung ins Erwerbsleben) an der Universität Basel. Arbeitsschwerpunkte: Bildungssoziologie, Transitionen im Jugendalter.

Silvia Perrenoud (1980), lic. rer. soc., Soziologin, wisschenschaftliche Mitarbeiterin an der Universität Neuenburg und am Bundesamt für Statistik. Arbeitsschwerpunkte: Marktforschung, Sozialberichterstattung.

Pascal Sciarini (1963), Dr., Professor für Politikwissenschaft an der Universität Genf. Arbeitsschwerpunkte: Schweizer Politik, vergleichende Politikwissenschaft, politisches Verhalten, Politikvollzug.

Isabelle Stadelmann-Steffen (1979), Dr., Politologin, wissenschaftliche Mitarbeiterin an der Universität Konstanz. Arbeitsschwerpunkte: Vergleichende Policy-Forschung, zivilgesellschaftliches Engagement, politische Institutionen, Wohlfahrtsstaatspolitik.

Christian Suter (1956), Dr., Professor für Soziologie an der Universität Neuenburg. Arbeitsschwerpunkte: Soziale Indikatoren und Sozialberichterstattung, soziale Ungleichheit, Armut und Sozialpolitik, Globalisierung und Weltgesellschaft, Lateinamerika.

Iwar Werlen (1947), Dr., Professor für Allgemeine Sprachwissenschaft und Direktor des Instituts für Sprachwissenschaft an der Universität Bern. Arbeitsschwerpunkte: Soziolinguistik, Mehrsprachigkeit, Sprachtypologie, Onomastik.